THEORETICAL RESEARCH
AND
PRACTICAL EXPLORATION
OF
FINANCIAL JUDICIAL SYNERGY

金融司法协同的
理论研究与实践探索

厦门金融司法协同中心◎编

法律出版社 LAW PRESS · CHINA
——北京——

图书在版编目(CIP)数据

金融司法协同的理论研究与实践探索 / 厦门金融司法协同中心编. -- 北京：法律出版社，2021(2022.5 重印)
ISBN 978-7-5197-5967-4

Ⅰ. ①金… Ⅱ. ①厦… Ⅲ. ①金融法-中国-文集
Ⅳ. ①D922.280.4-53

中国版本图书馆 CIP 数据核字(2021)第 193926 号

金融司法协同的理论研究与实践探索
JINRONG SIFA XIETONG DE LILUN YANJIU
YU SHIJIAN TANSUO

厦门金融司法协同中心 编

策划编辑 肖 越 魏艳丽
责任编辑 肖 越 魏艳丽
装帧设计 汪奇峰

出版发行 法律出版社
编辑统筹 法商出版分社
责任校对 周合芝
责任印制 胡晓雅
经　　销 新华书店

开本 710 毫米×1000 毫米 1/16
印张 27 **字数** 470 千
版本 2021 年 10 月第 1 版
印次 2022 年 5 月第 2 次印刷
印刷 三河市龙大印装有限公司

地址:北京市丰台区莲花池西里 7 号(100073)
网址:www.lawpress.com.cn
投稿邮箱:info@lawpress.com.cn
举报盗版邮箱:jbwq@lawpress.com.cn
销售电话:010-83938349
客服电话:010-83938350
咨询电话:010-63939796

书号:ISBN 978-7-5197-5967-4
定价:98.00 元

《金融司法协同的理论研究与实践探索》
编委会

顾　问	刘贵祥	吴偕林			
主　编	林文学	苏建平	谢开红		
副主编	徐秀平	王彦青	曾　晖	李永春	林志成
	傅远平	刘新平			
成　员	詹强华	高　晓	刘云贞	高晓嵘	林峥峥
	郭陈颖	冯　娟	许舒可	李伊茗	王欣欣
	孙　仲	胡林蓉	周宗良	许　莹	孔　晨
	张明梅	陈荣炜	孙晓岚	陈维生	陈晓龙
	林　鸿	刘亚乐			
编　写	林　鸿	蔡奕端	马宏林	方搏超	王莎莎
	曾柳婷	李冰静	梁　君	朱姝萱	吴清荣

序　言

新时代的人民法院金融审判法官不只是传统意义上的裁判者，同时也是金融风险防范的吹哨人。新发展格局下，面对日新月异的金融市场交易纷争，传统的民商事审判方式呈现一定的局限性，将金融审判与金融监管协同治理有机结合，是新发展格局下的迫切需求。

为有效防范化解金融风险，营造良好的金融法治环境，在最高人民法院、福建省高级人民法院的悉心指导下，厦门市两级法院与金融监管部门携手，在全国率先开展金融司法协同创新的实践探索，于2019年4月成立厦门金融司法协同中心。中心成立以来，司法机关与金融监管部门以金融司法协同为主题，持续改革创新，取得了丰硕的成果，中心也入选了“中国改革2020年度典型案例”。对这一改革案例的研究与拓展，具有重要的理论与实践价值。基于此，第一届厦门金融司法协同论坛应运而生。本届论坛在最高人民法院民二庭、中国应用法学院研究所和福建省高级人民法院的指导下，确定以“新发展阶段金融司法协同的发展与应对”为主题，聚焦当前金融司法领域存在的问题，邀请国内金融司法领域的专家学者、金融监管机构、实务从业者齐聚一堂，共同就如何推动金融司法协同工作实现高质量发展等论题与基层实践展开深入研究和探讨，力求为金融司法和金融监管提供理论指导和决策参考。

本次论坛在主题之下设置了三个单元的专题研讨，分别对应论坛的三个议题：构建新发展格局对金融司法及监管的影响与应对、民法典的实施对金融司法的影响及应对、在应对金融风险大背景下对金融科技创新的审慎监管及司法应对。为了拓展研究视野，论坛开展了面向全国的征文。本次论坛于2021年6月2日发布征文通知，至8月15日投稿截止，会务组共收到来自金融理论与实务界的近百篇来稿。投稿作者来源广泛，涵盖了法院系统、其他司法机关、金融监管部门、高校、律师以及其他相关从业人员。所有征文来稿呈送国内权威专家学者匿名评审，按照论文规范和征文主题契合性等多方面要求，共评选出特等奖、一等奖、二等奖、三等奖、优秀奖若干篇。

这些论文从不同角度对金融司法协同的相关问题展开了深入的讨论研究，文章内容深刻务实，呈现出话题聚焦、价值多元、学术碰撞等特点，进一步提升了金融司法协同工作在全国的影响力及辐射带动作用，拓宽了金融司法理论与实务研究的深度和广度。

为更好地打造金融司法协同交流平台，深入开展金融司法协同理论研究，也为了吸引更多同仁参与金融司法协同工作，厦门金融司法协同中心决定将本次论坛的优秀论文结集出版。在此衷心感谢所有惠赐稿件的作者对厦门金融司法协同论坛的热心关注和鼎力支持，更期待新老朋友持续关注和支持厦门金融司法协同论坛。

本文集能够及时、高质量地出版，厦门金融司法协同中心付出了辛勤的汗水和努力，得到厦门国际金融管理学院的大力支持，也得益于各位论文评审专家和法律出版社编辑同志的细致辛勤劳动，我们对此表示由衷的感谢和敬意！

第一届厦门金融司法协同论坛将在素有“海上花园”之称的美丽城市——厦门举办，期待论坛圆满成功，也希望这朵金融司法协同之花，顺着改革的东风，开遍神州大地。

编委会

2021 年 10 月

目　录

Contents

上篇　构建新发展格局对金融司法及监管的影响与应对

中篇　民法典的实施对金融司法的影响及应对

下篇　在应对金融风险大背景下对金融科技创新的审慎监管及司法应对

上　篇

构建新发展格局对金融司法及监管的影响与应对

监管穿透与审判穿透：二维“穿透”下的金融法治

陈鹏飞[*]　陈　江[**]

摘要：“穿透式”监管与“穿透式”审判分别对应行政与司法领域新近产生的两种面向“实质主义”的行权模式。作为金融风险防护网的“穿透式”监管，与作为金融公平维护器的“穿透式”审判因共享实质性、实体性治理特质而在金融市场行政与司法多元共治的交叉地带形成权力缠结。两者在金融风险治理的现实语境下具有制度可适性、角色相容性，并在不同的规范领域和调整维度彰显不同的治理逻辑、实现不同的治理目的。“穿透式”监管与“穿透式”审判的必要衔接与恰当互补，有助于在协调共治中实现维护金融市场秩序稳定和保障金融市场公平正义的善治目标。“穿透式”审判除了具有相对独立的维护金融公平的直接功能，还具有补强、矫正和规控“穿透式”监管维护金融秩序之间接功能，其要防止因过度参与而加剧行政监管权无序扩张、不当缺席而带来金融监管权目标落空等问题。

关键词：穿透式监管；穿透式审判；《九民纪要》；金融法治；合作共治

一、问题之提出

继2016年10月13日，国务院办公厅在《互联网金融风险专项治理工作实施方案》中明确提出“‘穿透式’监管”这一概念后，这一名词一度成为我国金融监管领域的专属高频词。它先后出现于《通过互联网开展资产管理及跨界从事金融业务风险专项整治工作实施方案》、《关于规范金融机构资产管理业务的指导意见》（以下简称《资管新规》）《商业银行股权管理暂行办法》、《保险公司段权管理办法》、《关于加强

---

* 陈鹏飞，西南政法大学经济法学院讲师。

** 陈江，绵阳市中级人民法院研究室主任。

非金融企业投资金融机构监管的指导意见》、《证券公司股权管理规定》以及《关于进一步加强期货经营机构客户交易终端信息采集有关事项的公告》等部门规章和行政规范性文件中。因其有效抑制了金融市场风险、改善了金融交易环境,"'穿透式'监管"之应用范围日益泛化,不仅是一项惯常的金融监管手段,同时也逐渐突破行政领域而延伸至司法审判领域。〔1〕

2019年11月14日,最高人民法院发布《全国法院民商事审判工作会议纪要》(法〔2019〕254号)(以下简称《九民纪要》),明确提出了"穿透式"审判理念。文件指出,要"注意处理好民商事审判与行政监管的关系,通过穿透式审判思维,查明当事人的真实意思,探求真实法律关系"。事实上,在此之前,"穿透式"监管理念早已影响到作为司法者的法院对于商事合同效力的裁判态度,事实上使司法审判已具有了形式上的"穿透式"审判的一些特点。〔2〕 目前,从一些审判实践来看,"穿透式"理念已基本实现了从金融监管领域到司法审判阶段的渗透,甚至出现了跨领域同向"穿透"。〔3〕 从金融领域的"穿透式"监管到民商事领域"穿透式"审判,这一由"行政"到"司法"的概念迁移和治理机制拓展,其中究竟蕴含着何种现实考量和转化逻辑,发人深省。

从现代汉语的解释来看,"穿透"之本意为内外贯通,即透过表层,达致内层。将其引入法律语境,则含有两层意思:一是由外及内的穿透,即否定物或行为的外观形式,推定其真实法律属性;二是自上而下的穿透,即否定法律主体间设立的直接法律关系或多层权利义务结构,明确底层实质法律关系。由此可见,无论"穿透式"监管(监管穿透)抑或是"穿透式"审判(审判穿透),其逻辑都在于探寻事实真相,并基于发现的事实,判断和调整现有的法律关系,追寻实质的利益平衡。但是,由于行政监管和司法审判分属不同的职能系统,二者在聚焦金融市场治理时所秉持的"穿透"原

---

〔1〕 邓纲、吴英霞:《穿透式监管如何嵌入合同治理——以"天策公司和伟杰公司股权代持纠纷一案"为例》,载《安徽大学学报(哲学社会科学版)》2019年第3期。

〔2〕 从两个典型案件的司法裁判上可以观察到穿透式监管理念对司法审判的影响,第一个案件是博智资本基金公司与鸿元控股集团有限公司其他合同纠纷案,法院在尊重商事合同意思自治的情况下作出了判决;第二个案例是天策公司与伟杰公司股权纠纷案,法院则以行政监管的思路作出了判决。前者出现在穿透式监管理念提出之前,后者出现在穿透式监管理念提出之后。

〔3〕 以金融机构的股权管理为例,规范层面,监管部门于2018年、2019年先后颁布三个管理办法,对股权代持行为作了禁止性规定;司法实践层面,最高人民法院自2017年后也逐渐转变其态度,将以往认定有效的股权代持行为确认为无效。

则，其目标应当有所差异。主动性、扩张性、强制性的“穿透式”监管与被动性、中立性、终极性的“穿透式”审判交横绸缪，不仅无法实现“穿透”的最终目的，反而易致涉金业务的本质属性和市场主体的法律关系处于一种越发不确定的状态中。

鉴于此，本文首先从“穿透式”监管和“穿透式”审判的基本功能入手，分别探寻二者运行的法理依据和协同基础，厘清“穿透式”监管与“穿透式”审判的合作范畴与各自边界，以期更好地协调处理“金融监管规章与司法审判、公权力介入与私法自治的关系”。[1] 进而探析“穿透式”监管与“穿透式”审判在金融市场治理中的必然联系与应然关系，着力实现二维“穿透”下金融市场秩序、公平与金融效率之间的价值平衡。

二、作为行为原则的监管穿透与审判穿透

（一）金融政策中的监管“穿透”

金融领域的“穿透”一词，“通常被认为起源于美国证券法领域的‘Look - Through’，意指透过表面形态抓住事实本质的一种方法”。[2] “当‘Look - Through’与‘Provision’结合使用时，可将其译为‘穿透条款’、‘穿透规则’等，即旨在发现事物本质、实现特定规范目的的法律条款”。[3] 当前，我国在诸多规范性文件中，也对“穿透式”监管的具体内容进行了类型化处理，分别为对业务性质、产品结构和股权主体的穿透。

1. 穿透业务性质。《互联网金融风险专项治理工作实施方案》明确提出，要对互联网企业跨界开展金融业务、变相公开销售私募产品以及对跨界、交叉型互联网金融产品三种业务形式进行穿透，根据业务实质认定业务属性，适用和执行相应监管规则。《通过互联网开展资产管理及跨界从事金融业务风险专项整治工作实施方案》则指出要对从业机构的业务进行穿透，根据业务实质落实整治主体和责任。

2. 穿透产品结构。《互联网金融风险专项治理工作实施方案》明确要对金融机构通过产品嵌套开展的资产管理业务实施穿透，具体穿透方式为“综合资金来源、中间环节与最终投向等全流程信息”，“透过表面判定业务本质属性、监管职责和应遵循的

---

[1] 胡萍：《穿透式监管与商事合同效力——以金融机构股权代持合同效力为视角》，载《成都理工大学学报（社会科学版）》2020 年第 4 期。

[2] 许恋天：《互联网金融“穿透式”监管：逻辑机理与规范运用》，载《税务与经济》2019 年第 3 期。

[3] 叶林、吴烨：《金融市场的“穿透式”监管论纲》，载《法学》2017 年第 12 期。

行为规则与监管要求。《关于规范金融机构资产管理业务的指导意见》则明确了对于多层嵌套资产管理产品的穿透方式，应当“向上识别产品的最终投资者，向下识别产品的底层资产”。《证券公司股权管理规定》同样明晰了对产品结构的穿透规则，要求通过穿透股权结构识别理财产品。

3. 穿透股权主体。《商业银行股权管理暂行办法》明确了对商业银行主体实施穿透监管，通过信息全面披露等方式，“加强对主要股东及其控股股东、实际控制人、关联方、一致行动人及最终受益人的审查、识别和认定”。《保险公司股权管理办法》第8章第73条也规定了对保险公司主体进行穿透监管，明确通过依法审查、要求报告、股权披露、约谈、质询等方式“对保险公司股东及其实际控制人、关联方、一致行动人进行实质认定”。而《关于加强非金融企业投资金融机构监管的指导意见》，不仅规定了金融机构的内部穿透，包括穿透识别“实际控制人和最终受益人”和穿透明确“主要股东及其控股股东、实际控制人、关联方、一致行动人、最终受益人”在内的所有关联方，确保股东的真实合规性和关联方的管理规范性；同时也明确了金融监管部门的外部穿透，即对“金融机构股东资质、入股资金来源、治理结构、关联交易等”的穿透监管。其后出台的《证券公司股权管理规定》对穿透规则的具体设置也如出一辙。

综上所述，我国当前在适用“穿透式”金融监管方式时具有明显的结果导向，即为了全面抑制金融风险而对金融市场实施穿透。在不少规范性文件中，“穿透式”监管原则都与实质重于形式原则并行，甚至出现混同。这一“穿透”逻辑始于对金融业务、产品的抽丝剥茧以及对公司股权结构和持股主体的追根溯源，推定出业务实质属性、真实资金来源以及实际股权归属，最终落脚于监管对象、监管规则和监管主体责任的明晰。尽管“穿透式”监管至今仍非一个正式的法律概念，但这一监管方法却已事实上作为一种监管共识，覆盖了包括商业银行、证券机构、保险机构等传统金融机构和从事涉金业务的非金融企业在内的几乎所有金融市场主体和产品业务。

（二）《九民纪要》中的审判“穿透”

《九民纪要》乃首次也是至今唯一将“穿透”理念引入审判活动的制度尝试。《九民纪要》明确指出，与“穿透式”监管为了明确业务属性不同，“穿透式”审判是为了“查明当事人的真实意思”，进而“探求真实法律关系”。《九民纪要》同时提出要穿透财产公示外观，根据财产的实质归属来确定“实际权利人与名义权利人的关系”。据此，我们可以认为，“穿透式”审判系指通过对涉诉主体间法律关系之成立要件的形式穿透，明确当事人的真实权利义务关系，并以此为依据作出裁判的一种审判方式。这在《九民纪要》中主要体现为两种类型：一是对法律关系性质的穿透，二是对法律关系状态的穿透。

1. 穿透法律关系性质。此类型是指在审判中排除当事人外观意思表示，根据当事人权利义务的实际承受情况，将前设法律关系认定为另一种事实法律关系。例如，《九民纪要》第 69 条中要求法院穿透保兑仓交易形式，若交易双方“无真实买卖关系的，则认定该交易属于名为保兑仓交易实为借款合同”。又如，第七部分“关于营业信托纠纷案件的审理”明确了对融资活动中的法律关系进行穿透的原则，具体规定为：在事务管理信托纠纷案中，对信托公司开展和参与的多层嵌套、通道业务、回购承诺等融资活动，要以其实际构成的法律关系确定其效力，并在此基础上依法确定各方的权利义务。再如，第 91 条规定了对信托合同之外的当事人提供增信措施的穿透方式，要求法院按照增信措施的实际情况，确定相应权利义务关系和民事责任。另外，在第 102 条中，最高人民法院也明确了对当事人转贴现协议的穿透思维，具体规定为“当事人虚构转贴现事实，或者当事人之间不存在真实的转贴现合同法律关系的，人民法院应当向当事人释明按照真实交易关系提出诉讼请求，并按照真实交易关系和当事人约定本意依法确定当事人的责任”，等等。

2. 穿透法律关系状态。与穿透法律关系性质所带来的改变权利义务关系的认定不同，对当事人之间法律关系状态的穿透，意味着对现有法律关系的根本否定。例如，《九民纪要》第 52 条明确了在民间借贷中，法院应当穿透出借人的资金来源，若非自有资金，则认定“此类民间借贷行为无效”。又如，《九民纪要》第 86 条规定了法院应对场外配资公司开展的经营活动进行穿透，因其在“本质上属于只有证券公司才能依法开展的融资活动”，因此认定由其签署的场外配资合同无效。再如，《九民纪要》第 92 条第 2 款规定了对以“抽屉协议”等形式约定保底或刚兑行为的条款穿透，认定其自始无效，等等。

《九民纪要》出台后，围绕“穿透式”审判要求而展开的司法实践迅速涌现。截至 2020 年 11 月 18 日，在中国裁判文书网中全文搜索“穿透式审判”，共检索到 78 篇文书，从生效时间上看，有 12 篇在 2019 年作出，剩余 66 篇均出现于 2020 年。在上述文书中，“穿透式审判”作为关键词，一部分出现于当事人诉称或辩称内容中，另一部分则写在法院裁判理由中。本文整理了第二部分，即“穿透”出现在法院裁判理由中的法律文书（见表 1），试图更为直观地展示法院在司法实践中适用“穿透式”审判思维的具体方式。

表 1　法院适用“穿透式审判”情况

法院及审判文书号	法院通过穿透式思维审判的具体方式
最高人民法院(2019)最高法民终 1691 号	将借款穿透为往来款,认定世基公司与天标公司并无真实借款合意,借款法律行为无效
河南省高级人民法院(2020)豫民终 409 号	当事人约定的借款合同中的债权人与涉案款项支付人不一致,在穿透资金来源后否认借款合同效力
河南省平顶山市中级人民法院(2020)豫 04 民终 2731 号	认为当事人虽签订案涉财产转让协议,但双方真实意思表示并非为转移财产所有权、土地使用权,而是为双方之间的债权债务提供相应担保,以实现支付所欠工程款的最终合同目的。因此穿透当事人意思表示,认定为债权债务关系
河南省商丘市中级人民法院(2020)豫 14 民终 3412 号	按照穿透式审理的原则,认定当事人之间的存在实质的债权债务关系,桐花公司对此款项承担还本付息的责任
河南省濮阳市中级人民法院(2020)豫 09 民终 1131 号	通过穿透当事人资金流向,认为一审法院应按照民间借贷纠纷穿透式审判思维,进一步查明本案的基础法律关系事实,因此裁定发回重审
江苏省盐城市中级人民法院(2019)苏 09 民终 4581 号	认为当事人之间虽签订借款合同、商品房买卖合同,但并非双方当事人的真实意思表示,应穿透借贷和商品房交易法律关系,认定为在建工程的买卖关系
河南省濮阳市中级人民法院(2020)豫 09 民终 769 号	认为当事人之间存在多笔不同形式的转账,一审法院应当按照民间借贷纠纷穿透式审判思维,进一步查明法律关系事实,因此裁定发回重审
北京市第二中级人民法院(2020)京 02 民终 312 号	认为应通过适用穿透式审判思维,围绕当事人是否有权停止执行展开审理。此间,不但涉及执行异议之诉程序中必要共同诉讼当事人、查封后财产转让效力判断,还涉及温室大棚的物权客体分类、善意取得、债权转让、股东与法人人格混同、职务代理、证据证明标准等法律制度
北京市第二中级人民法院(2019)京 02 民终 14814、14815、14816、14817 号	认为在确定配套商店产权归属问题,应当通过穿透式审判思维,查明当事人真实意思,探求真实法律关系
河北省邢台市中级人民法院(2019)冀 05 民终 3749 号	认为原审法院应当通过穿透式审判思维查明各方当事人在重整计划中,在债转股中的权利和义务,因此裁定发回重审
河北省邢台市中级人民法院(2019)冀 05 民终 3678 号	认为原审法院应当以穿透式审判思维围绕“融资”这一核心节点探求当事人之间真实法律关系,确定最能体现当事人权利义务关系的民事案由进行审理,全面维护当事人的合法权利

续表

法院及审判文书号	法院通过穿透式思维审判的具体方式
江西省抚州市中级人民法院(2019)赣10民终360号	认为案涉六份合同涉及信托、股权、物权诸多法律关系，涉及多种交易模式，应当树立穿透式审判思维，在准确揭示交易模式的基础上，探究当事人真实交易目的。最终认定本案交易本质是以增资扩股形式进行的债权投资，目的在于解决当事人融资问题
四川省成都市高新技术产业开发区人民法院(2020)川0191民初33号	认为应当穿透汇通公司发布广告的内容形式，探究广告背后的真实目的，进而认定其行为有违诚信经营的市场精神
四川省绵阳高新技术产业开发区人民法院(2020)川0792民初160号	穿透当事人法律关系，认为李某海并非对刘某奇有权代表金渝公司借款的外观表象已形成合理信赖的善意无过失相对人，李某海所称的刘某奇以6243012工程项目部名义向其借款的行为并不构成表见代理
江西省南昌市东湖区人民法院(2019)赣0102民初3934号	穿透当事人之间签订的回购交易协议或买卖合同，认为其本身并不直接产生标的物所有权转移的法律后果，因此认定本案名为融资租赁，实为抵押借款

表1共有18份由法院主动适用“穿透式”审判模式的裁判文书，其中10份是由民间借贷、融资租赁、信托等纠纷引发的涉金案件。由此可见，与“穿透式”监管原则产生于金融监管领域的逻辑有所相似，民商事诉讼中的“穿透式”审判也重在应对和解决网络经济带来的资金融通形式繁复、权利义务关系杂糅等问题。因此，就泛化的金融市场法治建设这一结果导向而言，似乎“穿透式”监管与“穿透式”审判有殊途同归的内在统一性。

三、监管穿透与审判穿透的“实质主义”基础

(一)“实质主义”概念及其法学延伸

无论是作为行政执法手段的“穿透式”监管，还是《九民纪要》所提出的司法语境下的“穿透式”审判，归根结底都是实质主义的一种体现。实质主义这一概念源于哲学等学科领域，并在不同的学科中代表和反映不同的含义，具有多种不同的理论解释框架。从法学对实质主义的引入来看，有实质主义司法模式、实质主义法律理念、实质主义刑法观等多种表述，表达的主要是一种与形式主义相对的、不局限于法律条文和法律规范的法律认识、法律适用和法治建构模式。其中，有观点将法学领域的“实质主义”界定为“法律的适用既要依据规则和标准(Standard)，同时又要考虑这些规

则和标准背后的根据和理由”。[1] 这意味着,法学领域中的实质主义关注的并非仅是“死”的法律条款,还关注背后的“活”的法律理念、法律思想和法律文化。一方面,实质主义并不是与形式主义相矛盾、相独立的概念;另一方面,实质主义又具有形式主义所不具有的丰富内涵,是高于形式主义法律适用观的一种更为强调实体价值、正义结果的司法和法治理念。

与实质主义在社科其他领域所表达的基本含义不同,其在法学领域中的概念较为清晰、明确,且实质主义在法学领域一直都受到充分的关注,并突出地通过法的价值等形式表现在法的创制、法的施行以及整个法治建设过程当中,如公平、正义、自由、秩序被视为法的核心价值理念。实质主义法律思维要求法律实施应超脱法律文本和法律规范的狭隘主义观念,而更为关注法律文本背后的法律价值和法律精神,以实现法律与正义的完满结合,而这往往建立在一个国家法制建设逐步走向成熟健全的基础上。党的十八大以来,我国社会主义法制体系全面形成并日臻完善,在新时代全面推进依法治国的法治建设格局下,我国正处在由形式法治向实质法治转型的关键时期,这种转型具有客观规律性、现实必要性和未来必然性。然而,实质法治并不能离开形式法治而独立存在,反而常常以形式法治作为基本前提。因此,理性的实质法治主义是对形式法治主义外延和内涵的一种正向突破和全面补充。“实质法治主义的基本特征表现在:形式正义与实质正义的统一;合法性与正当性的统一;实体合法性与程序合法性的统一;形式平等与事实平等的统一。”[2] 因此,真正的实质法治能够很好地把握规则性与灵活性的统一和平衡,回避单一强调形式和实质主义所带来的狭隘、片面等问题,注重和实现形式法治和实质法治的充分结合与内在协调。

(二)监管穿透和审判穿透的实质主义

单纯从个案来看,“穿透式”监管和“穿透式”审判似乎无甚交集,毕竟在实践中可以看到,经金融监管部门通过“穿透式”监管作出的行政处罚极少被诉诸法院。这一方面是出于对诉讼成本的考量,另一方面是经由“穿透式”监管而作出行政处罚决定的案件,几无胜诉可能。然而,若将二者置于一个更为宏观的历史性视角下,却能明确捕捉到一丝我国从“行政法治”迈向行政与司法协同互动的“国家法治”的氤氲气象。“穿透式”监管采取的是以金融监管机构为主导、以政策性文件为依据的“实

[1] 孙良国:《从形式主义到实质主义——现代合同法方法论的演进》,载《华东政法大学学报》2007 年第 5 期。

[2] 江必新:《论实质法治主义背景下的司法审查》,载《法律科学(西北政法大学学报)》2011 年第 6 期。

质重于形式”的行政化治理模式,是一种体现金融监管机构行政自由裁量权的行为;而“穿透式”审判则是司法机构在对金融监管机构的行政裁量主动尊让前提下,通过能动司法进一步穿透待证事实而追寻法律事实乃至客观事实,进而作出更为符合实质正义要求的司法裁判的司法化治理模式,是一种审慎行使司法自由裁量权的行为。无论作为行政活动的“穿透式”监管还是作为司法活动的“穿透式”审判,其核心都在于对“事实”的发现,进而采取更为精确的行动,都凸显了在程序主义之外更为注重实质主义的工作理念。

与“穿透式”监管所关注的“事实”主要是行政相对人违法或者违规的单向事实不同,“穿透式”审判所关注的“事实”毋庸置疑是双向的事实,而且其关注的“事实”往往属于法律事实而非政策事实。与此同时,“穿透式”监管与“穿透式”审判所采取的事实认定标准和方法,也不尽相同。这是由于尽管金融监管机构对于涉金行为或业务本质的判断能力更高,专业性更强,但行政机关作为强势的国家权力主体往往考虑的是制裁,而不是平衡各方的权利义务关系。与此不同,审判机关虽在金融专业知识上有所欠缺,却能够基于司法中立性进行审慎独立的司法判断,有权力也有职责通过“穿透式”审判,把握诉讼中的案件事实和明确的权利义务关系。

“穿透式”审判理念的树立和贯彻,无疑是有利于提高司法者办案的精细化、全面化程度的。但是,由于“穿透式”审判之重要目标是通过穿透法律事实而到达客观事实,而法律本身往往就是抽象的、概括的,很多时候是含糊的甚至存在法律漏洞,因此,在司法领域的“穿透”,应尤为注重考查法律的实质合理性问题。“穿透式”审判作为一种在与人民群众利益攸关的民商事审判领域中实施的,体现实质主义理念的司法模式,必然难以回避对法律的内在品质诸如正义、公平、善良等价值观念的追求,在由形式法治主义向实质法治主义转型过程中彰显重要作用。

四、监管穿透与审判穿透的角色分野:秩序与正义

金融活动相较其他市场交易行为更为专业、复杂,且创新性较强,故各国对金融活动“一方面通过高效和公正的司法制度来保障,另一方面设立专门机构进行监管”。[1] 行政监管和司法审判虽然功能定位不同,但内在的根本价值目标具有统一性,即维护金融市场的健康发展,两者在根本价值目标指导下又直接发挥不同的功能。当前,在防范金融系统性风险的特殊政策环境下,无论金融行政监管还是司法裁

〔1〕 马荣伟:《金融监管与司法审查的边界》,载《中国金融》2018 年第 20 期。

判均体现出较强的政策性特点,但因职能不同,二者在治理角色和治理模式上存在较大差异。

(一)监管穿透的实质角色:金融风险防护网

"穿透式"监管,主要是为应对互联网金融这一创新型融合业态而产生。我国传统的金融市场由于门槛较高,业态单一且结构简单,金融开放水平和金融流动性都很低,因此,传统的金融监管方式通常以行业监管为主,且监管目标较为恒定,始终将金融安全,尤其是防范系统性风险放在至要位置。也正因如此,才使中国能够在2008年的国际金融危机下得以幸免。然而,互联网金融在我国的崛起激发了金融市场的自由浪潮,很大程度上提升了我国的金融效率。在防范金融危机,合理引导金融创新的时代背景下,国际金融治理目标的转变也使金融科技飞速创新的我国开始重构金融治理目标。我国金融监管的价值取向,也首次在金融安全与金融效率之间,出现彷徨和动摇,最终提出了"鼓励创新、防范风险、趋利避害、健康发展"的监管要求,推出了一系列支持互联网金融发展的政策措施。

随着互联网金融在法律滞后、规范缺失的情况下迅猛发展,互联网金融风险逐渐演变成金融市场中最大的"雷区"。金融科技创新使互联网金融的交易结构日益复杂,产品形式越发多样,现有的监管方式由于无法准确辨明业务实质,往往监管重叠而阻碍创新,或是监管真空诱发监管套利。金融科技的"破坏性"创新和多方利益的碰撞加剧,又衍生出金融消费者权益保护和市场效率提升如何平衡的问题。随后,党的十九大报告提出"健全金融监管体系,守住不发生系统性金融风险的底线"和"创新监管方式"两大任务,为我国金融监管体制改革确立了在创新中防范金融风险、维护金融秩序的根本目标。"互联网金融风险的系统性决定了互联网金融监管应是统筹全局、能形成监管合力的整体性监管,而互联网金融的专业性、多样性和技术性决定了互联网金融的监管应该是专业性监管"。[1] 因此,我国走出了传统金融监管的经验主义,立足于"互联网+"的时代命题,结合互联网金融特性,创新监管思路,首次提出了"穿透式"监管的概念,明确针对互联网金融领域采用实质监管手段。此后,"穿透式"监管方式不断拓宽运用领域,如2018年4月27日,中国人民银行、中国银行保险监督管理委员会、中国证券监督管理委员会、国家外汇管理局联合印发《关于规范金融机构资产管理业务的指导意见》(银发〔2018〕106号),明确规定对资产管理

〔1〕 靳文辉:《互联网金融监管组织设计的原理及框架》,载《法学》2017年第4期。

业务实行穿透式监管。[1] 通过实施“穿透式”监管，“监管者得以发现金融活动背后市场参与者的真实身份，识别隐藏在复杂金融产品形式化外衣下的实质性交易，从而借助各类有效的监管手段对复杂金融交易关系进行深度调整”。[2]

（二）审判穿透的实质角色：金融公平维护器

形式主义司法面临着法律的不确定性和法官中立裁判的不现实性等问题。尽管司法的程序主义所带来的司法客观性，将在整体上有助于实现司法正义和司法稳定，但也显现出过于刻板而易忽略局部利益保护的问题，尤其是弱者利益保护的问题。相对于形式主义司法的简单化、粗暴化、形骸化，实质主义司法具有独特的优点和实现路径，其有特殊的解决纠纷的内在机理。实质主义司法既是价值判断问题，也更应当是方法论问题，“穿透式”审判是具有可操作性的贯彻实质主义司法观的有效方法。“穿透式”审判抑或是审判穿透，是化解民商事审判过于注重“优势证据原则”的程序主义而导致陷入司法客观性危机的重要方式，其有利于在个案中实现实质正义，从而为疑难案件的司法实践提供理论基础、方法依托和手段支持。

“现代性语境中的司法先后出现过形式合理性和实质合理性两种谱系，形式合理性司法恪守规则模型和程序中心主义，实质合理性司法崇尚依据原则和政策作出判决”。[3] 尽管“穿透式”审判注重的是实质合理性，但其所追求的实质合理性主要是从案件事实认定角度而言的，在具体的裁判中其仍需要严格恪守基本的法律规则，坚持程序中心主义，因此“穿透式”审判并非等同于“后果主义导向下的司法裁判”。“穿透式”审判面临利益衡量的现实问题，即根据案件情况对证据进行权衡、取舍并最终根据证据判断需要保护的利益。但其是通过先从客观证据入手再转换为主观认识，经由规则和程序深入到法的精神实体，在由客观到主观再到客观的动态化过程中考究司法的裁判正当性，彰显整体的衡平观念，努力实现多种价值目标，确保相互交叉、重叠的利益之间的均衡与适度。

案件事实的准确审查是司法者进行实质法律推理的事实基础和逻辑前提。“穿透式”审判是司法者对于民商事领域尤其是金融领域疑难复杂案件进行实质法律推理的重要方法，体现了司法者在形式逻辑之外重视客观经验的务实理念，有利于提高

---

〔1〕 参见《关于规范金融机构资产管理业务的指导意见》第 27 条。

〔2〕 常健：《论“穿透式”监管与我国金融监管的制度变革》，载《华中科技大学学报（社会科学版）》2019 年第 1 期。

〔3〕 夏锦文：《现代性语境中的司法合理性谱系》，载《法学》2005 年第 11 期。

法官的实质法律推理能力，体现现代法官的智识水平和司法技能。"穿透式"审判的最大功能在于，有利于揭开金融领域疑难案件中出现的司法裁判陷入形式合理性和实质合理性两难困境、司法法律效果与社会效果难以兼顾、案件的实体正义与形式正义只能择一选择的假象。[1] "穿透式"审判有助于通过法官正确运用审判规则，绕开事实和法律的模糊地带，通过抑制行政裁量和法官裁判恣意发挥司法能动性，确保司法裁判的实体"正确性"。

五、协同共治：监管穿透与审判穿透下的金融法治

金融"穿透式"监管与"穿透式"审判，因共享实质性、实体性治理特质而因缘际会、相互勾连，两者具有一定的制度可适性、角色相容性，各自在不同的规范领域和调整维度彰显不同的治理逻辑、实现不同的治理目的。在厘清"穿透式"审判导向的前提下，实现两者的机制衔接、功能互补，有助于通过协调共治实现维护金融市场秩序稳定和保障金融市场公平正义的善治目标。

（一）"穿透式"审判导向之厘定

有学者认为，程序主义是司法剧场化的特征，而实质主义体现了司法的广场化，即大众化的趋向。[2] 尽管实质主义司法观是调和当前司法与民意之分歧的桥梁，但在复杂的语境中，探讨司法的实质主义与形式主义哪种模式更具有正当性，实际上没有任何意义。司法正义是形式与实质合理性的辩证统一，并且强调在形式合理性与实质合理性之间，形式合理性是第一位的，只能在坚持形式合理性的前提下追求实质合理性，不能抛开形式合理性无限制的追求实质内容的合理，以至于突破法律的外在形式特征，从而导致法律虚无主义。因此，作为实体正义实现方式的"穿透式"审判，需坚持形式理性优先、实质理性为补充的原则，其功能的实现不仅需要价值判断，也需要切实的方法支持。

"穿透式"审判与形式主义审判虽然体现了司法技术与司法风格的迥异，实质上却是回应型司法的深层律动，反映了后果主义价值取向对司法实践的深刻影响。但需明确的是，司法的后果主义价值取向并非存在是非之别，而是只有适度之分。目

[1] 参见潘德勇：《疑难案件司法裁判的进路——事实属性与行为理性的视角》，载《社会科学》2018年第7期。

[2] 参见舒国滢：《从司法的广场化到司法的剧场化——一个符号学的视角》，载《政法论坛》1999年第3期。

前,“穿透式”审判面临的最大障碍,在于法条主义和后果导向两种裁判理念如何取舍与协调,而最根本的是,如何在保持必要的司法克制之外适当坚持司法能动主义。中华人民共和国成立以来,随着法治的发展和司法的进步,法官的审判思维逐渐由传统型的“实质主义思维”向现代型的“形式主义思维”转化,在这种情况下,“穿透式”审判作为一种实质主义的审判方式,要求法官具有更多的“实质主义思维”,从而显露出较为浓烈的司法积极主义和强烈的“实质法治主义”色彩,那么这就将可能带来司法理念、观念的颠覆,从而使多年来日益成长并逐渐形成的法官职业思维即程序思维重新回到过去习以为常的道德思维。由于面临司法资源的有限性和诉讼时间的限定性等困难,实践中的“穿透式”审判不可避免地需要在实质真实与法律真实之间进行必要的妥协。

实质往往只能通过形式得以表现,因此,“真正恰当处理形式与实质的方式是把它们的关系视为形式自己否定自己的过程,即高级形式通过实质这一中介否定低级形式的过程”。[1] 这就意味着,尽管“穿透式”审判作为一种回应型司法模式,具有司法民主功利主义的现实考量,但其必须突破以后果主义为价值取向的实质司法模式的现实困境,实现司法审判的“技术性”与“伦理性”的有机协同,坚持审慎的后果主义价值取向,达到法律效果与社会效果的良性互动。“穿透式”审判的直接目的在于厘清争议实质即事实真相,其实施尤需着重提高法官的事实认定技能。

(二)二维穿透的相容性与可适性

在“穿透式”审判理念尚未被最高司法机关作为司法规则明确提出之前,“穿透式”监管理念,已经潜在地对法院的裁判思路产生了影响。其作为金融监管政策以隐性的方式现实介入司法裁判,导致法院对商事合同的效力问题,普遍遵循行政机关事实认定和行政裁量的结果。随着“穿透式”审判理念的正式提出,政策介入司法的方式开始显性化、合法化、正当化。裁判者在审判过程中得以直接适用“穿透式”理念,而且享有了更为灵活的事实认定和实体裁量空间。但是,现代金融市场真的需要“全穿透”吗?抑或是,多维“穿透”是否必然有助于金融市场发展?显然不是。事实上,无论是“穿透式”监管还是“穿透式”审判,都不可能实现真正意义上的“全穿透”。

需要认识到,“穿透式”监管并非具体的监管举措,只是一种理念,是一种发现事物本质的途径。它以实质重于形式原则为指引,通过穿透金融主体与金融行为,发现隐藏在金融活动背后的实质交易对象与实质业务内容。而至于通过何种途径采取何

---

〔1〕 夏立安、钱炜江:《论法律中的形式与实质》,载《浙江大学学报(人文社会科学版)》2012年第5期。

种措施进行处置，则已不再属于“穿透式”监管的范畴。因此，“穿透式”监管旨在发现问题，而非解决问题。一旦“穿透”的边界过宽，公法监管将对私法秩序产生影响，但“穿透”的边界过低，则并不能准确地发现问题，不利于规范金融市场行为。司法手段与行政手段不同，为了保持法律的稳定性和可预期性，除极少数情形之外，司法不能轻易突破商事合同的形式外观主义，这也与我国实践中对于交易行为的趋势相符合。例如，对于金融机构的股权代持行为，由于其本质上属于金融交易，背后往往有商事合同的约定，此类商事合同往往体现了双方当事人的意思自治。司法审查作为定分止争的普适性制度，通常而言应当尊重程序，只要不违反法律、行政法规的效力性强制性规定的，均认可交易的合法性。而对于金融交易中出现的违法行为，除司法审查外，还有其他的法律手段能够处理，如银保监会、证监会给予行政处罚，或者在执行层面不予执行等。金融机构的股权代持行为从某种程度上讲，可以通过合规监管平衡交易中的利益保护，并不意味着一定需要司法去否定股权代持合同的效力。

“穿透式”监管与“穿透式”审判的制度连接点在于经由“穿透式”监管的事实发现功能在司法自治原则下对商事合同的效力进行能动的司法裁判。对此，需要重点解决两个方面的问题：一则，要防止公法对私法的过度干预，防止金融“穿透式”监管政策成为法院“穿透式”裁判的“法源”。由于“穿透式”监管使行政法领域的标准适用于司法审判领域，但行政执法跟司法的责任标准并不相同，且司法是权利救济的最后一道屏障，因而司法审判并不能无限制地运用“穿透式”监管理念否认商事交易行为，更不应随意突破商事外观主义。二则，法院在进行“穿透式”审判时，也要关注司法裁判对金融监管政策的重要影响，如仅凭相关监管规定并非“法律、行政法规”级别的规定，将部分合同认定为有效，可能导致违法成本过低，金融机构可以违反监管规定的代价完成某项规范层面并不被允许的商事交易，从而丧失监管规定本应具备的强制管理性功能。在上述两者之间如何取舍“穿透式”监管与“穿透式”审判，主动权在于司法机关，其可以通过“穿透式”审判对“穿透式”监管的适用进行必要的限制，如遵循原《合同法》第52条及相关司法解释的逻辑，区分效力性强制性规定与管理性强制性规定。

（三）二维穿透的协同与金融法治

金融监管的“穿透式”理念已较为全面地融入法律法规、政策性文件，并贯彻于具体监管执行之中。“穿透式”监管作为行政规制具有强公法属性，关注的是行政机关的管理权，而对私主体权益关注较少；“穿透式”审判作为一种保障公平正义的司法机制，关注的主要是私主体的权利和权益，其对行政权的使用隐含着通过司法权进行制约的要求。因此,“穿透式”监管侧重于保障公权力实现整体利益,而“穿透式”审判则侧重于在保障私权利实现个人利益的基础上保障整体利益,但与此同时,也不应忽视“‘穿透’是金融监管中连接公法与私法的桥梁”。[1] 鉴于此,基于加强私主体权益保护和优化公共利益整体保护的角度,“穿透式”监管与“穿透式”审判需要遵循协同发展的内在逻辑,在各自的治理目标下以加强行政约束和司法克制为指针通力合作实现金融法治。

金融监管本质上属于国家权力的运作,其监管绩效反映了政府与市场之间的关系,因而,如何规范监管机构的“有形之手”至关重要。“穿透式”监管将功能监管方式加以扩展、深化,不仅“穿透”了业务形式,也“重置”了权力配置,因此涉及权力与权力以及权力与权利的多重冲突,如“穿透”行使权、监管管辖权之间的公权力冲突,监管权与公民信息保护权等私权利间的公私权冲突等。这种冲突的现实存在,使判断监管者的公权力行为是否具有正当性问题越发凸显。为此,“确定统一监管标准的法律形式、决定‘穿透式’适用‘度’的监管成本与监管收益等影响因素,是完善‘穿透式’监管原则的关键环节”。[2] 同时,科学的监管穿透“还应搭建统一的监管协调体系、制定详尽的监管规范、划定主体的责任边界,以落实穿透式监管理念,提高金融科技监管有效性”。[3]

“穿透式”监管是行政机关基于特殊手段通过事实表象进行事实认定进而作出行政裁量的行为,“穿透式”监管与“穿透式”审判之协同的关键应当是司法机关如何对待行政监管的事实认定行政裁量行为。行政裁量是行政权的核心,而行政裁量与行政机关对事实的认定紧密相关。或者说,事实认定的过程,“最终表现虽然是事实结论,但其整个过程实际上主要是自由裁量权运行的过程”。[4] 由于在行政裁量中,案件事实状态十分重要,因此,当在同一案件中,出现“穿透式”监管与“穿透式”审判共同适用时,司法机关必须首先判断行政主体对于事实认定的合理性问题,并以此为基础,作出司法机关自身相对独立抑或是以行政裁量为基准的司法判断。

就我国的政治体制和国家权力配置结构而言,司法与行政权虽然各自分工而且相对独立,但都隶属于同一个最高国家权力,具有根本目标上的一致性,因而决定了

---

〔1〕 白牧蓉:《穿透式监管的理论探讨与制度检视——私主体权利实现的视角》,载《兰州大学学报(社会科学版)》2020 年第 3 期。

〔2〕 郭艳芳:《论“穿透式”监管原则在私募基金监管中的适用》,载《证券市场导报》2018 年第 12 期。

〔3〕 郑丁灏:《论金融科技的穿透式监管》,载《西南金融》2021 年第 1 期。

〔4〕 朱新力:《论行政诉讼中的事实问题及其审查》,载《中国法学》1999 年第 4 期。

司法一方面要对行政的裁量保持必要尊让,另一方面也应当对行政裁量权进行必要而积极的制约,体现在"穿透式"监管与"穿透式"审判的关系上就是,法院一方面对行政机关的"穿透式"监管予以形式上的肯认,同时也应立足"穿透式"审判的客观事实,通过对行政裁量的实体司法审查保持司法应为之相。有学者认为:"司法形式主义是抽象层面的司法理念,是实现实质正义的前提和基础,因而应成为我国当下司法的元理念;教义式法律思维属于具体层面的司法技术,其安全又极易操作,理应成为我国当下司法的首要方法。因此,坚守司法形式主义理念与教义式法律思维方法应是我国当前司法的理想选择。"〔1〕这就意味着,"穿透式"审判应当以"穿透式"监管为形式要件,并以此为基础对行政行为依据的合法性进行司法审视和规范解释,通过充分发挥司法裁判的作用,促使行政机关以法律、行政法规形式统一监管标准,进而在优化行政裁量基准、实行法律规范性解释和整合价值判断之间寻求裁判路径。

法律效果和社会效果是司法公信力的建构基础,而形式法治主义理念往往强调"法律效果至上"而忽视了其社会效果。〔2〕"穿透式"审判作为适应现代社会发展的日益凸显重要价值的司法裁判方法,通过依法对"常识""事理""情理"等因素和法律因素的综合考量而决断事实,以积极回应现代社会对实质法治主义的相关诉求,有助于建构司法的权威性和公信力。不同于"穿透式"监管多具有行政功利主义的狭隘倾向,"穿透式"审判往往需从司法后果出发,以一种积极审慎的态度处理疑难案件,体现了利益衡量的整体性、法律适用的灵活性与裁判结果的公正性。同时,也需要注意司法具有节制和克制的内在规律,司法被动性与能动性之间所存在的内在张力,在一定程度上可能扩充"穿透式"监管的适用,而抑制"穿透式"审判的适用,从而难以实现"穿透式"监管与"穿透式"审判的必要协同。就金融监管而言,"穿透式"监管是在强化行使剩余立法权与执法权〔3〕,"穿透式"审判的作用在于通过司法权补强和矫正"穿透式"监管,其不当缺席和过度参与都可能产生问题,如其过度参与可能加剧监管权的无序扩张,而不当缺席可能使形式主义的金融审判为违反金融监管规定的交易行为开辟"合法化"通道。

---

〔1〕 张牧遥:《论教义式法律思维与司法形式主义的谋合》,载《河南大学学报(哲学社会科学版)》2015年第5期。

〔2〕 参见王国龙:《司法原情:传统及当代价值》,载《政法论丛》2015年第1期。

〔3〕 王妍、赵杰:《不完备法律理论对穿透式监管的启示》,载《征信》2019年第5期。

六、结语

鼓励创新与控制风险是当下金融监管面临的两难问题。在防范金融风险和健全金融监管体系的背景下,治理金融市场乱象,稳步推进金融风险整治仍然是金融工作的主基调。但与此同时,金融监管的法治化也日益迫切。“穿透式”监管作为一种金融监管创新,对于未来金融监管的体制革新和系统优化具有重要作用,但这一监管手段也必须纳入法治化的轨道。“穿透式”监管与“穿透式”审判在金融市场的治理中实现了初步的有机协同,体现了行政与司法在相互衔接与交互影响的过程中迈向合作共治的良好倾向,两者之治理目标统合,既能确保我国金融市场规范有序发展,又能营造活力四射的创新环境。

分流之殇：金融案件简案识别机制的探索与建构

——基于上海金融法院简案快审机制运行实践的考察

周 荃[*] 楼雨薇[**]

摘要：从上海金融法院为期一年多的简案快审机制初步实践探索与现实运行情况来看，简案识别环节的机制设计呈现粗放型特征，存在选案标准精细化、规范化的优化空间。针对识别精准度、综合度、体系化方面的欠缺问题，立足金融案件收结案特点的基础上，借鉴吸收中级法院层面繁简分流优秀成果，引入程序本位主义与诉讼经济理念相结合的具体理念，从当事人权利保护、提升诉讼效率、实现资源适配和推动识别智能化四个方面提出简案识别应把握的具体原则。最后，以智能识别应用软件为载体，从初次筛选、二次分流、末端退出三个层面设计出符合金融案件特点的高效、多元、全面、动态的金融简案识别机制，为推动金融简案快审机制运作的进一步优化完善打下坚实基础。

关键词：金融案件；简案识别机制；简案快审机制

引 言

在司法改革的大背景下，推进繁简分流，破解人案矛盾，已经成为当前司法机关的普遍共识。简案识别作为分流的前提和基础，对于实现案件审理阶段"简案简审，繁案精审"的目标至关重要。多年来，虽然各法院经过量体裁衣式的多轮探索创新，积累了诸多宝贵经验，但关于繁简案件的识别尚未形成明确、系统的规范流程，尤其在专门法院更是缺少繁简案件分流的有力探索。2019 年 12 月 28 日，全国人大常委

---

* 周荃，上海金融法院综合审判三庭法官。

** 楼雨薇，上海金融法院综合审判三庭法官助理。

会作出《关于授权最高人民法院在部分地区开展民事诉讼程序繁简分流改革试点工作的决定》,授权上海金融法院为开展民事诉讼程序繁简分流改革试点法院。从为期一年多的金融简案快审机制初步实践探索与现实运行情况来看,简案识别环节的机制设计呈现粗放型特征,存在选案标准精细化、规范化的优化空间。直面这一现实困境,在立足金融案件收结案特点的基础上,借鉴吸收中级法院层面繁简分流优秀成果,明确简案识别标准设计理念,以智能识别应用软件为载体,从初次筛选、二次分流、末端退出三个层面设计出符合金融案件特点的高效、多元、全面、动态的金融简案识别机制,为推动金融简案快审机制运作的进一步优化完善打下了坚实基础。

一、现状描摹:上海金融法院简案快审机制运行情况分析与问题检视

(一)实证考察:影响简案识别的各类要素现实情况测评

本文选取了上海金融法院简案快审团队自2020年3月至2021年3月的样本数据,通过对简案快审机制运行一年来在人员配置、识别流程以及案件审理等影响简案识别的相关要素的测算总结,为后续简案识别机制的构建提供参考依据。

1. 审判人员配置:“一审一助一书”。2020年3月,上海金融法院成立简案快审专项审判团队,团队共由三人组成,采取“一审一助一书”的人员配置模式,并为团队配置一名外包人员负责快审团队立案、归档等相关辅助工作。审判员为团队负责人,拥有博士学历,且具有办理快审案件的多年经验,法官助理为硕士研究生学历,前期亦有一定的办案经验积累。

2. 简案筛选方式:“自动筛选+人工辅助”。根据《上海金融法院推进简案快审工作实施细则(试行)》(以下简称《快审实施细则》),简案快审团队的收案范围系针对民事裁定提起上诉的案件和第一审适用简易程序审结,事实清楚、法律适用正确的上诉案件。同时采用列举的方式将以下几类案件排除在外,即涉及国家利益、公共利益的;涉及群体性纠纷,可能影响社会稳定的;产生较大社会影响,人民群众广泛关注的;新类型或疑难复杂的;与本院或者上级人民法院已经生效的类案判决可能发生冲突的;涉外、涉港澳台案件。在具体运作中,简案识别主要采用“自动筛选+人工辅助”的方式(见图1)。

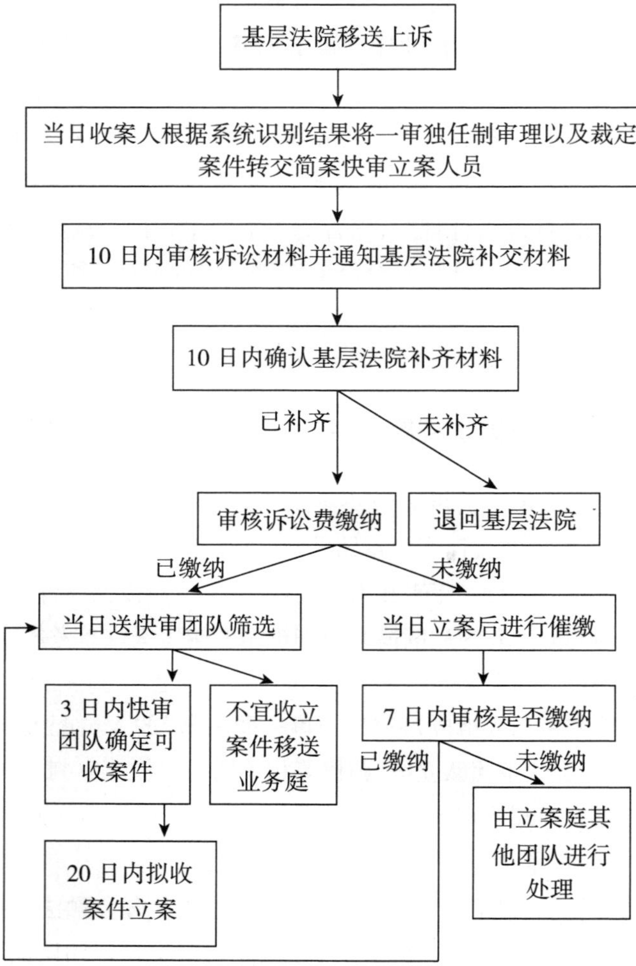

图1　简案筛选全流程

3. 简案收案占比:超过半数。从运行实践来看,自 2020 年 3 月至 2021 年 3 月简案快审团队运行一周年来,上海金融法院共受理二审案件 1428 件。其中符合受理条件的案件,即一审适用独任制审理的案件及以裁定驳回起诉方式结案的案件共计 649 件(其中不包含立案庭其他团队受理的二审案件,这部分案件主要为因未在规定期间缴纳上诉费按撤诉处理的案件,归入其他二审案件),简案快审团队从中收案 341 件,占比达到 52.54%,收案数量占比情况如图 2 所示。

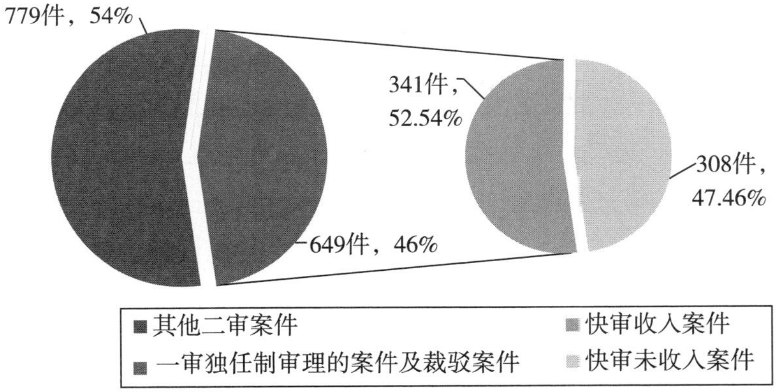

图 2　收案比例

4. 受理简案案由结构:案由集中度较高。从收案类型来看,位列前五的案由分别为:金融借款合同纠纷、融资租赁合同纠纷、财产保险合同纠纷、信用卡纠纷、委托理财合同纠纷。具体案由占比情况如表 1 所示。

表 1　简案案由结构

总类	案由类型	件数	占比/%
合同纠纷(297 件)占比 87.1%	金融借款合同纠纷	72	21.11
	融资租赁合同纠纷	65	19.06
	财产保险合同纠纷	42	12.32
	信用卡纠纷	40	11.73
	委托理财合同纠纷	21	6.16
	其他合同纠纷	13	3.81
	保险人代位求偿权纠纷	7	2.05
	借款合同纠纷	5	1.47
	人身保险合同纠纷	5	1.47
	责任保险合同纠纷	5	1.47
	健康保险合同纠纷	4	1.17
	证券投资基金交易纠纷	3	0.88
	典当纠纷	2	0.59
	小额借款合同纠纷	2	0.59
	意外伤害保险合同纠纷	2	0.59
	证券投资咨询纠纷	2	0.59

续表

总类	案由类型	件数	占比/%
合同纠纷(297 件)占比 87.1%	追偿权纠纷	2	0.59
	财产损失保险合同纠纷	1	0.29
	储蓄存款合同纠纷	1	0.29
	金融委托理财合同纠纷	1	0.29
	民间借贷纠纷	1	0.29
	其他期货交易纠纷	1	0.29
权属、侵权纠纷及其他(44 件)占比 12.9%	其他侵权责任纠纷	21	6.16
	票据追索权纠纷	14	4.11
	财产损害赔偿纠纷	5	1.47
	票据利益返还请求权纠纷	3	0.88
	票据付款请求权纠纷	1	0.29
总计		341	100

5. 案件审理情况:审理周期较长。从一年以来团队的收结情况来看,简案快审团队共计结案 328 件,月平均结案数达到 27.3 件。其中,维持判决 165 件,调解 49 件,裁驳 57 件,裁定撤诉 42 件,撤裁 13 件,改判 2 件,调解撤诉率 28%,平均审理天数为 25.92 天。图 3 为结案方式比例图。

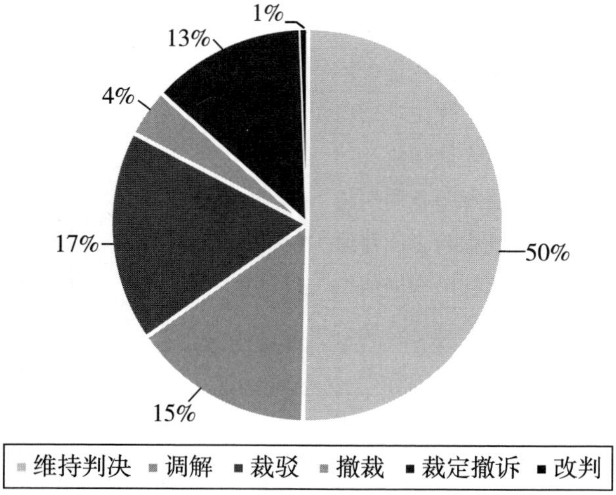

图 3　结案方式比例

6. 小结:从人员工作量测算来看,在当前"一审一书一助"的人员配置模式下,简案快审团队受理了超过可收案件50%的案件量,在结案的同时,团队成员需完成案件开庭率、当宣率等指标,并要满足案件在一个月内审结的审限要求,就结案方式来看,调撤占比亦不处高位。同时简案团队成员还需兼顾院庭室相关活动及事务性工作,根据上述收结案情况来看,团队成员工作量基本已趋向饱和。在后续简案筛选中需以此作为单人收案数量评定的一个标准,根据团队人员数量在一定范围内作出浮动修正。

(二)金融简案识别机制运行中的问题及局限

1. 前端初步识别智能化程度低,识别精准度有待提升。从前述简案筛选流程可以看出,因简案自动筛选软件尚未稳定运行,加之目前根据已有原则尚无法准确界定简案的内涵外延,法律事实是否清楚及案件法律关系是否简单亦难以直接在自动筛选软件上进行体现。相应的识别标准及规则设计需要进一步细化完善。另外,程序分流员作为人工辅助识别简案的重要环节,存在人员经验不足、工作量较大、选案标准难把握等问题,由此导致在分案环节容易出现案件流转阻滞、二审立案不及时以及形式上符合简案标准的案件收立案之后发现具有不适合简案快审工作机制的因素而应流转至审判业务庭的情况。

2. 中端二次分流机动性欠缺,识别综合度有待加强。当前简案二次筛选分流主要依靠法官的经验识别,难以在案件筛选时进行综合全面地考量影响收案的各类要素,导致案件分流中出现一系列问题,具体表现为:实践中难以兼顾到因快审案件的收案范围限制于部分二审金融商事案件,决定了快审收案存在随机性、被动性和波动性的特点,即收案数量取决于当事人是否有上诉的自主意愿,而难以通过一审法院整体金融商事案件裁判数量进行准确衡量,快审案件收案量无从预计或估算;每个月上诉案件来案类型差异较大,尤其当存在批量化的系列案件时,案件数量激增,将直接影响月均收案数量和结案数量的均衡度,亦对平均审理天数的指标产生影响;鉴于每个案件事实情况的独特性,案件是否为简案需具体情况具体分析,每段统计期间的简案数量随机性较为明显,对快审工作合理化安排造成较大压力;因移送二审案件的分流员人员流动较为频繁,加之凭借经验的二次识别可能存在偏差,未能充分挖掘简案资源,导致一部分简案溢出,而在其他时段分流简案的法官则可能面临收案或存案不足的阶段性问题,继而易产生"简案不简""快审不快"的新问题。故有必要根据每阶段的收案数量,并综合考虑人员学习培训、家庭事务、调研任务等各项时间安排,在某一阶段内或某个时间点对工作量进行均衡化、动态化调配,在有限的人员配置结构中实行二次分流，并进一步优化二次分流机制。

3. 后端案件退出规范性不足，识别体系化有待完善。《快审实施细则》就程序转化问题作出初步规定，应转为合议庭审理的案件包括需要评估、鉴定、审计或调查取证等不宜适用本实施细则的案件。审判组织的转换由独任法官自行提出，或院庭长依个案监督职权提出。但是就上述规定来看，所列情形较为原则，在具体实施过程中缺乏细致明确的判断标准，尤其是在程序转化的发起、评估和最终决定等环节欠缺操作规范。对识别不当(错误)或者在审理过程中出现新情况不宜再适用快速审理机制的案件缺乏规范有序的操作流程。如在一审判决后当事人死亡，需追加继承人参加诉讼，但相关的继承人因缺乏有效送达地址而无法向其送达诉讼文书，需公告送达的情况下，因快审一个月的审限限制，难以对此类案件继续审理。简案快审工作机制的提速增效要求建立合理的退出机制，顺畅简案的快速审理转入繁案精细化审理的渠道和途径，才能最大限度减少审理期限的消耗以及审判资源的浪费。

二、比较借鉴：简案识别示范模式要点梳理与简析

(一)简案识别的典型案例

2017 年 7 月以来，最高人民法院共发布十一批改革案例，经笔者筛选，其中涉及繁简分流的有 7 个，本文从中选取了中级人民法院的相关案例，即深圳中院、重庆一中院、淮安中院。同时，结合上海一中院以及陕西榆林中院的繁简分流实践，从繁简识别标准、分流环节、程序转换等维度将相关情况梳理如表 2 所示。

表 2　繁简分流典型案例

法院	识别标准	分流环节	程序转换
深圳中院	“案由+要素”识别模式：一审案件依据案由、标的和诉状字数 3 个核心要素；二审案件依据案由、标的、主体、审限和诉状字数 5 个核心要素	速裁案件管理系统，速裁案件电子档案自动生成，上诉案件通过系统自动流转并进行特殊标识，全部交由市中院速裁庭审理	—
重庆一中院	“实体+程序”识别模式：实体层面，一审适用简易程序，涉及人格权、婚期家庭等特定案由，上诉请求明显不成立的案件适用速裁；程序层面，一审裁定不予受理和驳回起诉，管辖权异议等程序性上诉案件适用速裁	立案庭初次识别、审判部门二次识别	速裁案件具备特殊情况，在报请庭领导审批后转为普通案件

续表

法院	识别标准	分流环节	程序转换
淮安中院	综合考量案件类型、审理时间、当事人需求、系列或关联案件，建立繁简程度核心甄别要素，针对民事一审案件选取“案由、标的、主体”3 要素；民事二审案件选取“案由、标的、主体、审限、诉状字数”5 要素	信息化识别系统智能归类案件，辅以人工调整	设置“简案退回”网上审批流程，对审理中发现不属于简案的，经领导审批后退回立案庭再次分流
上海一中院〔1〕	在系统识别环节，要素库、繁简规则库和程序分流员协同运作。要素库主要由案由、诉讼请求、标的金额、证据情况、原审案件权重系数等 80 余项要素组成；规则库主要由繁案 80 项、普案 11 项和简案规则 30 项组成。 在人工分流环节设置排除性和参考性因素	案件繁简分流分类处置平台，辅之以人工调整	—
陕西榆林中院〔2〕	案件要素分为基本要素、特殊要素、人工要素。基础要素包括：案由、标的金额、原被告主体数、适用程序等。特殊要素包括：是否发回重审、是否诉前保全等。人工要素包括：加分项、减分项	审判立案工作完成后，案件自动转入繁简分流系统中，系统支持电子卷宗 OCR 功能，自动识别案件信息回填到对应的案件要素中。程序分流员可手动填写案件要素，通过给案件赋分从而实现繁简分流	—

（二）简案识别模式的总结分析

在分流方式选择上，上述各中院基本采用了智能化分案系统与人工识别相结合的方式，只是人工识别对分案的介入形式有所差别。在分流标准设定上，存在单一或组合要素的识别方式，且部分中院保持了识别要素的开放度，留有根据实际情况调整的空间。在分流环节设置上，存在立案分流和审判二次甄别方式；在程序转换上，分

〔1〕 一中院繁简分流研究课题组：《案件繁简分流分类处置制度的探索与实践——以上海一中院为样本》，载搜狐网，https://www.sohu.com/a/406829978_100017141，2020 年 7 月 10 日访问。

〔2〕 陕西省榆林市中级人民法院：《榆林中院案件繁简分流系统》，载法安网，https://www.faanw.com/zhihuifayuan/5160.html，2020 年 12 月 8 日访问。

流不当的案件是由原审判组织继续审理，还是转入其他审判组织审理，或者退回立案庭再次分流，操作方式不尽相同。

三、理念导入：程序本位主义与诉讼经济理念的有机结合

理念是实践的先导。简案识别作为繁简分流的首要环节，其亦应将繁简分流所肩负的公正与效率的双重使命纳入其中。公正这一目标与"程序本位主义"偏重、强调程序独立价值的理论相契合。而效率这一目标要求则与诉讼经济理念的内涵相吻合，即诉讼主体以最小的诉讼成本，实现最大的诉讼效益，在最大限度上满足人们对自由、正义和利益的需求。简案识别机制的设计应以上述理念为指导，从以下四个方面来对简案识别标准进行细化把握。

（一）金融简案识别应以当事人权利保障为出发点

当事人权利保护是民事诉讼程序和审理机制的出发点和一项重要原则。"诉讼程序应当以'当事人为中心'而构建，尊重当事人的意愿、保障其权利和自由，让其发挥决定、支配和主导作用"[1]。虽然繁简分流的直接目的在于缓解司法资源与司法需求的剧烈冲突，但所要达到的最终效果绝不仅仅是为了缩短审限或提高结案率，[2]而是要真正达到"当繁则繁、宜简则简、难案精审、简案快审"的工作目的，以实现公正与效率的合理平衡，以及保障诉讼权利和优化诉讼服务的有机结合。因此，在构建金融简案识别机制的过程中不应过分追求程序简易化、非专业化和便利化，而导致破坏程序的权威保护性和正当保障性的后果。简案识别机制应依循繁简分流改革的内在诉求和基本规律，在民事诉讼法的框架下，强化机制设计本身的正义性与合理性，在案件分流的初始环节即对后续实体审理中会影响案件审理进程以及当事人诉讼权利的相关问题作出预判，同时亦兼顾考虑个案当事人的诉讼需求，通过上述要素的综合考量从而明确是否符合简案的标准。

（二）金融简案识别应以提升诉讼效率为落脚点

简案快审的基本工作思路就是要在时间和空间上有效整合司法资源，以便利当事人诉讼和人民法院办理案件为原则，通过简速、有效的审理，避免人力、财力和时间上的浪费，防止程序上的损耗，保证案件的高效处理，最大限度地提升司法效率。因

---

〔1〕 唐力：《当事人程序主体性原则——兼论"以当事人为本"之诉讼构造法理》，载《现代法学》2003 年第 5 期。

〔2〕 参见傅郁林：《繁简分流与程序保障》，载《法学研究》2003 年第 1 期。

此,效率原则应是简案识别原则的题中应有之义。诉讼效率在本质上是诉讼成本与诉讼收益的比值关系,提升诉讼效率可降低诉讼的公共成本和私人成本。但在实践中也应注意到,速度与效率并不等同,因此要树立正确的效率观念,遵循良性的效率增长机制,合理运用效率标准,以效率最优而不是速度最快为构建简案识别机制的价值取向。在这一理念的指导下,具体实践中应从以下三方面来对简案识别的标准进行把握:首先,确保简案识别的准确性。简案识别是繁简分流的首道关口,对选案标准的详细、精确设计可以有效保障繁简案件准确分流,既能实现各类案件审理程序相称、提高审判质效的目的,又能防止因识别错误而导致程序空转,避免司法资源的二次浪费。其次,保证简案识别标准的可操作性。虽然简案识别准确性的要求需要识别标准尽量细化,但因受制于电脑识别的有限性和人工识别的成本,简案识别的标准设计也不宜过于复杂,应符合简便、易操作的特征。若识别程序过于烦琐,识别本身的工作量过大,则与这一制度设计的价值取向背道而驰。最后,保障简案识别的灵活性。案件繁简的区别也是相对的,对于简案识别标准下的例外繁案,应给予一定的调整空间,通过繁简的二次分流程序设计,从而保证"漏网"繁案的精准归位。

(三)金融简案识别应以实现资源适配为着力点

繁简分流是推进司法便利化的一项重要举措,而司法便利化注重程序的经济效益价值。诉讼效益不仅体现为结果意义上诉讼成本与诉讼收益的比例,更强调的是在实现这种结果的过程中各种资源的合理适配,〔1〕因为唯有如此才能真正实现繁简分流提高审理效率、节约司法资源、降低诉讼成本的目的。基于此,繁简分流中应树立起与程序相称的案件快慢分道标准,确保审判组织和审判程序与案件难易程度和司法能力相适配的理念。〔2〕 具体到简案识别中,主要体现为保证人案配比合理化,即在精确测算人员、案件数量和工作量的基础上,动态调整收案情况,使其与团队审判力量相适配。关于审判力量,主要考量三方面要素:一是理论功底与实践经验的厚实程度;二是办案人员与案件分类的比例相称度;三是办案人员的个体差异与变化趋向。此外,配套机制建设的成熟度亦对简案的识别具有较大影响,简案的收案情况要考虑与技术设备、技术辅助人员、硬件设施等相适应,由此才能最大限度地发挥简案审判团队的优势。

---

〔1〕 参见邵新:《司法体制改革背景下繁简分流的法理论证》,载《法治现代化研究》2018 年第 4 期。

〔2〕 参见陈琨:《扩大民事案件独任制适用范围的现实路径——基于 B 省近 3 年独任制适用情况的实践考察》,载《法律适用》2019 年第 15 期。

（四）金融简案识别应以推动智能化建设为突破口

周强院长在《最高人民法院工作报告》中指出，要全面深化司法体制改革，实现案件审理繁简分流；要继续深化司法公开，加快建设“智慧法院”。这也表明将信息化技术融入民事案件的繁简分流机制，推动简案识别的智能化是当前智慧法院建设大背景下的必由之路。相较于人工选案，推动分案智能化，一方面可以解决简案识别中人力资源紧缺及人员不稳定的问题，同时又可以提升案件识别的效率与准确度，是推进繁简分流加速度的一项有力举措。在明确繁简案件识别标准的基础上，研发智能识别应用软件，并内嵌集成至人民法院立案信息系统，再通过设置一系列筛选条件，实现一键识别、标记案件繁简类别的效果，从而达到案件智能归类分流，可以大大减轻繁简分流中分案人员压力，有效节约司法资源。

四、模式重构：以“要素选择 + 分值测评”为基础的智能动态化金融简案识别机制

在前述金融简案快审运行的实践数据基础上，以智能化简案识别系统为依托，对金融简案筛选流程作出如下的调整与安排。

（一）第一阶段：“正向选案要素 + 负向排除要素”批量化识别

在简案识别的第一道程序关口，通过系统自动识别，将一审独任制审理以及裁定案件预先分流出来，从中通过正向与负向要素的分值设定将达到简案分值标准的案件分流出来，形成简案池。该环节因系简案筛选的第一步，为保证后续环节筛选调整的灵活度，相关选案要素的设定应尽量保持宽松。同时，该环节采用智能识别方式，要素的设定亦应兼顾系统可识别度和操作的简便性。

1. 正向选案要素。（1）案由。根据前述一年来简案快审团队审理的案件来看，金融简案案由较为集中，可先将位列收案前茅、中段以及分散的个别案由分别赋予相应分值。同时还可对金融法院运行以来各类案由的平均审理期限进行测算，从而更加全面地对简案集中案由进行划分。（2）标的额。案件标的额大小与案件繁简程度呈正相关关系。该标准可参考简案快审团队运行一年来结案案件一审标的额、上诉费，综合设定二者在测算过程中所占的权重系数以及各自的金额区间，并赋予不同分值。（3）其他要素。上诉状字数，上诉请求的具体项数、案件当事人数量、是否为双方上诉亦可以作为参考因素纳入选案系统。此外，在与一审法院系统实现良好对接的情况下，还可通过分案系统抓取一审法院案件权重系数、一审案件审理天数来对简案进行综合判定。通过多要素的综合评估，可以更全面地框定简案范围，从而实现精准选案。

2.负向排除要素。对于涉及群体性、系列性和关联案件较多的案件，虽然其所涉标的额不一定大，相关法律关系亦不复杂，但因其涉及面广，可能会引起舆论风险，仍应审慎判别处理。对于此类案件可从初选中筛出并予以标记，由快审选案法官对批量化案件数量、审理难度进行综合把握。在繁案、普案审理部门已对类似案件作出生效文书的情况下，可以将相关案件划定为简案；若尚未有先例的，可以在了解后续可能上诉移送的类似案件数量的情况下，先将批量化中的一案作为繁案分流，形成示范案件文书后，其余案件作为简案认定。

3.动态调整。简案识别试运行后，可根据各类案由的平均审理时间和调撤率对选定案由进行动态调整，同时加强与普案、繁案审理部门的横向沟通，通过定期的案件审理反馈，可以将部分适合简案审理的案件通过要素设置纳入下一阶段的简案收案范围，从而适应案由的阶段性变化。同时根据简案快审团队人员的变化调整，也需对识别要素选择进行动态调整，以控制简案收案量。

（二）第二阶段："列举式+兜底式"个案经验识别

为提高案件识别的准确度，减少简案识别错误回转后可能会引发当事人的不满和误会以及案件在庭室之间流转的不便，在系统作出初步筛选后，由快审法官在系统中进行二次筛选，二次识别如果仅依据快审法官的主观标准则会导致随意性过强，但若完全采用客观标准，对案件识别采用"一刀切"的方式也不现实，因而宜采取"列举式+兜底式"的方式进行类型化归纳，再根据法官经验进行动态调整，从而实现案件的合理甄别。列举式要素可有以下几个方面：

1.存在信访风险。金融案件中的金融借款合同纠纷、信用卡纠纷、融资租赁合同纠纷中上诉人一方往往系个人当事人，个别案件中上诉人年龄较大，缺乏法律基本知识，且未聘请律师，在相关案件审理中，因其对案件所涉法律关系认知不清，法院较难开展调解说理工作，因而在收案后需要对此投入较多的时间，但这与简案快节奏的审理工作不相适应。因此，在筛选此类案件时，需综合考量当事人年龄、诉求、聘请律师情况，进而对是否选为简案作出认定。

2.存在适法统一问题。部分上诉案件中可能会出现同案不同判的情况，如在车险纠纷中，关于未年检免责条款是否属于禁止性规定以及保险公司承保时车辆已过年检有效期是否应予理赔的问题，从业资格证书类免责条款是否产生保险法上的免责效力，保险条款的交付以及保险公司针对免责条款履行提示与明确说明义务的裁量标准在实践中存在法律适用的争议，这类案件在初步筛选过程中一般处于简案行列，但因实践中标准把握不一，往往需通过专业法官会议或者其他讨论机制进行分析研判,如此一来,会延长案件审理期限,容易产生耽误审理进程的情况。

3. 存在较大案件事实争议。根据前述快审机制运行的具体情况来看,部分案件中存在当事人对合同签名的真实性产生争议,且一审中未对签章进行鉴定的情形,还有部分车险案件中,虽然案情较为简单,但是当事人对双方的评估结果均存在争议,且一审未同意重新鉴定,直接采纳被保险人的评估意见的情况。此类案件经阅看一审判决书及上诉状,负责简案筛选的法官即可对是否需要鉴定作出初步判断,若需要在二审中进行重新评估和鉴定的可能性较高,则一般应将其从简案范围中剔除。

此外,《快审实施细则》中列明的除外情形,难以直接在系统中进行量化评估鉴别,因而需要选案法官在人工识别环节凭借经验及之前案件审理中的相关信息进行判别后筛选。

(三)第三阶段:审理中的救济性处理与逆向评价

简案的识别贯穿快审审理的全流程,因而对于已进入实体审理的案件也应构建相应的退出机制以供选择,从而真正做到简案简审,繁案精审。

1. 救济性处理。在进入实体审理阶段后,案件的事实、证据以及争议焦点均已全面铺陈,此时,可能会出现一些影响案件审理进程的要素,如二审中需要重新鉴定、当事人死亡需要追加继承人,或是经检索研究对案件处理结果存有不同处理意见,需要进行汇报讨论的相关案件等,此类案件受限于客观条件,往往需要较长的审理期限,因而需要转为繁案处理。这类要素往往不能在前两个阶段中予以识别,需要经过庭审或者讨论才能有所把握,对于需要退出的简案,是退回立案庭进行重新分案还是庭室内部流转亦有不同考量。笔者认为,当在简案审判团队设立于业务庭的情况下,简案退出倾向于庭室内不同团队间进行调配,因为如此一来,不仅可以减少审批流程,亦增加了案件流转的效率,更符合保障当事人权利以及诉讼经济的原则。关于诉讼程序,对于"简转繁"的案件,应明确转换前已确认事项的程序效力,已经达成共识的事项,包括证据的固定、争点的归纳等,当事人双方应在法官主持下予以书面列出,并签字确认其效力。在转换后,审理繁案的法官可以继续就原有案件审理进程继续下去。此外,对于转换的时间亦应有相应的限制,综合考量简案一个月的审理期限以及案件的排期开庭,一般宜将该时限限定为 10 日内较妥。

2. 逆向评价与修正。对于简案审理中出现的需要转为繁案审理的决定要素,应当进行反向追溯评价,总结识别偏差的原因,抽象出差异化的案件要素,通过对第一个阶段识别要素种类、分值情况的调整与优化以及对第二个阶段识别规则的修正与完善,从而更加精准地确定立案和审前阶段的案件繁简识别标准,使简案识别机制始终处于动态完善中。

归纳:纵观整个流程设计,可以通过图4简单地勾勒出来。

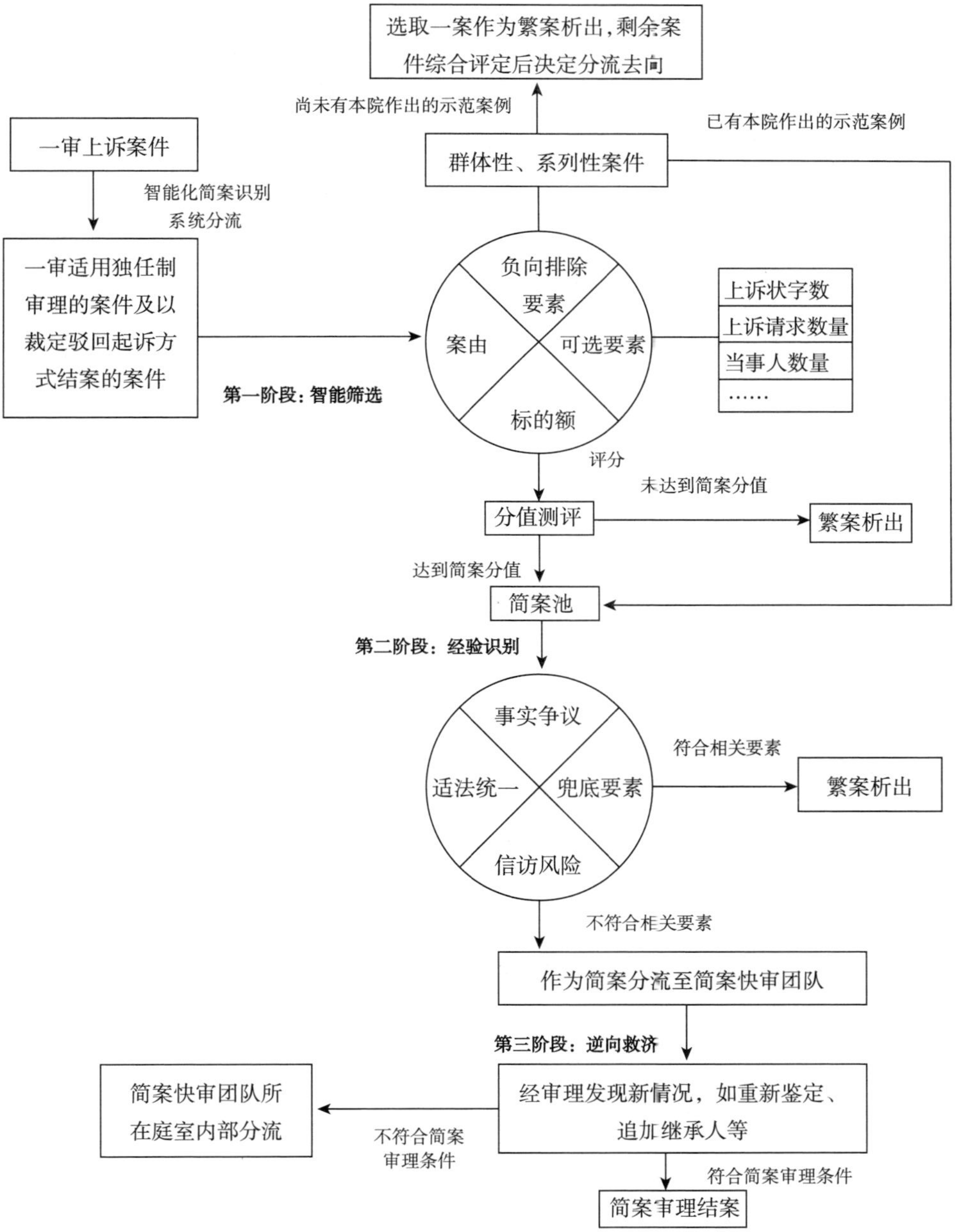

图4　金融简案识别机制

互联网金融第三方支付洗钱犯罪治理对策

沈海勇[*]　刁俊丹[**]

摘要:在互联网科技革命和产业变革背景下,互联网金融第三方支付依托网络技术创新快速发展新产品、新业务、新业态,加之网络技术具备自由性、实时性、开放性,使第三方支付平台成为不法分子洗钱犯罪"新宠"。实践中,习惯将第三方支付行业洗钱犯罪置于传统反洗钱框架中研究,忽略基于网络技术特点进行思考研究对策,导致现有反洗钱监管体系无法满足金融创新的监管需求。本文通过对我国互联网金融第三方支付行业洗钱风险背景、新特征、现状进行分析,立足于互联网技术特性提出治理对策,助推互联网金融依法合规创新发展。

关键词:第三方支付;制度体系;创新监管;信息数据;风险为本

第三方支付是指非金融机构在收款人与收款人之间提供的银行卡收单、网络支付、预付卡的发行与受理以及中国人民银行确定的其他货币资金转移服务,其作为商户与客户支付处理及结算的中介,盈利模式是依据交易量的比例向客户收取服务费。如何界定第三方网络支付洗钱犯罪,国内实践与理论均未给出明确的规定,但反洗钱金融行动特别行动工作组(FAFT)介绍了利用新支付方式、商业网站和互联网利用移动支付洗钱带来的犯罪风险,其中特别指出了网上银行、预付网络支付产品和电子货币三种互联网支付洗钱模式。[1]

---

* 沈海勇,重庆市江津区人民检察院。

** 刁俊丹,中国建设银行股份有限公司重庆江津支行。

〔1〕 See Financial Action Task Force, Money Laundering Using New Payment Methods, Oct. 2010, p. 17.

一、2020 年我国互联网金融第三方支付洗钱犯罪背景风险

(一)互联网金融第三方支付服务洗钱潜在风险分析

Statista 全球统计数据库发布的《FinTech Report 2010 - Digital Payments》显示,2020 年全球最大的数字支付市场是中国,根据中国互联网络信息中心(China Internet Network Information Center,CNNIC)发布的第 47 次《中国互联网络发展状况统计报告》,截至 2020 年 12 月,我国网络支付用户、手机支付用户规模分别达 8.54 亿人、8.53亿人,分别占网民整体、手机网民的 86.4%、86.5%。[1] 2020 年,非银行支付机构处理网络支付业务 138,272.97 亿笔,金额 294.56 万亿元,同比分别增长 14.90%和 17.88%。[2],另外,我国第三方支付牌照诞生于中国人民银行 2010 年制定的《非金融机构支付服务管理办法》,截至 2021 年 6 月公示,现有 232 个公司拥有网络支付牌照。网络支付业务、支付交易规模以及支付机构数量均反映出互联网金融第三方支付在方便人们的同时容易造成用户隐私信息泄露、沉淀资金混同、洗钱犯罪风险增加。

(二)2020 年中国人民银行对第三方支付机构行政处罚分析

据移动支付网最新统计,2020 年中国人民银行针对第三方支付机构作出的行政罚单 72 张,分布于49 家不同的支付机构,合计罚没总金额(含对责任人罚金)40,243.15 万元,平均每张罚单金额 558.93 万元,罚没总金额创历史新高,是 2019 年的 2.4 倍。[3]

从 2015~2020 年中国人民银行对第三方机构罚单数量和金额来看,虽然罚单数量近年有所下降,但罚单金额总体是在增加(见图 1)。2020 年 4 月 29 日,商银信支付服务有限责任公司因擅自中止支付业务、挪用备付金、为非法集资平台直接提供支付结算服务等 16 项违规行为,总计罚没 11,597.791638 万元,是迄今为止,监管机构对单一支付机构开出最大罚单。

---

〔1〕 参见第 47 次《中国互联网络发展状况统计报告》,载国家互联网信息办公室网,http://www.cac.gov.cn/2021-02/03/c_1613923423079314.htm。

〔2〕 参见《2020 年支付体系运行总体情况》,载中国人民银行网 2021 年 3 月 24 日,http://www.pbc.gov.cn/zhifujiesuansi/128525/128545/128643/4213347/index.html。

〔3〕 参见卢华秋:《2020 年度第三方支付罚单分析报告》,载移动支付网 2021 年 3 月 18 日,https://www.mpaypass.com.cn/download/202103/18175654.html。

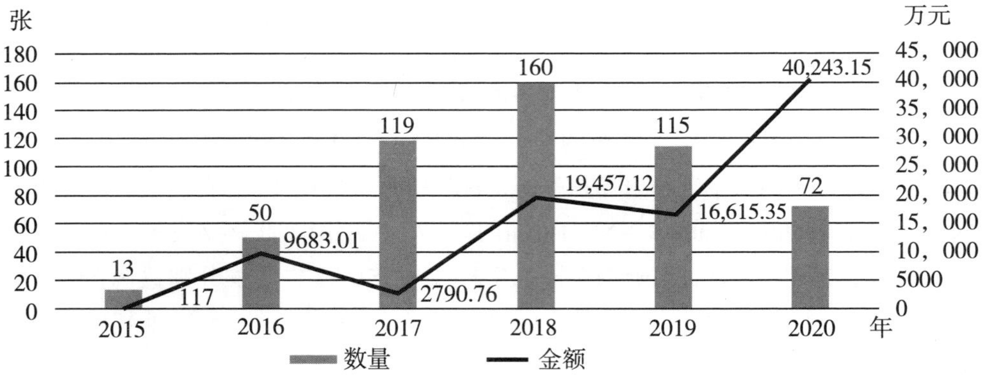

图1　2015～2020年中国人民银行对支付机构罚单数量/金额

数据来源：中国人民银行·移动支付网整理。

2020年中国人民银行对金融机构开出的72张罚单中，有34张涉及相关责任人处罚，比例达47.2%，罚款共计607.27万元，两项数据均为历史最高。（见图2）涉及责任人的罚单主要表现在风控、合规、反洗钱、市场业务等部门，第三方支付从业人员，特别是对管理人员“双罚”比例越来越高。

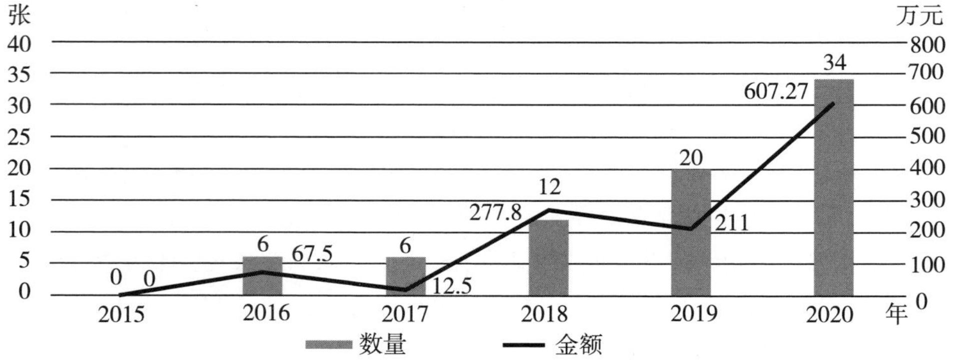

图2　2015～2020年人民银行对支付机构涉责任人罚单数量/金额

数据来源：中国人民银行·移动支付网整理。

2020年，第三方支付机构违规情形中，违反反洗钱相关规定的占比最高，且大部分罚单涉及两个或两个以上处罚情形，其中违反收单管理规定、违反支付结算管理规定以及反洗钱相关情形三者合计102次，占比84.3%。（见图3）

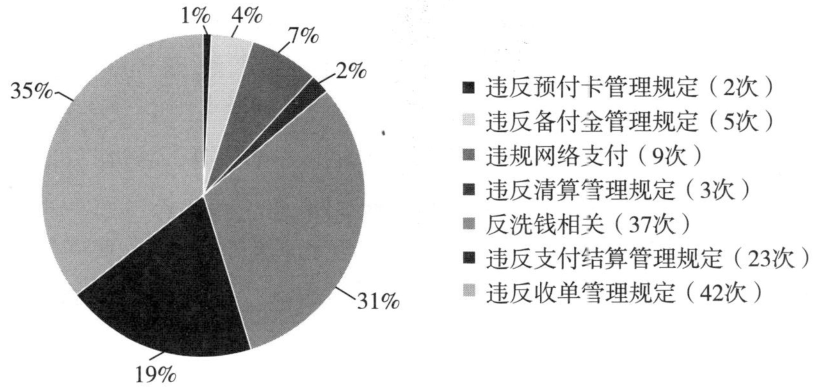

图3　2020年第三方支付机构罚单:违规情形

数据来源:中国人民银行·移动支付网整理。

二、互联网金融第三方支付洗钱犯罪新特征

相对于传统洗钱犯罪,互联网金融第三方支付洗钱犯罪主要是依托网络交易公共平台,用户可以借助移动终端,在网络支付结算平台自由实现资金的流转。这种新型洗钱方式除了结合网络技术本身的特性,还有以下新特征。

(一)洗钱犯罪主体行为隐蔽性、跨境性

互联网金融创新使第三方支付平台依附于网络服务的"非面对面"性突出,加之网络数据容量更迭和犯罪手段的不断升级,犯罪分子利用特殊服务器、伪基站、中转接换、境外控制等技术变换身份、设立虚假账户、利用他人账户取款等方式让第三方支付洗钱犯罪主体隐藏化,进而使反洗钱部门难以对交易双方和资金流向进行掌握、识别和监管。此外,我国对外开放进程不断纵深化,犯罪分子可以利用各国洗钱犯罪法律适用差异、监管能力以及监管信息的不对称,假借跨境贸易、跨境投资、境外注册空壳公司等渠道,以对外投资的方式汇出资金,实现资金漂白。

(二)洗钱犯罪资金流转便捷性、即时性

相比较于传统支付方式,互联网第三方支付基于网络全球化互通,进而打破区域性、空间性、时空性节点,犯罪资金转移具有便捷性和即时性,导致第三方支付洗钱犯罪主体可以在不同区域、不同时间将非法所得资金及收益以移动支付方式实现快速转移,而且还可以利用网络支付的"可变性"持续在第三代支付机构上迅速购买理财、进行消费,通过多次循环反复模糊交易、资金性质,从而实现洗钱犯罪所得性质、来源、占有关系的掩饰和隐瞒。

（三）洗钱犯罪手段反侦查技术性、复杂性

从近年来查获的网络洗钱犯罪情况来看，基于网络平台、信息服务机构、网络运营商、用户等诸多主体参与复杂性，当前互联网第三方支付洗钱犯罪越来越呈现专业化、组织化、分工化。犯罪分子应用网络新技术能力不断提升，通过窃取他人身份信息以及利用数字货币、加密货币隐藏交易资金走向，善于利用网络电子证据的可修改、删除、隐藏以及证据之间的转换与网络技术取证高要求的漏洞，使支付资金流入第三方支付机构管理资金中转站，无法追踪非法资金的一致性，相当于规避了对资金流向的识别，不断干扰洗钱犯罪侦查。

三、互联网金融第三方支付反洗钱防控建议

古希腊学者柏拉图曾说“智者非因犯罪已然发生才去惩罚，实乃为了防止犯罪而施刑责，其原因在于，过去无法逆转，而未来则可以预防”。从长远和深层考虑，有效预防犯罪、减少犯罪才是社会管理方式的最佳体现。

（一）健全完善第三方支付反洗钱法律法规体系，抓牢制度防火墙

《反洗钱法》是反洗钱制度体系建设的法治基础，互联网金融第三方支付机构作为支付主体，本质上承担了与金融机构相同的资金结算、支付等金融业务。2010 年以来，涉及非金融机构支付反洗钱监管的制度均限于部门规章和规范性文件，法律效力低，不能作为司法裁判援引的依据，虽然 2021 年《刑法修正案（十一）》将自洗钱纳入犯罪，但在肯定自洗钱入罪的同时也要充分认识到反洗钱立法是系统性、长期性的工作。

1. 完善反洗钱义务主体，实现金融创新第三方支付全覆盖监管。

虽然我国已将金融、非银行支付、非金融机构纳入反洗钱义务主体范围，但相关的监管规则只笼统规定反洗钱义务，缺乏具体性和操作性。及时修改反洗钱义务主体资格，将具有移动支付服务的非金融、第三方支付机构主体纳入法律层面监管，明确第三方支付服务者具体的反洗钱义务、协助程序法律责任等，规范第三方支付机构反洗钱的基本义务和特殊义务，尤其是对于尽职义务类型作出明确划分，明确反洗钱可疑交易报告特殊报告制度义务尤为重要。但有两点值得注意，一是在将非金融支付服务和第三方支付机构纳入反洗钱监管主体时一定要立足于网络支付技术的特点与网络犯罪的特殊性进行思考、寻找对策；二是对第三方支付机构收集客户资料信息、交易记录保存和提交等方面要注重与公民个人信息保护相关制度做好衔接，确保公民个人信息的合法使用。

2. 及时扩充洗钱犯罪的上游犯罪，保障刑事司法适用的范围。

此次洗钱罪修改并未对《刑法》第 191 条洗钱罪的上游犯罪如毒品犯罪、恐怖活动犯罪等 7 类犯罪进行扩充，在删除明知、三个“协助”的同时并未对洗钱罪实行行为作出完善。从全球反洗钱立法来看，国际上洗钱罪上游犯罪范围都更为广泛，如美国作为世界上最早对洗钱认定犯罪化并实施监管的上游犯罪有 170 余种，《联合国禁毒公约》将“掩饰、隐瞒、转换、转让、获取、持有、使用”等行为均纳入洗钱犯罪实行行为。而从我国反洗钱实践来看，赌博、逃税骗保、诈骗、走私等犯罪洗钱严重突出，特别网络空间逐步成为犯罪分子的“天堂”。据最高检通报，2020 年，全国检察机关起诉网络犯罪 14.2 万人，同比上升 47.9%，网络犯罪黑灰产业生态圈逐步形成并发展。[1] 对此，为适应我国打击洗钱犯罪和加强国际反洗钱的合作的需要，应汲取其他国家和地区反洗钱立法的相关经验（见表 1），基于网络金融创新性、特殊性，将网络犯罪、重大财产、税收犯罪等类型上游犯罪纳入洗钱罪的上游犯罪，增加洗钱犯罪实行行为方式的认定，进一步完善洗钱罪的刑事司法，发挥刑罚对于洗钱犯罪的预防震慑作用。

表 1　世界主要国家或地区洗钱犯罪法律法规规定

序号	国家（地区）	相关法规与政策	相关管理措施
1	德国	《刑法》第 261 节	任何隐藏本款第二句中规定的违法行为产生的违法所得、掩盖违法所得来源，或阻挠调查其来源，阻碍其被发现、没收及获得者
2	美国	1999 年《金融服务现代化法》；2012 年《关于第三方支付机构洗钱风险的报告》；2013 年《关于个人申请管理、交换和使用虚拟货币的规定》	将第三方支付机构认定货币转账企业或货币服务企业，由美国联邦存款保险公司和财政部负责监管，作为货币服务企业，第三方支付机构需要在财政部的金融犯罪执行网络（Fin – CEN）注册，接受联邦政府和州政府两级反洗钱监管，及时报告可疑交易，并完整记录和保存交易数据；作为获得和转移虚拟货币的管理者和交易员，或者作为转移虚拟货币的买入者和卖出者，都在 FinCEN 监管内，对于金额超过 1 万美元的交易，都必须记账，并向主管部门报告

〔1〕 参见张军：《最高人民检察院工作报告——2021 年 3 月 8 日在第十三届全国人民代表大会第四次会议上》，载最高人民检察院网 2021 年 3 月 15 日，https://www.spp.gov.cn/spp/gzbg/202103/t20210315_512731.shtml。

续表

序号	国家（地区）	相关法规与政策	相关管理措施
3	法国	《刑法》第 324 - 1 条	本法所称洗钱，指以任何方式使上游犯罪所得或收益合法化的行为。协助使用犯罪所得或收益进行投资或隐瞒、转换犯罪所得的行为也构成洗钱
4	意大利	《刑法》第 648 - ter. 1 条	任何实施或参与实施故意者，通过经济、金融、商业或投机活动，适用、替换、转移犯罪所得或收益，以隐瞒犯罪所得或收益来源的，处 2 ~ 8 年有期徒刑及 5000 ~ 25,000 欧元的罚款
5	西班牙	《刑法》第 301 条	任何人，无论是犯罪分子本人还是第三方，明知是犯罪所得，仍予以收受、持有、使用、转换、转移，以掩饰、隐瞒其非法来源，或协助犯罪逃避处罚的，处 6 个月至 6 年的监禁，并处违法所得 1 倍以上 3 倍以下罚金
6	瑞士	《刑法》第 305 条	任何人明知或应知是重罪或者严重税收违法行为所得，仍阻碍对相关资产的来源识别、追踪及没收的，应处不超过 3 年的监禁或罚款
7	中国台湾地区	“洗钱防制法”	“本法”所称洗钱，指下列行为：意图掩饰或隐匿特定犯罪所得来源，或使他人逃避刑事追诉，而转移或变更为特定犯罪所得；掩饰或隐匿特定犯罪所得之本质、来源、去向、所在、所有权、处分权或其他权益者（包含自洗钱）；收受、持有或者使用他人之特定犯罪所得

3. 加快制定虚拟货币、数字货币反洗钱制度框架。

近年来，各类虚拟货币相继问世，以区块链技术为基础的虚拟货币去中心化、匿名性是吸引犯罪分子利用虚拟货币洗钱的主要原因。国家应及时将虚拟货币纳入现有反洗钱制度监管中，制定相应的法律法规规范虚拟货币市场行业，通过法律规范、监管指引强化虚拟货币的事前和事中监管，如 2020 年 5 月，日本以《资金结算法》《金融工具和交易法》修正案立法的形式加强对虚拟货币交易资金监管。由于我国对虚拟货币、加密货币采取禁止政策，导致虚拟货币监管存在法律、经验空白，为避免虚拟货币冲击我国反洗钱制度与体系，应尽快基于反洗钱需要将虚拟货币纳入监管视野。

4. 明确互联网金融第三方支付服务主体反洗钱的刑事责任。

2021 年 6 月 1 日公开的《反洗钱法》（征求意见稿）中依然未对刑事责任具体明确细化，只有宽泛的“违反本法规定，构成犯罪的，依法应追究刑事责任”，特别是未明确细化反洗钱追赃义务、失职等刑事责任，也是导致第三方支付违规屡罚不止的现象。建议尽快对反洗钱追赃义务、失职等刑事责任作出规定，明确第三方支付机构不如实报送可疑交易、提供虚假交易、无法保证交易一致性的失责失职刑事责任。可参考英国的《2002 犯罪收益追缴法》中的不申报罪和泄露罪、加拿大的《犯罪收益和恐怖融资法》不履行记录保存义务。

5. 完善行政执法与刑事司法对网络电子证据的衔接协助程序。

从 2012 年至 2019 年中国人民银行与司法机关的协作配合来看，目前打击洗钱犯罪的效果并不理想，历年《中国反洗钱报告》数据显示，以《刑法》第 191 条洗钱罪判决的案件件数、人数分别仅占接受线索、移送数量的 0.03%、1.27%，主要是因法律适用、电子证据认定等存在障碍（见表 2）。电子数据作为信息时代的核心证据，具有可修改性、可复制性、宜毁坏性等特征，而实践中电子数据取证往往又与财产权、隐私权、个人信息、言论自由和通信自由等牵涉，导致电子证据的真实性受到质疑。因此，应完善行政执法与刑事程序上关于电子数据衔接制度，强化第三方支付行业在对涉及反洗钱资金流向、存储介质、网络数据等证据的有效配合，及时对网络支付电子数据中支付服务 IP 地址证据、支付终端归属等收集、认定作出细化，建立和完善网络证据制度，有利发挥网络电子证据在打击网络洗钱犯罪中的作用。

表 2　2012～2019 年中国人民银行全国接受、移送线索以及检察机关起诉、人民法院审结判决情况

年份	人民银行移送线索		检察机关起诉		人民法院判决	
	接受可疑交易线索/条	移送侦查机关线索/条	起诉件数/件	起诉人数/人	审结件数/件	判决人数/人
2012	4800	490	8	16	5	8
2013	4854	474	6	15	8	10
2014	4940	866	5	13	4	5
2015	5893	1540	20	30	9	15
2016	8504	1965	16	27	28	17
2017	10,265	2667	32	52	32	20
2018	13,467	3648	40	64	47	52
2019	15,755	4858	90	150	77	83
合计	68,478	16,508	217	367	210	210

资料来源：《中国反洗钱报告》。

注：以上数据仅指《刑法》第 191 条洗钱罪，洗钱罪判决件数、人数仅占移送数量的 0.03%、1.27%。

(二)主动创新第三方支付反洗钱监管价值理念,聚焦多方合作力

早在2019年,FATF第四轮评估就指出我国在非金融机构反洗钱工作评价为不合规。当前我国反洗钱工作主要是中国人民银行的反洗钱监测分析中心、反洗钱局和各分行反洗钱机构,彼此之间相互独立,合作协调配合有限;加上我国许可经营的第三方支付机构诸多,各支付机构之间系统、交易信息数据封闭,且各机构只能利用各自的信息数据进行洗钱分析,无法相互关联识别洗钱团伙的信息,使大量可疑情报数据人为割裂,导致大量有价值的情报数据资源无法整合发挥反洗钱作用。为改变上述情况,需从以下五个方面进行努力。

1.设立国家中心级非金融反洗钱监管机构,推进情报数据信息共享深度与广度。根据FATF建议,一国应设立一个“国家中心”级的金融情报机构,接受和分析可疑交易报告以及与洗钱、相关上游犯罪的信息,并将分析结果反馈有关部门。在国家层面成立移动第三方支付的统一“中心”数据接口交互信息平台机构,负责互联网非金融、第三方支付机构反洗钱相关工作,依法合规推动第三方支付机构数据开放共享,扩宽与第三方支付行业数据采集渠道,建立各支付机构数据信息交换机制,实现各部门、各行业、各支付端的信息共享,有效地提升和化解重大洗钱风险。

2.建立健全新的协调工作机制,深化多方合作配合。针对互联网第三方支付涉及多部门管理的特点,反洗钱工作部际联席会议的议事协调机制显得尤为重要。国际上通行的做法是在反洗钱义务机构内部设置统一的反洗钱司法协助机构或者派驻人员,如美国的Fin-CEN(美国财政部所属的金融情报中心)、德国检察机关专门设置的打击互联网犯罪的机构。当前我国工作部际联席会在对第三方支付动态监控、多部门之间数据、信息、情报共享以及与司法机关在追踪资金、固定证据、分析研判方面存在不足。探索在行政执法、刑事司法内部相互设置反洗钱派驻人员或机构,定期研究第三方支付行业洗钱犯罪突出的问题,有效形成情报会商、信息共享、办案协作、联合督导的合作机制,能够为打击洗钱犯罪提供技术支持和证据分析支持,起到更细的专业化分工、更高的专业化效率。

3.持续推进国际合作机制,积极参与国际反洗钱治理。近年来“猎狐”“天网”等专项行动效果显著,充分体现了参与国际反洗钱行动的重要性。但据不完全统计,2012年至2019年,我国反洗钱监测分析中心向其他域外提出金融情报信息合作请求98项,而同期接受域外金融情报信息合作请求达2492项,约是上述次数的25.4倍,且向域外同行提供的相关信息仅限数据库中已有的信息。我国应积极主动参与国际反洗钱组织的业务、执法、司法交流与合作,完善金融情报信息分享、电子数据收集、

侦破协作、引渡等方面制度框架，加强与域外情报机构签署金融情报信息交换双边合作，汲取先进的治理经验，并转化至国内反洗钱制度中，融入国际反洗钱潮流。

4. 转变监管理念，注重信息数据监管价值，推进监管科技创新应用。新技术是一把“双刃剑”，基于互联网产生的海量数据价值正在充分被挖掘，互联网金融科技创新要求监管者必须关注业务拓展和业务创新，转变过去“人盯人”“紧盯金融机构”的监管理念，改变反洗钱情报信息的被动收集方式。监管者秉承“风险防控”的原则，主动将可疑情报延伸至第三方支付行业动态监管，提升监管的穿透性、时效性、合规性，积极推动“监管科技创新”，运用大数据、区块链、数据建模等技术，预防、挖掘、跟踪、分析潜在的客户身份、交易记录、交易频率等风险变化，突出人工智能技术对数据分析优势，提高反洗钱监测分析的效率。

5. 注重反洗钱高素质人才队伍培养，不断提升履职能力。基于互联网金融服务与科技深度融合以及呈现的犯罪新特征，对监管人才队伍能力提出了更高要求。应加强与高等科技院校的大数据、智能化、专业化人才培养，有意识从各方面选拔反洗钱专业人才，同时对新政策、新技术、新型洗钱手法做好培训和宣传，培养兼具政策和业务知识、信息技术及数据分析能力等复合型人才，建立具有各方专业技术人才共同组成的反洗钱队伍。另外，也要注重对反洗钱义务主体相关人员开展反洗钱法律法规、网络支付国家和行业标准政策、交易识别、分析与报告要求等内容培训，帮助企业树立风险意识和合规意识。

（三）充分发挥第三方支付反洗钱前沿阵地作用，守住自律高压线

2020 年度反洗钱行政处罚原因中，违反反洗钱规定达 73 笔（见图 4），其中约 90% 第三方支付机构都存在虚假交易、未按规定履行客户身份识别义务、未按规定保存客户资料、未按规定报送大额交易报告和可疑交易报告等违法行为。对第三方支付机构来说，精准识别网络洗钱客户真实身份和有效保证交易的真实性是反洗钱面临的首要难题，反洗钱对支付行业最基本、最核心的要求就是保证交易的可追溯性，这也是移动支行业本身合法合规、高效运营的前提和需要。

1. 贯彻落实制度要求，积极做好客户尽职履责调查工作。第三方支付行业作为金融科技创新的提供者，战斗在反洗钱工作的第一线，必须树立“主人翁”意识，充分认识客户尽职调查是反洗钱工作的基础和核心义务，要切实履行反洗钱义务。一方面要严格落实实名制原则，确保客户身份资料的真实、准确、完整，做好客户身份资料和交易记录的一致性，不得隐匿资金的真实性，杜绝与身份不明客户交易、虚假交易。另一方面要通过可靠、独立的证明文件、数据或信息核实客户身份，持续进行客户尽

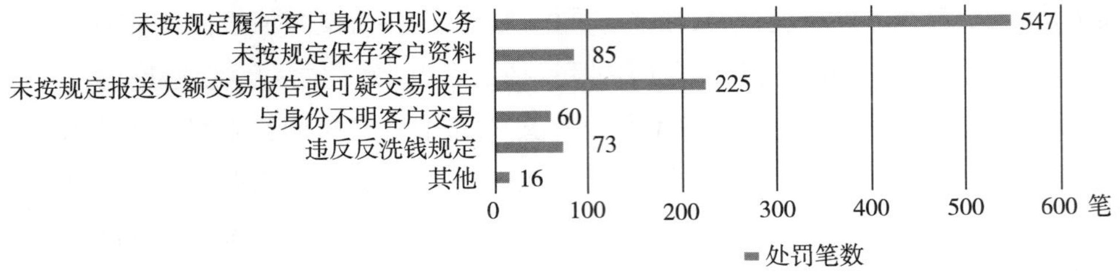

图4　2020 年度反洗钱行政处罚原因

注:2020 年反洗钱行政处罚原因中与客户直接相关占共计 917 笔,占处罚原因的 91.2%,而未按规定履行客户识别义务、未按规定报送交易报告或可疑交易报告分别占 54.4%、22.4%,也间接说明监管反洗钱中如何有效监管客户成为监管难题。

职调查,形成对客户活动、交易规模和交易类型动态预期,对不符合正常交易行为或者洗钱风险高的交易行为及时采取措施,有效准确地识别大额交易和可疑交易,第一时间按规定报送可疑报告,为防范洗钱风险、预防洗钱犯罪构筑第一道安全防线。

2. 树立“风险为本”管理理念,做好客户洗钱画像分析。我国反洗钱监管的核心“风险为本”基本理念,现对互联网第三方支付行业监管聚焦于外部监管,忽略了其内部风险防范和控制,实践中洗钱犯罪风险基本单元是以“客户(主体) + 交易(行为)”为核心,以资金、财产转换为载体。因此,通过对犯罪载体进一步分析客户身份背景、关联关系等因素可能导致的洗钱动机的产生以及实施该行为表现出来的交易行为特征做好客户画像分析,是防范洗钱风险的关键。这里结合 2021 年最高人民检察院、中国人民银行联合发布的六个洗钱犯罪典型案例剖析,突出“风险为本”管理理念的重要性,供第三方支付行业参考(见表 3、表 4)。[1]

[1] 参见王静:《浅析“客户洗钱风险评级”——从六则洗钱犯罪典型案例出发》,载微信公众号“张博反洗钱”2021 年 3 月 26 日,https://mp.weixin.qq.com/s/tQ3KQSzvETDN71hXFRDfCg。

表3　2021年最高人民检察院、中国人民银行联合发布六个洗钱犯罪犯罪人身份信息

序号	案例	人物	身份			罪名
1	曾某洗钱案	曾某	江西省众某实业有限公司	法定代表人	被告人	洗钱罪
		熊某	江西省南昌市生米镇山某村	党支部书记	关联人	
		曾某琴	曾某侄女		关联人	
		熊某妻子			关联人	
2	雷某、李某洗钱案	雷某	杭州瑞某商务咨询有限公司	员工	被告人	洗钱罪
		李某	杭州瑞某商务咨询有限公司	员工	被告人	洗钱罪
		朱某	杭州腾某投资管理咨询有限公司	实际控制人	关联人	
3	陈某枝洗钱案	陈某枝	无业		被告人	洗钱罪
		陈某波	陈某枝前夫、意某金融信息服务公司	法定代表人	关联人	
4	张某洗钱案	张某	原江苏某机关	工作人员	被告人	洗钱罪
		陈某	张某的前夫、徐州秦某投资管理有限公司	实际控制人	关联人	
5	林某娜、林某吟等人洗钱案	林某娜	深圳市菲某酒业有限公司、广州市永某资产管理有限公司	法定代表人	被告人	洗钱罪
		林某吟	深圳市雅某酒业有限公司	法定代表人	被告人	洗钱罪
		黄某平	深圳市通某二手车经纪有限公司	法定代表人	被告人	洗钱罪
		陈某真	无业		被告人	洗钱罪
		林某永	毒贩、林某娜哥哥、林某吟哥哥、黄某平男友		关联人	
		蔡某璇	毒贩、陈某真丈夫		关联人	
6	赵某洗钱案	赵某	原系国有独资企业天津市某电影集团有限公司金融部	职员	被告人	洗钱罪
		武某	电影集团金融部副部长、部长、金融顾问		关联人	
		王某			关联人	

表 4　2021 年最高人民检察院、中国人民银行联合发布六个洗钱犯罪详情

序号	案例	人物	身份	罪名	行为特征				
1	曾某洗钱案	曾某	被告人	洗钱罪	利用曾某个人银行账户中转	直接转账	取现	利用众某公司银行账户接收银某公司行贿款、转账至其侄女曾某琴银行账户，再拆分转账	利用其实际控制的江西雅某实业有限公司银行账户，接收银某公司以工程款名义分4次转入的行贿款
2	雷某、李某洗钱案	雷某 李某	被告人	洗钱罪	提供多张本人银行卡，接收朱某实际控制的多个账户转入的非法集资款	大额取现	大额转账	同柜存取、银行柜台先取后存	
3	陈某枝洗钱案	陈某枝	被告人	洗钱罪	提供个人银行账户	卖车钱款全部转账给“矿工”换取比特币密钥			
4	张某洗钱案	张某	被告人	洗钱罪	提供 6 个银行账户、共接收陈某等人的银行账户转入的非法集资款 6.6 亿余元	开具本票	提供网银 U 盾	提供个人工资卡账户，接受陈某转入的非法集资款，将转入的非法集资款项与工资混用，用于消费、信用卡还款、取现等	
5	林某娜、林某吟等人洗钱案	林某娜	被告人	洗钱罪	提供账户帮助转移毒资	提现	转账	购房	
		林某吟				购买理财产品	发放雅某公司员工工资		
		黄某平			购房	购买理财产品	消费支出	购房	
		陈某真				购买土地使用权			
6	赵某洗钱案	赵某	被告人	洗钱罪	提供个人银行账户，多次接收贪污、受贿款项	购买理财产品	购房及车位、购置家具		

资料来源：最高人民检察院、中国人民银行联合发布惩治洗钱犯罪典型案例（2021 年 3 月 19 日）。

以上案例客户主体和交易行为分析可知，第三方支付行业建立“风险为本”防范思路要发挥自身信息数据优势，持续对载体进行识别、评估、分析，充分挖掘客户背景、客户行业、可疑交易行为的特征不断完善对潜在犯罪分子进行画像识别。

3. 遵守法律法规，依法合规经营，突出行业自律管理。从 2020 年第三方支付机构罚单分析可知，当前第三方支付行业自律性较差，法治意识淡薄明显，而行业自律性是反洗钱配套监管和协同制度体系落实的重要环节，自律管理理念的高低直接决定反洗钱制度管理和执行的水平。第三方支付行业要始终把强法治、促管理、防风险作为企业稳健发展的重要举措，着力打造治理完善、经营合规、管理规范、守法诚信的金融创新支付企业，增强参与反洗钱的服务意识，自觉净化互联网金融支付环境。同时积极培育反洗钱依法合规经营管理的企业文化，提升管理人员运用法治思维和法治方式处理、应对洗钱风险的能力，强化自我反洗钱管理，完善依法合规反洗钱大管控的体系。

发行人承担证券侵权责任后向董事追偿的司法裁判路径研究

——以证券法与公司法的互动为视角

孙　倩*　王　倩**

摘要：发行人因证券虚假陈述等侵权行为对投资者承担民事赔偿责任后，可以向有过错的董事追偿，但追偿范围及内部人员的责任份额区分在立法上并不明确，司法实践中也鲜见类似案例。本文以证券法与公司法的互动为研究视角，认为董事对投资者损失所承担的连带责任应属于不真正连带责任，并在此基础上，探索审判实务中的"三步法"逐层推演路径：首先，在发行人与保荐人、承销商、证券服务机构等市场主体之间确定发行人所应承担的责任份额；其次，明确对董事追偿的责任范围可等于发行人的责任份额；最后，综合过错、原因力等因素判断董事、监事、高级管理人员等内部人员的责任份额分配。基于避免赔偿责任过重导致董事过分谨慎经营的考量，可考虑董事对外承担比例连带责任的可能性，同时，建议引入董事责任豁免制度以及董事责任强制保险制度。

关键词：证券侵权纠纷；董事；连带责任；追偿

一、问题的提出

我国证券法在证券民事侵权责任的承担上，设置了类型化、多层次的责任主体。

---

* 孙倩，上海金融法院综合审判一庭法官。

** 王倩，上海金融法院综合审判一庭法官助理。

2019年修订的《中华人民共和国证券法》(以下简称《证券法》)第85条[1]拓展了证券虚假陈述责任纠纷案件中承担连带赔偿责任的主体范围,发行人的控股股东、实际控制人、董监高及其他直接责任人员,保荐人、承销商及其直接责任人员,以及证券服务机构均有可能承担连带赔偿责任。对外承担民事赔偿责任后,发行人有权向董事等直接责任人员追偿。然而,司法实践中,发行人向董监高追偿的案例极为罕见。从目前已公开的裁判文书中,仅检索到两起,其中,协鑫集成科技股份有限公司向董监高追偿案最终以撤诉方式结案;[2]在原云南绿大地公司向董监高追偿案中,法院参考了相关刑事和行政处罚对责任分摊比例进行了认定。[3]该类案件偶发的原因或许在于,多数发行人仍由实施证券侵权行为的直接责任人员控制,期望发行人向负有责任的董监高积极追偿是不现实的,[4]中小股东亦因难以满足提起股东派生诉讼的条件而无法向董监高追偿。2019年《证券法》实施后,中证中小投资者服务中心(以下简称投服中心)被赋予了新的使命。《证券法》第94条第3款规定,投服中心可以突破《中华人民共和国公司法》(以下简称《公司法》)提起股东派生诉讼持股期间和持股比例的要求,以自己的名义为公司的利益向人民法院提起诉讼。投服中心表示,将充分行使法定权利,依法追究侵害公司合法权益的"关键少数人"董监高的法律责任。[5]可以预见的是,未来发行人在承担证券侵权责任后向董监高追偿的案件会趋于增多。

然而,从现行法律规定看,发行人承担证券侵权责任后向董监高追偿是全额追偿还是部分追偿,以及如何判断内部人员的担责份额仍不明确。《证券法》及最高人民法院《关于审理证券市场因虚假陈述引发的民事赔偿案件的若干规定》(以下简称《虚假陈述司法解释》)均未明确规定承担连带责任后的内部追偿事宜。《公司法》第

---

[1] 《证券法》第85条:"信息披露义务人未按照规定披露信息,或者公告的证券发行文件、定期报告、临时报告及其他信息披露资料存在虚假记载、误导性陈述或者重大遗漏,致使投资者在证券交易中遭受损失的,信息披露义务人应当承担赔偿责任;发行人的控股股东、实际控制人、董事、监事、高级管理人员和其他直接责任人员以及保荐人、承销的证券公司及其直接责任人员,应当与发行人承担连带赔偿责任,但是能够证明自己没有过错的除外。"

[2] 参见上海金融法院民事裁定书,(2021)沪74民初667号。

[3] 参见云南省高级人民法院民事判决书,(2017)云民终403号。

[4] 参见孙培贤:《虚假陈述侵权责任形态评析及完善》,载《证券法苑》2010年第2期。

[5] 参见投服中心公众号:《发挥投资者保护机构独特作用,积极实践符合中国国情的证券集体诉讼制度》,https://mp.weixin.qq.com/s/p7KoQDCofczX5FL3_957ZQ,2021年6月17日访问。

149条[1]虽然规定董监高给公司造成损失时应当承担赔偿责任，但是未明确如何追偿以及赔偿责任的范围。[2]

证券侵权纠纷的追偿问题既涉及证券法，又与公司法密切相关。二者都是资本市场的基础性法律，在股东权利保护方面存在共同之处和相异之处。公司法具有多样性和赋权性，保护的是作为公司所有者的股东，证券法具有统一性和强制性，保护的是作为交易者的股东。[3] 在证券侵权责任纠纷问题上，董事违反信义义务尤其是勤勉义务造成发行人等涉及众多利益相关者利益受损的情况多发，故从公司法与证券法互动的视角界定董事赔偿责任范围的相关机制尤为重要。

二、董事与发行人承担连带责任的性质之争与理论根源

（一）董事连带责任的性质之争

从董事与发行人承担虚假陈述连带责任的性质来看，主要有以下几种观点。

1.共同侵权说：狭义的共同侵权行为是指“数人基于意思联络不法侵害他人权利的情形”[4]。共同侵权行为人的各个行为人都对受害人负有连带责任，各个行为人的行为都构成损害发生的原因，共同侵权连带责任的各行为人内部分有责任份额，某一侵权行为人向受害人承担全部赔偿责任后，有权向其他侵权行为人追偿，要求他们承担相应的赔偿责任。[5] 从《虚假陈述司法解释》的条款设置看，第六部分“共同侵权责任”中第28条[6]规定的一定情况下董监高与发行人承担连带责任，采纳的是共

---

[1] 《公司法》第149条：“董事、监事、高级管理人员执行公司职务时违反法律、行政法规或者公司章程的规定，给公司造成损失的，应当承担赔偿责任。”

[2] 2019年《证券法》用“发行人”替代了原有的“发行人、上市公司”概念，认为“发行人”不仅指公开发行证券的公司，还包括上市公司、公司债券上市交易的公司、股票在国务院批准的其他全国证券交易场所交易的公司等。参见程合红主编：《〈证券法〉修订要义》，人民出版社2020年版，第162页。故本文在述及证券法语境下的上市公司时，与2019年《证券法》保持一致，均表述为“发行人”，在本文中即指在证券市场上发行股票的上市公司。

[3] 参见詹姆斯·J.帕克：《重估公司法与证券法的相异性》，薛前强译，载《证券法苑》2019年第2期。

[4] 程啸：《论意思联络作为共同侵权行为构成要件的意义》，载《法学家》2003年第4期。

[5] 参见李国光主编：《最高人民法院关于审理证券市场虚假陈述案件司法解释的理解与适用》，人民法院出版社2015年版，第286~289页。

[6] 《虚假陈述司法解释》第28条：“发行人、上市公司、证券承销商、证券上市推荐人负有责任的董事、监事和经理等高级管理人员有下列情形之一的，应当认定为共同虚假陈述，分别与发行人、上市公司、证券承销商、证券上市推荐人对投资人的损失承担连带责任：（一）参与虚假陈述的；（二）知道或者应当知道虚假陈述而未明确表示反对的；（三）其他应当负有责任的情形。”

同侵权说。按此观点,在证券虚假陈述责任承担案件中,发行人和董事有各自的赔偿份额,发行人需要承担一部分的终局责任。

然而,共同侵权理论暗含的前提是发行人与董事具有共同意思联络,但发行人的行为是董事作出的,如果把同一行为和过错看成是两个权利主体承担各自侵权责任的竞合要件会造成理论上的混乱,并未将董事代表公司的身份和自然人独立权利主体身份严格加以区分。[1]

2. 连带保证说:在发行人履行信息披露义务时所发布的各种报告文件中,法律要求董事等具有特定身份的人签字确认对投资者的损失承担连带赔偿责任,此种保证责任在承担方式上没有不同于担保法律的特别之处,所以可以理解为董事对发行人承担的是连带责任保证。[2] 按此观点,董事担任的是保证人的角色,发行人承担全部的终局责任,不可向董事追偿。

但是,如果采纳此说,投资者将倾向于选择将发行人作为被告而不会选择将担任"保证人"的董事作为被告,使行为人躲在法人背后实施侵权行为而无承担责任之担忧。

3. 雇主责任说:雇主责任是指"雇主就其雇员于职责范围内实施的侵权行为对受害人承担的侵权责任"[3]。按此观点,直接从事侵权行为的是董事,但基于雇佣关系的存在、保障受害人的合法权益及社会对风险分担等多种因素考量,要求发行人承担替代责任,但是发行人在承担连带责任后有权依据其与董事的内部法律关系,向其进行追偿,要求他们最终承担全部的赔偿责任。[4]

但需要注意的是,公司与董事的关系并非雇佣关系。雇主与雇员之间具有人身隶属关系,双方地位并不平等,雇员必须接受雇主的指令、管理、监督来从事职务行为。而董事是公司的代理人,双方系委托代理关系,董事既享有经营管理的权利,也对公司负有信义义务。

---

〔1〕 参见李宗录:《董事与公司连带责任的理论基础及适用条件》,载《法学杂志》2005 年第 5 期;参见李宗录:《论董事与法人负侵权连带责任的可行性》,载《理论月刊》2006 年第 10 期。

〔2〕 参见孙光焰:《董事证券虚假陈述职务侵权责任制度的重构——以公司治理为视角》,载《法商研究》2010 年第 4 期。

〔3〕 张民安:《雇主替代责任在我国未来侵权法中的地位》,载《中国法学》2009 年第 3 期。

〔4〕 参见程啸:《证券市场虚假陈述侵权损害赔偿责任》,人民法院出版社 2004 年版,第 400 页。

（二）董事承担连带责任的理论根源

现代公司法的理论以公司所有权和管理权的分离为基础。[1] 传统理论认为，董事与公司之间基于“委托—代理”关系产生代理人对受托人的管理责任。[2] 董事对公司负有信义义务，但与股东之间没有直接的法律关系存在。董事在执行公司职务时是以公司的名义进行的，如果在此过程中侵权，应属于公司的侵权行为，公司应负损害赔偿责任。因此，董事不对包括股东和债权人在内的第三人承担民事责任。这一理论原意在于实现法人这一组织体在法律上的行为活动问题和民事责任承担问题。[3]

随着股份制公司中董事核心地位的确立及对公司董事滥用权利的抑制手段的加强，上述理论被加以修正。从域外立法上看，虽然英美法系和大陆法系的董事责任立法变迁有所不同，英美法系从完全个人责任到公司与董事连带责任，大陆法系从完全公司责任发展到公司与董事连带责任，二者殊途同归，均要求董事在一定情况下与公司对外承担连带责任。[4] 董事在执行公司事务时，既是公司的代表又是董事个人。董事的利益与公司的利益并不完全相同。公司承担其公司成员执行职务所造成赔偿责任是公司人格独立的表现，但这种独立人格在某些情况下是可以被“否定”的。[5] 正是由于董事的双重角色身份，在一定情况下，董事个人违反义务应与公司承担连带责任。

此外，社会经济的发展状况需要立法者进一步对社会利益和风险进行必要的衡平，而这也需要法律技术方面的支持。目前我国在证券虚假陈述案件中规定了董事与发行人承担连带责任，主要是出于保护投资者利益、维护证券市场根基的需要。[6] 证券市场具有特殊性，证券的交换价值取决于交易双方对各种信息的掌握程度以及在此基础上作出的各种判断，发行人是证券这一信息产品的主要信息源头，而董监高

---

〔1〕 参见[美]阿道夫·A. 伯利、加德纳·C. 米恩斯：《现代公司与私有财产》，甘华鸣、罗锐韧、蔡如海译，商务印书馆2005年版，第23～33页。

〔2〕 参见施天涛：《公司法论》（第4版），法律出版社2018年版，第389页。

〔3〕 参见王长华：《公司法人机关理论的再认识——以董事对第三人的责任为视角》，载《法学杂志》2020年第6期。

〔4〕 参见崔振南、马明生：《虚假陈述中董事对股东责任研究》，载《中国法学》2003年第2期。

〔5〕 参见张民安：《董事的法律地位研究》，载《现代法学》1998年第2期。

〔6〕 参见孙光焰：《董事证券虚假陈述职务侵权责任制度的重构——以公司治理为视角》，载《法商研究》2010年第4期。

是实际履行强制性信息披露义务的自然人。因此,发行人要为其法人机关成员的侵权行为承担赔偿责任,但并不因此免除董事的个人责任。同时,董监高作为实际经营公司的主体,能否审慎、适当地履行职责除了涉及公司的利益,也关涉广大投资者的合法权益。因此,法律直接对董事施加责任,除非其能够证明自己已经慎重、适当地履行了职责,采用连带责任则使受害人也可以向直接行为人要求赔偿,更有利于保护投资者利益。[1]

综上分析,本文认为,在证券侵权中,董事与发行人对投资者承担的连带责任应属于不真正连带责任债务。[2] 不真正连带债务是指多数债务人就基于不同发生原因而偶然产生的同一内容的给付各负全部履行之义务,并因债务人之一的履行而使全体债务人的债务均归于消灭的债务。[3] 法人的独立人格是法律拟制的结果,法人机关是法人的代理人,法人机关的不法行为由与法人机关有特定关系的法人承担,即法人以转承责任的形态具有侵权责任能力。[4] 在证券虚假陈述案件中,发行人虽为法律确认的具有民事权利能力和民事行为能力的主体,但其行为能力需由法人机关的行为加以表现。法人机关或直接或间接的由自然人构成,通过自然人而活动。从这个意义上说,实际上发行人的证券虚假陈述行为都是由自然人具体实施的,发行人的董监高是为自己的侵权行为而承担责任。这也正是董事与发行人对投资者损失承担连带责任的原因所在。

三、发行人承担证券侵权责任后向董事追偿的路径推演

如前所述,证券虚假陈述责任纠纷中存在多个层次的责任主体(见图1),因此,在判断董事所应承担的责任份额时,应当按照"三步走"分层推演。首先,在发行人与保荐人、承销商、证券服务机构等市场主体之间确定发行人所应承担的责任份额;其次,判断发行人可以对内追偿的范围;最后,判断各责任主体的内部人员如何担责。

---

〔1〕 参见程啸:《证券市场虚假陈述侵权损害赔偿责任》,人民法院出版社2004年版,第72~82页。

〔2〕 本观点部分内容参考金可可教授在2021年5月31日第十期《民法典》司法实务论坛上的发言,在此感谢。本文文责自负。

〔3〕 参见王利明:《中国民法案例与学理研究(债权篇修订本)》,法律出版社2003年版,第3页。转引自杨立新:《论不真正连带责任类型体系及规则》,载《当代法学》2012年第3期。

〔4〕 参见张弛:《法人能力论》,载《华东政法大学学报》2009年第3期。

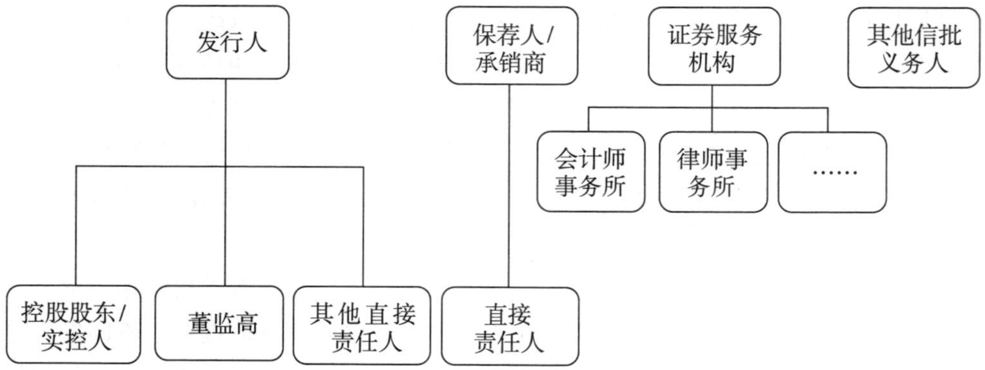

图1　证券虚假陈述责任纠纷中的多层次责任主体

(一)认定发行人所应承担的责任份额

在原云南绿大地公司向董监高追偿案[1]中,法院参照刑事处罚和行政处罚的结果,依职权追加其他连带责任义务人作为第三人参加诉讼,最终认定受到刑事处罚的原云南绿大地公司及原董事长、控股股东何某葵共同承担70%责任,其中公司承担其中的40%,何某葵承担其中的30%,其他主体共同承担剩余30%的责任(见图2)。该案中,法院通过追加第三人的方式将所有被刑事处罚及行政处罚的法人、自然人纳入审理范围,这一做法有助于综合考虑所有具有法律上利害关系的连带责任人应承担的责任份额,以便精确认定内部追偿范围,在审判实践中值得借鉴。不过,该案并未体现内部责任的层次性。在第一步判断发行人责任份额时,不应将内部人员考虑在内,而是仅在发行人与中介机构等市场主体层面确定各自的责任份额,然后再行判断各责任主体的内部人员如何担责。

此外,值得注意的是,不应完全根据行政处罚及刑事处罚结果认定责任份额。目前,证券虚假陈述责任诉讼趋向于逐步取消前置程序。在2020年发布的最高人民法院《关于证券纠纷代表人诉讼若干问题的规定》中,已不再要求投资者以行政处罚决定或刑事裁判文书为起诉的前置条件。[2] 司法实践中,也有案例认定未被行政处罚的中介机构承担责任。例如,在“中安科”证券虚假陈述责任纠纷案中,法院认为,并

---

[1] 参见云南省高级人民法院民事判决书,(2017)云民终403号。

[2] 参见最高人民法院《关于证券纠纷代表人诉讼若干问题的规定》第5条第1款第3项:“符合以下条件的,人民法院应当适用普通代表人诉讼程序进行审理:(三)原告提交有关行政处罚决定、刑事裁判文书、被告自认材料、证券交易所和国务院批准的其他全国性证券交易场所等给予的纪律处分或者采取的自律管理措施等证明证券侵权事实的初步证据。”

非只有受到行政处罚的主体才能列为被告，并最终认定招商证券、瑞华会计等中介机构承担连带责任。[1] 就另一角度而言，行政处罚与民事赔偿性质不同，行政监管旨在维护管理秩序，而民事审判着眼于个体合法利益，行政监管上的可罚性并不等同于民事赔偿上的可责性。[2]

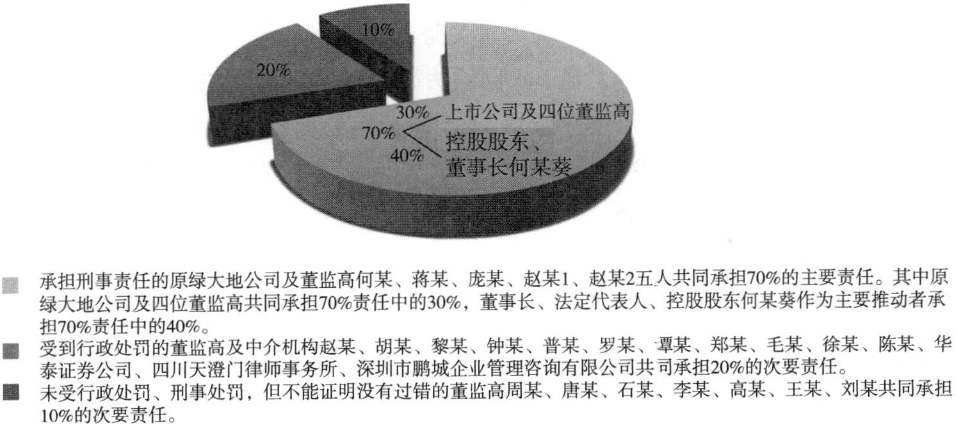

图2 原云南绿大地公司追偿案

（二）确定发行人的对内追偿范围

在确定发行人责任份额后，进入第二个层次的判断，即发行人的追偿范围问题。对此，一种观点认为，根据《证券法》第85条的规定，发行人是信息披露义务人，也是证券虚假陈述的首要责任主体。基于法人承担民事责任的独立性，同时考虑到，虚假陈述行为的获益人是发行人，所以发行人不能全额向董事追偿，要自己承担部分损失。另一种观点认为，在公司内部治理结构上，董事等高级管理人员与公司之间构成代理关系。董事决策让发行人实施虚假陈述的违法行为构成越权并违反信义义务，应当就发行人因对外赔偿所产生的财产损失承担终局责任。[3]

本文赞同上述第二种观点。正如上文所述，董事与发行人对投资者承担的连带

---

〔1〕 参见上海市高级人民法院民事判决书，（2020）沪民终666号。

〔2〕 参见张保生、朱媛媛：《证券虚假陈述责任纠纷中董事民事责任边界探析——以两则上市公司董事免责抗辩成功案例为引入》，载郭锋主编：《证券法律评论》2020年卷，中国法制出版社2020年版。

〔3〕 参见中国上海司法智库：《"〈民法典〉司法实务论坛"研讨活动要点摘编（十）》，https://mp.weixin.qq.com/s/oQH4KbinYrvf7H1MnBk7QQ，2021年6月28日访问。笔者之一在该论坛上提出上述第二种观点。

责任应属于不真正连带责任债务。不真正连带之债的发生原因如果涉及侵权行为，应当有终局责任人，因而发生单向的追偿权，即实际承担赔偿责任的不真正连带债务人可以向终局责任承担人行使追偿权。[1] 虚假陈述行为在法律上表现为法人这一独立民事主体的行为，但法人承担是一种转承责任，其行为本质上是董监高等自然人作出的。在内部追偿时，不应再将法人人格的独立性考虑在内，而是应当按照董事与发行人的内部关系确定追偿范围。法人机关是法人的代理人，董事要为自己的侵权行为承担责任。故董事与发行人基于不同的法律原因对投资者的损失承担连带赔偿责任。在发行人兑现其民事赔偿之后，可以就其承担的责任份额为限向董事进行全额追偿。换言之，第一步在发行人与中介机构之间所认定的发行人责任份额，即为其能够进行内部追偿的最高限额。

（三）区分董事的具体责任份额

在明确发行人承担证券侵权责任后可就其责任份额向董事全额追偿后，还要考虑董事内部责任份额的划分问题。对于份额分摊，“相对的比较分摊法”是一种值得考虑的分配标准，即除考虑各行为人的主观过错在总过错中所占比例之外，还要考虑各行为人的行为所造成的损害后果的严重程度、原因力、加害人所获得的非法利益、加害人的经济负担能力等因素，综合确定赔偿责任份额。[2] 就如何认定各董事行为对损害发生的参与度或影响程度，需要综合考虑董事的身份、知情程度与主观态度、职责相关性、专业知识背景等因素综合考量。

董事责任是一种专家责任，董事接受聘任后有义务拥有或获得胜任该职位所需的知识与能力，其所应承担的专家责任应当是与其勤勉义务相适应的责任。该勤勉义务与其实际担任职务、知识背景、知情程度等因素密切相关。判断董事对相关业务事项是否尽到注意义务时，法院应从一名“普通执业人员”的视角来考察，该名普通执业人员具备该专业领域所必需的任职条件，拥有一定的业务知识和经验。比如，具有财务专业知识的董事应当对财务报表的有关事项具有更高的注意义务。另外，董事

---

〔1〕 参见陈现杰：《〈最高人民法院关于审理人身损害赔偿案件适用法律若干问题的解释〉的若干理论与实务问题解析》，载《法律适用》2004 年第 2 期。

〔2〕 例如，美国 1995 年《证券私人诉讼改革法案》为 1934 年《证券交易法》增补的第 21D(g)(3)(C) 条规定，在确定连带赔偿责任的分摊时应当考虑以下两项因素：(1) 导致损失的行为的性质；(2) 行为与损失之间联系的性质和程度，包括导致或引起原告损失的每个行为人行为的性质以及每个被告的行为与原告所受损害之间的因果关系的性质与程度。参见程啸：《证券市场虚假陈述侵权损害赔偿责任》，人民法院出版社 2004 年版，第 410 ~ 411 页。

也有义务参加相关会议、阅读财务报告等资料，如果董事不具备相应的专业知识，那么其需向具备有关资质的专业人士进行咨询，即需对获得的法律意见等专业知识的可信度进行谨慎审查。[1]

另外，对于作为外部董事的独立董事和内部董事过错的认定应有所区别。如果是发行人披露虚假报告，无论是内部董事还是外部董事都应当承担责任，但是，由于独立董事的独立性及外部性，其承担的勤勉义务和忠实义务标准或程度实际有别于内部董事。相对而言，内部董事对公司内部事项决策承担更大职责，而外部董事则对监督公司运作承担更大职责。[2]

(四)对内追偿时举证责任的分配

《证券法》第85条及《虚假陈述司法解释》第21条均规定，董事承担责任的归责方式为过错推定，如果董事想要免责，就要举证证明自己已经依法履职尽责，没有过错。如果不能证明，就推定其具有过错。若在投资者发起的证券虚假陈述赔偿纠纷案件中，将公司与董事均列为被告，那么，可以参考董事在该案中的抗辩以及法院对其过错的认定确定内部份额。而在大多数案件中，投资者仅要求公司承担证券侵权责任，未将董事列入被告，在此情形下，在审理追偿案件时，法院就需要对董事的过错程度做出判断。本文认为，由于董事作为信息披露的实际行为主体，有能力提交证据证明其行为的适当性，故此时也应适用过错推定原则，由董事举证证明自己有无过错及过错大小。

四、董事承担证券侵权连带责任制度的完善建议

(一)建立董事责任豁免制度

资本市场的发展与监管，既与证券法律制度密切相关，也与公司法律制度之间存在紧密联系。当前，在《公司法》的修订中应注意加强公司法与证券法的联动和衔接，更好地体现对股东，特别是对持股分散、话语权不高的中小投资者合法权益的保护，同时也要避免赔偿责任过重导致董事、高管过分谨慎经营的情况。从域外经验来看，上市公司云集的特拉华州面对关于董事违反勤勉义务的诉讼案件激增的压力，于1986年在《特拉华州普通公司法》第102条(b)(7)中增加了“公司可以在章程中免

---

[1] 参见叶金强：《董事违反勤勉义务判断标准的具体化》，载《比较法研究》2018年第6期。

[2] 参见王倩、罗培新：《独董的履职“红线”》，载《董事会》2019年第5期。

除董事违反勤勉义务的赔偿责任”的规定,[1]法院将允许董事援引公司章程中规定的“公司放弃董事违反注意义务对公司造成损害后的赔偿请求权”的条款,从而使其得以免责。在特拉华州之后,美国《示范商业公司法》及其他各州也都规定了本州的章程免责规则。[2] 我国《公司法》还未规定董事责任豁免制度,可以考虑结合我国国情,建立符合我国实践的董事责任豁免制度,例如借鉴域外法律规定,增加以下内容:公司可以在章程中规定,当董事违反勤勉义务给公司造成损失时,免除董事的损害赔偿责任,或是设定最高责任限额。

(二)探索董事对外承担按比例连带责任的可能性

近年来,国内外理论和实践中都呈现限缩连带责任的趋向。中安科股份有限公司虚假陈述案判决[3]系我国首例要求中介机构在证券侵权案件中承担“按比例连带责任”的生效判决。这对于厘清中介机构责任、督促中介机构履行勤勉尽职义务,具有重要的现实意义。对于董事对外承担的证券侵权责任,也可以探讨要求其对外承担按比例的连带责任的可能性,将连带责任模式进一步缓化。对于连带责任的具体形式和份额,需要合理认识董事的实际作用和法律地位。任何行为的责任都应当与行为本身相匹配。倘若董事仅有微小的过失或者已经到了一定程度的,就与信息披露义务人承担完全的连带赔偿责任,显然也是不公平的。但董事只存在较轻的过失,已经尽到较大的勤勉义务,则可以仅承担部分的连带责任,这有助于维护股东权益和督促董事勤勉尽责。需要注意的是,该比例只是各个董事对外承担证券侵权连带责任的比例,不是内部责任份额的划分,不能将判决主文中明确的对外承担责任比例作为连带责任主体内部的追偿比例。

(三)全面引入董事强制责任保险制度

董事责任保险是指以董事或高管对公司及债权人等第三人应负担的民事赔偿责任为标的的一种保险。[4] 董事责任保险制度可以鼓励董事积极参与公司的经营管理,防止董事因自身的过错而产生大量赔偿,也为投资者、债权人等相关方的利益受

---

〔1〕 在1986年《特拉华州普通公司法》中,第102(b)(7)条允许股东在公司章程中免除董事因违反勤勉义务而须承担的损害赔偿责任,但以下情形除外:(1)违反忠实义务;(2)缺乏善意的行为或疏忽、有意渎职或故意违法;(3)违法分红;(4)任何使董事获得不正当个人利益并给公司造成损害的交易行为等。参见王建文:《论董事“善意”规则的演进及其对我国的借鉴意义》,载《比较法研究》2021年第1期。

〔2〕 参见任自力、曹文泽:《论公司董事责任的限制》,载《法学家》2007年第5期。

〔3〕 参见上海市第二中级人民法院民事判决书,(2020)沪民终666号。

〔4〕 参见蔡元庆:《董事责任保险制度和民商法的冲突与协调》,载《法学》2003年第4期。

损提供赔偿保障。董事责任保险于 2002 年引进我国,然而仅在部门规章中有所规定。作为降低因董事不当行为而引发公司商业风险的保险,董事责任保险制度的功能在我国并未完全展现。已有学者从比较法的视角考察董事责任保险在发源地美国产生的制度背景与功能演进、在英国法中曾经的质疑与调适和在德国法中的继受与演化、在日本公司法中立法与否的争论及立法演进历程,这些讨论为探究我国董事责任保险制度的困境及其完善路径提供了启示。[1] 建议在本土资源的基础上,合理借鉴域外经验,全面引入董事强制责任保险制度。

〔1〕 参见张怀岭、邵和平:《董事责任保险制度的他国镜鉴与本土重构》,载《学习与实践》2019 年第 8 期;王学士:《比较法视域下公司董事赔偿责任保险立法问题研究——基于日本第二次〈公司法〉修改的比较考察》,载《证券市场导报》2021 年第 3 期。

金融审判专家陪审制度的功能厘定及规则再造

胡文丰*

摘要:陪审制度兼具“司法审判”与“政治保障”双重职能,为实现司法公正发挥着不可或缺的作用。但对金融专门法院而言,金融改革开放和创新发展对金融专业化审判提出了更高要求,人民陪审员因欠缺专业知识,很难参与专业问题的讨论和实质审理程序,难以适应高度专业化的金融审判的要求。金融专门法院的成立标志着我国金融专业化审判进入新阶段,金融专业化审判的事实认定环节将会面临更多专业化、复杂化的金融法律问题,在我国金融审判中引入专家陪审制度的符合人民陪审员“实质参审”的现实需求。中共中央办公厅、国务院办公厅于2021年7月印发的《关于依法从严打击证券违法活动的意见》中也指出,完善证券案件审判体制机制应建立专业人士担任人民陪审员的专门机制。

本文从金融审判中人民陪审员制度的现实困境出发,梳理我国金融审判专家陪审制度的演进脉络,对专家陪审制度进行价值回溯,并明确其功能定位,结合域外专家陪审制度的经验,着重就金融审判中适用专家陪审制度的案件范围和审级、专家陪审员的选任模式和流程、专家陪审程序的启动和抽取、专家陪审制度的参审规则、权益保障与责任追究机制等内容展开讨论,以期建立起有中国特色的金融审判专家陪审制度。

关键词:金融审判;专家陪审制度;规则再造

* 胡文丰,上海金融法院,申诉审查及审判监督庭法官助理。

一、现状检视:金融审判中人民陪审制度的困境解析

(一)能力不符:普通人民陪审员的金融专业化程度难以达到金融审判实践要求

近年来,随着金融市场发展与需求变化,金融交易结构日趋复杂,金融创新层出不穷,金融监管政策灵活变化。金融专门法院对于案件审理的专业性要求日趋加强,对法官的多元知识结构提出了更高要求。当案件审理中出现法官难以解决的交叉领域复杂金融问题时,法官往往更加依赖具有专门知识的人来解决此类专业化的金融问题。目前金融审判实践中,专门法院的人民陪审员并未经过特殊筛选,来自社会各行各业的人民陪审员对于专门法院特定领域的专业化案件事实并不熟悉,人民陪审员的金融专业化程度远未达到金融专业化审判的要求,无法参与专业问题的讨论和裁判,使陪审员在专业案件的审理过程丧失实质参审的"通道",缺乏与法官的角色平衡,出现陪审员"陪而不审、审而不议"等功能虚化现象,难以适应专业化审判的要求。〔1〕

以S市金融专门法院为例,目前在册人民陪审员有88名,2020年全年一审案件陪审率虽高达94.98%,但真正参与陪审的人民陪审员仅有14名。实际参与审判的陪审员年平均参审案件数较高,但仍有大部分的人民陪审员未参与案件陪审。参与陪审案件最多的3名人民陪审员其职业背景为普通的公司退休职员或社区工作者,其知识结构远不能胜任审理新型、疑难复杂的金融案件。近三年,S市金融专门法院仅有15名专家陪审员参与案件审理,专家陪审比例严重偏低。高人民陪审率与低专家陪审率的背后隐藏着专家陪审员人数不足、专业化程度较低、参与度不足等问题。

(二)选任困难:选任金融审判专家陪审员的途径不够畅通

专家陪审员之所以难以参与金融审判实践,其首要原因是具有相应专业知识的人民陪审员进入专门法院的途径不够畅通。目前,金融专门法院尚不能单独选任专家陪审员,〔2〕其选任途径主要有二:一是可以根据审判活动需要,通过个人申请和组织推荐的方式由专家陪审员住所地或工作单位所在地相关基层人民法院与区人大推荐专家陪审员进入陪审员队伍。因普通的直接选任不同,通过这一方式选任的人民

〔1〕 参见张嘉军:《人民陪审制度:实证分析与制度重构》,载《法学家》2015年第6期。

〔2〕 2005年6月1日,最高人民法院政治部在《关于人民陪审员选任工作若干问题的答复》中规定了铁路法院、林业法院、海事法院不单独选任人民陪审员。

陪审员数量不得超过选任总数的1/5,[1]即每产生1名专家陪审员,至少需要配套4名以上的非专家陪审员,容易造成人力资源闲置。[2] 二是选任方式是通过所在地基层人民法院的人民陪审员名单中通过两次随机抽取确定专家陪审员。实际上,基层法院其自身也有专家陪审员的选用需求,每次推荐产生的专家陪审员人数有限,难以及时满足中级人民法院的专家陪审员人数需求。

(三)资格限制:港澳台背景专家难以进入专家陪审员队伍

随着我国持续更高水平的对外开放,金融纠纷的诉讼主体、法律适用、判决执行等方面越来越多地呈现跨境化特点,涉外金融专业化审判工作需要更具有国际视野和世界眼光,立足中国国情和实践,以更加开放的心态,广泛吸收借鉴境外优秀的司法经验和法治文明成果,不断完善国内金融交易制度与规则,提升中国金融裁判的权威性、可预期性和在国际金融市场的话语权。因此,率先探索聘请港、澳、台同胞担任人民陪审员,参与重大、疑难、新类型涉外金融案件审理势在必行。[3] 实践中囿于外事权等限制,各级法院直接聘请港、澳、台同胞或外籍专家担任专家陪审员存在一定的资格限制,有待制度层面予以认可与突破。[4]

(四)定位模糊:专家陪审员的权利与义务尚未明确

2021年7月6日,中共中央办公厅、国务院办公厅印发的《关于依法从严打击证券违法活动的意见》中指出,要完善证券案件审判体制机制,建立专家咨询制度和专业人士担任人民陪审员的专门机制。实践中,部分法院往往会注重专家咨询制度(或称之为专家委员会制)的建设,而忽视了专家陪审对于案件审理的重要作用。就专家咨询制度而言,专家陪审制度的建立能够突破国别地域限制,选任来自不同法系、不同国家、不同地区的国际机构负责人、知名学者、资深法官、律师、金融法律领域专家

---

〔1〕 参见司法部、最高人民法院、公安部《人民陪审员选任办法》第8条,通过个人申请和组织推荐产生的人民陪审员,不得超过所在基层人民法院人民陪审员名额数的1/5。

〔2〕 参见最高人民法院《关于适用〈中华人民共和国人民陪审员法〉若干规定的解释》第17条,中级、基层人民法院应当保障人民陪审员均衡参审,结合本院实际情况,一般在不超过30件的范围内合理确定每名人民陪审员年度参加审判案件的数量上限,报高级人民法院备案,并向社会公告。

〔3〕 参见《上海市金融法院服务保障中国(上海)自由贸易试验区临港新片区金融开放与创新发展的若干举措》第2条,探索聘请港、澳、台同胞担任人民陪审员,参与重大、疑难、新类型涉外金融案件审理。

〔4〕 2021年年初,最高人民法院发布《关于人民法院为海南自由贸易港建设提供司法服务和保障的意见》指出,在创新涉外民商事审判机制方面,探索选任港澳台居民担任人民陪审员,引入外籍和港澳台调解员参与纠纷化解,为中外当事人提供优质高效的多元解纷服务。随着该项意见的出台,有望在海南率先实现聘任港、澳、台同胞担任人民陪审员。

等中外专业人士担任委员成员。[1] 为专家陪审制度提供一定的人才储备基础与咨询机制运行经验,同时也能就跨境金融纠纷等案件所涉及的国际条约、国际金融规则、域外法律的查明和适用等专门性法律问题提供咨询意见。但专家咨询制度与专家陪审制度的工作机制仍存在明显区别,陪审员不再作为第三方参与诉讼,而是直接作为审判人员负责案件审判。在履职过程中,人民陪审员具有与审判员同等的权利和义务[2],但目前法律法规尚未规范专家陪审员的具体职责内容,也未明确专家陪审员费的报酬与权利保障内容。因此,更需要明确专家在各个审判阶段的与法官职责分工,要求专家陪审需根据其专业能力而作出专业化判断。专家履行义务性的同时,也应给予一定的正向激励。

二、价值回溯:我国金融审判专家陪审制度的功能定位厘定

(一)演进脉络:专家陪审制度的肇始与发展

专家陪审制度基于我国的人民陪审制度而产生,随着经济社会的迅速发展,法院审理案件的专业化、复杂化程度加强。各类案件的专业化审判推动专门法院建设,专家陪审制度应运而生。1991 年,最高人民法院在给北京市高级人民法院的复函中指出,可以根据案件所涉及的技术领域,聘请有关技术专家担任陪审员。此为首次认可专家担任陪审员的司法审判实践,承认专家陪审员的身份地位,赋予专家陪审员法律与政策依据。随后,最高人民法院相继出台的司法文件中均提出尝试专家陪审机制,强调了专家陪审员对于解决专业化问题的制度化建设意义(见表 1)。遗憾的是,目前尚未有文件涉及专家陪审制度相关的具体制度设计。

表 1　我国专家陪审制度的历史沿革

年份	发文机关及文件名称	具体规定/制度意义
1991	最高人民法院《关于审理第一审专利案件聘请专家担任陪审员的复函》(已失效)	人民法院在审理第一审专利案件时,可以根据该案件所涉及的技术领域,聘请有关技术专家担任陪审员

[1] 参见最高人民法院《关于聘任国际商事专家委员会首批专家委员的决定》及《关于聘任国际商事专家委员会第二批专家委员的决定》。

[2] 参见《民事诉讼法》第 39 条、《陪审员法》第 3 条。

续表

年份	发文机关及文件名称	具体规定/制度意义
2004	全国人大常委会《关于完善人民陪审员制度的决定》	(未明文涉及专家陪审员)首次界定我国人民陪审员的性质、地位及职责,对陪审案件的范围、人民陪审员的名额、产生办法以及人民陪审员的培训和经费保障等做出明确规定。随着"一揽子"配套规范的出台,初步实现了人民陪审员制度的规范化和体系化
2006	最高人民法院《关于海事审判工作发展的若干意见》	第九条,进一步完善海事审判陪审员制度。制定陪审员的适用范围、选任等规定,逐步建立海事海商案件专家陪审员制度
2009	最高人民法院《关于贯彻实施国家知识产权战略若干问题的意见》	第九条,注重发挥人民陪审员、专家证人和专家咨询、技术鉴定的作用,通过多种途径和渠道有效解决专业技术事实认定问题
2010	最高人民法院《关于人民陪审员参加审判最高人民法院活动若干问题的规定》(已失效)	第五条,特殊案件需要具有特定专业知识的人民陪审员参加审判的,人民法院可以在具有相应专业知识的人民陪审员范围内随机抽取
	最高人民法院《关于进一步加强和推进人民陪审工作的若干意见》	第十九条,参加案件审理的人民陪审员,应当采取随机抽取的方式来确定……如案件审理确有需要,可以在相关地域、行业、专业等类型的人民陪审员范围内随机抽取
2012	最高人民法院《关于人民法院为防范化解金融风险和推进金融改革发展提供司法保障的指导意见》	第十八条,构建专业审判机制,拓展金融解纷资源。各级人民法院要积极培育和利用专业资源,探索构建高效的专业审判模式……要尝试专家陪审机制,通过聘请金融法律专家作为专家陪审员,充分发挥金融专业人士在专业性强、案件类型新、社会影响大的金融案件审判中的作用
2015	最高人民法院、司法部《人民陪审员制度改革试点工作实施办法》	第九条,人民法院应当建立人民陪审员信息库,制作人民陪审员名册,并抄送同级司法行政机关。人民法院可以根据人民陪审员专业背景情况,结合本院审理案件的主要类型,建立专业人民陪审员信息库
2018	全国人大常委会《人民陪审员法》	(未明文涉及专家陪审员)标志着人民陪审员制度在我国正式被法律确认。新法对参审案件种类、事实审和法律审的分离、人民陪审员的选任指明了方向

续表

年份	发文机关及文件名称	具体规定/制度意义
2019	最高人民法院《关于适用〈中华人民共和国人民陪审员法〉若干问题的解释》	第三条,……因案件类型需要具有相应专业知识的人民陪审员参加合议庭审判的,可以根据具体案情,在符合专业需求的人民陪审员名单中随机抽取确定
2021	最高人民法院《关于人民法院为海南自由贸易港建设提供司法服务和保障的意见》	在创新涉外民商事审判机制方面,探索选任港澳台居民担任人民陪审员,引入外籍和港澳台调解员参与纠纷化解,为中外当事人提供优质高效的多元解纷服务

(二)功能厘定:我国金融审判引入专家陪审制度的实质需求

与高度专业化的专家陪审制度不同,我国目前的人民陪审制度对人民陪审员的学历要求仅为“一般应当具有高中以上学历”。之所以这样规定,是要求陪审员具备广泛的民众基础,能够增进整个社会对司法公正的认同感,弥补法官法律职业思维的局限,起到维护司法公正、强化司法监督、提高公民对判决接受度等多重作用。[1] 因此,有不少学者认为,专家陪审制度精英化、专业化的选任条件与陪审员制度建立的司法理念初衷相悖,专家陪审员大幅提升了陪审员的门槛,会使人民陪审员失去代表性而违背陪审制的民主价值。[2] “如果法律人做出的判断离人民的价值观和意志观距离太远,那么人民对于法律人就会积累起越来越多的不信任”[3],容易造成陪审员角色定位与司法客观需求脱节。

笔者从专家陪审制度的功能定位出发,回应部分学者的质疑,即人民陪审员的民众基础与专家陪审制度所要求的专业化之间并不存在绝对的矛盾和冲突,可以将陪审员分为普通陪审员和专家陪审员,[4]通过制度设计在扩大选任规模和严格选任标

---

〔1〕 参见彭小龙:《人民陪审员制度的复苏与实践:1998—2010》,载《法学研究》2011 年第 1 期。

〔2〕 参见韩大元:《论中国陪审制度的宪法基础——以合宪论和违宪论的争论为中心》,载《法学杂志》2010 年第 10 期。

〔3〕 参见丁晓东:《人民意志视野下的法教义学——法律方法的用途与误用》,载《政治与法律》2019 年第 7 期。

〔4〕 参见何家弘:《中国陪审制度的改革方向——以世界陪审制度的历史发展为借鉴》,载《法学家》2006 年第 1 期;李玉华:《中国陪审制度的现状与未来》,载《中国司法》2009 年第 8 期;廖永安、刘方勇:《社会转型背景下人民陪审员制度改革路径探析》,载《中国法学》2012 年第 3 期。

准的前提下,构建专家陪审制度。现有人民陪审员制度未对人民陪审员加以筛选甄别、引导运用,漠视部分陪审员隐含的专业知识能力优势,导致部分人民陪审员成为“陪衬”,而专家陪审制度通过将专家陪审员的价值观念、视角标准等专门知识引入审判,发挥专家的专业知识优势,[1]能够让陪审员更好地参与到案件的事实认定过程中,[2]使其对案件处理结果的评议以及最终处理施加实质影响,继而实现“实质参审”。

金融行业具有鲜明的集聚性、高风险性、高负债经营性。金融案件具有专业化、涉众性、重大影响性的特点。专业化、涉外性的复杂金融法律问题要求金融司法裁判树立符合金融案件特点和金融市场发展内在需求的价值取向,充分发挥金融司法的规范引领作用,实现在“强监管”背景下与金融监管部门的协调联动。金融专业化审判在发挥对于金融市场交易行为的规则导向作用时,不仅应基于法律视角,也要充分考量金融维度,金融司法既要立足于解决金融纠纷,又要考虑整个金融市场的稳定发展,共同维护市场机制高效运转、经济社会稳定发展。事实上,部分新型、复杂疑难案件的审理将会对金融市场发展产生重大、深远的影响,单纯由法官审理该类案件往往难以实现厘清市场规则,规范和引导金融交易行为等目标,亟须引入具备丰富金融监管经验和专业知识背景的专家,在遵循商事交易的特点、理念和惯例的前提下,深度把握金融市场的规律性,实现金融审判专业化,推动金融市场更好地满足实体经济多样化的发展需求。

三、比较借鉴:专家参与审判的域外制度经验

纵观世界各国的诉讼制度发展史,目前有50多个国家和地区运行陪审制度,主要为以英美法系为代表的陪审团制与以大陆法系为代表的参审制两种运行模式。尽管受制于司法理念与法治传统等因素的影响,各国诉讼法律制度存在一定的差异,但各国均通过不断尝试由专家担任陪审员,使其参与到专业化案件审判中。

(一)以英美法系为代表的专家陪审团制度

现代陪审制度始于英国。[3] 考虑到商事案件的规模性与复杂性,英国法院早在18世纪就允许商人以陪审员的角色参与案件审判,通过利用商人专业知识优势以及

[1] 参见胡充寒等:《知识产权审判专家陪审制度的探索与检视》,载《法学杂志》2011年第12期。

[2] 参见刘峥:《人民陪审员制度的价值指向与实践契合》,载《人民司法(应用)》2018年第22期。

[3] 1066年,诺曼底人威廉一世征服英国后,把法兰克的陪审制度引入了英国。

在程序机制中的衔接、对话作用,弥补法官在商事知识上的不足,使法庭有能力直接裁判特定的专业问题,从而提高判决结果的可接受程度,增强当事人信赖程度。[1]

随着英国殖民地的扩张,现代陪审制度传入美国,[2]成为限制法官自由裁量权、抑制法官专断的制度手段,“是唯一被美国早期的各州宪法所普遍接受的权利”[3]。17 世纪,美国的商事案件曾由具有特殊知识或经验的人组成的专家陪审团(包括商人陪审团)进行审理,但此项制度在 20 世纪 40 年代基本被废除。目前,英美的现代陪审团制度主要适用于刑事案件,有关民事案件的规定见表 2。

表 2　英美两国的专家陪审团制度

陪审制度	内　　容
英国专家陪审团制度	法律依据:英国《民事诉讼规则》(1999 年 4 月新实施) 适用范围:英格兰、威尔士地区法院以及伦敦商事法院等专门法院的知产案件与涉及专业技术和经验的海商事案件。 角色定位:商事陪审员不受二元裁决的约束,经常与法官和当事方进行对话,并提供建议和解释,协助法院处理其掌握技能和经验事宜。这意味着商事陪审员并不总是像某些文献所暗示的那样沉默寡言或被动。即便如此,也不改变法官对于案情以及法律适用的决定权。 合议庭组成:知识产权案件中,法院可任命一名或多名技术陪审员坐于法官席,与法官一同审理案件。 陪审程序:法院须提前 21 日将技术陪审员候选人的姓名、协助事项以及专家资格等事项书面通知各方当事人。 回避程序:任何一方当事人皆可就陪审员的身份资格提出回避意见。 陪审报酬:技术陪审员的报酬为诉讼费用的组成部分,除由议会拨款的外,具体报酬金额由法院决定
美国专家陪审团制度	法律依据:美国《联邦民事诉讼规则》(1938 年修订) 适用范围:涉及金钱赔偿的案件,主要限于涉及公共利益或社会影响力较大的重大案件。目前,仅在知识产权类案件的诉讼程序中规定了要求专利侵权案件的损害赔偿,由法院依职权或当事人依申请适用专家陪审制度。 合议庭组成:法庭组成 6~12 人的民事陪审团进行审判。 任职条件:知识产权案件应由具备专业知识、训练和经验的专业人员所组成的高级专家陪审团审理,以实现在知识产权审判专业化,强化知识产权保护

---

[1] See Mark Coen, *Niamh Howlin: The Jury Speaks: Jury Riders in the Nineteenth and Twentieth Centuries*, *American Journal of Legal History*, Volume 58, Issue 4, 2018, p. 505 – 534.

[2] 参见刘燕:《中美陪审制的比较及对我国人民陪审制的完善》,载《民主与法制》2007 年第 4 期。

[3] See Leonard W, *Levy*, *Legacy of Suppression*, *Freedom of Speech and Pressin Early American History* 281 (1960).

(二)以大陆法系为代表的参审制

近年来,德国、法国等大陆法系参审制国家在平民参审制度的基础上在商事领域兴起了专家陪审制度。[1] 大陆法系国家的商事领域专家陪审制度,商人法官在商事审判过程中更注重商事惯例的运用、尊重当事人双方的意思自治,但也正因如此往往容易滋生地方保护主义,某种程度上不利于地区商事交易公平、自由发展。近年来,法国法院拟通过改革将其调整为与德国相似的"混合式"合议庭模式,由职业法官担任审判长,参由商人担任商事助理或与审判,以此消除商事法院原有的制度缺陷,达到及时、高效和公正审理的目的。德、法等国有关陪审制度的规定如表3所示。

表3 德、法等国的陪审制度

陪审制度	内　容
德国名誉法官制度	合议庭组成:德国的初级法院通常由两名参审员与3名职业法官(非职业法官又称名誉法官、商事法官等),或是由1名职业法官与2名非职业法官组成合议庭共同审理。 选举途径:一是通过填写居民登记表,抽签产生;二是由工会和雇主联合会共同推荐产生。 任职条件:年满30岁的德国公民,且在法院的商事法庭管辖区内居住或是经商事注册的商人(股份有限公司董事、有限公司执行业务的股东或者其他无须注册成为法人的董事成员)在辖区内有营业场所。 任职任命:候选人由州司法局任命,兼职任职,任期5年,可连选连任,经宣誓任职,且只能经法定条件免职。 回避程序:如有偏袒或收受贿赂之嫌疑,则应先行回避,查证属实的,则不能继续担任。 陪审义务:名誉法官应始终保持中立,不偏袒一方当事人,根据法律依照内心确信进行裁判。参审频率为每月一次,无故不参加庭审要被处以罚款。庭审结束后,名誉法官应在合议记录上签字,并对合议内容保密。 陪审权利:名誉法官可以查阅案卷、向当事人确认事实,并拥有与职业法官完全相同的表决权,且无须接受职业法官任何指示或实质性建议。 陪审费用:没有任何报酬,仅报销汽油费等路费

〔1〕 参见施鹏鹏:《陪审制研究》,中国人民大学出版社2008年版,第185~186页。

续表

陪审制度	内　　容
法国商人法官制度	选举产生：商事法院不再任命职业法官，而是根据地区的案件数量情况，从本地区工商会成员中经过两次选举间接产生相应数量的商人法官。 任职条件：商人担任商事法官需要满足两个条件：一是年满30岁，从事商业活动5年以上；二是具有相当成熟的商事贸易经验，其所经营的企业未曾破产重整或清算。 任职任命：商人法官当选后，应当在上诉法院或大审法院宣誓就职仪式，任期较为固定（初任期限为2年，再次当选后任期为4年）。 权利义务：任职期间，商人法官将无偿工作，但其审判行为具有很强的独立性。
瑞典专家陪审制度	适用范围：上诉法院审理的涉金融、财会等事项刑事案件。 角色定位：金融、财会领域的专家担任"外行法官"，其在参与审判时与法官拥有完全相同的权力。 选举产生：由郡议会大会组织选举产生。

本文梳理了英国、美国、德国、法国、瑞典五国的专家陪审制度，通过考察各国专家陪审制度的运行现状及制度涉及，探究专门案件的审理中具有专门知识和经验的专家如何扮演日益重要的角色，为专业化审判提供必需的知识和经验。我国的专门法院同样面临专门性问题的解决以及制度设计等具体化问题，应结合我国的专业化审判发展实际，通过借鉴域外专家陪审制度之经验，构建适合我国专业化审判实践的专家陪审制度。

四、构建路径：金融审判专家陪审制度规则再造

目前，专家陪审制度目前已在诸多专门法院与基层法院自主实行。以上海市为例，金融法院、海事法院、知识产权法院等专门法院均已运行专家陪审制度，但各个法院的实际运行细则不尽相同。对此，笔者通过借鉴境外专家陪审制度的经验，尝试在金融审判领域构建合理、规范专家陪审制度，完善金融专业化审判模式，以供参考。

（一）适用专家陪审制度的案件范围和审级

受人民陪审制度的限制，专家陪审员参审的案件范围不应超出人民陪审制的案件范围且审级仅限于一审。[1] 笔者结合《陪审员法》以及最高人民法院《关于适用

〔1〕 参见《人民陪审员法》第15条与最高人民法院《关于适用〈中华人民共和国人民陪审员法〉若干问题的解释》第5条。

〈中华人民共和国人民陪审员法〉若干问题的解释》(以下简称《陪审员法司法解释》)等法律法规,尝试罗列金融领域专家陪审制度的案件范围。鉴于专业化审判模式的不断深化,不排除将来会有越来越多的各类新型专业案件需要适用专家陪审制度,因此对专家陪审制度的案件范围可进行非封闭型罗列(见图1)。因上海市金融法院已通过相关规定明确证券纠纷示范案件可选用具有专业知识的人员作为专家陪审员参与案件审理,[1]并探索建立切合涉科创板案件专业化审判需求的专家陪审机制,[2]相关规定一并列入金融专家陪审制度适用的案件范围,以此确立了普通案件随机分配陪审员,重大案件指定分配专家陪审员的模式。

(1)涉及专门性问题的解决的案件;
(2)涉及群体利益、公共利益,人民群众广泛关注或者其他社会影响较大的重大案件;
(3)涉及独立保函、保理、私募基金、非银行支付机构网络支付、网络借贷、互联网股权众筹等新型民商事纠纷且案情疑难复杂的案件;
(4)涉及根据民事诉讼法、行政诉讼法提起的公益诉讼案件且案情复杂或者有其他情形的案件;
(5)具有涉外因素且可能引发国际影响的涉外金融民商事、金融行政案件;
(6)其他需要纳入专家陪审制度范畴的案件

图1　金融专家陪审制度适用的案件范围(建议稿)

(二)专家陪审员的选任模式和流程

当前,专门法院需要从所在地基层法院而所在地基层人民法院的人民陪审员名单中通过两次随机抽取确定专家陪审员,专家的数量有限且操作流程冗杂。一定数量的专家陪审员是专家陪审制度顺利运行的前提,故建议取消在专门法院取消专家陪审员不超过普通专家陪审员1/5的比例限制,允许各专门法院建立专家人民陪审员信息库[3],通过个人自愿申请与组织推荐相结合的方式,优化专家陪审员选任流程。

专家陪审员的选任应采取由各专门法院审委会牵头建立专家陪审员信息库,并对提交报名的专家进行资格和专业背景审查。通过审查、遴选、公告与编册等步骤选任专家陪审员,完善专家陪审员专业信息登记,为承办法官根据案件审理实际情况以

---

〔1〕参见《上海市金融法院关于证券纠纷示范判决机制的规定(试行)》第35条。

〔2〕参见《上海市金融法院关于服务保障设立科创板并试点注册制改革的实施意见》;参见《上海市金融法院服务中国(上海)自由贸易试验田临港新片区金融开放与创新发展的若干举措》。

〔3〕《人民陪审员制度改革试点工作实施办法》第9条。

及争议焦点选任到最合适的专家陪审员提供便利，确保专家陪审员在案件审理过程中发挥专业特长。结合各法院选聘专家委员的各项条件要求，笔者认为专家陪审员应当符合下列条件：(1)品德高尚、公道正派；(2)经过专业专项培训，通过所属的学科职业资格考试并在相关行业从业时间10年以上；(3)具备高级职称且具有丰富的实务经验和较高声誉；(4)无违法犯罪及学术造假等不良记录；(5)能够履行专家陪审员相关职责。金融法院的专家陪审员专业背景应涵盖证券、金融、保险等多种学科。符合条件的专家陪审员经初选后，应及时公开专家陪审员名单，公示拟选任专家的相关信息，包括但不限于专家陪审员的专业领域、工作单位、职称等。公示期满应报同级省（直辖市）人民代表大会常务委员，对照人民陪审员相关法律法规要求会对其资格进行审查并任命。建议将专家陪审员的任期设置为5年，任期与人民陪审一致。因专家群体有限，对于专家陪审员应突破目前人民陪审员不得连续任职的限制，[1]允许其连续任职。同时为适应案件类型的变化，专家库中的专业背景应随着人民法院的案件范围、管辖以及新型案件所需而进行调整，实现动态更新。

（三）专家陪审程序的启动和抽取

专家陪审程序的启动应采用依职权与依申请启动两种方式，其主要基于两方面的考虑：就人民法院角度而言，应赋予法院依职权启动的权限。法官认为案件审理确有必要且符合专家陪审制度案件范围的，应向诉讼当事人说明情况后依职权启动专家陪审程序。就当事人的角度而言，根据辩论主义理论，法院应充分尊重当事人事实认定过程中的自由。[2] 诉讼双方的当事人有权根据意思自治向法官申请启动专家陪审程序。法院经审查认为确有必要启动的，应当按照案件中类型从前述专家陪审员信息库中随机抽取确定专家陪审员。[3] 为了保证公平性，专家陪审员也应参照人民陪审员的回避制度进行回避。

有学者指出可以参考仲裁制度中确定仲裁员的程序，考虑赋予当事人自主选择具体人民陪审员的权利，先由当事人共同决定专家陪审员名单。如果当事人不能就

---

[1] 司法部、最高人民法院、公安部《人民陪审员选任办法》第24条，人民陪审员的任期为5年，一般不得连任。公民担任人民陪审员不得超过两次。

[2] 参见[日]谷口安平：《程序的正义与诉讼》，王亚新、刘荣军译，中国政法大学出版社2002年版，第139页。转引自黄海涛：《专家陪审制中的程序保障问题研究》，载《法律适用》2017年第13期。

[3] 参见最高人民法院《关于适用〈中华人民共和国人民陪审员法〉若干问题的解释》第3条。

专家陪审员人选达成合意,则由法院指定专家陪审员。[1] 诚然,由当事人自主选任专家陪审员能够增加当事人对裁判结果的认同感和信任感,但笔者认为专家陪审员信息库的建立尚需要一段时间的积累,专家陪审制度亦需要一定时间的运行来精雕细琢、不断调整。现阶段贸然引入当事人自主选任专家陪审员的规则,将会加重司法实践中的程序负担,对专家信息库的专家人数与背景多元化提出了更高要求,为保障专家陪审制度在初期的顺利运行,当事人的自主选择权考虑予以后置落实。

(四)专家陪审制度的参审规则

在合理选任专家陪审员并依法启动专家陪审程序后,应设计专家陪审员具体的参审规则,严格落实专家陪审全程参与庭审全流程,畅通专家陪审员"实质参审"通道,保障专家陪审员实质参与庭审,允许专家陪审员独立发表意见,并通过裁判文书等书面形式呈现专家陪审员意志。

鉴于采用专家陪审制度的案件普遍较为复杂,在庭前阶段,应给予专家陪审充足的阅卷时间,令其全面、充分地审阅全部案卷材料,保障专家陪审员的阅卷权。在庭审阶段,专家陪审员既需要保持中立和适度被动,也应当积极参与鉴定、勘验、庭审等具体诉讼活动。法庭调查时,专家陪审员应当发挥专业特长,协助法官与双方当事人(包括但不限于其代理人、鉴定人、专家辅助人)就专门性问题所涉证据的证明能力、证明力等进行调查、核实、举证、质证,并参与案件事实的认定。法庭辩论时,专家陪审员不直接参与双方当事人的辩论,应保持中立立场,引导控辩双方就技术性问题进行辩论。考虑到法律适用问题上法官更为专业,故专家陪审员应遵循人民陪审员制度要求,只参与事实认定阶段的庭审评议。在庭后评议阶段,专家陪审员应与其他合议庭成员充分合议,共同认定案件事实中的专门性问题。因专家陪审员就专门性问题展开的认定具有高度的专业性,不展开解释将难以被公众接受。为缓和或排除辩论主义之僵化现象,保障当事人对专家陪审员技术性立场的知情权,应当遵循"心证公开"原则,对案件中专门性问题所涉技术争议,详细列明专家陪审员在合议过程中发表的个人独立意见,意见未予采纳的,应及时告知原因和法律依据。若存在不同意见,应分别列明不同意见、合议庭表决情况以及合议庭最终采纳意见的理由,并经专家陪审员本人签字确认后如实记录附卷备查。[2]

---

〔1〕 参见覃红卫、付勋艳:《人民陪审员随机参审案件的实践探索》,载《人民法治》2019年第10期;胡充寒、路红青、汤鹏:《知识产权审判专家陪审制度的探索与检视》,载《法学杂志》2011年第12期。

〔2〕 参见颜运秋:《中国环境公益诉讼专家陪审制度的确立与完善》,载《法治研究》2017年第5期。

通过参与上述阶段的审理活动,专家陪审员可以充分发挥专门知识背景,提高庭审的实质性、完整性以及合议的真实性、有效性,为案件裁判者的自由心证提供基础,也为二审法院、再审法院的事后审查提供资料。

(五)专家陪审制度的权益保障与责任追究机制

专家陪审制度的建立既离不开对专家权益的保障,也不能免去对其相应的责任约束。就权利而言,为保障专家陪审员充分履职,可以从专家陪审员的人身安全保障、后勤保障、参审补助和权利救济四方面出发,构建完备、全面、高效的保障体系,免除其参与案件审理的后顾之忧。

人身安全保障方面,应参照法官人身保障的相关规定,对造成专家陪审员人身伤害和名誉侮辱诽谤的,及时固定、保全证据材料,进行严厉打击,加大惩处力度,有效防止来自当事人的人身和言语攻击等。后勤保障方面,专家陪审员所在单位要认识到陪审工作的重要意义,支持陪审工作,对陪审员的履职提供保障,并尽可能地对陪审工作提供便利。专家陪审员参审期间不得克扣专家陪审员的正常工资及绩效奖金,及时批准专家陪审员因参审需要的请假事项,并作为特假记录,不列入事假范围。专家陪审员所在单位要在发生"工陪"冲突时,尽可能地对陪审员当天承担的工作任务安排他人顶替,以此支持陪审事业,使全社会共同为专家陪审员机制建设提供助力。在参审补助保障方面,要建立专家陪审员专项经费保障制度,将陪审经费列入法院全年经费预算计划,并做到专款专用。对此,应对专家陪审员参审案件的工作量进行科学统计,根据案件繁简程度核定工作时间,及时发给陪审经济补助,因专家陪审员的专业素质较高,建议适当提升专家陪审员的补贴报酬标准,以提高工作的主动性和责任感,最大化发挥司法审判过程中专家陪审员的作用。在权利救济方面,对法官限制专家陪审员庭审中的发问权以及评议案件过程中个人裁判意见的独立性表达,干扰陪审权正当、有效行使的,专家陪审员有权向专家陪审员委员会以及选举专家陪审员的人民代表大会提出申诉,寻求权利救济,增强陪审权的权力属性,使法官的审判权和专家陪审员的陪审权保持互相监督、互相平衡。

就义务而言,专家陪审员若无不可抗力等确实无法参审的正当理由情况下,不得缺席审判。专家陪审员主观故意破坏审判公正性或因误用科学原理或者技术方法而形成错误的判断,[1]都应当根据过错程度承担责任。专家陪审员恶意或故意作出错

---

〔1〕 参见常林:《谁是司法鉴定的"守门人"?——关于〈司法鉴定管理问题的决定〉实施五周年成效评析》,载《证据科学》2010年第5期。

误判决,损害审判公正性与当事人合法权益,情节严重的,应当以犯罪论处。与此同时,当专家陪审员不再符合继续履行职责条件,专家陪审员管理部门应及时报同级人民代表大会,办理免职手续,依法免除其专家陪审员资格。同时,专家陪审员管理部门还应通过多渠道向社会进行公示,让广大人民群众充分获取相关任免信息,防止被免职的陪审员损害人民群众的切身利益和司法公信。

后　记

随着专家陪审制度的建立,金融法院必将充分利用人才资源优势,发挥专家智力支持作用,完善专业化审判模式。在实践中,不断总结专家陪审制度的不足,及时予以完善,让更多富有丰富专业知识与社会阅历、具有行业影响力和社会责任感的专业人士成为专家陪审员,参与司法审判活动,让这一特色司法民主模式更好地为审判实践服务,继而提升金融司法裁判的公信力,更好地维护金融市场秩序,提升金融市场法治化水平。

个人信用法益化及其刑法保护路径

张素敏*

摘要：在当今信息化高度发展的时代中，个人信用权益理应具有人格属性和财产属性。信用主体对其信用的享有权、使用权和维护权都有可能遭受他人侵犯，因此，个人信用权益具有很强的“个人的要保护性”，而由于信用是金融市场的一种要素，其对维系金融市场稳定和金融财产安全起到重要作用，所以个人信用也应具有很强的“社会的要保护性”。因此，刑法理应将个人信用当作一种法益，纳入刑法保护范围。基于此，我国刑法可从保护信用及其载体两条进路来构建个人信用刑法保护体系，将盗用和冒用网络信贷产品的行为纳入信用卡诈骗罪规制范围；与此同时，国家亦可通过刑法立法专章设立侵犯个人信用法益罪名，进而做到对个人信用的人格权益和财产权益保护的兼顾，且应保持对我国互联网活动的开放性、自由性。

关键词：个人信用法益化；信用卡诈骗罪；刑法保护路径

一、初探：案例导入及问题提出

随着科学技术的迅猛发展，我国目前已进入互联网时代。互联网的发展和发达，使人们的生活空间由现实向虚拟延伸，“在线”成为当代人“在世”生活的一种方式。[1]互联网的迅速发展是一把“双刃剑”，它既拓展了人类生活的空间，也给我们生活带来了新的法律问题。比如，网络空间与现实空间正逐步走向交叉融合，“双层

---

* 张素敏，西南政法大学2019级刑法学博士研究生，三级法官。

〔1〕 参见高国其：《网络“虚拟财产”的现实定位与刑法规制》，载《重庆大学学报（社会科学版）》2017年第3期。

社会"正逐步形成,[1]传统犯罪发生的场域,也由"现实物理空间"一个平台,发展为"现实物理空间"与"网络虚拟空间"两个平台。质言之,网络时代唯一不变的就是变化,个人信用[2]的法益化保护亦是网络时代发展的大势所趋。

案例介绍:被告人何某登录被害人吴某某支付宝账户,通过支付宝"蚂蚁花呗"的形式,购买了苹果手机1部,消费了吴某某6000余元。同日,何某又通过"蚂蚁花呗"的形式在大众点评网上消费了吴某某187元。检察机关认为,被告人的行为构成盗窃罪;被告人的辩护人认为,被告人的行为属于冒用他人信用卡的信用卡诈骗行为;人民法院认为,支付宝账号不属于商业银行或者其他金融机构发行的电子支付卡不能认定为信用卡,支付宝用户通过"蚂蚁花呗""蚂蚁借呗"获得贷款属于签订合同,所以被告人的行为属于贷款诈骗罪。[3]

对于上文类似案例的分析,当前学界的主流观点认为,"蚂蚁花呗"不属于信用卡。持这种观点的学者马寅翔认为,虽然推出个人信用支付产品的主流电商平台已经获取了种类不等的金融机构经营许可证,即所谓的金融牌照,但其所推出的个人信用支付产品却并非基于银行牌照所许可的业务范围,将其称为信用卡显然是错误的,并由此认为从规范保护目的出发对"信用卡"进行的实质解释,将电商平台发行的个人信用支付产品解读为刑法意义上的"信用卡"为类推适用解释。[4] 而学者杨志琼认为,冒用他人"蚂蚁花呗"或者"京东白条"等行为,其实是冒用金融消费者名义向金融机构申请贷款服务或赊购服务,进而欺骗第三方支付设备实现资金的转移,侵犯了金融消费者的财产权,应构成诈骗罪。[5]

综上所述,上述司法实践中的做法与理论界的主要观点,体现了司法机关和大部分学者对个人信用法益保护的不够重视。他们对冒用或者盗用他人信用产品侵财的行为,并没有看到行为对个人信用的破坏,只看到了行为对财产权益的侵犯,导致类似的行为难以适用具有保护个人信用法益作用的信用卡诈骗罪予以规制,只能适用财产犯罪罪名。一言蔽之,此种处理方式,导致对冒用或盗用他人信用卡产品行为具

---

〔1〕参见陈洪兵:《双层社会背景下的刑法解释》,载《法学论坛》2019年第2期。

〔2〕笔者需要说明的是由于信用主体除自然人之外,还有公司、银行、政府机构等,后者享有信用权益的方式与自然人有区别,限于本文篇幅,本文仅探讨的信用限于自然人享有的信用,即个人信用。

〔3〕参见上海市嘉定区人民法院刑事判决书,(2016)沪0114刑初681号。

〔4〕参见马寅翔:《冒用电商平台个人信用支付产品的行为定性——以花呗为例的分析》,载《法学》2016年第9期。

〔5〕参见杨志琼:《利用第三方支付非法取财的刑法规制误区及其匡正》,载《政治与法律》2018年第12期。

有的侵犯他人个人信用的一面没有受到刑法的否定性评价,同时对个人信用法益化保护来说,刑法的规制仍有缺憾。因此,笔者认为,未来我国理应通过立法建构信用法益化的刑法保护体系,做到对信用中的人格权益和财产权益兼顾,以适应当今互联网活动的开放性。

二、溯源:个人信用何以成为一种刑法保护法益

德国著名学者罗克辛认为,"法益概念是一个批判立法的法益概念,通过这种方式,该法益要达到的这样目的:告诉立法者合法刑罚处罚的界限"〔1〕。对此"批判性立法的法益概念"为我们反思刑法规范提供了思路。但当我们以"批判性立法的法益概念"来反思刑法规范时,如何判断一个行为对象是否纳入刑法的保护范围?日本著名学者関哲夫教授提出了法益概念生成过程的"三重承认",即某种生活利益要成为法益必须通过"个人的承认"获得"个人的要保护性",通过"社会承认"获得"社会的要保护性",最终还要通过"法的承认"获得"法的要保护性"。〔2〕 概言之,法益概念是作为社会的实在概念的"利益"与作为法的评价概念的"法的要保护性"相结合的产物,它能够发挥犯罪说明的机能、犯罪构成的机能、犯罪界限的机能、犯罪分类的机能和犯罪定数的机能等。因此,笔者认为我们亦可借鉴上述学者们的考察思路,来判断"个人信用"是否可以作为一项刑法保护的法益而被纳入刑法调整范围。

(一)个人信用作为刑法保护法益的应然考量

张明楷教授认为,"法益的内容本身是前实定的,但这种内容要受到刑法保护还必须依靠实定刑法"〔3〕。在目前实定法益保护中,一部分受到刑法的保护,另一部分没有受到刑法保护。因此,我们先考察实定法意义上的个人信用概念和性质。

1. 信用的概念界定

在我国话语体系范围内,"信用"一词在不同领域具有不同的含义。在道德范畴中,"信用"主要指诚信,即通过诚实履行自己的承诺而取得他人的信任。〔4〕 在金融

〔1〕 [德]克劳斯·罗克辛、樊文:《刑法的任务不是法益保护吗》,载陈兴良主编:《刑事法评论》第19卷,北京大学出版社2007年版。

〔2〕 参见[日]関哲夫、王充:《法益概念与多元的保护法益论》,载《吉林大学社会科学学报》2006年第3期。

〔3〕 张明楷:《法益保护与比例原则》,载《中国社会科学》2017年第7期。

〔4〕 参见李健:《金融学》,高等教育出版社2018年版,第103页。

学界,“信用”是指以还本付息为条件的借贷活动。[1] 在法学领域,对“信用”这一概念关注较多的是民法学者,他们对“信用”的界定大致有三种看法:第一,“信用”是社会对民事主体的履约能力和履约意愿的评价[2];第二,“信用”是自然人、法人和其他组织就其经济能力和履约意愿所获得的社会评价和信赖[3];第三,“信用”被认为是名誉的一部分。[4] 学界还有学者就明确认为:“信用”,即自然人和法人履行法定或者约定义务的心理态度及其行为能力。[5] 虽然不同学科的学者对“信用”概念的认识有所不同,但并妨碍我们从刑法角度去研究保护“信用”的规制路径。

首先,个人信用归属于一定的主体。在金融学中,信用分为商业信用、银行信用、政府信用、消费信用和国际信用等。有学者认为在刑法学语境下的市场信用分为个人信用和公共信用。[6] 其次,个人信用具有人格专属性。正如有学者指出,信用发展到至今,其人格属性中的非经济成分是不容忽视的,这也是从信用的道德属性中衍生出来的,并且从未消失过。[7] 因为每个人的信用评价不同,所以在金融市场中其获得的金融服务的对价也不同。识别不同主体的信用评价进而可将金融活动的风险控制在一定的水平,这是金融机构开展金融活动一项非常重要的工作。最后,个人信用可用于获取经济利益。拥有不同的信用级别,可以享受不同的信用利益。在个人或单位使用的信用卡中,比如芝麻信用中,只有当信用分数达到一定的程度,才有资格开通“蚂蚁花呗”获得消费信用贷款资格,达到更高的分数,才能开通“蚂蚁借呗”获得现金信用贷款资格。

2. 个人信用的法律属性

由上述信用概念及特点的介绍可知,信用在司法实践中的法律性质很难界定,主要存在以下两个方面的认定难题。

(1)个人信用是一种权利还是一种利益? 如果信用是一种权利,则当然是刑法保护的范围。因为刑法是二次法,保障法,其需要在其他法律不能达到权利保护的效果时,以刑罚手段予以介入。如果信用是一种利益,则其如果没有上升为值得刑法规范

[1] 参见李健:《金融学》,高等教育出版社 2018 年版,第 103 页。

[2] 参见石新中:《论信用概念的历史演进》,载《北京大学学报(哲学社会科学版)》2007 年第 6 期。

[3] 参见杨立新:《中国人格权法立法报告》,知识产权出版社 2005 年版,第 392 页。

[4] 参见张新宝:《我国人权法立法:体系、边界和保护》,载《法商研究》2012 年第 1 期。

[5] 参见张勇:《个人信用信息法益及刑法保护:以互联网征信为视角》,载《东方法学》2019 年第 1 期。

[6] 参见马长生、罗开卷:《市场信用刑法立法思考》,载《中国刑事法杂志》2010 年第 6 期。

[7] 参见陈宾:《论信用权的性质及其保护路径》,载《河南财经政法大学学报》2019 年第 1 期。

保护的法益，刑法就无法介入保护。即使是刑法保护也要进行“要保护性”的判断。民法学者对权利和利益进行了严格的区分，他们认为民事利益分为三个部分：第一部分是用民事权利保护的民事利益，如生命权，继承权等。第二部分是法益保护的民事利益，例如对死者人格利益胎儿利益的保护等。第三部分是不受民事权利和法益保护的民事利益，如亲吻权等。[1] 如果从法定权利的角度来看，我国在《民法典》中确实没有规定“信用权”。所以，信用在当前不应视作一种民事权利。但是值得注意的是在我国《民法典》人格权编中，立法者首次明确将信用纳入法定权利体系中。可以预见，未来信用可能真的能够成为一种法定民事权利——“信用权”。而在信用尚未被权利化之前，其仅仅是一种受法律保护的民事利益。所以，目前刑法介入信用的保护并不具有当然性，刑法是否需要介入对信用的保护，需要进一步分析信用能否构成刑法保护的法益。换言之，如果未来《民法典》将信用作为一种权利进行保护，则信用权将自动获得成为刑法保护法益的先天条件。而在此之前，需要我们借助“法益生成”概念进行判断。

(2)如果个人信用是一种权利，则其属于人格权还是财产权？此问题是上述“信用是一种权利还是仅是一种利益”这一问题在民法学中的延伸。其对刑法学的意义在于，如果我们思考刑法对信用利益的保护，那么究竟是将其作为一种人身权利还是财产权利进行刑法规范体系的构建。

当前，民法学界对信用在我国《民法典》体系中的地位主要有三种看法：第一，人格权说。在人格权说内部，有一部分学者认为信用权是一种独立的人格权，认为“信用权的特点决定了其不同于其他具体人格权，理应成为具体人格权家族之一员”[2]，信用权是民事主体就其所具有的经济能力在社会上获得的相应信赖与评价所享有的保有和维护的人格权。[3] 也有一部分学者认为，信用属于人格权中名誉权的范畴，认为“法律既然一定确认名誉权，那么就无须对信用单独加以保护”[4]。第二，新型财产权或无形财产权。该观点认为如果在财产权的架构内将资信类权利与物权、知识产权并列，信用权可以说是“新型的财产权”。该项权利的客体，即信用利益属于一

---

[1] 参见杨立新：《个人信息：法益抑或民事权利——对〈民法总则〉第111条规定的“个人信息”之解读》，载《法学论坛》2018年第1期。

[2] 何国强：《论作为独立人格权的信用权》，载《社会科学家》2012年第7期。

[3] 参见杨立新：《人身权法论(修改版)》，人民法院出版社2002年版，第698页。

[4] 张新宝：《我国人格权立法：体系、边界和保护》，载《法商研究》2012年第1期。

种无形财产。[1] 第三,混合权利说。该观点认为如果基于民事权利体系的财产权与非财产权的“两分法”的理论,信用权可以说是在介于上述两类权利之间的“混合性权利”。[2] 但是即使认为信用权属于人格权的学者,也承认其是一种“具有人格属性和财产属性的民事权利”。[3]

综上所述,无论信用权属于民法中的哪一种权利,我们都可以做以下论断:信用权是一种与人格和经济利益有密切关系的权益,对这种权益侵犯既会造成对人格权的侵犯,也可能造成对经济利益的侵犯。笔者认为,这一结论对我们构建信用的刑法保护体系至关重要,我们刑法中对信用进行保护的制度既不可能是纯粹的人身权利保护制度,也不可能是纯粹财产权利保护制度,其一定是既保护人身权利也保护人身权利背后的财产权利的一种制度。

(二)个人信用与刑法“要保护性”的个人承认考察

所谓刑法“要保护性”的个人承认,是指“作为社会成员的个人的承认或者要求某社会利益应该通过刑法来保护”[4]。犯罪行为对被害人信用的破坏也就是对信用权利人所享用的信用权力的破坏。有学者认为信用权主要分为权利主体对信用的保有(享有)、使用及维护三种权利。[5] 与此相对应地对信用的侵犯行为也分为如下三种。

1. 对信用主体信用保有(享有权)的破坏。由于信用权具有很强的人身属性,不同的人因其主观经济能力与相应的客观社会评价不同,享有不同的信用权益。所以,信用只能由本人享用。在网络环境冒用他人电商平台,如“蚂蚁花呗”“蚂蚁借呗”等信贷产品获得信贷利益的做法,就构成公众对信用主体对信用保有权的破坏。

2. 对于信用主体的信用利用权的破坏。如前所述,信用的财产属性与人身属性是紧密结合的,一个人通过自己的信用享有多大的资信权益,与其本身的信用水平息息相关。而冒用和盗用他人信用账户,获取本来只能为信用主体本人享有的资信利益时,就侵犯了这种信用主体本人对自己资信支配和利用状态。

3. 对信用主体的信用维护权的破坏。由于信用不仅事关一个人享有的社会评

[1] 参见吴汉东:《论信用权》,载《法学》2001 年第 1 期。

[2] 参见吴汉东:《论信用权》,载《法学》2001 年第 1 期。

[3] 参见何国强:《论作为独立人格权的信用权》,载《社会科学家》2012 年第 7 期。

[4] [日]関哲夫、王充:《法益概念与多元的保护法益论》,载《吉林大学社会科学学报》2006 年第 3 期。

[5] 参见李健革、刘文宇:《基于法经济学视角的信用权》,载《东北大学学报(哲学社会科学版)》2016 年第 3 期。

价，更关系着相对应的资信利益，所以在信用社会，一个有着正常规范缺陷的人有充足的动力去维护并尽力提高自己的信用水平，以享受更高的人格评价及更多的经济利益。但在网络环境下，个人信息的载体是信息或数据，所以出于恶意或重大过失删除更改记载或者反映他人信息的或数据行为，显然构成对他人信用维护权的侵犯。

综上所述，虽然权力的滥用也可能出现在信用权领域，但这不是我们放弃对信用进行更完善保护的理由。相反，我们一方面理应本着最大的善意推测每一个公民都非常珍惜自己的信用权益，愿意在现代经济体系中维护并尽力提高自己的信用水平。另一方面，针对滥用信用的行为，我们也应该站在维护整个市场信用体系的角度考虑予以有力规制。公民的信用权益有可能受到各方面的侵犯，刑法应当将其纳入保护范围。

（三）个人信用与刑法“要保护性”的社会承认考察

在我们日常经济生活中，某生活利益所获得的社会成员“个人的承认”或者要求其应该受刑法的保护，并不能直接就使其成为法益。为了使该生活利益成为法益，必须要通过法的“要保护性”的社会的承认这道关卡。换句话说，就是社会的多数成员承认该生活利益是社会生活上重要的生存利益所在，因而有必要通过刑法来保护它。〔1〕所以，完成信用的刑法“要保护性”的个人承认认证后，我们依然不能说，它一定就可以成为一种受刑法所保护的法益，我们还要进行第二步论证信用的刑法“要保护性”的社会承认之间的关联。

“超个人法益”这一概念为我们认识法益与个体及群体之间的关系提供了理论工具。“超个人法益”是指非专属于特定的个人的法益，又称为全体法益、社会法益、普遍法益、公共法益和集体法益等，其与个人法益一起构成了当今刑法学教义学的基础，即也就是我们通常所述的“法益理论”。〔2〕这一概念源于德国，近年来，我国一些研究经济刑法学者对其大力提倡。单对“超个人法益”的具体内涵，理论界学者认识有所不同。有学者认为，我国应及时将“秩序法益观”转化为“利益法益观”，并将经济刑法的“超个人法益”明确为“资本配置利益”。〔3〕而其认为的“资本配置利益”是指通过合理的资本配置，国家、社会、市场主体及市场参与者均能享受到由此带来的财产性利益或利益的机会。也有学者认为，经济刑法的保护法益应当被界定为国家

〔1〕参见［日］関哲夫、王充：《法益概念与多元的保护法益论》，载《吉林大学社会科学学报》2006年第3期。

〔2〕贾健：《人类图像与刑法中的超个人法益——以自由主义和社群主义为视角》，载《法制与社会发展》2015年第6期。

〔3〕参见魏昌东：《中国经济刑法法益追问与立法选择》，载《政法论坛》2016年第6期。

和社会在经济活动中的经济利益，包括国家在经济活动中的经济利益和社会在经济活动中的经济利益两个方面。[1] 笔者认为，无论学者如何界定超个人法益的具体内容，大家对于"超个人法益"对国家和社会的重要性都予以了确认，也达成了大致统一的认知。

综上所述，如果"个人信用"可以被视为一种法益的话，那么其正符合上述所谓的"超个人法益"概念的实质内涵。所以个人信用不只是关乎具体的市场主体，其对整个金融及经济体系更是有着牵一发而动全身的影响。国家对信用风险的管控，不仅是保护金融消费者权益的需要，更是维护经济和金融稳定的需要。由于个人信用关乎金融安全，故其有充分的理由被视为"超个人法益"得到的刑法保护。

三、建构：个人信用法益化的刑法保护路径

虽然，我国现行《刑法》没有明确将"个人信用"作为法益纳入刑法保护范围，有关个人法益保护的条文仍然零散地存在于《刑法》之中（见表1），但它们可以在一定程度上实现刑法对个人信用法益的部分保护。诚然，这种零散的法律规范之间缺乏体系性，更缺乏载体细化的基础上严格的内部逻辑，这与我国经济社会发展所需求，对个人信用法律的健全保护不相适应。拉伦茨指出，"整个法秩序都受特定指导性法律思想原则或一般价值标准的支配……其作用在于：诸多规范之间，各种价值决定的借此法律思想得以正当化一体化，并因此避免比之间的矛盾，其有助于解释对法律内的及超越法律的法的续造，助益更宏"[2]。因此，我们有必要在我国现有刑法规范基础上思考如何建构我国的个人信用刑法保护体系，使刑法在保护个人信用法益中以体系性的方式发挥更大的作用。

表1　我国刑法中保护个人信用的相关法律条文一览表

序号	罪名	刑法条文
1	违法发放贷款罪	第186条
2	挪用资金罪	第185条第1款
3	挪用公款罪	第185条第2款
4	背信运用受托财产罪	第185条之一第1款

[1] 参见王良顺：《保护法益视角下经济刑法的规制范围》，载《政治与法律》2017年第6期。

[2] ［德］卡尔·拉伦茨：《法学方法论》，陈爱娥译，商务印书馆2003年版，第316页。

续表

序号	罪名	刑法条文
5	欺诈发行证券罪	第160条
6	背信损害上市公司利益罪	第169条之一
7	虚报注册资本罪	第158条
8	虚假出资、抽逃出资罪	第159条
9	内幕交易、泄露内幕信息罪、利用未公开信息交易罪	第180条
10	虚假诉讼罪	第307条之一
11	泄露不应公开的案件信息罪、披露报道不应公开的案件信息罪	第308条之一
12	诈骗罪	第266条
13	虚假破产罪	第162条之二
14	保险诈骗罪	第198条
15	虚假广告罪	第222条
16	使用虚假身份证件、盗用身份证件罪	第280条之一
17	组织考试作弊罪	第284条之一
18	代替考试罪	第284条之一
19	故意泄露军事秘密罪、过失泄露军事秘密罪	第432条

根据法秩序的一体性与刑法谦抑性理念，刑事违法性与行政或民事违法性具有一致性。不存在具有刑事违法性，而没有行政或民事违法性的行为；缺少行政或民事违法性的行为，也不可能具有刑事违法性。[1] 若要构建一个较为完善的个人信用刑法保护体系，我们必须回到个人信用本身属性，从原点出发，分析个人信用结构各个部分及作为一个整体如何得到刑法的全方位保护。笔者认为可以结合以下三个方面，找出刑法保护个人信用法益的具体路径。

（一）确立保护个人信用和个人信息的双重进路

目前，随着电子商务的发展，互联网个人征信逐渐渗透到金融消费行为和商业活动当中，但在互联网征信开放信息共享的模式下，个人信用、信用信息与隐私的边界更加模糊化。[2] 之所以是这样，是因为通过对大数据技术的运用，可以从个人留在

〔1〕 参见陈璐：《个人信息刑法保护之界限研究》，载《河南大学学报（社会科学版）》2018年第3期。

〔2〕 参见张勇：《个人信用信息法益及刑法保护：以互联网征信为视角》，载《东方法学》2019年第1期。

互联网上的大量碎片化的信息中识别出包括个人信息状况在内的有价值的信息，所以我国《网络安全法》将个人信息的定义为，“个人信息”是指以电子或者其他方式记录的，能够单独或者起与其他信息结合识别自然人个人身份的各种信息。因此，在网络环境下，对个人信用的保护要从保护信用和保护信用信息双重进路展开。

1. 对保护个人信息方面

在保护个人信息方面，主要分为两个部分。第一，规制非法获取个人信息、信用信息的行为，相应罪名包括窃取、收买、非法提供信用卡信息罪，侵犯公民个人信息罪，非法获取计算机信息系统数据罪，非法控制计算机信息系统罪和非法利用信息网络罪。第二，规制非法破坏信用信息的行为包括篡改删除个人信用信息的行为，相应罪名为破坏计算机信息系统罪。

2. 对个人信用的直接保护方面

在对个人信用的直接保护方面，同样也包括两个部分。第一，规制非法使用他人信用卡权益的行为，包括盗用、冒用他人信用卡信息享受自信利益的行为，具体罪名为信用卡诈骗罪假冒专利罪侵犯著作权罪和盗用身份证罪；第二，规制非法减损他人信用的行为，具体罪名有诬告陷害罪、侮辱罪、诽谤罪、泄露不应公开的信息罪及披露报道不应公开的案件信息罪。

综上，在网络环境下，我们可以这样阐述个人信用与个人信息之间的关系：个人信用信息是在个人信用的这种人格在网络空间的存在和表演形式；对个人信用信息的破坏必然会对个人在网络环境中的信用产生影响及影响，个人在网络空间中享有的信用评价，也影响个人可以通过信用评价享有的资信利益，但是个人信用仍可以脱离网络信息环境经营现实中的人格形象存在，此时对个人信用的毁损不必以借助网络信息的方式来进行。

（二）明确刑法保护个人信用的核心罪名

在司法实践中，非法使用他人信用卡权益和非法减损他人信用法益是侵害最严重的两种行为。非法使用他人信用卡权益的形式主要包括盗用或者冒用他人信用权益，如签署盗用他人话费等电商平台信贷产品的行为，当前较为常见的此类犯罪主要依托于电商平台的网络信贷产品，如借呗、微粒贷、京东白条等方式。所以，非法使用他人信用卡权益和非法减损他人信用是刑法在保护个人信用法益时必须要予以重点研究的核心罪名。

1. 对“信用卡诈骗罪”的改造

在现有《刑法》可以用来规制非法使用他人信用卡权益的罪名中，具有核心地位的是“信用卡诈骗罪”，这一罪名所保护的信用卡管理秩序及个人财产法益，该罪名位于《刑法》“破坏社会主义市场经济秩序罪”一章中，体现了刑法对个人法益保护和超个人法益保护的兼顾。该规定同时也体现了对信用法益背后的人格属性和财产属性保护的兼顾。从文义上看，其犯罪构成有一定的开放性，具备将在网络环境下，侵犯他人信用法益的行为纳入其规制范围的解释空间。但如前述案例展示的情况说明，由于当前司法机关和一部分学者对该罪具有保护个人信用法益的机能基本持否定态度，所以要想真正使“信用卡诈骗罪”在保护个人信用法益中发挥核心作用，还需要对其加强阐释。

而现在可以用来规制非法减损他人信用权益的各个罪名，都是刑法中的传统罪名，其对保护个人信息主要作用在于保护信用中的人格权益，基本不涉及信用背后的资信利益。如前所述，制约“信用卡诈骗罪”在保护个人信用法益中发挥作用的因素，在于该罪中的信用卡通常仅被解释为由传统银行类金融机构发行的贷记卡、准贷记卡和借记卡等网络新的产品一律被排除在外。所以对“信用卡诈骗罪”的改造核心在于扩大信用卡的含义，将冒用他人信用卡信息进而享受有关资信利益的行为，认定为冒用他人信用卡的行为。

综上，笔者主张将发行网络信贷产品的第三方支付机构视作金融机构，将其发行的网络信贷产品认定为“信用卡”，将盗用，冒用他人传统信用卡和网络信贷产品侵财行为都认为是“信用卡诈骗罪”。

2. 对规制非法减损他人信用权益类罪的改造

在现有的可以用来规制非法减损他人信用权益的“诬告陷害罪”“侮辱罪诽谤罪”等通常都被列为保护名誉权、人格权等人身权法益的罪名，我们有必要对这类的人身权法益进一步细化，至少在认识层面关注“诬告陷害”、“侮辱”和“诽谤”行为对他人信用的侵犯状况，将个人信用法益明确纳入上述罪名的保护范围之内，以发挥刑法对个人信用法益的规范保护作用。

（三）专章设立保护个人信用法益的罪名

“信用”是一种权利，亦可称为“信用权”，其当然有被纳入刑法调整范围的可能。因为刑法作为保障法，其需要在其他法律规范难以达到权利保护效果时以刑罚手段予以介入具有正当性的。正如有学者所言：“伴随着时代的发展，刑事立法的思路和解决对策在不断地进行调整，传统案件的定性也发生了巨大的变化，有些案件按照传统的处理思路和理论难以解决，而必须依照新时代的定性规则和定量标准来进行，脱离于时代的法学理论的有用性越来越显得捉襟见肘。"[1]目前,已出现了较为重视对个人法益保护的国家或地区(见表2)。而我国大陆目前并没对个人信用法益进行刑法保护。因此,我国大陆个人信用法益保护是未来的立法趋势。

表2 部分国家或地区关于保护个人信用法益规定

序号	国家或地区	相关立法规定内容
1	日本	《刑法典》第233条规定了毁损信用及妨害业务罪:"散布虚伪流言或使用诈术,毁损人之信用或妨害其业务者,处三年以下惩役或五十万日元以下罚金。"
2	韩国	《刑法典》第313条规定:"散布虚假事实或者以其他欺骗方法,妨害他人信用的,处五年以下劳役或者一百万以下罚金。"
3	我国台湾地区	"刑法典"第313条规定了"妨害信用罪":"散布流言或者以诈术损害他人之信用者,处二年以下有期徒刑、拘役或科处或并科一千元以下罚金。"

截至目前,我国大陆刑法中并没有如上述国家或地区一样的专门用来保护个人信用法益的罪名。所以,笔者认为,我国个人信用刑法保护体系的构建,主要应寄希望于未来的刑事立法规定。我们可以期待未来我国大陆《刑法》也制定专门罪名来保护个人信用法益,但同时我们也需要注意到上述立法例中的用来保护个人信用罪名主要是从保护人格权利的角度来实现对信用的刑法保护的。未来我国大陆《刑法》通过立法的方式建立个人信用刑法保护体制,除了要重视对个人信用法益保护和人格权益的角度进行刑法保护,还要注重对个人信用法益背后资信利益和作为超个人法益的信用制度的保护。

结 语

迈向《民法典》时代,我们有理由看得更远,构建起基于整体法秩序之上的社会信用体系。这一体系下的市场格局将不再是自由自治,而是诚实信用,自律而非放任,确定而非流于偶然。

信任的背后是持久的人际关系,信用的背后则是市场的存在样式。社会主义市场经济发展的"中国速度"有目共睹,但此间却未能通过信用建立良性的"人际网

[1] 吴尚聪:《我国网络发展及其立法、司法、理论应对的历史梳理》,载《政治与法律》2018年第1期。

络”。[1] 目前，据中国互联网络信息中心发布的报告称，截至2017年12月，我国网民数量达7.72亿，互联网普及率高达55.8%，超全球平均水平4.1个百分点、亚洲平均水平9.1个百分点。网络时代唯一不变的就是变化。信息科学技术的迅速发展急剧地改变着人类社会生活的方方面面，传统的犯罪活动也逐步披上了“网络的外衣”。因此，未来我们应对侵害信用法益犯罪的治理，单纯依靠某一部门法、某一学科知识是无法提出有效解决方案的，要让刑法和刑法运行处于内外协调状态，从刑事一体化的角度探索治理方案，[2] 要糅合刑事实体法与刑事程序法，甚至要将计算机科学、社会学、统计学等关联学科结合起来，否则就会“只见树木，不见森林”。

[1] 参见夏伟：《信用权保护规则的刑民一体化构造》，载《现代法学》2020年第4期。

[2] 参见刘品新、张艺贞：《虚拟财产的价值证明：从传统机制到电子数据鉴定机制》，载《国家检察官学院学报》2017年第5期。

行政执法和刑事司法衔接视角下的会计造假治理思考

唐　琪[*]

摘要：随着越来越多的会计造假案件的爆发，在已经确立了会计造假需要承担行政、民事、刑事责任的监管体制下，在现行会计造假治理过程中，以行政执法为主导的监管体系发挥着较大的监管作用，而作为最后一道监管防线的刑事司法在治理过程所起作用却稍显不足，原因在于会计造假的行政执法和刑事司法在衔接过程中存在不足。笔者在对两法衔接不足产生的原因进行分析后，从立法、证据规则的构建、监管等角度对会计造假在行政执法和刑事司法衔接治理中的改进提出了自己的建议。

关键词：行政执法；刑事司法；会计造假；衔接

引　言

会计作为一门通过一系列专门技术和方法，对一个单位所有的经济活动采用货币为计量单位进行记录、核算和监督等开展工作。从会计的功能来看，会计的目的在于真实地记录企业的经济活动，客观公正地反映企业经营成果。各类信息使用决策者们只有依靠符合真实性、可靠性、可比性等特征的会计信息方可作出正确的决策判断。

伴随经济的发展，各类使用者对于会计信息的质量要求在不断提高，但对会计信息真实性、可靠性的要求从未改变。然而会计信息往往又和企业出资人、债权人等各个使用方的利益息息相关，因此不少企业通过伪造，变造种种虚假会计信息以实现融资、偷逃税、包装上市等非法目的，会计造假行为屡禁不绝，且随着经济的发展有愈演愈烈之势。

---

* 唐琪，中电华东进出口有限公司法律顾问。

一、会计造假的现状

（一）会计造假的金额数量越来越大，危害程度越来越大

2001年8月，银广厦虚构财务报表事件被揭露后，证监会认定1998年至2001年银广厦虚增利润7.7亿元。2019年康得新年报公布后，122亿元现金不翼而飞，引起证券市场一片哗然。在2020年9月证监会（〔2020〕71号）行政处罚决定书中，康得新公司自2015年1月至2018年12月4年内，通过对销售、采购、生产、研发、运输等全过程虚构的方式增加利润115.3亿元。无独有偶，另一位"康"氏公司康美药业在2016年至2018年累计虚增营业收入206.44亿元，虚增货币资金887亿元。

仅仅20余年，国内会计信息造假的规模成几十倍增长，似乎也见证了20多年来证券市场的另一种虚假"繁荣"。

（二）经济国际化下跨境会计造假形式日趋严峻

随着中国经济的国际化参与程度日益增多，中国越来越多的企业迈出了走出去的步伐，通过海外投资、并购、联营乃至海外上市的企业队伍日趋庞大。2018年Wind统计数据显示，境外（不包括香港）上市的中概股数量共有334只，与之相对的是，已有242只中概股摘牌退市。也就是说，每10家赴海外上市的企业中，就有4.2家最终以退市结束其海外上市之旅。究其退市原因，其中不乏因会计造假而退市的企业。[1] 上市公司雅百特于2015年至2016年9月采用虚构巴基斯坦海外工程项目，充分利用跨境资金收支结算的手段，累计虚增营业收入逾5.8亿元，虚增利润近2.6亿元。越来越多的会计造假行为都呈现手法隐蔽、跨境趋势明显、反调查手段多样等特点，造成了极大的市场危害。

二、行政执法和刑事司法衔接下会计造假治理实况

在会计信息的使用者看来，真实可靠的会计信息的无论是外部使用者（如广大投资者，银行、客户、监管者）抑或是内部使用者都有着极其重要的意义，因此对于会计造假行为将面临行政责任、刑事责任与民事责任的三重责任管制。从行政责任角度来看，2020年3月1日开始执行的修订后的《证券法》显著提升了企业违规披露信息

〔1〕 卓泳、吴少龙：《逾200家中概股摘牌　海外上市苦旅一场》，载《证券时报》2018年1月12日。

的成本。[1] 财政部于2019年10月21日公示的《会计法修订草案(征求意见稿)》在会计造假行为以往承担行政责任和刑事责任的基础上增加了会计造假应承担民事责任的会计责任体系。同时该征求意见稿中亦加大了对会计造假的行政处罚力度,提高了经济处罚的数额,同时还增设了"没收违法所得"的处罚规定。[2] 2006年6月通过的《刑法修正案(六)》中亦修订了原《刑法》第161条,将"提供虚假财会报告罪"修订为"违规披露、不披露重要信息罪",将虚假财会报告扩展到重要信息,增加了对于重要信息的保护力度。[3]

不难看出,在会计信息的真实性保护方面,我国已经基本构建起了以刑事责任、民事责任和行政责任为主的会计责任体系。现实中,政府审计机构、财政部门、证监会等行政主体可以就会计造假行为追究相关企业和直接责任人的行政责任;公安部门、检察院、法院等部门亦可以通过法定程序对企业及直接责任人在涉及违规披露、不披露重要信息的犯罪行为进行刑事追责。笔者翻阅有关公开材料,发现在对于会计造假的行政执法和刑事司法层面治理主要呈现如下状态。

(一)在会计造假追责领域,行政执法呈主导地位

《会计法》《证券法》《审计法》等法律已经赋予财政部门、证监部门、审计部门的会计监督职能,因此在我国财政部、证监会、审计等部门构成了我国会计信息质量行政监督的主体,《财政部会计信息质量检查公告(第三十八号)》中数据显示,党的十

---

〔1〕 参见《证券法》第181条规定:"发行人在其公告的证券发行文件中隐瞒重要事实或者编造重大虚假内容,尚未发行证券的,处以二百万元以上二千万元以下的罚款;已经发行证券的,处以非法所募资金金额百分之十以上一倍以下的罚款。对直接负责的主管人员和其他直接责任人员,处以一百万元以上一千万元以下的罚款。发行人的控股股东、实际控制人组织、指使从事前款违法行为的,没收违法所得,并处以违法所得百分之十以上一倍以下的罚款;没有违法所得或者违法所得不足二千万元的,处以二百万元以上二千万元以下的罚款。对直接负责的主管人员和其他直接责任人员,处以一百万元以上一千万元以下的罚款。"

〔2〕 参见《会计法修订草案(征求意见稿)》第46条规定:伪造、变造会计凭证、会计账簿,提供虚假或者隐瞒重要事实的财务会计报告,尚不构成犯罪的,由县级以上人民政府财政部门予以通报,有违法所得的,责令限期退还或没收违法所得,对单位处违法所得1倍以上5倍以下的罚款,但不得低于10万元,无违法所得的,对单位处10万元以上100万元以下的罚款;对单位负责人、直接负责的主管人员和其他直接责任人员,处5万元以上50万元以下的罚款。

〔3〕 《刑法修正案(六)》将《刑法》第161条修改为:"依法负有信息披露义务的公司、企业向股东和社会公众提供虚假的或者隐瞒重要事实的财务会计报告,或者对依法应当披露的其他重要信息不按照规定披露,严重损害股东或者其他人利益,或者有其他严重情节的,对其直接负责的主管人员和其他直接责任人员,处三年以下有期徒刑或者拘役,并处或者单处二万元以上二十万元以下罚金。"

八大召开以后，各级财政部门共检查企事业单位和金融机构 13.4 万户、会计师事务所8500 多家，查补税款66.9 亿元，追缴财政资金40.7 亿元。部分上市公司在检查中被发现为了融资违规调节利润，不少民营、外资企业中存在偷漏税等问题。通过这些财政部门会计信息质量检查，对制约会计造假行为起到了一定的警示作用。由此可见，会计造假的治理过程中，行政部门的行政执法起到了中坚力量的作用。

(二)刑事责任追究功能在会计造假治理中未能得到全面应用

1997 年我国就已经将“虚假财务报告罪”纳入刑法，提供虚假财务报告将承担刑事责任，此罪名在2006 年被修正为“违规披露、不披露重要信息罪”。2020 年 10 月 27 日笔者通过 Openlaw 开放法律联盟网站，以“违规披露、不披露重要信息罪”为关键字进行检索，检索到符合要求的 2015 年以后判决书仅仅有 4 份，具体如表 1 所示。

表 1　2015 ~ 2020 年公示的违规披露、不披露重要信息罪判决清单

序号	裁判时间	裁判法院	文书编号	上市公司	被告	罪名	案件来源
1	2017 年 2 月 22 日	珠海中院	(2016)粤 04 刑初 131 号	ST 博元	余某某等 5 人	违规披露、不披露重要信息罪	证监会移送
2	2017 年 6 月 16 日	北京高院	(2017)京刑终 88 号	华锐风电	韩某某等 2 人	违规披露、不披露重要信息罪	证监会移送
3	2020 年 4 月 10 日	上海三中院	(2020)沪 03 刑初 4 号	ST 毅达	任某某等 4 人	违规披露、不披露重要信息罪	证监会移送
4	2020 年 6 月 28 日	上海三中院	(2020)沪 03 刑初 57 号	上海普天	郑某某等 6 人	违规披露、不披露重要信息罪	证监会移送

当然我们不能仅从检索出的部分信息就得出在会计造假领域刑事司法涉入不足的结论，但相当多会计造假案发后企业和直接责任人仅得到了行政处罚而未能进入刑事司法领域追责也是不争的事实。

(三)行政执法与刑事司法衔接在会计造假追责方面的应用实际

鉴于会计信息造假行为兼具行政违法和刑事犯罪两方面的属性，因此势必造成对会计造假行为的处置方面必须面临着行政权和司法权的价值目标冲突。为了衔接行政执法和刑事司法之间的关系，国家曾出台了一系列的法律法规。1996 年我国在

《行政处罚法》中规定了行政处罚和刑事制裁的衔接问题，1997 年《刑法》中规定了“拒不移交追究刑事责任罪”，2001 年国务院颁布了《行政执法机关移送涉嫌犯罪案件的规定》[1]，2011 年 2 月国务院法制办等八部委联合出台的《关于加强行政执法与刑事司法衔接工作的意见》等已经从程序规则上初步构建了行政执法和刑事司法相衔接的制度安排。而在财政、审计、证券等会计监督领域，审计署 2000 年 4 月制定了审计署、公安部《关于建立案件移送制度和加强工作协作配合的通知》，最高人民法院、最高人民检察院、公安部和中国证监会 2011 年出台了《关于办理证券期货违法犯罪案件工作若干问题的意见》（证监发〔2011〕30 号）等。虽然在审计、证券等会计监管部门在两法衔接领域出台了一系列制度、意见，但在实际执行中效果并不显著，依然存在不少问题，具体有以下几点。

（1）客观存在“以罚代刑、有案不移”的情况

证监会稽查执法工作情况通报的数据显示在 2017 年证监会新增立案案件 312 件，其中 31 起案件已经移送公安机关，经过审查公安机关已对其中的 20 件进行立案侦查。证监会 2020 年 4 月 24 日公布的数据显示 2019 年以来，证监会已累计对 22 家上市公司财务造假行为立案调查，对 18 起典型案件做出行政处罚，同时向公安机关移送 6 件财务造假涉嫌犯罪案件，财务造假案件移送率为 33.33%。2013 年 8 月，证监会前主席肖钢曾撰文指出“近年来证监会每年立案调查 110 件左右，能够顺利作出行政处罚的平均不超过 60 件。每年平均移送涉刑案件 30 多件，最终不了了之的超过一半”。[2] 或许有人会说，不是所有的会计造假行为都能上升到追究刑事责任的层面。但如果我们依照最高人民检察院、公安部《关于公安机关管辖的刑事案件立案追诉标准的规定（二）》中第 6 条中规定的关于“违规披露、不披露重要信息案”九条立案判定标准来看，假如严格按照这些刑事立案标准来区分行政违法和刑事犯罪移交界限的话，可移交的案件数据应远超证监会移交数。

此外，在财政部门、审计机关等执法检查过程中，在对各类企业财务会计信息质量检查和审计过程中，亦存在“以罚代刑、有案不移”的情形。早在 2000 年 4 月 27 日审计署、公安部《关于建立案件移送制度和加强工作协作配合的通知》中就将“提供虚假财会报告案（第 161 条）”纳入了依法应移送公安机关追究刑事责任的范畴，但实际上从审计署近年来发布的移送违法违纪问题线索查处情况来看，移送的更多的是

〔1〕 该规定于 2020 年 8 月进行了修订。

〔2〕 肖钢：《监管执法：资本市场健康发展的基石》，载《求是》2013 年第 15 期。

涉及贪污受贿等职务犯罪案件线索，笔者对2015年后的《审计署移送违法违纪问题公告》做了统计，结果如表2所示。

表2　2015～2020年审计署移送违法违纪问题公告披露案件统计数据

公告编号	公告日期	公告案件数量/件	其中涉及会计造假案件数量/件	备注
2015年第22号公告	2015年6月28日	22		
2015年第34号公告	2015年12月27日	29		
2016年第31号公告	2017年1月4日	54		
2017年第30号公告	2017年6月23日	26		
2018年第1号公告	2018年1月8日	34		
2018年第42号公告	2018年6月20日	32	1	2016年8月将山东鑫秋农业科技股份有限公司虚增业绩问题线索移送证监会调查
2019年第5号公告	2019年5月26日	19		
2020年第3号公告	2020年6月18日	14		

通过上表我们不难发现，2015～2020年6月，审计署累计公告统计的违法违纪问题案件总计230件，其中仅有2016年8月将山东鑫秋农业科技股份有限公司虚增业绩问题线索移送证监会调查。2018年4月证监会的行政处罚公告显示，山东鑫秋农业科技股份有限公司2014～2015年，虚增营业收入8832万元，近2亿元关联交易未披露，依据其有关年间财务报表数据测算，此造假行为已经明显超出公安部刑事案件立案标准了，但审计署也仅是移交给证监会，从证监会后面的处罚来看也只是追究鑫秋农业会计造假的行政责任后，并未通过行政司法移交程序来追究鑫秋农业会计造假行为可能面临的刑事责任。

（2）有案难移且移交后处理周期较长

虽然《行政执法机关移送涉嫌犯罪案件的规定》中对于行政机关向公安机关移交案件线索有了明确、规范的程序性规定，但实际执法过程中，财政、证监、审计等行政部门在移送案件过程中还是会遭遇到有案难移的窘境。前文提及的肖钢主席关于移送涉刑案件最终超过一半不了了之的感慨何尝不是对有案难移现象的注解。

行政执法部门将涉刑案件移交后迟迟不见结果，很大程度上降低了行政执法部门移交案件的动力。《关于加强行政执法与刑事司法衔接工作的意见》明确要求,行政执法机关在移送案件时还没有作出行政处罚决定的,原则上需要在公安机关决定不予立案或者撤销案件、人民检察院作出不起诉决定、人民法院作出无罪或者免予刑事处罚判决后,方可在启动调查决定是否给予行政处罚,而移交后迟迟得不到结果也客观影响了对会计造假案件的监管效果和效率。一旦在未作出行政处罚前将有关案件移交,证监,审计等行政执法部门便不得不中止相关案件的审查和处理,必须等待公检法部门做出不予立案决定、不起诉决定、无罪判决或免于刑事处罚决定后方可继续行政调查和处罚。这种行政执法中的中止要求客观上也延长了对会计造假这一行为的监管周期,并影响着监管效率。

三、会计造假行为治理中行政执法与刑事司法衔接不利的原因考量

之所以会在会计造假行为治理中出现两法衔接不畅的局面,笔者认为主要存在以下几方面原因。

(一)立法层面的缺陷

有学者评价现行的行政执法与刑事司法衔接领域中存在"原则规定多,实务规定少"现象。[1] 现有对于两法衔接制度安排的立法层级较低,执行中缺少刚性和约束力,这几乎也是现在所有行政执法领域与刑事司法衔接中所遇到的共性问题,但就会计造假行为来说,立法层面的缺陷还在于对于会计造假这个行为,行政违法标准和刑事犯罪标准之间缺乏明确的区分标准。

《会计法》第 43 条第 1 款规定"伪造、变造会计凭证、会计帐簿,编制虚假财务会计报告,构成犯罪的,依法追究刑事责任"。虽然《刑法》第 161 条已经对违规披露、不披露重要信息罪的构成做了完整要求,但因为会计造假行为涉及双重违法属性,行政机关和司法机关在界定该行为的违法和犯罪标准的判断就显得尤其重要,这种标准上的不统一势必导致对会计造假追责在两法衔接机制运转上的不畅。2011 年 4 月证监会出台了《信息披露违法行为行政责任认定规则》,对信息披露行为的行政违法责任认定的科学性和标准化起到了积极作用,某种程度上解决了证监部门对于会计信息违法披露方面的行政责任认定难题。但从最高人民检察院、公安部《关于公安机关管辖的刑事案件立案追诉标准的规定(二)》第 6 条中列举的关于违规披露、不披露

[1] 周腾:《行政执法与刑事执法相衔接工作机制初探》,载《广西政法管理干部学院学报》2005 年第 2 期。

重要信息罪的九条立案标准来看，其不仅有绝对数上的要求，[1]也有相对数的标准，[2]还有以行为后果为标准的，[3]因此无论是从绝对损失，还是造假数据层面的相对占比以及造假行为造成的后果方面等不同立案标准来看，都存在罪与非罪、违法还是犯罪的模糊界面，在实践中如何对会计造假行为进行是行政违法还是刑事犯罪的区分就成了阻碍于行政违法和刑事犯罪间的难题了。

此外，在2020年4月瑞幸咖啡自爆会计造假后，虽然瑞幸咖啡系美国上市公司，但财政部、证监会仍依照《会计法》《证券法》等规定对瑞幸咖啡会计造假行为展开了调查，财政部官网2020年7月31日发布消息称已经基本完成了瑞幸咖啡公司境内运营主体会计信息质量检查，初步认定瑞幸咖啡会计造假事实，并将择期公布处罚意见（时至2021年7月7日尚未见财政部处罚意见）。从公布的造假数据看，瑞幸咖啡的会计造假规模完全够上追究造假刑事责任的，但《刑法》对违规披露、不披露重要信息罪的最长刑罚为有期徒刑3年，而中华人民共和国公民在中华人民共和国领域外的犯罪行为如果按刑法规定的最高刑为3年以下有期徒刑的，可以不予追究。这种刑法上的属人管辖原则对跨境会计造假行为的刑事司法移送也带来了难题。这种跨境会计造假行为的多样性和复杂性将会给今后会计造假行为的行政执法和刑事司法衔接带来更多的考验。

（二）两法衔接层面的组织困境

从现有的会计造假行政执法和刑事司法衔接的制度设计来看，两法衔接涉及的部门较多，如行政层面的财政部门、证监部门、审计部门等，刑事司法层面的公安机关、检察院、法院。各部门在各自的职责范围内有不同的目标和工作程序，因此在相对独立的组织自主性下，通过衔接制度将不同的主体联合起来的做法不免会受到部门间的冲突影响，而这些冲突一旦遭遇各部门执法资源有限的情况，在衔接过程中还

---

[1] 参见最高人民检察院、公安部《关于公安机关管辖的刑事案件立案追诉标准的规定（二）》第6条第1项：造成股东、债权人或者其他人直接经济损失数额累计在50万元以上的……

[2] 参见最高人民检察院、公安部《关于公安机关管辖的刑事案件立案追诉标准的规定（二）》第6条第2项：虚增或者虚减资产达到当期披露的资产总额30%以上的……第3款：虚增或者虚减利润达到当期披露的利润总额30%以上的……第4款：未按照规定披露的重大诉讼、仲裁、担保、关联交易或者其他重大事项所涉及的数额或者连续12个月的累计数额占净资产50%以上的……

[3] 参见最高人民检察院、公安部《关于公安机关管辖的刑事案件立案追诉标准的规定（二）》第6条第5项：致使公司发行的股票、公司债券或者国务院依法认定的其他证券被终止上市交易或者多次被暂停上市交易的……

需按移送部门要求额外规范证据材料等方面的差异等附加工作的影响下，难免会消极应对。这种部门间的衔接任务多产生于本组织部门外的需求，很少或者干脆未纳入组织内业务考核范畴，因此也就缺乏绩效考评压力下的完成衔接任务积极性了。所以在两法衔接过程中部门间执法目标出现冲突后，对于会计造假行为的处理往往以部门目标为优先了，从而导致了两法衔接机制在实务运行中的边缘化。

此外，从组织的内部构架层面来说，涉及会计造假的行政执法部门主要有财政部、证监会、审计署、税务总局等，这些行政组织从设计构架上来，内部垂直管理较为明显，如证监会与证监会驻各地特派办等，这种垂直管理一方面可以增强中央宏观调控能力，防止地方保护主义，另一方面这种行政执法层面的垂直管理体系很大程度上也弱化了地方政府的行政职能，造成地方政府不能充分发挥地方政府的工作积极性，容易引发条块间的职能冲突，更容易造成地方政府部门对垂直管理机构的监管失效。从会计造假行为来看，随着企业经营地域的拓展，公司集团化、规模化、关联化跨地域的会计造假行为越来越多，会计监督上的垂直管理亦会不同程度造成上下级的监督冲突或者与地方行政部门间的监管矛盾，这种冲突的出现往往也影响了两法衔接的运行效果。

（三）对会计造假行为两法衔接中的监管失灵

2020 年 8 月修订后的《行政执法机关移送涉嫌犯罪案件的规定》第 16 条、第 17 条明文规定对行政机关在两法衔接工作中出现的应当移交而不移交或者以罚代移情形的，可由本级或者上级人民政府，或者实行垂直管理的上级行政执法机关进行监管，责令改正，给予通报；拒不改正的，对其正职负责人或者主持工作的负责人给予记过以上的处分；公安机关违反本规定，不接受行政执法机关移送的涉嫌犯罪案件，或者逾期不作出立案或者不予立案的决定的，可由人民检察院依法实施立案监督。这些规定强调了与行政机关对应的本级或者上级人民政府，或者实行垂直管理的上级行政执法机关以及人民检察院对涉及两法衔接工作的监管职责。但现实中，本级或者上级人民政府，或者实行垂直管理的上级行政执法机关和人民检察院对两法衔接工作的监管并不积极主动。一则是因为监管会增加工作内容，二则相当多的会计造假案件涉及的单位都是当地的生产经营的大企业，有着较大社会影响力，案件有明显的公众知晓度，因此主动介入往往会带来不必要的工作麻烦，从而导致检察机关不愿意主动介入到对此类案件的监督中去。在会计造假行政执法领域，鉴于上文诉及的两法衔接工作中会计造假行政执法部门与地方政府条块分明的管理体制导致本级政府的监管无力，而部门内的保护主义亦会导致垂直管理的上级行政执法机关对下级单位的两法衔接工作监管效果欠佳。而由于两法衔接工作中呈主导地位的是行政执法机关与公安部门,案件的移交也主要发生在两部门之间,在会计造假案件在向公安部门移交过程中,证监会、审计部等行政执法机关如果不积极主动地向检察机关抄送《涉嫌犯罪案件移送书》副本和案件基本情况等备案材料的话,检察机关就无法掌握有关信息对该行为的两法衔接进展进行有效监管了。2008 年以来,在兰州市行政执法机关移送公安机关办理的 90 多件案件中,多数行政执法机关均未按规定向检察机关报送备案材料。[1] 这种在移交过程中的案件备案要求,由于《刑事诉讼法》对检察机关对于此类移交过来的案件备案材料的审查并没有明确的审查程序性要求,一旦公安部门做出不予立案决定,而行政机关如果认可这种不予立案的做法,也没有任何异议,那么检察院的立案监督功能也就无从启动。

四、完善会计造假治理中行政执法与刑事司法衔接的路径思考

为了解决目前会计造假领域中行政执法和刑事司法衔接不畅的局面,笔者试图从立法、执行程序和配套机制方面提出自己的解决思路。

(一)会计造假领域行政执法和刑事司法衔接效果的实体和程序上的立法改进

1. 两法衔接中关于实体法的立法改进

在行政执法和刑事司法衔接过程中,有学者认为核心问题是程序问题,实体法上的规定已经基本明确了行政违法与刑事犯罪的界限[2];也有学者认为针对行政违法和刑事犯罪的“同一性”问题,应采用独立性,散在型立法方式予以解决[3]。但从前文所述来看,会计造假行为在实体法层面区分行政违法和刑事犯罪的界限上依旧有模糊的地方,在对会计造假行为追究刑事责任过程时,《刑法》第 161 条规定对直接负责的主管人员和其他直接责任人员并处或者单处 2 万元以上 20 万元以下罚金。而修订后的《证券法》对上市公司信息披露违法行为罚款提高至 1000 万元;最高 20 万元的刑事罚金和最高 1000 万元的行政罚款,金额可谓悬殊,同时《行政处罚法》规定

---

[1] 周文馨:《六大原因致行政执法与刑事司法“各自为政”》,载《法制日报》2011 年 10 月 25 日。

[2] 刘艳红、周佑勇:《行政刑法的一般理论》,北京大学出版社 2008 年版。

[3] 练育强:《问题与对策:证券行政执法与刑事司法衔接实证分析》,载《上海政法学院学报(法治论丛)》2018 年第 4 期。

折抵制度[1],即在面对行政罚款和刑事罚金金额倒挂的局面下,一旦行政处罚罚款在先,后续刑事责任的罚金也基本无须上缴。此外,相对越来越高的造假金额,最高3年以下的有期徒刑,加之实际执行中往往以宣告缓刑为判决结果,导致刑事处罚震慑效果显然不足,因此亟须在今后的刑法修正案中得到解决。

修定后的《证券法》并未采用独立性、散在型方式对违反证券法的犯罪行为加以刑责规定。因此,在如何区分会计造假行为罪与非罪的过程中,有关区分标准就显得格外重要了。2001 年 4 月 18 日最高人民检察院、公安部制定的《关于经济犯罪案件追诉标准的规定》(已失效)曾对《刑法》修改前的第 161 条中"严重损害股东或者其他人利益"做出过规定:(1)造成股东或者他人直接经济损失数额在 50 万元以上的;(2)致使股票被取消上市资格或者交易被迫停牌的。这个追诉标准采用了损失额数量化的判别方法,引发了实务界对于会计造假行为刑事追责灵活性不足的感叹。后最高人民检察院、公安部《关于公安机关管辖的刑事案件立案追诉标准的规定(二)》中虽然对《刑法》第 161 条启用了新的立案标准,但该标准中对于资产、利润的虚增虚减又采用了相对数的标准。现行不少公司会计造假金额巨大,而其会计数据中造假指标确又达不到 30% 的相对数追诉标准,但实际上这些相对指标数据达不到追诉标准的会计造假行为从犯罪的构成要件上来看已构成犯罪行为了,因此有必要将绝对数和相对数结合起来,如以规定资产或者利润数造假多少万元或者资产利润造假规模占本期披露报告资产利润规模的 30%,只要符合两个标准之一即可达到刑事追诉标准。这种数值上绝对数和相对数并举的标准设计有利于在会计造假治理中实现行政执法向刑事司法移交案件时候的标准判断。

2. 以效率优先为原则构建两法衔接中双向移交规则

我们知道针对会计造假的违法行为,行政处罚的高效和快速,刑事处罚的威慑力更强,行政处罚和刑事处罚应当各司其职,发挥各自优势。两者的有效结合能更好地维护会计信息使用主体的合法权益,但现行的两法衔接制度上又明显地体现出的刑事优先原则[2]对于行政执法打击会计造假行为的积极性确有着不少抑制的作用。这种刑事优先原则在《关于加强行政执法与刑事司法衔接工作的意见》得到了明显体

[1] 参见《行政处罚法》第 35 条:"违法行为构成犯罪,人民法院判处拘役或者有期徒刑时,行政机关已经给予当事人行政拘留的,应当依法折抵相应刑期。违法行为构成犯罪,人民法院判处罚金时,行政机关已经给予当事人罚款的,应当折抵相应罚金……"

[2] 所谓刑事优先原则指的是面对同一违法行为,需要同时科以行政处罚与刑事处罚时,应当追究刑事责任在先。

现。但是这种刑事优先原则在会计造假的执法过程中是否应该严格遵从呢？依笔者看，在会计造假的追责方面，行政执法和刑事执法应该采用同步协调方案，无论是财政部、审计署、证监会等行政部门还是公安部门，一旦发现会计造假线索，都应该及时立案，及时调查，及时处罚。行政部门在发现会计造假行为涉及犯罪后，应同步移交给公安部门，但不停止本部门的调查和处罚；而公安部门在经济犯罪调查中发现涉及会计造假线索后，也应该及时将之移交有关行政执法部门，充分发挥会计监管部门在会计造假查处方面的专业技能，使之做到及时调查、及时处罚。这种同步协调下的双向移交规则的构建更能充分提高行政机构和刑事司法机构在会计造假违法责任追究中的效率。

（二）完善会计造假行为两法衔接中的证据衔接制度

在行政执法行为和刑事诉讼活动过程中，离不开各类证据的支持，证据亦成为行政执法和刑事诉讼的核心。在会计造假行为的行政违法和刑事犯罪界定中，会计账簿、凭证等证据更显得重要。基于行政违法和刑事犯罪的同一性，行政部门和刑事司法机构如果对同一会计造假行为重复调查、收集势必会大大增加执法成本，延缓执法效率。尤其在会计造假领域，因其隐秘性、关联性，涉及的单位往往众多，相关证据的取得需要采取不同的技术手段，因此如果无法规范会计造假行政违法案件中的证据和刑事诉讼案件中的证据规则，将无法使两法衔接工作得到顺利开展。

在我国的现有的法律范畴内，行政违法案件中的证据和刑事诉讼案件中的证据都有着真实性、合法性、关联性的证据规则要求，但是双方的证据在性质、收集主体的资格、方法、程序等方面有不同之处。如果会计造假行政执法活动与刑事诉讼活动中对证据的认定基于统一标准，则同一证据在不同执法范畴内的效力问题便可以迎刃而解。我们以美国《联邦证据规则》中确立的统一证据规则为借鉴，在行政案件或刑事案件中均采用统一的证据标准。如果我们强调在会计造假违法治理的治理中用刑事程序为标准去规范行政执法，应考虑以下几个方面。

（1）会计监管行政执法人员的取证资格问题。如果从专业性来说，会计监管领域的行政执法人员大多对本专业内的知识有着娴熟的领会和掌握，对于会计准则、审计准则等的掌握程度应该远高于一般的刑事司法机构办案人员，事实上刑事司法机关在办理会计造假这类专业性较强的案件的过程中，也需要借助司法会计等专业手段，因此从比较法层面来看，在英美国家税务、证监等行政执法机关往往有权办理相关刑事犯罪案件。对此我们不妨考虑做一个这样的制度安排，就是在会计造假等一些专业性犯罪案件比较突出的行政执法领域，通过培训、资格考试等程序赋予会计监管人员刑事取证的资质，使这些具有相应资质的行政执法人员在会计监管中取得的证据即可直接符合刑事诉讼过程中对取证人的资质要求。

(2)为了使行政执法过程中证据直接转化成符合刑事诉讼的证据要求，在对于一些重大的会计造假行政违法案件查处过程中，一些关于言词证据等取证标准也可以参照刑事诉讼证据标准进行采集，提高行政执法中取得证据在刑事诉讼中的直接应用。

(3)面对会计造假行为跨境化趋势，两法衔接中无法避免地会涉及对域外证据的采集和使用问题。前文述及的雅百特会计造假案采取了跨境贸易的造假方式，案件证据涉及巴基斯坦、美国及新加坡等多地，中国证监会在执法过程中，委托域外证券监督机构，迅速掌握核心证据，从而为后续执法提供了完备的证据。证监会曾表态在国际会计监管协作机制下，由境外具有执法权的机构所提供的证据的真实性和合法性是可以得到保证的，以此可以作为证监会作出相应处罚的依据。鉴于目前我国刑事诉讼中对于域外证据的搜集和使用规定得相对严苛，刑事诉讼中的域外证据必须经过所在国公证机关、所在国中央外交主管机关或者其授权机关，我国驻该国使、领馆的三重认证；而行政诉讼中关于域外证据的使用则要求域外形成的证据，应当说明来源，经所在国公证机关、我国驻该国使领馆两重认证，或者履行我国与证据所在国订立的有关条约中规定的证明手续。行政诉讼和刑事诉讼中对于域外证据的不同证明要求亦对会计造假中两法衔接中的证据衔接带来了阻碍，因此为了应对会计造假跨境化趋势，有必要对两法衔接中域外证据的衔接给予必要的政策调整，将在会计监管领域中开展的跨国协作取得的证据有效运用于两法衔接之中。

（三）强化对会计造假行为行政违法和刑事司法衔接中的监督职能

对于人民检察院在对行政违法和刑事司法衔接中监管不够理想的局面，笔者认为有必要从以下几方面联合起来加以破解。

(1)改变现有的衔接规定的法律位阶不高的现状。人民检察院在两法衔接中的监督职能由国务院出台的部门规章来规范，与宪法中的分权制衡原则似有冲突。因此有必要通过《行政处罚法》等高位阶法明确检察机关对行政处罚行为的监管权力，让检察机关在涉及两法衔接案件中进行全程监管，而不是仅对公安机关的立案与否开展监督。

(2)提升检察机关在涉及会计造假行为两法衔接工作中的专业性。鉴于会计造假案件执法中的专业性要求，检察机关需要提升相关案件的专业执法监督专业能力。法国 2013 年设立的国家金融检察院无疑提升了在专业领域的侦查诉讼效率，数据显示法国 2013 年设立国家金融检察院后，案件的侦办效率得到了很大的提升，依法国司法部的数据，对于金融领域的犯罪案件，预先侦查程序的适用率从 2014 年 2 月的 37% 增加到 2017 年 6 月 30 日的 76.2%。[1] 由此可见在提升检察机关的专业性后，在对于涉及会计造假等专业性较强的证券金融经济案件的效果和效率可得到相应提高。

(3) 充分发挥检察机关在会计造假行为两法衔接中的监管主动性。从规范两法衔接中制定的种种规则来看，无论是行政执法机关，还是公安部门都在两法衔接中呈主导作用，但两法衔接从本质上来看，关键在于行政违法案件是否构成刑事犯罪。从这个视角来看，行政执法部门、公安机关、检察机关三者都拥有各自的法律解释权，一旦三机构观点发生冲突，究竟该以谁的意见为主？实际上，从两法衔接中涉及的三方来看，在对于刑事犯罪构成的解释权威性方面，检察机关的解释或认定应该更具权威。因此在两法衔接过程中，检察机关应该充分发挥自己在衔接中的权威性，主动担负起对两法衔接的监督职能。

(四) 完善会计造假行为两法衔接追责的配套工作

在对会计造假行为行政、刑事双重追责过程中，除需要在立法、证据制度重构、监督机制的提升等方面加以改善之外，还需要对两法衔接过程中涉及的配套工作进行完善。在这方面许多专家学者或是实务单位专业人士在两法衔接的配套工作方面，如“执法信息平台建设”“联席会议制度”等方面有不少建设性的意见，有不少已经在实务工作中得到实践，取得了较好的效果，笔者在此不一一赘述。在会计造假行为两法衔接追责的配套工作方面，笔者认为还需要做好以下几项后续配套工作。

(1) 完善行政执法和刑事司法结果的联合公示制度。鉴于多数会计造假案件涉及的会计信息使用者众多，对于这些会计造假案件的受害人来说，无论是行政执法还是刑事司法上的追责进度和结果都是他们所急切关注的，因为这涉及他们对于通过民事诉讼追究相应责任人民事赔偿责任的客观需要。因此有必要通过两法衔接后的信息公示制度的完善，对于涉及公众利益的会计造假行为的行政处罚，或者行政执法移交公安部门进行刑事司法程序后的追责进度结果进行及时的公示。虽然目前公示制度在不同部门之间是存在的，但行政执法和刑事司法结果的联合公示会加强法制的威慑力，充分体现出两法衔接后的执法结果，也对加强对公众的投资安全教育有着积极意义。

---

[1] 施鹏鹏：《法国：“立竿见影”的金融检察院》，载《检察日报》2018 年 11 月 20 日，第 3 版。

（2）构建包含会计造假行为在内的两法衔接追责的案例指导制度。最高人民法院发布从2011年12月20日起开始陆续发布指导性案例，对于我们保障法律适用、提供裁判规则、规范裁判自由裁量权、提升执法业务素质起到了积极作用。因此可以将包含会计造假行为在内的两法衔接过程出现的典型的、重大的、有权威约束的两法衔接案例纳入案例指导中，以便对两法衔接中出现的争议、移交过程中的判别标准进行统一指导，从而确保同类案件在法律适用、裁判尺度、处理结果方面基本一致，提升司法公信力。最高人民检察院联合证监会在2020年11月6日以“依法从严打击证券违法犯罪　维护金融市场秩序”为主题召开新闻发布会会，发布包括6起证券犯罪典型案例、6起证券违法典型案例总计12起证券违法犯罪典型案例。雅某股份有限公司信息披露违法案等典型案例的发布，为会计造假的治理中涉及的综合运用行政执法和刑事司法职能作用，及时追究相关市场主体的法律责任树立起典型意义，为今后规范会计造假领域的两法衔接起到积极作用。

结　语

面对频发的会计造假行为，行政监管机构和刑事司法部门只有加强通力合作，以两法衔接机制为指导，加大违法犯罪惩治力度，方可从会计监管的行政责任和刑事责任的两个追责层面构建起全面高效的治理局面，快速有效地打击会计造假的违法犯罪行为。

新发展格局下国际金融纠纷解决的现状挑战与司法选择

——以多元化纠纷解决机制的应用为视角

陈　辉*

摘要:新发展格局下,深化“一带一路”沿线国家的经贸合作更加重要,多元化纠纷解决机制的构建有助于加强沿线国家的合作,契合参与主体的利益需求。完善国际金融纠纷调解机制,要充分利用现有的资源及条件,在兼顾各国的利益与法律规定空间内进行有效的制度创新,大量吸收各国的相关法律规定内容和经贸实践中积累的有益经验,完善行业调解机制、健全双方当事人认可机制、丰富纠纷在线解决机制、规范程序协调对接机制,将改革和实践的成果进一步上升到相关法律、规则机制的构建层面。

关键词:“一带一路”;金融纠纷;多元化;纠纷解决机制;ADR

从发起“一带一路”倡议以来,我国与相关参与国家的合作与交流日益紧密。从2019年全年的数据来看,由于中美贸易争端影响,东盟成为我国第二大贸易伙伴,我国对“一带一路”沿线国家的贸易额达到9.27万亿元,整体增长10.8%。[1] 2020年上半年,受疫情影响,进出口贸易规模增速下滑。2020年1~6月,我国对“一带一路”沿线国家的进出口规模为4.2万亿,微降0.9%,比贸易整体的降幅要低2.3个百分点,这说明了我国与“一带一路”沿线国家的贸易有较强的韧性。[2] 在疫情影响全

* 陈辉,安徽省安庆市望江县人民法院,审判管理办公室(研究室)副主任。

〔1〕《2019年12月海丝贸易指数解读:民企成第一大外贸主体》,载中国工业新闻网,http://www.cinn.cn/ydyl/202003/t20200302_225261.html。

〔2〕《2020年6月海上丝路贸易指数解读:进出口双双正增长,贸易结构持续优化》,载中国贸易新闻网,http://www.chinatradenews.com.cn/content/202008/03/c114128.html。

球经济发展的情况下，增强“一带一路”国家间的合作能够实现国家间的共赢，促进区域经济的发展。21世纪海上丝绸之路以点带线，以线带面，串联起了东盟、南亚、西亚、北非以及欧洲等各大经济板块，联系的沿线国家众多。这些国家之间的社会经济、文化、法律等差异较大，在贸易规模不断增长的背景下，如何有效处理相关纠纷，对建设和完善海上丝绸之路沿线国家争端解决机制有着重要的现实意义。因此，我国需要进行有效探索、结合实际构建多元化的海上丝绸之路沿线国家纠纷解决机制，整合相关力量、优化资源配置、丰富纠纷解决渠道、加强司法保障水平，畅通海上丝绸治理沿线国家的交流与合作，保障贸易合作的稳定与发展。

一、构建海上丝绸之路沿线国家多元化纠纷解决机制的必要性

在国际上保护主义、单边主义上升，全球产业链、供应链稳定性下滑，部分国家推行“逆全球化”的背景下[1]，特别是由于突发的新冠肺炎疫情，世界经济发展低迷、全球市场萎缩，经济发展的不确定性程度增加，世界各国都处在寻求提振经济发展、加强经贸合作的格局中。一个稳定联系紧密的区域经济合作体，既需要稳定的政策支撑、有效的多方参与，还需要构建公平、合法、高效的多元化纠纷解决机制。该机制的建立是适应具体的经济发展环境、经济合作的现实需求，同时也是区域交流的发展必要。

（一）经济环境的新变化亟须提升纠纷解决的高效化

从近年的世界经济发展形势来看，发展的不确定性明显增加，整体形势异常严峻。国际货币基金组织预测全球经济发展下降4.9%，而世界银行预计下降5.2%。我国对拉动世界经济复苏发挥着重要的作用。根据商务部7月16日发布的数据，上半年我国对“一带一路”沿线国家非金融类直接投资81.2亿美元，同比增长19.4%；对东盟国家投资62.3亿美元，同比增长53.1%。随着“一带一路”建设的不断深入推进，今后海上丝绸之路沿线国家间的国际贸易、经济文化交往将不断加深，联系也将更加紧密。对于相关参与沿线国际贸易与经济合作的主体来说，面对国际交易、跨国投资以及企业收购等增加，相关的交易风险和交易冲突也会相应增加。因此，必须有效应对不同国家的不同商业习惯以及相关法律法规等法律问题，提升纠纷解决的高效化，降低经济成本。在国内、国际经济大环境的发展变化情况下，沿线贸易纠纷

---

〔1〕 参见经济参考报：《立足国内大循环　推动新型全球化》，载经济参考报网，http://dz.jjckb.cn/www/pages/webpage2009/html/2020-08/18/content_66853.htm。

呈现主体多元化、类型复杂化等特点,传统的纠纷解决方式难以满足贸易主体的实际需求。在海上丝绸之路沿线商业贸易多样化、风险复杂化过程中,应当寻找适宜各方的纠纷解决方式,整合国家、企业及个人等各种积极力量,提升资源使用效率,提高纠纷解决效率,从而促进沿线国家经济获得更大的发展。

（二）构建多元化纠纷解决机制是多样化法律服务的现实需求

在“一带一路”不断深入推进过程中,海上丝绸之路沿线国家的经贸参与主体不可避免地会面临跨国贸易争端、法律法规冲突、区域经济合作以及国内外法律相衔接等问题。这些问题的存在对企业参与沿线国家贸易活动产生了巨大的不利影响与风险。[1] 在“一带一路”国际贸易不断频繁的格局下,相关主体对于纠纷的合法解决、合理解决以及高效解决需求迫切。高效的法律服务能够为市场主体的交流与发展提供充足动力和有效保障。在“一带一路”沿线国家的经济交流中,不同国家的技术标准、法律规定等会给市场主体的交往造成巨大的障碍,严重制约经济的发展。在沿线国际经贸中,涉外民商事主体有丰富和具体的法律服务诉求与需求,对此需要立足参与国的相关涉外经贸法律政策,面对的具体境外法律环境,凝聚相关主体共识,提供沟通平台、区域规则等,更加规范、便捷、创新地维护相关主体的合法权益。在此背景下,构建多元化的纠纷解决机制对于满足沿线国家以及相关企业的多样化法律服务需求具有显著的现实意义。

（三）适用既有贸易争端解决机制存在明显不足

从海上丝绸之路的沿线国家的经贸争端类型来看,不仅包括个人、企业等之间的民商事争端,还包括东道国与他国投资者以及国与国之间的投资贸易争端。沿线国家的法律法规、法律传统以及发展水平存在较大差异,同时意识形态等方面的差异还会导致明显的排外现象。[2] 各种经贸争端不仅包括单纯的经济利益纠纷,还包含政府间的利益博弈等混合争端。从既有的贸易争端解决机制来看,主要有 WTO 贸易争端解决机制等。但从实践来看,WTO 贸易争端解决机制存在明显不足,发展中国家对其应用能力不足。[3] 在沿线国家中,发展中国家占比较高,且有部分国家是非 WTO 成员方,难以有效诉诸 WTO 争端解决机制解决纠纷。同时,WTO 争端解决机

〔1〕 参见赵大程:《为“一带一路”建设提供法律服务》,载《人民日报》2016 年 11 月 17 日,第 7 版。

〔2〕 参见漆彤:《“一带一路”国际经贸法律问题研究》,北京高等教育出版社 2018 年版,第 80 ~ 90 页。

〔3〕 参见赵骏:《“皇冠上明珠”的黯然失色　WTO 争端解决机制利用率减少的原因探究》,载《中外法学》2013 年第 6 期。

制是全球化多边体制下的争端解决方式,沿线的发展中国家基于诉讼成本、程序规则等原因对于机制的适用主动性不强、能力不足。[1] 交叉报复是 WTO 争端解决机制的一种发动执行措施,具有浓重的强权色彩,这与"一带一路"倡议的和谐包容、互利共赢等原则相冲突。[2] 海上丝绸之路沿线国家的实际情况十分复杂,照搬或直接适用既有的区域性贸易争端解决机制的制约因素众多,实际效果十分有限。

(四)多元化纠纷解决是"一带一路"倡议的应有之义

"一带一路"倡议的原则是共商共建共享,以丝绸之路精神所蕴含的和平合作、开放包容、互学互鉴、互利共赢为指引,以政策沟通、设施联通、贸易畅通、资金融通、民心相通为重点。提出倡议以来,理念已经转化为实际行动,愿景转化为现实,从倡议转化为全球广受欢迎的公共产品。2016 年 11 月联合国通过决议,欢迎共建"一带一路"等经济合作倡议。2017 年 3 月,联合国安理会在决议中呼吁各国推进"一带一路"建设,构建人类命运共同体。"一带一路"倡议源于中国,机会和成果属于世界。据世界银行研究报告,"一带一路"倡议将使相关国家 760 万人摆脱极端贫困、3200 万摆脱中度贫困,将使参与国贸易增长 2.8% ~9.7%、全球贸易增长 1.7% ~6.2%、全球收入增加 0.7% ~2.9%。[3] 海上丝绸之路沿线国家多元化纠纷解决机制的构建需要各国际相关利益主体的多元参与,各主体有效协商、整合力量,完善衔接机制,畅通纠纷化解,符合"一带一路"倡议的资源共享、共同繁荣、共同发展之路。

二、多元化纠纷解决机制的内在属性

随着非诉纠纷解决机制的不断实践和发展,以及诉讼纠纷存在的局限于不足,特别是跨国间、跨法域间的诉讼程序的困难,世界各国纷纷积极推动替代性纠纷解决机制(Alternative Dispute Resolution,ADR)的发展与完善。在海上丝绸之路沿线国家的经贸纠纷中,替代性纠纷解决机制有广阔的适用空间。2017 年 6 月,《第二届中国—东盟大法官论坛南宁声明》达成共识的第 6 条规定:完善跨境纠纷解决机制有利于形成区域内和谐有序的经贸投资法律环境。在本国国内法允许的范围内,与会各国法

---

〔1〕 参见陈咏梅:《发展中成员利用 WTO 争端解决机制的困境及能力建设》,载《现代法学》2010 年第 3 期。

〔2〕 参见蒋圣力:《论"一带一路"战略背景下的国际贸易争端解决机制的建立》,载《云南大学学报法学版》2016 年第 1 期。

〔3〕 参见《新时代的中国与世界》白皮书,载新华网,http://www.xinhuanet.com/politics/2019-09/27/c_1125047331.htm。

院将积极考虑调解及其他替代性纠纷解决机制在本国的尝试和运用。[1] 充分肯定了调解及其他替代性纠纷解决机制存在的必要性，并需要积极去应用和完善。[2]

（一）纠纷化解的高效性

从跨国间的贸易争端实践来看，传统的诉讼、仲裁等方式程序烦琐，当事人之间会产生激烈对抗，难以满足新形势下海上丝绸之路沿线国家经贸争端解决的实际需求。而ADR模式所蕴含的沟通、灵活、方便等优势提升了纠纷化解的高效性，符合“一带一路”倡议和具体建设目标。从世界各国ADR规范化路径来看，美国1998年颁布了世界上第一部ADR法，日本2007年颁布了ADR促进法，德国2012年颁布了法庭外争议解决促进法，这些国家通过立法纷纷明确了ADR体系。我国非诉纠纷解决机制历史悠久，但相关概念及体系形成时间较晚。[3] 在“一带一路”建设过程中，最大限度利用ADR进行沟通调解，快速解决纠纷，有利于相关主体的协调和合作效率的提升，进一步深化与沿线国家的经济交往，对世界经济的整体促进与发展很有必要。

（二）非诉讼程序的属性

多元纠纷解决机制需要相关职能部门和相关主体的积极参与，还需要提供必要的资源支撑。非诉讼纠纷解决机制和程序需要在法治的框架下规范发展。[4] 非诉讼程序的概念内涵和外延具有一定的不确定性，这主要是因为纠纷解决活动本身具有复杂性、纠纷解决机制具有多元性。[5] 相较于诉讼和仲裁程序，ADR纠纷解决机制强调相关当事人之间的自主选择与相互合意，以双方共同的利益为导向，实现双方利益的最大化。同时，ADR纠纷解决机制不仅能够适用于纠纷化解，还能应用于合作前的谈判协商，从而达成相关协议，增强互联、互通，促进互利共赢。在发生跨国贸易争端后，相关主体对时间和经济成本更高的仲裁和诉讼路径选择兴趣不高，更愿意通过非诉讼程序的谈判、协商、调解等ADR机制来解决相互之间的争端。[6]

---

〔1〕 参见《第二届中国—东盟大法官论坛南宁声明》，载中国法院网，https://www.chinacourt.org/article/detail/2017/06/id/2891257.shtml，2021年6月7日访问。

〔2〕 参见祁壮：《“一带一路”建设中的国际商事调解和解问题研究》，载《中州学刊》2017年第11期。

〔3〕 参见范愉：《中国非诉讼程序法的理念、特点和发展前景》，载《河北学刊》2013年第5期。

〔4〕 参见［美］罗斯科·庞德：《通过法律的社会控制》，沈宗灵、董世忠译，商务印书馆1984年版，第37页。

〔5〕 参见范愉：《中国非诉讼程序法的理念、特点和发展前景》，载《河北学刊》2013年第5期。

〔6〕 参见漆彤、鲍怡婕：《“一带一路”投资争议处理体系的构建》，载《人民法治》2018年第3期。

（三）非诉讼与诉讼程序的衔接性

多元化纠纷解决机制具有联系非诉讼程序与诉讼程序的衔接性，涵盖了公力救济与私力救济交错融合的区域。[1] 诉讼与非诉讼的有效衔接是多元纠纷解决机制的关键，通过有效衔接能够提升司法的制约性，提高非诉讼程序运行的高效性与有效性，降低对资源的滥用与浪费。海上丝绸之路沿线国家经济合作涉及的领域众多，相关的争议呈现复合型、交叉性等特征，通过多元化纠纷解决机制的构建，对非诉讼程序达成的相关协议、协商成果等，加强与诉讼程序的衔接，明确法律效力以及诉讼程序适用，为相关主体的实际利益，特别是涉及国家或政府的重大利益提供坚实保障，防止恶意使用非诉讼程序来侵害相关主体合法权益。

三、多元化纠纷解决机制的发展导向

促进相关参与国家的经济融合与经济发展是“一带一路”倡议的重要目标。海上丝绸之路沿线国家的多元化纠纷解决机制构建应坚持加强国际合作，符合各方利益，实现互利共赢，打造利益共同体、责任共同体。

（一）参与主体的合作定位

沿线国家多元化纠纷解决机制的构建涉及的相关主体众多，是一项系统庞大的工程，需要顾及各方利益。2018 年中央全面深化改革领导小组通过《关于建立“一带一路”国际商事争端解决机制和机构的意见》（以下简称《“一带一路”意见》），提出坚持共商共建共享作为“一带一路”争端解决机制和机构建设的原则。[2] 相关参与主体具有多样性、纠纷类型存在复杂性，需要寻求相关参与国家的共同协商，尊重不同国家的具体选择，不断改进争端解决机制，力促目标和举措的一致性。在具体的方式上，可以通过相关主体参与的国际会议平台，拟定多元化纠纷解决机制的整体框架，建立具体纠纷多元化解方式的协商与谈判。扩大相关主体的参与范围，不仅包括相关国家，还可以吸纳相关企业，在参与职能机构上，进一步涵盖法律、税务、金融等经贸相关部门。在互利共赢的基础上进行共同协商合作，集思广益、凝聚共识，不断完善。

---

〔1〕 参见范愉、李浩：《纠纷解决——理论、制度与技能》，清华大学出版社 2010 年版，第 127、128 页。

〔2〕 参见中共中央办公厅、国务院办公厅印发《关于建立“一带一路”国际商事争端解决机制和机构的意见》，载中华人民共和国中央人民政府网，http://www.gov.cn/zhengce/2018-06/27/content_5301657.htm。

（二）坚持开放引领导向

多元化的纠纷解决机制的建立应坚持开放导向，不局限于沿线国家的相关纠纷的处理和解决，还可以应用于与其他地域的经贸往来中。多元化的纠纷解决机制的构建过程应当是开放的，尊重各国立法、司法以及法治文化的差异性和特殊性，培育完善符合共同利益的机制选择，同时应当开放吸收既有的争端解决机制的积极规则，促进不同争端解决机制的衔接与补充，设立多样化的程序规则和协定，由相关参与国自愿选择加入或退出。在多元化纠纷解决机制构建过程中，要坚持中国的引领作用，充分发挥传统丝路精神所蕴含的积极因素，牵头组织多元化纠纷解决机制的框架设立与规则完善。在海上丝绸之路途经我国的相关重点城市设立相应的多元纠纷处置组织机构，完善相应的职能设置。同时我国要主动研究沿线国家的法律差异，深入考察沿线国家的法律情况以及行业交易传统，加强与沿线国家的法律政策信息对接，为多元化纠纷解决机制提供更有效的信息支撑。[1]

（三）适应新型全球化需求

“逆全球化”的不断发展以及突发的新冠肺炎疫情给国际产业供应链带来了深度调整。国家间的贸易争端和贸易冲突加剧，在国内国际双循环格局下，要努力化解国际贸易中的冲突与纠纷，推动形成国内的经济发展与世界经济开展更深合作，良性互促、实现共赢。因此，需要适应新型全球化的发展现实与需求，采取灵活的争端解决机制，引导和加深国际间的经济交流与合作。在多元化的纠纷解决机制的构建过错中，要从平等、经济等解决争端的角度，完善理念支撑，优化经验模式，激活内生需求，进一步促进沿线国家的经贸合作。

四、创新和发展海上丝绸之路沿线国家多元化纠纷解决机制的选择

海上丝绸之路沿线国家多元化纠纷解决方式在实践中不断进行丰富和完善，积累了大量的有益的经验与成果。但是对于相关行业调解、商事调解等方面的机制设计与法律规定还比较欠缺。在创新和发展海上丝绸之路沿线国家多元化纠纷解决机制过程中，要充分利用现有的资源及条件，在兼顾各国的利益与法律规定空间内进行有效的制度创新，大量吸收各国的相关法律规定内容和经贸实践中积累的有益经验，将改革和实践的成果进一步上升到相关法律、规则机制的构建层面。

---

〔1〕 夏文斌：《丝绸之路经济带视角下的向西开放》，载《光明日报》2015年6月25日，第11版。

(一)完善行业专业调解机制

《"一带一路"意见》提出建立国际商事专业委员会,制定相应的工作规则。商事调解依靠相关主体的意思自治和良好沟通,能够维护商业合作的友好关系。[1] 目前我国与其他沿线国家建立了多样的商事调解中心,促进了联合调解机制的构建,有效促进了经贸纠纷的化解。在海上丝绸之路进一步推进过程中,经贸规模不断增大、经贸个体不断增多、经贸行业不断增加。各国为谋得国际贸易的司法主动权,纷纷设立国际商事法庭。[2] 首先,在这样的背景下,可以鼓励相关行业协会、商会组织等充分发挥自身的行业自治以及行业专业服务功能,设立行业纠纷处置规则,完善行业规范标准,设立沿线国家跨国行业专业调解组织机构,化解涉及沿线经贸中产生的行业性纠纷。其次,还可以鼓励相关行业专家、法律专家作为调解员支持行业调解,并突出当事人选择主导,由纠纷相关当事主体进行协商确定进行纠纷调解的行业组织和行业标准。最后,应加强行业调解机构与商事调解中心的联系和合作,使相关主体享受到更加便捷、高效、专业的纠纷化解服务。

(二)健全双方当事人认可机制

构建和完善争议双方当事人的认可机制能够在很大程度上提高矛盾纠纷化解的有效性。在沿线经贸纠纷中,双方当事人的认可机制包含了合作的开展以及纠纷的处置。在纠纷的处置过程中,引入和完善民商事纠纷中立评估、无争议事实的记录确实很有必要。在中立评估过程中,由双方当事人认可的机构和程序,对双方的纠纷涉及的冲突点、专业要素等进行专业的评估与咨询,在中立的基础上促使双方当事人的协商与和解。在无争议事实的记录确定方面,由双方当事人对双方认可的相关事实以及事项进行确定认可,对此部分的内容直接应用于后续的处置及执行环节,降低纠纷化解的成本、提高效率。纠纷化解的一个最大基础就是双方当事人的认可,完善双方当事人的认可机制,可以兼顾纠纷双方当事人的自愿与合意,加强协商与沟通,寻求符合双方利益的解决方案,从而实现双方利益的最大化。

(三)丰富纠纷在线解决机制

随着互联网的快速发展,人民的沟通与联系也更加方便和快捷,接受的互联网服

[1] 参见廖永安、段明:《我国发展"一带一路"商事调解的机遇、挑战与路径选择》,载《南华大学学报(社会科学版)》2018年第4期。

[2] 参见谷浩、林玉芳:《中国国际商事法庭构建初探》,载《大连海事大学学报(社会科学版)》2018年第4期。

务也更加丰富和多元。互联网在线手段从线上快捷沟通、智能科技辅助等方面为矛盾纠纷化解提供了新的有效路径。从"一带一路"的国际商事调解中心的实践来看,在线的多元智能快捷的调解方式已经基本具备,如电话、视频、邮件等调解方式。2020年突发的新冠肺炎疫情给线下交往,特别是国际间的人员流动交往带来了巨大的健康风险,越来越多的行业和领域采取互联网线上协作的模式开展工作。国际商事仲裁成熟的立法和实践给"一带一路"国际商事仲裁提供了重要资源。[1] 在沿线国家的多元化纠纷化解机制构建中,要丰富纠纷的在线解决机制,立足传统的程序需要和当事人之间的保密需求,充分发挥互联网科技的智能化、科技化优势,打造专业的线上纠纷调解平台,构建灵活便捷、高效开放的经贸纠纷调解网络。

(四)规范程序协调对接机制

海上丝绸之路沿线国家多元化纠纷解决机制是一个包容、开放的系统,其目标是为相关主体的经贸纠纷的解决提供更多的选择路径,其特点是与诉讼等程序具备衔接性和基础性。若要规范程序协调对接机制,便要做到以下几个方面:其一,将多元化纠纷解决机制嵌入现有的全球性争端解决机制中[2],提升多元纠纷化解机制的有效性与适用面需要规范相关程序的协调对接机制。其二,梳理和规范相关具体纠纷解决方式的定位和内容,明确分工协作。其三,确定调解达成的协议与执行的对接程序,明确赋予相关和解、调解、双方认可的公正文书等经过确认程序具备强制执行效力,提高纠纷化解的实际成果。其四,确定纠纷解决的分层递进程序。其五,尊重相关当事人的意思自治和合意认可,提供非诉解纷方式选择前置指引,对纠纷进行分流过滤,合理设计非诉解决方式与诉讼解决方式的协调对接,以诉讼程序作为强制力保障,确保非诉讼纠纷解决方式成为沿线国家纠纷解决的主要方式,形成规范高效的沿线国家多元化纠纷解决机制。

五、结语

在当今世界经济发展面临更多不确定因素、世界经济下行压力不断增加的背景下,通过"一带一路"倡议,加深沿线国家经贸合作,打造利益共同体,有利于推动全球

---

〔1〕 参见石春雷:《国际商事仲裁在"一带一路"争端解决机制中的定位与发展》,载《法学杂志》2018年第8期。

〔2〕 参见张超、张晓明:《"一带一路"战略的国际争端解决机制研究》,载《南洋问题研究》2017年第2期。

治理体系不断完善发展。[1] 深化海上丝绸之路沿线国家的经贸合作与发展,需要一个便捷、高效的多元化纠纷解决机制。在沿线国家合作不断加深的过程中,应坚持从实际需求出发,契合"一带一路"倡议内涵,尊重各方的传统与利益,科学合理设置好具体机制,谋求更高水平的合作。

---

〔1〕 参见李西霞:《建立以自由贸易协定机制为支撑的"一带一路"长效合作机制》,载《河北法学》2020年第1期。

金融审判飞跃上诉程序研究

——以统一法律适用和政策形成为视角

向绪武*

摘要：金融是国家重要的核心竞争力。金融领域呈现的专业性、创新性、周期性等特征受金融监管政策影响越来越明显，回应金融领域的特殊性对金融法治提出了更高的挑战。金融司法被期许在个案纠纷解决之外，更多地承担起规则供给或者“法律续造”之功能，以弥补金融市场规则供给不足，协同金融监管。金融法院是专门法院，我国有关专门法院的理论研究和制度设计并不成熟，目前还没有形成一套系统完整的专门法院理论和制度体系。金融案件的集中管辖，并不能当然实现预定目标。在没有现成答案的情况下，在国内外行之有效的制度中寻找灵感是可能的发展方式之一。本文主张借鉴域外及我国知识产权审级设置，构建有限的金融案件“飞跃上诉”制度，将信息批露、内幕交易和操纵市场类行政案件及虚假陈述、基金业务和“长臂管辖”类民事案件，纳入“飞跃上诉”程序，充分发挥金融案件集中管辖后规则供给的“裁判波及效应”和“政策形成机能”，更好协同金融监管，为构建符合我国金融司法特点的审判体制机制改革进行有益探索。

关键词：金融审判；飞跃上诉

引 言

“金融是国家重要的核心竞争力，金融安全是国家安全的重要组成部分，金融制度是经济社会发展中重要的基础性制度。”〔1〕金融领域呈现的专业性、创新性、周期

---

* 向绪武，北京金融法院审判三庭审判员。

〔1〕《习近平主持中共中央政治局第十三次集体学习并讲话》。

性等特征受金融监管政策影响越来越明显,“防范金融风险”对金融法治提出了更高的要求和挑战。金融司法被期许在个案纠纷解决之外,更多地承担起规则供给或者“法律续造”之功能,以弥补金融市场规则供给不足,协同金融监管。金融法院作为专门法院,应当从司法改革的整体性和体系性来构建金融案件集中管辖改革。“从更加理性的考虑出发,要根据审判难点,有重点的解决那些专业性更强和程序特点更加突出的特定类型案件的审判体制和机制问题。”〔1〕将涉及金融市场案件的重要性判断、法律问题提炼等经验,直接由最高人民法院作出权威性的裁判,将更有利于完善我国金融法治建设。总体上是将专门法院改革与审级制度衔接起来,在不触及现行审级制度根本变革的前提下,构建金融案件有限“飞跃上诉“制度,为统一法律适用和规则供给提供有益探索。

一、意义:金融司法专门化对审级改革的需求

(一)金融司法专门化的背景及发展

金融市场的发展和产品供给的创新,大大扩展了社会资源重新配置的渠道和复杂程度。〔2〕 随着互联网金融的发展及各种嵌套式结构型金融产品的供给,使基于传统交易模式和社会发展的法律规制体系无法全面予以应对。由此产生对金融法律、司法的强烈需求,金融司法专门化法院应运而生。2018 年首设上海金融法院,2021 年成立北京金融法院。虽然我们专门法院的探索已有近百年历史,但有关专门法院的理论研究和制度设计并不成熟,目前还没有形成系统完整的专门法院理论和制度体系。〔3〕 以金融司法为例,从金融法庭试点到设立金融法院,体现了强烈的问题意识和实用导向。集中管辖金融案件虽然具有提升审判效率、培养专门人才、统一裁判标准的作用,但通过裁判“难办的案件”〔4〕,提供规则供给更为受到关注。〔5〕

(二)金融司法专门化与审级制度改革联系

专业性是专门法院的根本特征之一。就金融司法而言,如何解决新颖、疑难、复杂的或者有可能引起法律冲突的法律适用问题,在个案纠纷解决之外,更多地承担起

〔1〕 邰中林:《境外知识产权专门法院制度对我国的启示与借鉴》,载《法律适用》2010 年第 11 期。

〔2〕 参见[美]威廉·戈兹曼:《千年金融史》,张亚光、熊金武译,中信出版集团 2017 年版,导论部分。

〔3〕 参见程琥:《论我国专门法院制度的反思与重构》,载《中国应用法学》2019 年第 3 期。

〔4〕 例如,上海 ST 新梅等证券市场违规增持案件,司法趋利避害的天然特征使得裁判趋于选择妥协和保守。

〔5〕 参见 2020 年 3 月 18 日蔡奇书记和周强院长在北京金融法院挂牌成立座谈会上的讲话精神。

规则供给或者助力金融政策之形成，是金融司法改革的重要目标。仅依靠成立独立建制的法院，不可能完成预想的使命，集中管辖某类案件的效应会逐步衰减。[1] 从司法改革的整体性和体系性来看，应当充分发挥中央和地方"两个积极性"，科学拟订金融司法专门化长远发展规划。改革没有现成答案且缺少理论和实践的积累，唯有从国内外行之有效的制度中寻找灵感。例如，参考我国知识产权专门法院审级安排，[2]在不触及现行审级制度根本变革的前提下，构建金融案件有限的"飞跃上诉"制度。将涉及金融市场的案件请示、提审、司法解释与指导性案例等法律问题，通过最高人民法院亲历审理予以检验和总结，提供可供借鉴的改革路径。

（三）飞跃上诉对金融司法专门化的启示

完善四级法院审级职能定位是历次司法改革的重点。[3] 考虑到一国之内各级法院的普设与复审次数的安排，一方面要与该国既有的版图与垂直的政府组织机构相配合，另一方面也受到现实的人才、经费与交通状况的制约。[4] 从世界范围来看，西方各国共同选择了三审终审，并将其第三审通常设为法律审。[5] 第三审只受理法律适用争议，当事人对事实认定有异议的，只能通过审判监督程序解决。从世界范围来看，如果允许当事人提起权利性第三审上诉，则上诉法院的司法资源将面临严峻考验。为了维持一审权威和防止当事人滥用上诉权，许多国家和地区对二审程序启动也设置了一定条件。[6]考虑到全部实行三审制对司法体制改革的冲击，在现有审级框架下构建专门法院的部分案件飞跃上诉的渐进式改革是最为稳妥的方案。既没有突破既有的制度框架，又可为今后的变革积累经验。

---

〔1〕 参见丁冬：《金融司法的逻辑——中国金融司法专门化的组织构建与未来走向》，华东政法大学 2019 年博士学位论文。

〔2〕 参见何丹、郭志霄：《从审判数据看"飞跃上诉制度"两周年实施效果》，载中伦律师事务所网，http://www.zhonglun.com/Content/2021/03-25/1043495551.html，《2019 年最高人民法院工作报告》丰富"中国特色飞跃上诉制度"的司法实践。

〔3〕 参见《中央政法委：加快推进执法司法制约监督体系改革和建设》，载中国长安网，http://www.chinapeace.gov.cn/chinapeace/c100007/2020-08/27/content_12388132.shtml。

〔4〕 参见聂鑫：《近代中国审级制度的变迁：理念与现实》，载《中外法学》2010 年第 2 期。

〔5〕 参见王娣、王德新：《我国民事审级制度之重构与优化》，载《政法论坛》2002 年第 4 期。

〔6〕 参见李昌超、左婷：《民事上诉要件检视及其优化》，载《理论探索》2017 年第 6 期。

二、比较：域内外国家地区飞跃上诉制度考察

有的学者认为二审终审制度名存实亡，司法的终局性已荡然无存。[1] 理论和实务界将改革审级制度的目光投向“飞跃上诉”[2]制度，即允许当事人在一定条件下越过上一级法院，直接向高级别法院提起跨越法院层级的上诉。

（一）域外“飞跃上诉”制度的梳理

飞跃上诉旨在弥补三审制的不足，根据补强目标的不同，可分为以德国为代表的效率提高型模式和以英国为代表的促进法律统一与续造的政策形成型模式。

1. 效率提高型。大陆法系国家如德国实行三级三审制，[3]在以德国为代表的大陆法系地区，飞跃上诉旨在使当事人就事实认定无异议且判决仅取决于特定法律问题的诉讼，迅速取得终局判决以提高诉讼效率，节约诉讼成本。德国分别于 1950 年、1975 年和 2002 年对民事诉讼第三审进行了三次重大改革，从限制部分案件提起第三审的“有限许可上诉制”，到允许最高人民法院对部分案件裁量受理的“受理上诉制”，最后全面实行许可上诉制。其改革逻辑在于既然案件最终都会走到终审法院，飞跃上诉自然有助于“加速程序进行”。实践中终审法院所受理案件中飞跃上诉所占比例极低。[4]

2. 政策形成型。以英国为代表的部分英美法系地区，飞跃上诉旨在为社会重大议题，或受到先例约束的规则提供检讨，并由此形成新公共政策的机会。[5] 英国司法实践将提起飞跃上诉概括为三个要件：(1)公共重要性，案件涉及具有一般性的公共重要意义的法律问题；(2)法律解释或先例约束，即该法律问题整体或部分涉及法令或立法的解释，或者法官受到上诉法院或上议院先例的约束；(3)充分争辩与审慎考量，即这一法律问题在庭审中经过当事人充分争辩，以及法官作出判决时的审慎考

---

〔1〕 参见傅郁林：《审级制度的建构原理——从民事程序视角的比较分析》，载《中国社会科学》2002 年第 4 期。

〔2〕 毋爱斌、苟应鹏：《知识产权案件越级上诉程序构造论——〈关于知识产权法庭若干问题的规定〉第 2 条的法教义学分析》，载《知识产权》2009 年第 5 期。

〔3〕 参见［荷］勒内·J. G. H. 西尔登、［荷］弗里茨·斯特罗因克：《欧美比较行政法》，伏创宇、刘国乾、李国兴译，中国人民大学出版社 2013 年版，第 141 ~ 152 页。

〔4〕 参见聂鑫：《近代中国审级制度的变迁：理念与现实》，载《中外法学》2010 年第 2 期。

〔5〕 高层级法院的个案判决往往会形成权威规则，带有“分配正义”的色彩，本文将法律统一、法律续造、先例形成等职能统称为“政策形成”，参见［美］杰弗瑞·A. 西格尔等：《美国司法体系中的最高法院》，刘哲玮、杨微波译，北京大学出版社 2011 年版，第 1 ~ 16 页。

虑。我国香港于 2001 年司法改革增设飞跃上诉制度，并有两个案件分别基于“重大公共利益”和“先例约束”成功提起飞跃上诉。[1] 从英国和新西兰等地的实践看，承载法律统一与续造的政策形成型飞跃上诉更具生命力和吸引力。[2] 例如，美国最高法院审理的“吉迪恩诉温莱特”案表明其相当积极地介入公共政策制定过程。[3]

（二）我国“飞跃上诉”制度改革的司法实践

审级制度改革是近年来诉讼法学界关注的焦点，诟病于“终审不终”“同案不同判现象”，理论界普遍主张建立三审终审制。[4] 尽管对如何构建第三审制度存在分歧，但基本共识是第三审实行裁量受理。[5] 2019 年 1 月 1 日，审级制度改革的探索率先在知识产权审判领域破冰。涉及专利等技术性较强的上诉案件在最高人民法院层面统一审理，在国家层面建立知识产权案件上诉审理机制。[6] 知识产权案件“飞跃上诉”形成了“最高人民法院知识产权法庭 + 北上广知识产权法院 + 地方专门知识产权法庭 + 地方其他知识产权审判庭”的架构。

（三）司法专门化对审级制度改革的衔接

设立专门法院是系统工程。进入 21 世纪以来，我国海事、油田、林业、铁路运输等专门法院相继转制。党的十八大以来又先后成立了知识产权、跨行政区划、金融等专门法院。专门法院的管理体制如专门法院与地方党委（政法委）、地方人大及其常委会、地方政府、地方法院的关系问题引起了各方关注。这种由专门法院与地方法院混合，缺少完整建制的问题，已经制约了专门法院专业化审判职能的发挥。[7] 知识产权飞跃上诉制度改革抬高了部分案件二审法院级别，无疑为该领域统一裁判标准

〔1〕 See Town Planning Board v. Society for the Protection of the Harbour Limited, FAMV No. 26 of 2003; Secretary for Justice v. Michael Reid Scott, FAMV No. 5 of 2005。

〔2〕 参见方斯远：《我国飞跃上诉的制度构建：兼论有限三审制的改革路径》，载《中国法学》2020 年第 5 期。

〔3〕 参见陈杭平：《比较法视野中的中国民事审级制度改革》，载《华东政法大学学报》2012 年第 4 期。

〔4〕 参见聂鑫：《近代中国审级制度的变迁：理念与现实》，载《中外法学》2010 年第 2 期。

〔5〕 参见聂鑫：《近代中国审级制度的变迁：理念与现实》，载《中外法学》2010 年第 2 期；章武生：《我国民事审级制度之重塑》，载《中国法学》2002 年第 6 期；齐树洁：《论我国民事上诉制度的改革与完善——兼论民事再审制度之重构》，载《法学评论》2004 年第 4 期；张卫平：《民事诉讼法律审的功能及构造》，载《法学研究》2005 年第 5 期。

〔6〕 参见罗东川：《建立国家层面知识产权案件上诉审理机制 开辟新时代知识产权司法保护工作新境界——最高人民法院知识产权法庭的职责使命与实践创新》，载《知识产权》2019 年第 7 期。

〔7〕 参见《最高人民法院 2018 ~ 2019 年司法改革专项调研课题专门法院的设置及管理体制问题研究》，课题主持人北京市第四中级人民法院党组成员、副院长程琥，笔者为课题组成员之一。

和形成司法政策提供了快捷通道。我们看到,最高人民法院对社会关注的重要社会问题或法律适用分歧及时给出权威意见,对推动法律适用统一和弥补规则漏洞发挥了重要作用,[1]而也正是这些面向未来的收益,才是"飞跃上诉"的制度理性和实际效果所在。例如2020年以来,最高人民法院针对知识产权审判出台了10余件司法解释、审理意见,为形成比较完善知识产权专门化审判奠定基础。[2]

三、定位:我国金融司法专门化对飞跃上诉制度的探讨

有关"飞跃上诉"理论及实践为司法改革提供了可供借鉴的范例,既有体系下的"飞跃上诉"制度仅是我国审级制度改革的雏形,必将为我国专门法院司法改革提供支撑。

(一)飞跃上诉制度与法律审的实质

从世界范围来看,区分"事实审"与"法律审"是三审终审制的典型特征,"最高法院为法律审,统一法律见解为最高法院之主要功能,已成为近代各法治国家之趋势。"[3]第三审作为"法律审",需要一系列专门的司法知识、技术作为支撑。区分哪些案件涉及新颖、疑难、复杂的法律问题,哪些案件仅与事实推理、证据认定有关,不仅直接决定第三审的审理对象、审理范围,而且也是划分各审级法院之间司法权限的基本依据。[4] 如果不能有效地剥离出法律争议,则"飞跃上诉"的"法律审"难以很好地运转。比较我国知识产权技术类案件全面"飞跃上诉"的二级结构,虽然不同于"法律审",但是其抓住了审级制度的实质,明确了高级别法院主要发挥统一法律适用职能、集中精力审理跨区域重大疑难类型案件的定位。[5] 而这也较好契合知识产权保护对司法审判的需求。

(二)专门法院对飞跃上诉制度的借鉴

中国特色社会主义法治要求司法必然要在实现社会治理过程中担任重要角色,

---

[1] 参见管育鹰:《用创新的方式保护创新——最高人民法院知识产权法庭周年印象》,载《人民法院报》2020年4月21日,第2版。

[2] 如最高人民法院《关于涉网络知识产权侵权纠纷几个法律适用问题的批复》《关于知识产权民事诉讼证据的若干规定》《关于审理侵害知识产权民事案件适用惩罚性赔偿的解释》等。

[3] 我国台湾地区"最高法院"编:《限制上诉第三审范围之研究》,台北1996年版。

[4] 参见陈杭平:《论"事实问题"与"法律问题"的区分》,载《中外法学》2011年第2期。

[5] 参见新华社:《用创新的方式保护创新以改革的思维解决难题》,最高人民法院副院长、知识产权法庭庭长罗东川2018年12月29日于国务院新闻办公室新闻发布会上介绍。

也就是说中国的司法必须回应中国的问题,即使司法有难处,即使以前缺乏经验。任何国家的司法都必须分担一定的治理国家和社会的政治责任,这是无法逃避和放弃的。[1] 以金融司法为例,在自贸试验区等领域的金融纠纷案件中,司法应更加积极主动地发挥立法空白填补等能动作用。但是金融司法在能动作用的发挥上,又不能过于强化政策属性,来替代法律判断,也不能简单地将多元纠纷解决机制套用金融领域。[2] 当事人对裁判的认可很大程度上是在诉讼中形成的,[3] 高位阶审判组织的权威性能更大程度提高司法裁判的正当性和可接受度。借鉴知识产权审级改革有益经验,必将使我国金融审判"更专业"。通过能动司法营造良好金融法治环境,提升我国金融司法国际竞争力和国际金融规则建构的话语权,为世界司法模式创新提供中国样本,贡献中国模式与中国智慧。

(三)金融司法专门化改革的新视野

知识产权案件的专业性、高度的复杂性,新型疑难复杂案件众多,因此首先创设飞跃上诉制度,使知识产权民事、行政诉讼直接上诉到最高人民法院。[4] 建立国家层面知识产权案件上诉审理机制,实现知识产权效力判断与侵权判断两大诉讼程序和裁判标准的对接,从机制上解决制约科技创新的裁判尺度不统一等问题。[5] 虽然我国"飞跃上诉"制度适用范围限定在知识产权领域,而实行飞跃上诉制度的德国、日本以及我国台湾地区均未限定适用范围。根源在于其他国家和地区均以三审终审为框架。[6] 考虑到飞跃上诉的立法目的与实质内容皆出于"法律或是基于处分续造或保障司法统一的需要"[7],且基于飞跃上诉"试验"和"过渡"的特殊价值,因此对于同样具有特殊专业性、高度复杂性及新型疑难复杂案件的金融案件,尤其是考虑到金

[1] 参见苏力:《关于能动司法与大调解》,载《中国法学》2010 年第 1 期。

[2] 参见李艳:《金融司法能动与自贸区金融体系创新》,载《经济与管理评论》2014 年第 5 期。

[3] 参见丁俊峰:《关于我国再审案例指导制度的价值分析》,载《法律适用》2011 年第 2 期。

[4] 2018 年 10 月 26 日第十三届全国人民代表大会常务委员会第六次会议通过《关于专利等知识产权案件诉讼程序若干问题的决定》。

[5] 参见《人民法院报》评论员:《知产司法保护史上的重要里程碑》,载《人民法院报》2019 年 1 月 2 日,第 1 版。

[6] 例如,德国《民事诉讼法》第 566 条之一规定:"可以……越过控诉审,直接提起上告……"。日本《民事诉讼法》第 281 条、第 311 条规定,对地方法院的判决,可以直接向最高法院提起上告……我国台湾地区 2003 年 1 月修订"民事诉讼法"也有飞跃上诉的规定。

[7] 参见《德国民事诉讼法》,丁启明译,厦门大学出版社 2016 年版,第 126 页。

融审判国际竞争视野下的司法供给这一课题[1]和我国金融案件的长臂管辖制度，在金融司法的功能定位与方案设计时，迫切需要构建金融案件“飞跃上诉”制度。

四、构建：构建金融案件飞跃上诉制度的进路探索

构建金融审判飞跃上诉的主要目的在于应对规则供给的“裁判波及效应”和“政策形成机能”[2]，其本质上与德国、日本和我国台湾地区“飞跃上诉”制度的“法律续造或保障司法统一”需求一致，同时也为我国未来审级制度改革及四级法院职能定位提供实践经验。

（一）飞跃上诉应当考量的因素

1. 当事人审级利益。审级利益是指当事人对判决不服时，原则上享有多数审级的保障。但当事人的这种利益并非绝对，域外经验基于特别的政策考量减少审级，或者承认审级利益归属于当事人处分从而可以放弃。实行“飞跃上诉”直接转由最高人民法院进行法律审，尽管没有减少审级救济的“次数”，但可能剥夺案件事实认定获得审级救济的机会。在有限的司法资源之下，当事人的上诉利益应当受到限制，[3]既然我们对小额诉讼可以实行一审终审[4]，对于具有法律重要性且能够加速政策形成的重要案件，构建非权利性的“飞跃上诉”制度，其正当性不言而喻。

2. 最高人民法院工作量。为了减少上级法院工作量提高诉讼标的“堵案”只是权宜之策，反而分散了法官在真正重要的典型案件上所投入的资源和精力。[5] 借鉴域外的许可上诉制“疏案”，才能实现减负的目标。知识产权飞跃上诉“通过裁判标杆案件，提出有关前沿问题的中国法律适用方案，影响和推动知识产权保护规则的形成与发展”充分展示了制度优势，这不仅有助于统一裁判标准和缩短纠纷解决周期，而且还凸显了中国最高司法层面对技术类知识产权案件的司法政策和裁判规则。“换句话说，我们形成了‘全国一盘棋、上下一条线’的机制，统一解决类案纠纷，提高审判

[1] 参见丁冬：《金融司法的逻辑——中国金融司法专门化的组织构建与未来走向》，华东政法大学2019年博士学位论文。

[2] 参见邱联恭：《司法之现代化与程序法》，台北，三民书局1992年版，第9~16页。

[3] 参考日本和我国台湾地区的做法，当事人对一审判决提起“飞跃上诉”受上诉利益的限制。

[4] 参见最高人民法院民事诉讼法修改研究小组编著：《〈中华人民共和国民事诉讼法〉修改条文理解与适用》，人民法院出版社2012年版，第360页。

[5] 参见傅郁林：《论最高法院的职能》，载《中外法学》2003年第5期。

效率。"[1]考虑到最高人民法院有限的司法资源,不能过于增加最高人民法院负担是飞跃上诉制度重要考量因素。

(二)构建金融案件飞跃上诉的设想

1. 飞跃上诉范围。基层法院案多人少的问题较为严重,且改革方向是进一步强化基层法院"事实认定"。有学者建议将飞跃上诉的一审限制为中级人民法院。笔者赞成这个方案,在金融审判领域完全可以借鉴知识产权飞跃上诉制度,即在北京、上海两家金融法院开展飞跃上诉试点。将北京、上海两家金融法院审理的具有普遍法律适用意义的案件,飞跃上诉至最高人民法院民二庭,在某种程度上嵌入"法律审"的价值。

2. 适格越级案件。考察我国知产技术类案件全部飞跃上诉模式,笔者认为太过于耗费最高人民法院的司法资源,较其他专门法院而言难以完全复制。可以借鉴的经验是采取有选择性的许可上诉制,[2]而不是成立最高人民法院的金融审判法庭。为了减轻最高人民法院负担,设置过滤程序控制案件量符合世界通例,[3]且只考虑将某几类案件纳入"飞跃上诉"范围。根据北京、上海金融法院管辖范围,笔者认为至少应将涉信息批露、内幕交易和操纵市场的行政案件,及涉虚假陈述、基金业务和"长臂管辖"类民事案件,纳入审核许可的"飞跃上诉"程序。一是当事人申请,当事人在上诉期间提出"飞跃上诉"请求,一审法院启动审核程序;二是依职权启动,先由一审法院承办人提炼法律问题,提请本院专业法官会议讨论,最后报请金融法院审判委员会讨论,认为具有普遍法律意义的正式启动移送程序。根据笔者经验,此类案件数量上每年不会超10件。飞跃上诉审查的流程虽然烦琐,在经验积累期还是宜从严控制。

3. 诉前许可审核。"没有一个法制体系能够做到仅仅通过规则而不依靠裁量来实现正义,不论该法制的规则体系如何严密,如何具体所有实施正义的过程都涉及规

---

〔1〕 最高人民法院:《知识产权"飞跃上诉",统一裁判标准,提高裁判效率》,载中国日报网2020年5月28日,https://baijiahao.baidu.com/s?id=1667899058629463928&wfr=spider&for=pc。

〔2〕 如国家对民间借贷利率规定不得超过4倍LPR,实践中金融机构贷款利率过高的裁判标准争议极大;又如证券虚假陈述案件中介机构的连带责任承担,各地裁判标准差异也很大;再如销售金融产品纠纷如何理解2019年《全国法院民商事审判工作会议纪要》"卖者尽责,买者自付"的裁判差异很大。

〔3〕 See Ministry of Justice, *supra* note 27, 49–51; Vgl. Musielak/Voit/Ball, in: Kommentar zur ZPO (Fn. 9), § 566 Rn. 13f。

则和裁量两个方面。"[1]经审核认为适格的,可参考仲裁司法审查报核程序,将包含上诉状及一审法院意见的相关材料,直接移送至最高人民法院民二庭、行政庭审理。案件类型包括管辖权异议、不予受理裁定、驳回起诉裁定和判决等。移送的案件事实原则上无争议,为加速程序进行,最高人民法院若认为不宜飞跃上诉的,仅答复案件不具有普遍法律适用意义退回即可。对于拒绝许可的答复是终局性的,不设置复审程序。对不许可飞跃上诉的案件,金融法院再转换为普通上诉程序。

(三)飞跃上诉的审理方式

1. 区分事实问题与法律问题。理论上飞跃上诉案件以发现"纯粹的法律问题"为前提,要求案件事实无异议或者推定无异议。考虑到实践中事实问题与法律问题的界限并非泾渭分明,在案事实至少要达到足以作出裁判的程度。如最高人民法院经审查,发现案件事实不清晰的,意味着案件应发回重审。当然,如发现案件事实认定存在一定问题,但争议的法律问题符合飞跃上诉标准的,也可以在查清事实后一并裁判。

2. 飞跃上诉实行书面审。飞跃上诉须具备双方当事人仅对原判法律适用有争议、达成上诉第三审的协议和取得第三审法院许可三个条件,[2]以"法律审"为基本原则。"法律审"要求提起飞跃上诉的当事人对案件事实没有争议,否则应通过普通上诉程序解决。同时应区分案件类型,对金融民事案件允许设置兼具"事实审"和"法律审"的例外。对金融行政案件仍应遵从全面审查原则。"书面审"一般不开庭,即便是有限的事实审,也不能分配过多司法资源代替一审法院认定事实。为体现"飞跃上诉"法律审的特点,应当借鉴域外强制律师代理制度,但当事人具备法律资格的除外。

五、结语

北京既是国家金融监管机构聚集地,也是全国资金聚集中心和资金结算中心。在强监管、严监管的背景下,金融审判协同金融监管,深化司法体制改革,[3]充分利用现有审判资源,为金融诉讼提供绿色通道,[4]探索符合金融本质和规律的审判体

---

〔1〕 R. Pound, *Jurisprudence*, Harvard University Press, 1959, p. 355.

〔2〕 参见王娣、王德新:《我国民事审级制度之重构与优化》,载《政法论坛》2002 年第 4 期。

〔3〕 最高人民法院发布《关于人民法院为北京市国家服务业扩大开放综合示范区、中国(北京)自由贸易试验区建设提供司法服务和保障的意见》。

〔4〕 参见《中国(北京)自由贸易试验区总体方案》。

制机制改革创新,是金融司法改革的首要任务。在推进司法改革的进程中,专门法院“飞跃上诉”改革优势正在逐步显现。面对金融监管领域实体法滞后的现实,司法个案的高位解决,对发展法律规则的作用日益凸显。通过裁判标杆案件,有利于发挥金融审判规则供给的“裁判波及效应”和“政策形成机能”,有助于加速金融司法领域的政策形成。“飞跃上诉”作为我国审级制度改革“试验田”,必将为我国金融审判探索更加本土化的改革方案。

保全错误损害赔偿案中保险公司责任辨析

王 炜[*]

摘要：保险公司为财产保全提供的"担保"属于广义的"执行担保"，不能以此认定保险公司与被保全人之间成立保证合同，该"担保"行为也不构成对被保全人的侵权。诉讼财产保全责任保险合同也不是真正的利他合同，被保全人不能以此请求保险公司支付赔偿金。因申请保全错误，被保全人请求申请保全人承担赔偿责任属于侵权纠纷，申请保全人请求保险公司赔偿保险金属于保险合同纠纷，二者不能合并审理。关于保险公司的责任，应类推适用最高人民法院《关于人民法院执行工作若干问题的规定（试行）》第54条，由人民法院直接裁定执行其担保范围内的财产。

关键词：保险公司；财产保全担保；诉责险；类推适用

申请保全人通过购买诉讼财产保全责任保险（以下简称诉责险），由保险公司为其财产保全提供担保，有助于增强当事人的担保能力，进一步降低保全门槛，提高保全适用比例。在保全错误的情况下，[1]当被保全人将申请保全人、保险公司诉至法院请求赔偿时，保险公司的责任如何处理？理论界并无充分的研究。司法实务中几乎所有的判决都认定保险公司应当对被保全人承担赔偿责任。这些判决可以分为两

---

* 王炜，江苏省宿迁市宿城区人民法院民一庭副庭长、一级法官。

〔1〕 实践中的财产保全错误通常包括两种情形，一种是财产保全申请错误；另一种是保全措施错误。前者指申请人申请不当，比如说申请保全范围过大，或者申请保全人对被保全人没有实体权利，不应当申请保全；后者指法院采取保全措施违反法律规定。本文中所指的保全错误均指财产保全申请错误。参见吴兆祥：《解读〈关于当事人申请财产保全错误造成案外人损失应否承担赔偿责任问题的解释〉》，载人民法院出版社编：《解读最高人民法院司法解释（含指导性案例）：民事诉讼卷》（上），人民法院出版社2019年版，第502页。

种，一种认为保险公司应当与申请保全人对被保全人的损失承担连带赔偿责任；另一种认为保险公司应当对被保全人直接承担赔偿责任。[1] 但无论是哪一种，法院在论述保险公司承担责任的理由时均含混不清，有的判决论述理由与引用的法条没有关联，有的判决甚至没有引用实体法，还有的判决以“避免诉累”作为判决理由。本文认为，在保全错误损害赔偿之诉中，被保全人请求保险公司承担责任没有法律依据。保险公司的责任，应当在执行程序中由法院以裁定直接执行的方式予以处理。

一、保险公司直接赔偿责任的否定

认定保险公司对被保全人承担赔偿责任的观点，大体有以下五种：(1)保险公司与被保全人之间成立保证合同，其应承担保证责任；(2)申请保全人与保险公司订立的诉责险合同构成利他合同，被保全人可以依据该合同请求保险公司赔偿；(3)保险公司与申请保全人共同侵害了被保全人财产权益；(4)参照道路交通事故损害赔偿纠纷的处理模式，直接由保险公司对被保全人进行赔偿；(5)为避免诉累，落实纠纷一次性解决的理念，由保险公司直接对被保全人进行赔偿。本文认为，上述观点均无法与现行法律相契合，均不能成立。

(一)保证合同说

一些判决认为，保险公司为申请保全人申请保全提供担保，即与被保全人成立保证合同。[2] 本文认为，保险公司为财产保全提供担保与保证合同中保证人为债务人担保完全不同，不能以财产保全担保认定成立保证合同。

第一，从成立方式上分析，财产保全担保无法归入合同。《民法典》第471条规定，订立合同采取“要约承诺方式”或者“其他方式”。保证合同作为《民法典》规定的典型合同，订立应当符合《民法典》第471条的规定。首先，保险公司作出的保函不属

---

〔1〕 笔者于2021年6月19日在法信网站上以“因申请财产保全损害责任纠纷”为案由关键词、“保险”为当事人关键词，筛选了江苏、浙江、福建、重庆、安徽、河北、河南、山西、内蒙古自治区的民事判决书，共得到文书样本135份，除去法院认定申请保全人不构成侵权的判决外，剩余61分均判决保险公司向被保全人进行赔偿，其中33份判决书认定由保险公司直接向被保全人赔偿；28份判决保险公司与申请保全人对被保全人承担连带赔偿责任。

〔2〕 参见陕西省高级人民法院民事判决书，(2019)陕民终149号；重庆市高级人民法院民事判决书，(2020)渝民终223号；重庆市第一中级人民法院民事判决书，(2020)渝01民终6372号；南京海事法院民事判决书，(2020)苏72民初31号；东莞市中级人民法院民事判决书，(2020)粤19民终11400号；济南市中级人民法院民事判决书，(2021)鲁01民终3710号；池州市中级人民法院民事判决书，(2020)皖17民终426号。

于要约,更不属于承诺。更重要的是,保险公司发送保函的对象是法院,而非被保全人。其次,保险公司发送保函的目的也不是与法院或被保全人订立保证合同,而是帮助申请保全人的保全申请获得法院准许。[1] 最后,关于《民法典》第 471 条中的“其他方式”,根据学理,指的是“交叉要约”、“同时实现”和“意思实现”等方式。[2] 显然,财产保全担保不符合上述任何一种方式,不能认定保险公司的财产保全担保属于法律规定合同成立的“其他方式”。

第二,从主体、目的及法律效果上分析,二者完全不同。保证合同中,合同主体是保证人与债权人,二者都是民事主体;合同目的是保证人向债权人提供担保;法律效果是增加了债权人实现债权的可能性。在财产保全担保中,法院是依法行使审判权的国家机关,申请保全人与被保全人是依法参与民事诉讼的民事主体,保险公司是向法院作出承诺的主体;保险公司提供保函的目的是为保全申请提供担保;法律效果是增加了法院准许保全申请的概率。

第三,二者适用法律不同。保证合同中,保证人与债权人之间发生争议应受民事法律调整,保证人是否承担责任应受到保证期间的约束。在保全担保中,保险公司是否承担责任应由人民法院直接予以认定,其承担责任也不受保证期间的约束。[3]

基于上述分析,保险公司与被保全人之间不成立保证合同。此外,司法实务中还有观点主张,保险公司出具的保函构成债务加入,表明其自愿承担申请保全人对被保全人所负担的错误保全损害赔偿之债。[4] 对此,本文认为,与不成立保证合同的理由一样,保险公司出具保函也不构成债务加入,关键点在于债务加入属于民事法律行为,而财产保全担保不属于民事法律行为。

(二)利他合同说

相当一部分判决认为申请保全人在保险公司处购买了诉责险,故保险公司应当

---

〔1〕 最高人民法院《关于人民法院办理财产保全案件若干问题的规定》第 7 条规定:“保险人以其与申请保全人签订财产保全责任险合同的方式为财产保全提供担保的,应当向人民法院出具担保书。担保书应当载明,因申请财产保全错误,由保险人赔偿被保全人因保全所遭受的损失等内容,并附相关证据材料。”

〔2〕 参见黄薇主编:《中华人民共和国民法典释义》(中),法律出版社 2020 年版,第 908 页。

〔3〕 参见江苏省高级人民法院民事判决书,(2019)苏民再 361 号。该判决书认为,在人民法院审理过程中,担保人为被保全人申请解除财产保全提供担保时,该担保不受保险期间的约束。同理,本文认为,保险公司申请人提供担保也不受保证期间的约束。

〔4〕 这是笔者就该问题与同事进行讨论时,部分同事提出的观点。

对被保全人的损失承担赔偿责任。[1] 持此种观点的判决，有的引用了原《侵权责任法》第6条第1款；[2]还有判决引用的是《保险法》第65条；[3]大部分判决没有论证被保全人何以请求保险公司承担赔偿责任。有观点认为，“基于对第三人权利保护价值衡量，法律允许适当突破合同相对性使第三人对保险人享有直接赔偿请求权”[4]。但是，《民法典》第465条第2款特别强调了合同相对性规定，即“依法成立的合同，仅对当事人有法律约束力，但是法律另有规定的除外”。因此，突破合同相对性必须有法律的明确规定。一个可能的理由是——诉责险合同构成利他合同。

所谓利他合同，是当事人约定将合同所生权利直接归属于第三人的合同。[5]《民法典》第522条第1款规定不真正利他合同，第2款规定了真正利他合同。[6] 不真正利他合同中，第三人是纯粹的履行受领人，并未取得对债务人的履行请求权。真正利他合同中，第三人有权请求债务人直接向自己履行债务。根据第三人履行请求权的来源，真正利他合同又可以分为两种：一种是当事人约定第三人享有履行请求权；另一种是法律规定第三人享有履行请求权。诉责险属于责任保险，保险公司承保的是被保险人给第三者造成损害依法应负的赔偿责任。[7] 在这个意义上讲，诉责险合同系以第三人为受益人的合同，即属于利他合同。关键问题在于，其属于真正利他合同，还是不真正利他合同。本文认为，诉责险合同属于不真正利他合同。

首先，诉责险合同不属于约定的真正利他合同。约定的真正利他合同，其合同结构是基本合同加第三人约款。在第三人约款中，债权人与债务人特别约定，第三人可以直接请求债务人向其履行。[8] 而诉责险合同一般都没有约定第三人约款，在法院判决保险公司向被保全人承担赔偿责任的案件中，没有一份判决认定诉责险合同包

[1] 参见山东省高级人民法院民事判决书，(2020)鲁民终1508号；福州市中级人民法院民事判决书，(2020)闽01民终1711号；福州市闽侯县人民法院民事判决书，(2020)闽0121民初2086号；淮安市淮安区人民法院民事判决书，(2018)苏0803民初1604号；安阳市中级人民法院民事判决书，(2020)豫05民终4740号持同样观点，引用同样的法条。

[2] 参见安阳市中级人民法院民事判决书，(2020)豫05民终5061号。

[3] 参见南阳市中级人民法院民事判决书，(2020)豫13民终851号；河南省安阳市龙安区人民法院民事判决书，(2020)豫0506民初1374号；江苏省启东市人民法院民事判决书，(2019)苏0681民初7367号。

[4] 毛海波、陆俊伟：《财产保全损害赔偿诉讼中保险公司的责任认定》，载《中国审判》2021年第7期。

[5] 参见韩世远：《合同法总论》(第4版)，法律出版社2018年版，第361页。

[6] 参见黄薇主编：《中华人民共和国民法典释义》(中)，法律出版社2020年版，第998～1001页。

[7] 参见中国银行保险监督管理委员会2020年12月22日发布的《责任保险业务监管办法》第6条。

[8] 参见黄薇主编：《中华人民共和国民法典释义》(中)，法律出版社2020年版，第1000页。

含第三人约款。

其次,诉责险合同不属于法定的真正利他合同。法定的真正利他合同以存在明确的法律依据为前提。有观点认为,《保险法》第 65 条第 2 款可以构成真正利他合同的依据。[1] 该条规定的第三人请求保险公司直接赔偿保险金须同时具备三个要件,一是保险事故发生即责任保险的被保险人给第三者造成损害;二是被保险人对第三者应负的赔偿责任确定;三是被保险人怠于请求保险公司赔偿。诉责险合同条款普遍约定被保险人理赔时应当提供的资料包括"保全损害赔偿诉讼案件的判决书"。[2] 当法院尚未作出申请保全人应当对被保全人承担赔偿责任的判决书时,申请保全人尚不能请求保险公司理赔,故也不存在"怠于请求"的情形。部分保险公司的诉责险条款甚至约定,只有在法院生效判决认定被保全人的损失数额后才视为保险事故发生。[3] 在保险事故尚未发生时,保险公司自然无须承担赔偿责任。因此,作为第三人的被保全人当然就不能依据《保险法》第 65 条第 2 款请求保险公司承担赔偿责任。因此,该条法律并不能使诉责险合同成为真正的利他合同。

(三)侵权责任说

有观点认为,保全错误中保险公司与申请保全人构成共同侵权,其理由为保险公司"向申请保全人提供担保,即视为对被保全人的行为予以认可、支持,促成保全的实现"[4]。还有观点认为,担保行为与申请保全行为共同造成被保全人财产损害。[5] 这种观点在司法实务中也有体现,有判决认为"阳光财产保险公司在凯特公司进行财产保全时未尽到合理谨慎的注意义务,故被保全人宇硕公司因保全错误产生的损失

---

〔1〕《保险法》第 65 条第 2 款规定:"责任保险的被保险人给第三者造成损害,被保险人对第三者应负的赔偿责任确定的,根据被保险人的请求,保险人应当直接向该第三者赔偿保险金。被保险人怠于请求的,第三者有权就其应获赔偿部分直接向保险人请求赔偿保险金。"

〔2〕中国人民财产保险股份有限公司、大家财产保险股份有限公司、中国大地财产保险股份有限公司、太平财产保险股份有限公司、华安财产保险股份有限公司、永诚财产保险股份有限公司、天安财产保险股份有限公司、紫金财产保险股份有限公司、安诚财产保险股份有限公司、中华联合财产保险股份有限公司的《诉讼保全责任保险条款》中均存在该约定。

〔3〕中华联合财产保险股份有限公司《诉讼财产保全责任保险(2019 版)条款》第 4 条、阳光财产保险股份有限公司《诉讼财产保全责任保险条款(2015 版)》第 5 条以及浙商财产保险股份有限公司、安诚财产保险股份有限公司《诉讼保全责任保险条款》均约定,只有法院生效判决认定被保全人产生财产损失,才视为保险事故发生。

〔4〕陈慧军、曾祥龙:《财产保全错误损害赔偿的保证人责任》,载《人民法院报》2019 年 3 月 21 日,第 7 版。

〔5〕参见沈雄杰:《财产保全担保人在保全错误时的责任承担》,载《浙江金融》2010 年第 5 期。

应由阳光财产保险公司在保险限额内承担相应的保险赔偿责任”[1]。本文认为,保险公司没有主观过错,也谈不上“共同”,更无客观上的侵权行为,因此无须承担赔偿责任。

首先,共同侵权中的“共同”包括三种含义:一是共同故意;二是共同过失;三是故意行为与过失行为相结合。[2] 第一,保险公司与申请保全人订立诉责险合同以及向法院出具保函,其目的是获得保险费,并没有侵害被保全人财产的故意。第二,共同过失指数个行为人共同从事某种行为,基于共同的疏忽大意,造成他人损害。保险公司与申请保全人并未共同从事某行为,故不构成共同过失。第三,保险公司自身没有对被保全人财产安全的注意义务。认定保险公司构成过失的观点,无法论证保险公司注意义务的来源。因此,保险公司并无主观上的过错,更谈不上与申请保全人“共同”侵权。

其次,保险公司与申请保全人订立诉责险合同的行为不是侵权行为。订立诉责险合同之后,保险公司并不能控制申请保全人是否申请保全、何时申请,最重要的是订立合同是保险公司的正常经营行为,并不会侵害被保全人的财产,不属于侵权行为。

最后,保险公司提供担保的行为也不是侵权行为。在保全过程中,申请财产保全的是申请人,准许其申请并最终采取保全措施的是法院。[3] 如果构成侵权,侵权行为是申请保全人的申请行为。保险公司并未参与保全活动,对法院是否准许保全也没有控制力。况且,保险合同提供担保增加了申请保全人保全错误时的赔偿能力,系对被保全人有利的行为,当然不属于侵权行为。

综上,保险公司既没有主观过错,也没有侵权行为,其与申请保全人不构成共同侵权,也不构成单独侵权,不应当对被保全人承担侵权责任。

(四)参照交通事故案件处理

有观点认为,在道路交通事故损害赔偿案件中,受害人可以直接请求承保机动车第三者责任强制保险(以下简称交强险)、第三者责任商业保险(以下简称商业三者

---

〔1〕 参见郑州市中级人民法院民事判决书,(2020)豫01民终17811号。

〔2〕 参见黄薇主编:《中华人民共和国民法典释义》(下),法律出版社2020年版,第2246页。

〔3〕 最高人民法院《关于人民法院办理财产保全案件若干问题的规定》第6条第3款规定:“对财产保全担保,人民法院经审查,认为违反民法典、公司法等有关法律禁止性规定的,应当责令申请保全人在指定期限内提供其他担保;逾期未提供的,裁定驳回申请。”司法实践中存在不准许保险公司提供担保的情形,参见重庆市第五中级人民法院执行裁定书,(2018)渝05执复34号。

险）的保险公司承担赔偿责任。与交强险、商业三者险一样，诉责险同样属于责任保险。因此，参照交通事故案件的处理方式，作为第三人的被保全人也可以请求保险公司直接赔偿。[1] 本文认为，保全错误损害赔偿案件与道路交通事故损害赔偿案件并不相同，不能参照适用该类案件的处理方式。

1. 交强险合同属于真正利他合同

交通事故受害人请求交强险保险公司直接赔偿的依据是《道路交通安全法》第76条第1款。[2] 该条法律赋予了受害人直接请求保险公司在交强险范围内进行赔偿的权利。在这个意义上讲，交强险合同属于法定的真正利他合同。

2. 商业三者险合同存在特殊规定

商业三者险合同与诉责险合同存在的不同点，导致诉责险合同的处理模式不能参照前者。

首先，法律依据不同。道路交通事故损害赔偿案件中，受害人请求商业三者险保险公司赔偿有明确法律依据。《民法典》第1213条继承了最高人民法院《关于审理道路交通事故损害赔偿案件适用法律若干问题的解释》（法释〔2012〕19号）第16条的规定，即"机动车发生交通事故造成损害，属于该机动车一方责任的，先由承保机动车强制保险的保险人在强制保险责任限额范围内予以赔偿；不足部分，由承保机动车商业保险的保险人按照保险合同的约定予以赔偿；仍然不足或者没有投保机动车商业保险的，由侵权人赔偿。"依据该条法律规定，交通事故受害人可以直接请求承保交强险、商业三责险的保险公司赔偿。在保全错误损害赔偿案件中，并无法律或者司法解释规定被保全人可以直接请求保险公司赔偿。

其次，合同条款不同。中国保险行业协会于2020年9月4日发布了《中国保险行业协会机动车商业保险示范条款》。该条款第二章《机动车第三者责任保险》第27条第2款规定："被保险人或其允许的驾驶人给第三者造成损害，对第三者应负的赔偿责任确定的，根据被保险人的请求，保险人应当直接向该第三者赔偿。被保险人怠于请求的，第三者就其应获赔偿部分直接向保险人请求赔偿的，保险人可以直接向该第三者赔偿。"道路交通事故损害赔偿司法解释的起草者则认为，"只要交通事故的损害后果确定，则被保险人对第三者应负的赔偿责任即确定……如果被侵权人（第三

---

〔1〕 参见毛海波、陆俊伟：《财产保全损害赔偿诉讼中保险公司的责任认定》，载《中国审判》2021年第7期。

〔2〕 《道路交通安全法》第76条第1款规定，"机动车发生交通事故造成人身伤亡、财产损失的，由保险公司在机动车第三者责任强制保险责任限额范围内予以赔偿；不足的部分，按照下列规定承担赔偿责任……"

人）已经对侵权人（被保险人）提起诉讼的情况下，被保险人还未向保险公司提出理赔请求或者保险公司尚未赔偿，即可认定被保险人怠于请求”[1]。而诉责险条款普遍约定，“因申请错误造成被保全人或者利害关系人遭受经济损失……经人民法院判决应由被保险人承担的经济赔偿责任，保险人按照本合同的约定负责赔偿”[2]。根据该条款，只有法院判决申请保全人承担赔偿责任，保险公司才依据保险合同进行赔偿。

最后，保险公司的行为不同。在道路交通事故损害赔偿案件中，保险公司并未向法院出具任何书面文件。而保全错误损害赔偿案件中，保险公司先行向法院出具了保函，承诺对申请保全人应负的责任在限额内予以赔偿。这一点构成二者根本的不同。

（五）减少诉累说

实务中有观点认为，为了减少诉累，应当将被保全人与申请保全人之间侵权损害赔偿纠纷、申请保全人与保险公司之间的保险合同纠纷合并审理，有利于保护被保全人权益，节约司法资源。[3] 南通中级人民法院在江苏欧瑞防爆电气有限公司、中国平安财产保险股份有限公司南通中心支公司与姜某因申请诉前财产保全损害责任纠纷案中认为，“为避免诉累，一审法院认定姜某应承担的损害赔偿责任，由平安保险公司承担，并无不当”[4]。本文认为，减少诉累的目的是贯彻纠纷一次性解决，其合法路径是“共同诉讼”。当“纠纷一次性解决”的处理方式不符合民事诉讼的依法原则时，便不能合并审理。

首先，共同诉讼必须依法进行。《民事诉讼法》第 52 条规定，必要的共同诉讼必

---

[1] 人民法院出版社编：《司法解释理解与适用全集》（侵权责任卷 2），人民法院出版社 2018 年版，第 1764 页。

[2] 大家财产保险股份有限公司、太平财产保险股份有限公司、紫金财产保险股份有限公司、华安财产保险股份有限公司《诉讼财产保全责任保险条款》第 3 条以及中国大地财产保险股份有限公司《诉讼财产保全责任保险 B 款条款》第 3 条；中国人民财产保险股份有限公司、天安财产保险股份有限公司《诉讼保全责任保险条款》第 5 条。

[3] 参见毛海波、陆俊伟：《财产保全损害赔偿诉讼中保险公司的责任认定》，载《中国审判》2021 年第 7 期。

[4] 江苏省南通市中级人民法院民事判决书，（2020）苏 06 民终 3266 号。另参见安徽省池州市中级人民法院民事判决书，（2020）皖 17 民终 426 号；河北省邢台经济开发区人民法院民事判决书，（2020）冀 0591 民初 114 号。

须合并审理,普通的共同诉讼合并审理应由人民法院决定,并经共同诉讼人同意。[1] 有观点认为,被保全人与申请保全人之间的侵权损害赔偿纠纷,申请保全人与保险公司之间的保险合同纠纷均属于金钱之债,其诉讼标的属于同一种类,可以合并审理,[2]该观点误解了"诉讼标的是同一种类"这一概念。所谓"诉讼标的是同一种类"是指当事人争议的法律关系是同一性质。[3] 因此,前述两种诉讼既不属于必要的共同诉讼,也不属于普通的共同诉讼,不符合合并审理的合法性要件。[4]

其次,合并审理应尊重当事人意思自治,不能减损当事人权利。诉责险条款普遍约定,"因申请错误造成被保全人或者利害关系人遭受经济损失……经人民法院判决应由被保险人承担的经济赔偿责任,保险人按照本合同的约定负责赔偿"[5]。在此情形下,保险公司赔偿的前提是法院判决认定申请保全人应对被保全人承担赔偿责任且该判决已经生效。在一些案件中,保险公司以此提出抗辩,但仍被裁判者忽视,这一行为剥夺了当事人合法权利。[6]

最后,合并审理的目的是提高诉讼效率,促使纠纷一次性解决。其应遵循合法性原则和当事人主义的根本要求。如果不当扩大"纠纷"的内涵与外延,可能损害当事人权利,影响民法规范的正确实施。司法实践中不当采用一次性解决纠纷的倾向已

---

[1] 《民事诉讼法》第52条第1款规定:"当事人一方或者双方为二人以上,其诉讼标的是共同的,或者诉讼标的是同一种类、人民法院认为可以合并审理并经当事人同意的,为共同诉讼。"

[2] 参见毛海波、陆俊伟:《财产保全损害赔偿诉讼中保险公司的责任认定》,载《中国审判》2021年第7期。

[3] 参见全国人大常委会法制工作委员会民法室编著:《〈中华人民共和国民事诉讼法〉释解与适用》,人民法院出版社2012年版,第64~66页;另见沈德咏主编:《最高人民法院民事诉讼法司法解释理解与适用》,人民法院出版社2015年版,第635页。

[4] 侵权法律关系与合同法律关系,其诉讼标的既非共同的,不是同一种类的。参见任重:《民事纠纷一次性解决的限度》,载《政法论坛》2021年第3期。

[5] 参见大家财产保险股份有限公司、太平财产保险股份有限公司、紫金财产保险股份有限公司、华安财产保险股份有限公司《诉讼财产保全责任保险条款》第3条以及中国大地财产保险股份有限公司《诉讼财产保全责任保险B款条款》第3条;中国人民财产保险股份有限公司、天安财产保险股份有限公司《诉讼保全责任保险条款》第5条;中华联合财产保险股份有限公司《诉讼财产保全责任保险(2019版)条款》第4条、阳光财产保险股份有限公司《诉讼财产保全责任保险条款(2015版)》第5条与浙商财产保险股份有限公司、安诚财产保险股份有限公司《诉讼保全责任保险条款》均约定,保险人承担责任的前提之一是被申请人的损失经法院判决确认具体损失金额。

[6] 参见宿迁市中级人民法院民事判决书,(2021)苏13民终974号;池州市中级人民法院民事判决书,(2020)皖17民终426号;滁州市中级人民法院民事判决书,(2020)皖11民终1729号;南通市中级人民法院民事判决书,(2020)苏06民终3266号。

经招致了学界的批评。[1]

综上所述，被保全人对保险公司并无保证合同来往使保证责任请求权、侵权损害赔偿请求权，也不能依据《保险法》第65条第2款请求保险公司赔偿。法院也不能将保全错误损害赔偿纠纷与保险合同纠纷合并审理，更不能在没有明确法律依据的情况下参照道路交通事故案件的处理模式直接判决保险公司向被保全人进行赔偿。换言之，被保全人不能直接请求保险公司赔偿保险金。

二、保险公司责任的处理

虽然被保全人在诉讼程序中不能请求保险公司承担赔偿责任，但这并不意味着其无须承担责任。当被保全人获得对申请保全人的胜诉判决进入执行程序后，法院在执行程序中可以类推适用最高人民法院《关于人民法院执行工作若干问题的规定（试行）》（以下简称《执行工作规定》）第54条，裁定执行保险公司在保证责任范围内的财产。

（一）法律漏洞的认定

类推适用的前提是存在法律漏洞。所谓法律漏洞，是指现行法律体系上存在影响法律功能，且违反立法意图之不完全性的情形。[2] 假如法律是城墙，则城墙的缺口，即法律的漏洞。[3] 基于法官不得拒绝裁判的司法原则，法院应当在恪守立法与司法界限的基础上，对法律漏洞进行填补。[4] 在对法律漏洞进行填补之前，必须对法律漏洞进行认定。认定法律漏洞的操作过程如下：其一，确定某个生活事实属于法律应规范的范围；其二，经过对现行法律检视，发现法律对该事实未作规定。两步均得出肯定回答，则对于该生活事实，存在法律漏洞。[5]

按照上述判断标准，保险公司为申请保全人申请财产保全提供“担保”，事后生效判决认定保全申请错误时，依据“担保”行为如何评价保险公司责任时则属于法律漏洞。这是因为，虽然被保全人可以依据《保险法》第65条第2款请求保险公司赔偿，但这是基于法律对责任保险合同的规定。当保险合同无效或者被撤销时，被保全人则不能基于《保险法》第65条第2款的规定请求保险公司赔偿。本文认为，保险公司

〔1〕 参见任重：《民事纠纷一次性解决的限度》，载《政法论坛》2021年第3期。

〔2〕 参见梁慧星：《民法解释学》（第4版），法律出版社2015年版，第253页。

〔3〕 参见王泽鉴：《民法思维：请求权基础理论体系》，北京大学出版社2009年版，第198页。

〔4〕 参见黄泽敏：《法律漏洞填补的司法论证》，载《法学研究》2020年第6期。

〔5〕 参见梁慧星：《民法解释学》（第4版），法律出版社2015年版，第265～266页。

提供财产保全"担保"的行为不属于民事法律行为,属于诉讼法上的行为。该行为发生在法院对保全申请进行审查的过程中,对法院最终是否准许申请保全人的申请产生影响,理应受到法律调整。但是,现行的法律、司法解释并未作对此出明确规定。

(二)填补方式:类推适用《执行工作规定》第54条

1.类推适用

法律漏洞可分为公开的法律漏洞与隐藏的法律漏洞。前者是指关于某项法律问题,法律依照其内在体系及规范计划,应积极创设规则,但实际没有设定规则的情形。[1] 后者是指关于某项法律问题,依法律的内在目的及规范计划,应消极地设置限制性规定,而未设置的情形。[2] 填补公开的法律漏洞最主要的方式是类推适用。所谓类推适用,是指将法律于某案例类型(A)所适用的法律效果,转移适用于法律未设规定的案例类型(B)之上。[3] 转移适用的基础在于"相类似之案件,应为相同之处理"的基本原理。所谓"相类似"指的是两者在与法评价有关的重要观点上相一致,其不同之处不足以排斥同一项法律的评价。[4]

2.《执行工作规定》第54条

《执行工作规定》第54条(修正前的第85条)规定,"人民法院在审理案件期间,保证人为被执行人提供保证,人民法院据此未对被执行人的财产采取保全措施或解除保全措施的,案件审结后如果被执行人无财产可供执行或其财产不足清偿债务时,即使生效法律文书中未确定保证人承担责任,人民法院有权裁定执行保证人在保证责任范围内的财产"。该规定针对的情形与本文所讨论情形存在以下相同点:一是均发生在保全程序中;二是均系案外人为当事人提供财产保全担保。二者也存在两点不同:一是前者中保证人是为了被保全人即被告提供担保,后者中保险公司是为了申请保全人即原告提供担保。二是前者中保险公司担保是为了采取保全措施,其目的是维护原告利益;后者中保证人担保是为了解除保全措施或者免于财产被保全,其目的是维护被告利益。根据《民事诉讼法》第8条规定的平等原则,法院应对原告与被告进行平等的保护。因此,二者不同之处不足以排斥《执行工作规定》第54条的适用。

---

〔1〕 参见王泽鉴:《民法思维:请求权基础理论体系》,北京大学出版社2009年版,第199页。

〔2〕 参见王泽鉴:《民法思维:请求权基础理论体系》,北京大学出版社2009年版,第209页。

〔3〕 参见王泽鉴:《民法思维:请求权基础理论体系》,北京大学出版社2009年版,第200页。

〔4〕 参见[德]卡尔·拉伦茨:《法学方法论》,陈爱娥译,商务印书馆2003年版,第258页。

3. 关于执行依据的问题

司法实务中，有观点认为，直接裁定执行保险公司的财产依然没有执行依据。对此可以参照第 117 号指导性案例。该案例裁判要旨载明："根据民事调解书和调解笔录，第三人以债务承担方式加入债权债务关系的，执行法院可以在该第三人债务承担范围内对其强制执行。"根据该案例，即便第三人仅在调解笔录中作出债务加入的意思表示，调解书对此并未叙明的，申请人可以申请追加该第三人作为被执行人。举重以明轻，保险公司提供财产保全担保时还向法院出具了保函，法院可以依据保函直接裁定执行保险公司的财产。

4. 不能追加保险公司为被执行人

最高人民法院《关于民事执行中变更、追加当事人若干问题的规定》(2020 年修正版)第 24 条规定："执行过程中，第三人向执行法院书面承诺自愿代被执行人履行生效法律文书确定的债务，申请执行人申请变更、追加该第三人为被执行人，在承诺范围内承担责任的，人民法院应予支持。"保险公司向法院出具保函，仅是为财产保全提供担保，并没有"代申请保全人履行债务"的意思表示，因此法院不能依据上述规定追加保险公司为被执行人。

最高人民法院《关于执行担保若干问题的规定》(2020 年修正版)第 11 条第 1 款规定，"暂缓执行期限届满后被执行人仍不履行义务，或者暂缓执行期间担保人有转移、隐藏、变卖、毁损担保财产等行为的，人民法院可以依申请执行人的申请恢复执行，并直接裁定执行担保财产或者保证人的财产，不得将担保人变更、追加为被执行人"。根据该条规定，在执行中，案外人为被执行人提供担保的，法院可以依据申请执行人的申请，裁定直接执行保证人的财产，但不得将担保人变更、追加为被执行人。在诉讼中，案外人为被告提供担保，法院据此解除保全的，人民法院也不能追加案外人为被执行人，而是直接裁定执行案外人的财产。[1]

保险公司为申请保全人提供担保，也属于广义上的执行担保。进入执行程序后，经申请执行人(被保全人)申请，执行法院可以裁定直接执行保险公司的财产，执行的范围以保函中承诺为限。

5. 关于保险公司责任形式的问题

最高人民法院发布第 120 号指导性案例的裁判要旨载明，"在案件审理期间保证人为被执行人提供保证，承诺在被执行人无财产可供执行或者财产不足清偿债务时

〔1〕 参见四川省高级人民法院执行裁定书，(2018)川执复 279 号。

承担保证责任的,执行法院对保证人应当适用一般保证的执行规则。”保险公司为申请人提供财产保全担保,执行法院对其是否也应当适用“一般保证”的执行规则?本文认为,对此应具体予以分析。第120号指导性案例的裁判理由载明“上述规定(《执行工作规定》第54条)中的保证责任及金泰公司所做承诺,类似于担保法规定的一般保证责任”,其中金泰公司的承诺为“家禾公司无力承担责任时,愿承担家禾公司应承担的责任”。这与保险公司在保函中的承诺并不相同。保函一般载明“经法院判决由申请人承担的损害赔偿责任,由保险人向被申请人在保险限额进行赔偿”[1],其中部分保险公司出具保函甚至表明愿意与申请保全人承担“连带责任”。[2] 因此,保险公司的责任形式并不能直接套用第120号指导性案例载明的“一般保证的执行规则”,而应根据其提供的保函载明内容确定。保函中未表述保险公司承担责任的前提是“被保险人无财产可供执行或者财产不足清偿债务”的,保险公司的责任为“限额内的直接赔偿责任”或者“连带责任”。

6. 保险合同约定责任免除或者无效时保险公司的责任问题

部分保险公司的诉责险合同条款约定,申请保全人未按时交纳保险费或者撤诉等特定情形下,保险人不承担赔偿责任。[3] 如果合同约定的免赔情形发生后,保险公司能否以免赔条款主张免除赔偿责任?本文认为,保险公司该主张不能得到支持,这是因为法院裁定保险公司承担赔偿责任的依据是其向人民法院出具的保函,而不是保险合同。因此,无论保险公司是否约定责任免除,或者保险合同未生效、无效或者被撤销、被解除均不影响法院在执行程序中裁定执行保险公司在担保范围内的财产。

---

[1] 大家财产保险股份有限公司、中国大地财产保险股份有限公司、太平财产保险股份有限公司、中国人民财产保险股份有限公司、安诚财产保险股份有限公司、阳光财产保险股份有限公司、都邦财产保险股份有限公司、中国平安财产保险股份有限公司、中华联合财产保险股份有限公司向宿迁市宿城区人民法院提供的保单保函均载明“经法院判决由申请人承担的损害赔偿责任,由保险人向被申请人在保险限额进行赔偿”或类似内容。

[2] 紫金财产保险股份有限公司、浙商财产保险股份有限公司、永诚财产保险股份有限公司向宿迁市宿城区人民法院提供的保函均存在载明“因申请人财产保全申请错误……担保人无条件不可撤销地承担连带赔偿责任”的表述。

[3] 太平财产保险股份有限公司、永诚财产保险股份有限公司、浙商财产保险股份有限公司、中华联合财产保险股份有限公司、阳光财产保险股份有限公司《诉讼财产保全责任保险条款》中均有保险公司不承担赔偿责任的约定。

三、结论

保全错误给被保全人造成损失后，被保全人直接请求保险公司承担赔偿责任没有法律依据。保险公司提供的财产保全“担保”属于执行担保，不能以此认定其与被保全人之间成立保证合同。诉责险合同也不是真正的利他合同，被保全人不能以此请求保险公司支付赔偿金。同时，保险公司对被保全人不构成侵权，也不承担侵权责任。被保全人请求申请保全人承担保全错误的损害赔偿诉讼与申请保全人与保险公司之间系保险合同诉讼，二者既不属于必要的共同诉讼，也不属于普通的共同诉讼，不能合并审理。在执行中，法院可以依据《执行工作规定》第 54 条直接裁定执行保险公司担保范围内的财产。保险公司在保函中明确承担赔偿责任，未表述以“被保险人无财产可供执行或者财产不足清偿债务”为前提的，不能参照第 120 号指导性案例适用“一般保证”的执行规则。

中　篇

民法典的实施对金融司法的影响及应对

《民法典》视阈下明股实债之性质、类型及效力

王鹭杰[*]　宁杨卉[**]

摘要:明股实债并非内涵与外延明确的法律概念,其代指以股权投资为形式,以债权投资为本质的交易行为。我国现行法律法规缺乏对此类交易模式直接定性的相关条款,导致司法实践中裁判机关对明股实债的法律性质认定莫衷一是,呈现出"债权投资""股权投资""不区分股债,重视协议履行"三种裁判观点。2019 年《全国法院民商事审判工作会议纪要》第 89 条、最高人民法院《关于适用〈中华人民共和国民法典〉有关担保制度的解释》第 69 条虽未直接规定适用于明股实债情形,但考虑到商业实践中明股实债多数以股权转让(增资)与回购模式实现,实质上为审判实践中明股实债法律性质的认定给出了更为清晰的指导路径。本文限缩明股实债之定义,仅讨论意思表示解释下认定为债权性质之明股实债之类型及效力,把握明股实债的债权本质。在不涉及外部第三人利益时,受让股权型及公司增资型明股实债的当事人真实意思为借贷的,按照债权及股权让与担保规则处理。涉及外部关系的明股实债案件中,在目标公司被受理破产或承担对外责任时,投资人应基于所持有股权对外承担股东责任。其效力体现为:对内,明股实债基于意思自治原则认定其有效;对外,则应注重保护第三人对股权公示信息之合理信赖。

关键词:明股实债;性质;类型;效力;股权让与担保

一、问题的提出

明股实债是金融领域出现的一种创新型融资模式,其内容为投资方以股权的形

* 王鹭杰,福建旭丰律师事务所高级合伙人,四级律师。

** 宁杨卉,福建旭丰律师事务所实习律师。

式进行投资，以回购、第三方收购、定期分红等形式获得固定收益。作为一种新型融资手段，明股实债的产生和发展始终与经济规律与法规政策之调整相关。在房地产[1]、政府投资基金[2]及保险[3]领域，现行监管体系对金融借贷呈现强监管态势，投资方通过明股实债的方式向融资方进行投资可绕开贷款资质限制。对融资方而言，明股实债投资模式可以满足融资需求，降低企业资产负债率，优化公司会计账目；对投资方而言，明股实债的投资形式较为灵活，且债权投资相较于股权投资而言具有"刚性兑付"的保本特征，投资人持有股权可以为债权提供"担保"，投资风险较低。明股实债这一新型融资手段因其符合投资方及融资方的共同利益，成为金融机构常见之操作模式。

完备且确定的裁判规则可以减少商事交易的不确定性，降低商事交易风险。明股实债作为新型金融创新工具，我国现行法律法规缺乏对此类交易模式定性的法律条款，导致该类纠纷在司法实践中履现冲突、矛盾判决，"同案不同判"，商事主体难以获得确定性及可预见性的裁判规则，极大影响了金融创新的发展。司法裁判中对明股实债性质及效力认定主要呈现三种思路：一是以"新华信托诉港城置业案"[4]为代表，保护商事外观及破产程序中债权人利益为先，认定为股权投资；二是以"新华信托与江峰房产公司案"[5]为代表，尊重当事人意思自治，认定为债权投资；三是以"新华信托与北京时光合同纠纷案"[6]为代表，不认定股债性质，而是根据当事人的约定处理合同纠纷。此类判决将审查重点放在回购条款和协议的效力上，根据当事人具体的诉讼请求就局部法律行为的效果进行认定，回避了对明股实债法律性质的探究。

---

[1] 原中国银行业监督管理委员会《关于进一步加强房地产信贷管理的通知》（已失效），其中规定信托公司发放贷款的房地产开发项目要满足"四证"（国有土地使用证、建设用地规划许可证、建设工程规划许可证、建筑工程施工许可证）齐全、开发商或其控股股东具备二级资质、项目资本金比例达到 35%。

[2] 地方政府及所属部门参与社会资本合作项目或参与各类基金时，不得承诺回购其他出资人的投资本金、最低收益、承担损失，不得通过明股实债等方式变相增加政府债务的行为。

[3] 原中国保监会《关于保险资金设立股权投资计划有关事项的通知》（2017 年第 282 号）、《商业银行理财业务监督管理办法》中国银行保险监督管理委员会令（2018 年第 6 号）、《商业银行互联网贷款管理暂行办法》中国银行保险监督管理委员会令（2020 年第 9 号）：严禁保险资金以通道嵌套、明股实债等方式开展股权投资计划业务；股权投资获得的收益，应与被投资企业的经营业绩、投资收益挂钩，不得承诺保本保收益。

[4] 湖州市吴兴区法院人民法院民事判决书，（2016）浙 0502 民初 1671 号。

[5] 重庆市高级人民法院民事判决书，（2014）渝高法民初字第 00010 号。

[6] 最高人民法院民事判决书，（2014）民二终字第 261 号。

现有裁判存在以下问题:其一,法律关系上内外不分,未能较好把握内部真实的法律关系与外部的公示外观原则冲突的利益平衡。其二,将明股实债直接等同于让与担保,混淆二者的法律属性。

学者对明股实债之法律性质认定主要有以下三种观点:第一,对现有裁判规则进行总结,主张法院在认定典型明股实债模式时倾向依据其外在形式认定为股权投资,忽视了对交易双方真实意思的探寻,与私法自治原则相悖。第二,认为明股实债实质是利用股权让与担保的一种非典型担保方式,肯定其让与担保的属性。[1] 此种观点未能认识到明股实债与让与担保之区别,明股实债本质为债权法律关系,而让与担保仅为债权之担保手段,二者在法律属性上存在本质区别。第三,对明股实债区分类型,新设/增资型明股实债按“股权融资”处理,股权受让型明股实债按“债权融资+股权让与担保”处理。[2] 此种观点排除了新设/增资型明股实债认定为债权关系及适用让与担保的可能性,与法理及多数司法裁判相矛盾。部分学者总结明股实债基本类型时遵循实务处理思路,依照交易形态将其区分为股权投资模式、“股+债”模式、信托计划或私募股权基金投资模式、多层嵌套模式,没有抓住明股实债交易之核心。在明股实债之法律效力认定上,明股实债虽非法定之交易模式,但因其为双方真实合意,未违反强制性法律规范,故不受通谋虚伪表示拘束,通常认定有效。但大多数观点仅着眼于股权投资协议之效力、股权回购条款之效力及相关增信措施之效力,未能从明股实债整体出发,分析、构建其效力体系。

由此观之,明股实债由于缺乏立法规制及统一的裁判规则,在司法实践中常难以定性。学说观点对于明股实债之债权本质认识不足,对其基本类型区分遵循实务思维,缺乏理论性,对明股实债效力体系构建浅尝辄止,在是否适用、如何适用让与担保制度上观点不一。本文选取明股实债之性质认定、类型划分及法律效力三个研究角度,论证明股实债之“债权”本质。以意思表示原理为理论基础,探讨受让股权型明股实债及公司增资型明股实债性质认定之不同,并尝试探索不同类型明股实债适用让与担保规则之可能性。最后,从明股实债整体入手,区分其对内效力及对外效力,为明股实债之法律效力认定提供探索路径。

---

〔1〕 参见聂华:《“明股实债”的法律分析——以契约条款设计为视角》,华东政法大学2018年硕士学位论文。

〔2〕 陈克:《论不完全合同视角下的公司融资》,载《交大法学》2020年第1期。

二、明股实债性质之性质认定

明股实债之法律性质即交易过程中投资人与目标公司、原股东及其他相关主体之间的权利义务关系及行为属性。认定明股实债法律性质的逻辑动因不仅在于确定投融资双方的法律关系，更体现在股债之确认影响各方权益之实现。若认定为股权关系，投资人在理论上固然可以主张公司经营之利润分配，但作为融资增信之担保措施则失去了缔约本意与存在基础。另外，股东在共享收益的同时，还需要共担风险，承担瑕疵出资之责任，且股东权益在面临外部债权或破产程序中均需劣后处理。若认定为债权关系，投资人虽不受公司经营风险的影响，但公司经营利润与投资人无关，投资人只能获取本金及固定收益。事实上，投资人以受让股权/新设增资股份形式进行明股实债交易安排之动机并不一定单纯，常有投机取巧之意。若目标公司经营状况良好，投资人倾向主张其真实意思为投资交易，增资款为股权之对价，诉请认定其股东资格及权利；若目标公司经营不善，投资人为保障本金及利息返还，通常主张其真实意思为债权性投资。故对明股实债个案进行司法认定时，法官需基于融资合同、股权转让法律行为及其他证据，对双方当事人进行法律行为时的真实意思进行真伪识别，去伪存真。因明股实债的操作模式既具有股权投资的特点，又具有债权融资的实质，且目前金融方式不断创新，股权和债权的边界存在一定的模糊性，一些外观特征会发生重叠，厘清明股实债交易模式之外观特征与内在本质就显得尤为重要。

（一）投资人享有股权之外观形式

明股实债具有股权投资之表象，具体表现为融资方（目标公司）与投资人签订股权投资协议，投资人以增资入股、受让股权或受让股权+增资入股形式获取目标公司股权，同时投资人为控制交易风险，在受让股权后对工商信息进行变更登记，成为目标公司的登记股东，获得对公司经营之监督权。投资人采取增资入股模式的，投资人认购新股，成为目标公司之新股东。此时公司注册资本及股权结构亦发生变化，目标公司原股东之股权被新增资本稀释。采取受让股权模式的，投资人从目标公司股东处受让既有之股权，投资资金则作为受让股权的对价。无论是增资入股、受让股权或受让股权+增资入股形式，都使明股实债交易具有股权投资的交易外观。

但明股实债不同于股权投资。股权投资具备两个核心的特征，即投资收益的不确定性以及亏损发生时股本的首先承担。债权投资追求固定收益而非股权利润，关注的是公司债务存续期间的整体信用风险，不追求最终收益与公司的经营利润挂钩[1]。明股实债本质上属于债权正是因为其与一般的股权投资存在差别：其一，投资人获取的回报是固定收益；其二，投资人承担较低的投资风险。股权投资具有高风险、高收益之特点，公司股权分红及价格变化决定了股权投资人之收益，债权投资人则按约定到期收回本金、利息，与股权的分红及价格无关；其三，投资人虽持有股权并将股权信息公示于外，但仅具有股权投资的外观特征，其并不必然作为股东享有权利及参与目标公司的实际经营管理。

（二）投资人享有债权之内在实质

司法实践中对明股实债的债权本质认定不清源于当事人意思表示的糅杂交错。对于明股实债中当事人的真实意思表示是股权还是债权，最高人民法院民二庭第5次法官会议纪要给出了较为明确的判断标准[2]：确定登记为股东的投资人究竟享有的是股权还是债权，取决于当事人的真实意思。事实问题及法律问题以不可分解的方式纠结缠绕在一起，[3]如何在浩繁复杂的合同条款及交易措施中识别当事人真实意思，如何将案件事实涵摄于规范要件之下，成为判断其法律关系的重中之重。综合裁判案例，在不涉及外部第三人或债权人利益时，探寻明股实债交易双方真实意思表示时主要考量以下因素：

1. 投资人是否以获取固定收益为目的，是否承担经营风险

获取固定收益与承担经营风险是投资目的问题的一体两面。明股实债融资安排中，投资人虽以增资/新设或受让股权的方式向目标公司注入资金，但交易双方本质目的并非股权转让，并非使投资人成为目标公司股东，享有股东权利。双方约定无论企业经营状况如何，期限届满时投资人获取本金及固定收益。目标公司、目标公司股东或实际控制人为偿付主体。此种情形下双方具有明确的债权投资倾向，即投资人

〔1〕 参见曾思：《金融创新下股权与债权界限的模糊化与区分标准——以公司治理与融资制度为中心》，“承前启后　继往开来：中国资本市场法治化20周年纪念论坛暨中国证券法学研究会2013年年会”会议论文。

〔2〕 原文如下：明股实债并无统一的交易模式，实践中，应根据当事人的投资目的、实际权利义务等因素综合认定其性质。投资人目的在于取得目标公司股权，且享有公司的经营管理权利的，应认定为股权投资，投资人是目标公司股东，在一定条件下可能构成抽逃出资。反之，投资人目的并非取得目标公司股权，而仅是为了获取固定收益，且不参与公司经营管理权利的，应认定为债权投资，投资人是目标公司或有回购义务的股东的债权人。

〔3〕 参见陈金钊主编：《司法方法与和谐社会的建构》，北京大学出版社2009年版，第267页。

真实意思为获取固定收益，不承担企业经营风险，该投资与股权投资有本质上的不同。

2. 公司经营管理分配与分红

基于增信的需要，投资人与相对人在投资协议中约定进入目标公司的董事会，对重大事项享有决策权，甚至派驻管理人员、保管印章等，但此类融资安排多数基于保障投资人本金及预期收益收回的需求，并不追求对目标公司的经营管理权，也不追求对目标公司的净资产及经营成果的分配权。

3. 股权交易是否真实履行

股权交易价格是否公允，如以极低价格获取股权，实践中以新华信托与诸城市江峰房地产开发公司纠纷案[1]为代表，法院认为以1元受让原股东所持有的90%股权与实际市场价值不符合，也不符合常理，双方不具备股权投资的交易目的，故将双方签订的《合作协议》与《收益权转让合同》均认定为借款合同。抑或是虽签署股权转让协议，但并未进行章程修改或工商登记等，不满足《公司法》上关于股东资格的条件，则可能被视作股权转让并非真实交易。

除此之外，交易双方是否知悉投融资协议签订背景、交易目的、条款内容、是否存在担保措施等亦可以纳入考察当事人真实意思的因素范围之内。投融资协议的签订及履行是否经过充分完整的公司内部决策程序同样影响双方当事人真实意思的认定，进而影响投资协议的效力。

根据上述标准，明股实债法律性质认定应根据当事人意思表示及实际履行行为，考察当事人真实合意是成立借贷法律关系或股权投资法律关系。如投融资双方既签署了股权转让协议及回购协议，也书面签署了借款协议，明确达成了借贷的意思表示合意，投资方以公允价格受让股权后未实际参与目标公司经营管理，并于固定期限后回转股权，同时获得本金及固定收益的，应将明股实债基础法律关系认定为债权债务关系。如投融资双方转让目标公司股权并于工商登记部门登记，修改公司章程，投资方获取股权利润回报的，应将该交易之基础法律关系认定为股权投资关系，此时该交易本质为股权投资，不属于明股实债问题讨论范畴。

三、明股实债之类型划分

实践中明股实债交易繁杂多样，其核心环节为股权取得（资金进入）及股权回购

---

[1] 参见重庆市高级人民法院民事判决书，(2014)渝高法民初字第00010号。

（资金退出）。依照股权取得主体的不同可分为受让股权型明股实债及公司增资型明股实债。项目资金的退出则采取分红或者转让股权、减资、转让信托收益权、处置资产等方式实现。

（一）受让股权型

受让股权型明股实债为股东或公司的实际控制人融资，采取转让目标公司股权的方式，约定一定期限后公司股东、实际控制人或第三方以固定收益回购实现退出。主体方面，资金融出方为新股东，资金融入方为目标公司原股东；出资方式上，原股东通过出让股权获得股权转让对价的方式实现自身的融资目的；资金退出上，一般由原股东定期溢价回购新股东持有的股权；增信担保上，一般会增加目标公司实际控制人承担对回购义务的连带保证责任。此类明股实债的结构比较简单清晰，融资人、偿付人同为目标公司原股东或实际控制人，其交易结构如图1所示：

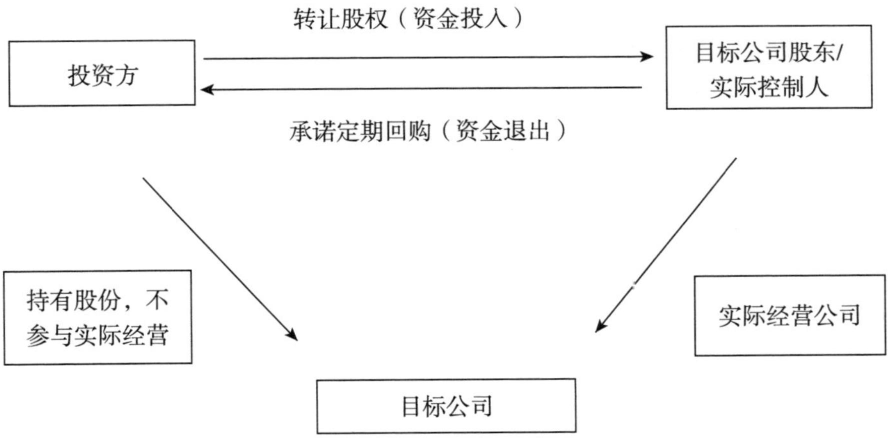

图1　受让股权型明股实债交易模式

2019年《全国法院民商事审判工作会议纪要》（以下简称《九民纪要》）第89条第2款规定信托公司以受让或增资取得的相应股权担保债权实现的方式属于让与担保。最高人民法院认为，带回购条款的股权投资应分为两层法律关系，信托计划发行属于营业信托，而其后的投资行为“只要合同不存在法定无效事由”，则按照债权及让与担保来处理，即不承认信托机构对财产的所有权，但支持其债权及担保权益。虽然该条款并未直接规定明股实债之适用，但从交易形式上看，信托公司作为投资人时，受让目标公司股权、向目标公司增资属于典型的明股实债。受托人以增资或者受让股权的方式进入目标公司，若其目的在于获取固定利息回报，签署书面借款协议，明确双方真实意思为借贷而非股权融资的，信托公司以控制股权的方式保障借贷利益之实现，信托公司与目标公司间法律关系认定为债权关系，“转让股权及回购”适用让与担保的相关规定。

受让股权型明股实债是否可以适用让与担保理论，首先应当考虑股权让与担保之有效性问题；其次，论证明股实债交易是否满足让与担保之适用条件；最后，应甄别受让股权/增资入股明股实债中的股权转让及回购行为是否属于通说所认可的股权让与担保行为。

首先，股权让与担保具有法律效力是明股实债适用之前提。股权让与担保是以股权作为担保物的非典型担保方式。让与担保是指债务人或第三人为担保债务人之债务而将担保标的物的财产权转移给担保权人，于债务清偿后，标的物应返还给债务人或第三人，债务不履行时担保权人得就该标的物受偿的非典型担保。[1] 最高人民法院《关于适用〈中华人民共和国民法典〉有关担保制度的解释》（以下简称《民法典担保制度司法解释》）第68、69条首次规定了让与担保制度，明确了让与担保的概念、效力、实行方式，以及股权让与担保的有关问题，填补了让与担保法律制度的空白。早期司法实践中较多法院并不认可让与担保合同的效力，其主要反对理由包括“违反物权法定原则”、“违反禁止流押/流质的规定”和“构成虚假的意思表示”[2]。新近的最高人民法院案例对上述理由均予以反驳。第一，关于违反物权法定原则之驳斥，最高人民法院认为根据物债区分原则，物权法定原则并不能否定让与担保合同之效力，即使让与担保不具有物权效力，让与担保合同也不必然无效。第二，最高人民法院认为《民法典》物权编禁止流质、禁止流押之规定，旨在避免债权人利用其优势地位乘人之危，谋取不当利益。在清算型让与担保情形下，担保权人负有清算义务，债务人于清偿期届满不履行债务时，担保权人不径直取得担保物所有权，此时并不存在流质、流押问题。第三，对是否构成虚假的意思表示最高人民法院同样呈现不同的观点。债务人为担保债务实现将标的物转移给债权人，使债权人在不超过担保目的的

---

〔1〕 参见王闯：《让与担保法律制度研究》，法律出版社2000年版，第20页。

〔2〕 参见辽宁省高级人民法院民事裁定书，(2016)辽民申1115号：“物权的种类和内容均由法律作出规定，不允许当事人自由创设和变更。滕某荣与王某柱、陈某英约定以股权转让形式为借款合同提供担保违反了物权法定原则”“让与担保是一种非典型担保，该约定与担保法中关于流质契约的规定相冲突，违反了法律的禁止性规定”。湖南省高级人民法院民事判决书，(2018)湘民终797号：“根据《中华人民共和国民法总则》第一百四十六条的规定，当事人之间不具备商品房买卖合同的合意，买卖房屋是假、为曾某元债权担保是真，故双方以虚假的意思表示签订的《商品房买卖合同》应属无效。”

范围内获得标的物之权利，是处于真正的效果意思而做出的意思表示，尽管存在法律手段超过经济目的的问题，但明显不同于以虚假的意思表示隐藏其他法律行为的做法，故不应机械地认定为无效。

其次，受让股权型明股实债应符合让与担保的适用条件。第一，适用让与担保规则需存在主债权债务法律关系，担保之设立是以主债权债务关系之存在为基础。根据《民法典》第388条的规定，担保具有从属性，从属于主债权债务法律关系。判断明股实债中股权转让及回购形式是否为股权让与担保须以债权债务的基础法律关系存在为前提。第二，双方就实现担保目的达成合意。担保目的也就是保障债权实现的目的，即债权债务双方就股权转让的目的是保障债权的实现而非其他目的达成的合意。

最后，明股实债中的股权转让及回购行为属于通说所认可的股权让与担保行为。从外观上看，股权让与担保与受让股权型明股实债交易都满足股权转让的形式要件，办理了股权变更登记。从交易目的角度，让与担保的债权人、明股实债的投资人，其真实意思并不是真正成为公司的股东，不欲行使股东权利。从交易流程之核心环节角度，受让股权型明股实债可概括为投资人资金进入目标公司→目标公司股东/实际控制人转让股权→投资人获取固定收益→期限届满股权回购→资金退出（如图2所示）；让与担保可概括为：债权人出借本金→从债务人或第三人处受让担保财产（股权）、获取利息→期限届满后返还本金→返还担保财产（股权）（如图3所示）。从交易实质看，被认定为债权投资的受让股权型明股实债与股权让与担保的交易安排是高度一致的。综上所述，在明股实债中"股权转让+股权回购"之情形适用让与担保制度是符合法理的。为担保债权实现而进行的股权让渡，并非真正的股权转让。投资人在工商管理部门办理股权变更登记、公司内部修改章程，但其法律地位实为名义股东，而非实际股东，受让人可依约主张担保权利，但不能主张股权。在债务获得清偿时，债权人应当返还股权，若债务届至未清偿，债权人有权对受让股权在清算后享有优先受偿权。综上所述，受让股权型明股实债存在债权债务关系，股权转让及回购行为适用股权让与担保的相关规定。

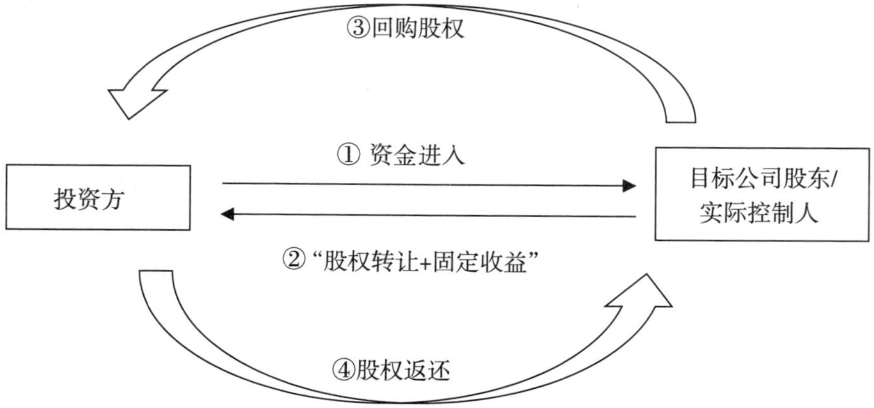

图 2　受让股权型明股实债交易流程

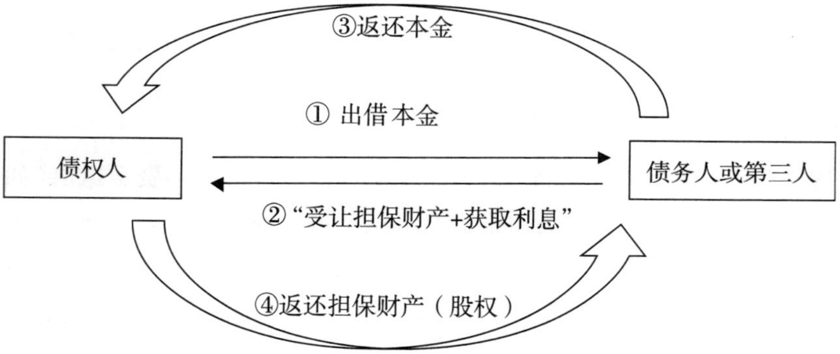

图 3　让与担保交易流程

（二）公司增资型

公司增资型明股实债是指公司通过增资扩股（发行新股），吸纳投资人的资金用于融资，相应的增资扩股的股权授予投资人，约定一定期限以后由公司或公司的股东、实际控制人以固定的价格（融资成本）收购（回购）投资人的股权。投资人在增资入股公司时应当与目标公司而非仅与原股东签订《增资协议》，《增资协议》的生效以获得有效的股东（大）会决议通过为前提。因增资属于公司内部重要决策，依照《公司法》相关规定需经公司股东会决议，如农发案中最高人民法院在论证案涉《投资协议》效力时，将《投资协议》的签订及履行是否经过充分和完整的内部决策程序作为重要的考量因素。公司增资型明股实债根据回购主体的不同进一步区分为公司回购型及股东回购型，交易结构如图 4 所示：

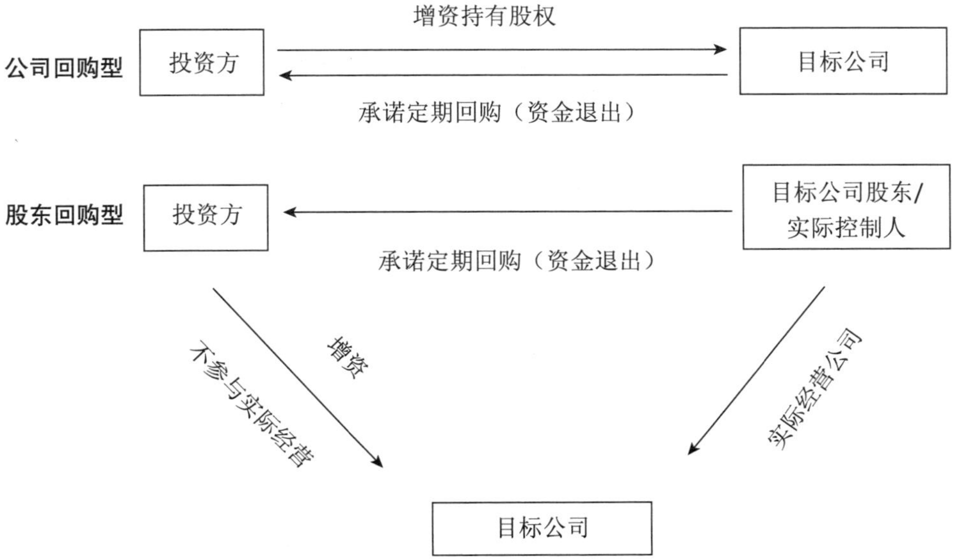

图4　公司增资型明股实债交易模式

投资人以增资方式进入目标公司，约定目标公司承担利息并归还款项的，其法律性质认定也存在诸多分歧。有学者主张应当将公司增资型明股实债认定为股权融资，注重协议之履行。[1] 理由在于公司增资型明股实债区别于受让股权型明股实债，一是资金进入之特殊：投资人向目标公司增资，对目标公司注册资本产生影响。二是资金退出之特殊：当投资人与目标公司约定一定期限后由目标公司回购股权时，需履行减资程序，本质上与股权投资无异；当投资人与目标公司约定由股东/实际控制人回购股份时，公司注册资本已因增资行为而增加。此时将公司增资型明股实债认定为债权投资，则会与公司会计及税务处理产生矛盾。事实上，无论是公司增资型明股实债抑或是受让股权型明股实债，投资人都应当通过减资退股及清算分配剩余财产的方式完成股权退出环节，如依照会计及税务处理认定为股权投资有违民商事审判逻辑，法律性质之认定应于法律行为完成即意思表示达成一致时已经确定。故公司增资型明股实债投资方与目标公司之间的内部纠纷，应结合协议内容与行为目的等要素探求当事人真实意思表示从而判定交易性质。如双方所签订增资协议明确表示投资人所持有股权的投资回报不与目标公司经营业绩挂钩，投资人不实际参与目标公司经营管理，约定固定收益及利息支付，且目标公司承诺定期回购股权的，应

〔1〕 参见羊解戈：《"明股实债"的裁判路径探析》，华东政法大学2019年硕士学位论文。

认定双方具有借款的合意，属于明股实债。若投资人真实意思为获取目标公司股权收益，通过增资入股获得目标公司股权并参与分红的，应认定为股权投资而非明股实债。

另外，公司增资型明股实债既然定性为债权债务法律关系，那么增资入股及回购环节是否可以适用让与担保制度？投资人通过新设/增资获取目标公司股权，约定享有固定收益而非股权利润，在一定期限后目标公司或目标公司的股东平价或溢价回购投资人所持的目标公司股权，此时投资人所持有的股权并非直接从债务人处受让而来，新设/增资方式决定其股权取得为原始取得，是否与股权让与担保之转让股权存在不同？实际上，无论新设股权还是公司增资模式，投资人资金进入目标公司时即改变了公司的股权结构，稀释了原有股东之股权比例，经过一定期限后原股东履行回购义务的，股权回转至原股东名下，完成了资金进入及退出环节。此时，当原股东依据协议约定履行回购义务时，“增资入股 + 股权回购与受让股权 + 股权回购”在本质上并无差异。因此，公司增资型明股实债亦可等同适用让与担保制度。

四、明股实债之法律效力

法律效力即法律关系之内容实现时，法律上所赋予的效果。明股实债之效力分析应区分不同性质明股实债之对内效力及对外效力。明股实债结构的内部法律关系中包括三方：投资人、目标公司、目标公司股东。对内效力即投资人与目标公司、股东/实际控制人之间的效力。对外效力即投资人与其他第三人间之效力。此时第三人涉及范围较为广泛，主要包括投资人的债权人、目标公司的债权人及目标公司股东的债权人三类，并因股债性质不同而有所区分。

（一）明股实债之对内效力

1. 明股实债的对内效力基础

内部当事人中，真实意思表示是判断明股实债法律性质的基础，认定当事人约定是否有效可依次从以下方面进行考量：(1)是否违反法律法规之强制性规定；(2)明股实债交易名义上为股权转让合同，实质上为融资合同，是否因构成通谋虚伪表示而无效。

首先，当事人之间关于股权转让及回购的安排是双方当事人自主安排、调控风险及经营激励的自由意志，经意思表示一致而成立。不违反法律、行政法规效力性强制性规定、禁止性规定，亦不违反公序良俗者，应为有效。无效情形如李某喜与刘某山民间借贷纠纷案〔1〕中,双方约定"两年内李某喜有回购权,李某喜未回购转让的股权前,已收取的股款视为借款,以月息2.1%按季支付利息。两年内若未回购股权,则该股权永久归刘某山所有",此类归属型让与担保条款违反禁止流质、流押之规定而无效。在实践中,让与担保之实现可通过清算程序完成,即担保权人对担保物以拍卖、变卖之方式实现担保物权。明股实债多为当事人为规避融资监管,降低融资风险所达成的交易安排,基于鼓励交易及意思自治原则,须依法审慎认定合同效力。依照《民法典》第146条第1款、第153条、第154条,结合《九民会议纪要》第30条、第31条,依法审查合同是否存在无效情形。现行监管态势下,对明股实债作出规制的法律文件性质多为规范性法律文件,并无法律、法规及规章对其作出限制,且违反规范性法律文件一般情况下不影响合同效力,只有在涉及金融安全、市场秩序等公序良俗时,才认定合同无效。

其次,明股实债交易中,一旦确定投资人的真实意思是取得固定收益而非成为真正股东,则往往存在名为股权转让(或增资扩股)实为借贷的问题,即明股实债法律效力是否受通谋虚伪表示理论约束。通谋虚伪表示是指表意人与相对人一致同意表示的事项不应该发生法律效力,亦即双方当事人所达成的一致仅仅是表面现象,实际上不欲使其发生法律行为上的效果。〔2〕表意人与相对人均明确知悉所表示的意思并非真实,所作出的法律行为欠缺效果意思,无法发生或当事人均不希望发生所表示意思的法律效果。通谋虚伪表示情况下,当事人表面作出与真实目的不一致的虚伪表示,即伪装行为;内部体现双方真实意思表示的行为隐藏于表面行为之中,即隐藏行为。因私法领域意思自治原则,一般认为当事人因通谋虚伪而实施的伪装行为无效,伪装行为乃双方当事人均知悉不发生法律效果的行为,若任其发生私法上的法律效果,则有违意思自治原则之嫌。我国《民法典》第146条也对通谋虚伪表示的效力样态进行规定:"行为人与相对人以虚假的意思表示实施的民事法律行为无效。以虚假的意思表示隐藏的民事法律行为的效力,依照有关法律规定处理。"依照上述观点,适用于明股实债交易中为:通谋的股权转让行为无效,隐藏的债权投资关系若不违反法律规定,则为有效。

2. 债权性质明股实债之对内效力

明股实债既被认定为债权债务关系,投资人法律地位如下:首先,对内为目标公

〔1〕 参见最高人民法院民事判决书,(2016)最高法民终第435号。

〔2〕 参见[德]卡尔·拉伦茨:《德国民法通论》,王晓晔等译,法律出版社2013年版,第497页。

司或原股东之债权人,优先于其他股东享有公司盈利分配权。同时,投资人仅为名义股东,不享有法定的股东权利,约定之委派董事、查阅账目之权利仅为监督债权之实现,不等同于真正的股东权利。其次,受让股权/新增入股及股权回购安排之处置参考股权让与担保之规定,清偿期届至,投资人有权要求目标公司或原股东回购股权以获得固定收益。再次,被认定为债权性质的明股实债,应按照借贷法律关系审理,借款利息(尤其是当事人关于"股息""红利""违约金""固定收益"等约定)的认定则应当在对应形式合同约定的基础上,运用合同解释的基本原则和具体规则进行明确,同时符合最高人民法院《关于审理民间借贷案件适用法律若干问题的规定》第25条之限制规定。最后,于股权退出环节,投资人与目标公司均应受明股实债投资协议约定及《公司法》之拘束,履行《公司法》规定之减资程序,包括公司股东决议程序、公司债权人的通知、公告等。由原股东承担回购义务时,关于股权回购的协议条款系对将来转让股权的约定和安排,属于股东之间就特定条件下达成的股权转让的合意,不影响目标公司及债权人之利益,不违反《公司法》的相关规定,因此有效。

(二)明股实债之对外效力

结合《民法典担保制度司法解释》之修订历程,征求意见稿及正式稿均增加"股东以将其股权转移至债权人名下的方式为债务履行提供担保,公司或者公司的债权人以股东未履行或者未全面履行出资义务、抽逃出资等为由,请求作为名义股东的债权人与股东承担连带责任的,人民法院不予支持"的内容。《九民纪要》第89条第2款与上述司法解释之立法缺漏在于,仅重视明股实债交易的对内效力,未考虑外部法律关系中债权人利益保护的问题,故有待进一步完善。实现交易安全及交易效率之平衡乃商事法律之基本理念。明股实债交易中,投资人为保障投资利益之实现,以受让目标公司股权或对目标公司增资的形式,持有目标公司股权,具有担保投资收益之功能。在实践中,绝大部分明股实债交易于股权进入环节办理股权登记,修改公司章程,以确立其股权持有的表象,股权登记使明股实债交易具有外部性。外部法律关系则涉及第三人权益的保障。根据商事外观主义原则,第三人对公示体现出来的权利外观予以信赖,即使真实状况与第三人的信赖不符,只要第三人的信赖合理,第三人的民事法律行为效力即应受到法律的优先保护。明股实债交易中第三人主要包括投资人的债权人、目标公司的债权人及目标公司股东的债权人三类。

1. 对投资人的债权人的效力

对投资人的债权人的效力,可以参照适用名义股东的非基于股权处分的债权人效力规则，如河南寿酒集团有限公司案外人执行异议之诉一案[1]观点，投资人持有的股权无法排除投资人的债权人申请强制执行的风险。明股实债的交易风险不应由第三人负担，投资人的债权人对投资人之财产判断只能通过外部公示信息获得，明股实债属于投资人与目标公司或原股东的内部约定，第三人无从知晓，故风险负担应向保护债权人利益倾斜。明股实债投资人选择受让股权/新增入股的方式持有股权，无论其真实目的在于担保债权的实现还是获取投资利润，都必须承担持有股权带来的固有风险。

2. 对目标公司股东的债权人的效力

对目标公司股东的债权人而言，若其知晓投资人与股东之间明股实债交易，则投资人债权实现可以对抗公司股东的债权人。若其不知晓投资人与股东之间明股实债交易，信赖权利公示外观，则投资人的债权实现不能对抗公司股东的债权人，不具有优先受偿权。

3. 对目标公司的债权人的效力

对明股实债目标公司的债权人而言，其无能力亦无义务区分投资人持有目标公司股权是以持股为目的还是以担保债权实现为目的。因信赖目标公司对外公示的股权结构、工商登记信息而导致利益受损时，目标公司的债权人有权就公司债务不能清偿的部分要求投资人承担补充赔偿责任。

综上所述，对于明股实债交易外部第三人而言，除非其在与目标公司发生债权关系前知晓明股实债交易存在，并且认可明股实债交易对自身具有约束力，否则明股实债之内部效力不得对抗善意第三人。外部关系中，名为股即实为股，投资人作为目标公司股东，对目标公司的债权人承担股东义务和责任。股东的资金退出需依法通过利润分配、减资分配或清算分配进行，而股东的减资分配或清算分配在分配顺序上应劣后于公司的债权人。由此可见，当内部关系受到外部关系影响之时，双方当事人之间的内部关系无法约束第三人，约束第三人的是双方当事人对外的公示所产生的合理信赖。

五、结语

日趋复杂的金融交易背景下，单纯从法律层面界定明股实债的法律性质及效力越发困难，司法实践中不同类型的裁判规则体现了民法逻辑与商法思维之差异。《九

---

〔1〕 参见最高人民法院民事判决书，(2019)最高法民再99号。

民纪要》及《民法典担保制度司法解释》均重申了司法裁判中肯定让与担保效力的观点，将让与担保关系区分为债权关系与物权关系，对于债权效力，其认为当事人订立具有担保功能的合同，不存在法定无效情形的，应当认定有效。针对物权效力之认定，以是否完成担保物交付、是否进行变更登记为标准，有限度承认让与担保的物权效力，即在否认债权人的所有权地位的同时，认可清算型让与担保权利受让人的优先受偿权。

本文从明股实债交易之核心特征出发，首先，主张投资人享有股权之外观与债权之实质，究其本质为债权关系，认定为股权投资之交易不属于明股实债讨论范畴。其次，区别受让股权型明股实债及公司增资型明股实债，分析两种基本类型适用股权让与担保制度之合理性。最后，明股实债法律效力认定应当区别内部关系和外部关系。在知悉真实法律关系的主体间，裁判者需结合具体的交易背景，区别认定交易各方所订立协议的核心条款，适用真实法律关系优先的原则，尊重当事人意思自治并肯定其效力；在不知悉也不应知晓真实法律关系的主体间，真实的法律关系不具有对外的约束力，外观公示的事实应当依法被推定为真实的法律事实，受到如同真实的法律事实的保护，唯有如此，方能够真正保证金融市场与商事交易中安全、稳定与效率价值的平衡与兼顾。

金融借款与民间借贷利率上限的悖离与统一

——以《民法典》的平等适用为分析基点

周宗良*

摘要:我国《民法典》第680条关于禁止高利放贷的规定,在对金融借贷和民间借贷分别监管的"双轨制"情形下,产生了司法适用窘境。一方面,新修订的民间借贷司法解释对民间借贷上限进行大幅下调,却又明确排除了对金融机构的上限性适用,因此产生关于不同主体不同对待的问题争议;另一方面,新修订的民间借贷司法解释确立的一年期贷款市场报价利率4倍的高利放贷标准,虽然具有阶段合理性,但从长远看这种模式对于利率市场化及经济规律的内在要求而言存在局限性。本文以具体案例为基点,通过问题剖析,对禁止高利放贷应当坚持的平等原则及经济规律进行详细论述,最后提出对禁止高利放贷规则的完善建议,希冀对我国科学立法及公正司法有所裨益。

关键词:高利贷;利率;平等;经济规律

一、司法窘境——现实案例中的问题展现

(一)案例呈现

厦门全鲜冻品商贸有限公司(化名,下同)受新冠肺炎疫情影响资金紧张,但因缺乏优质资产抵押,无法从银行获得贷款,只好于2020年9月20日向厦门吉网小额贷款有限公司贷款20万元,贷款期限为2020年9月20日至12月20日,月利率为1.8%,逾期月利率为2%。因新冠肺炎疫情持续,严重影响冻品经营,贷款到期后,厦

---

* 周宗良,厦门市中级人民法院四级高级法官。

门全鲜冻品商贸有限公司按期支付了借期内利息但无法归还贷款。经催讨未果后，厦门吉网小额贷款有限公司于 2021 年 1 月 18 日将债权转让给厦门顶财电商有限公司。2021 年 3 月 6 日，厦门顶财电商有限公司起诉要求厦门全鲜冻品商贸有限公司偿付 20 万元本息（利息按月利率 2% 自 2020 年 12 月 20 日计算至实际还款之日止）。

（二）问题展现

前述案件系借贷案件中极为常见的债权转让案例，但在处理月利率为 2% 的逾期利息能否支持的问题上，却产生了四种不同意见：

第一种意见认为，根据最高人民法院的批复意见，由地方金融机构金融放贷纠纷，不适用新民间借贷司法解释。本案厦门吉网小额贷款有限公司系地方金融机构，讼争利率不受最高人民法院 2020 年 12 月 23 日新修订的《关于审理民间借贷案件适用法律若干问题的规定》（以下简称《民间借贷规定》）关于利率不得超过一年期 LPR（贷款市场报价利率）四倍（本案为年利率为 15.4%）的限定，月利率为 2% 的逾期利息系当事人自愿，该债权合法。厦门顶财电商有限公司从厦门吉网小额贷款有限公司受让了合法债权，理应得到支持。

第二种意见认为，2020 年 12 月 21 日至 2021 年 1 月 18 日债权转让前的逾期利息，债权人为厦门吉网小额贷款有限公司，厦门顶财电商有限公司从厦门吉网小额贷款有限公司受让了该期间月利率为 2% 逾期利息的合法债权，理应得到支持。但 2021 年 1 月 18 日之后的逾期利息为债权转让后新产生的，债权主体为厦门顶财电商有限公司，其并非地方金融机构，应当受到《民间借贷规定》关于一年期贷款市场报价利率四倍（本案为年利率为 15.4%）的限定，月利率为 2% 的逾期利息超过法定上限，应当依法予以下调。

第三种意见认为，厦门顶财电商有限公司并非地方金融机构，其向厦门全鲜冻品商贸有限公司主张逾期利息，皆应受到《民间借贷规定》关于一年期贷款市场报价利率四倍（本案为年利率为 15.4%）的限定，自 2020 年 12 月 21 日起的逾期利息皆应按年利率为 15.4% 利率计算，不能按月利率为 2% 计算。

第四种意见认为，我国《民法典》第 680 条规定：“禁止高利放贷，借款的利率不得违反国家有关规定。”既然民间借贷中超过一年期贷款市场报价利率四倍的利率约定被视为高利放贷而无效，则包括金融机构在内的一切组织的放贷利率亦不应超过该标准。故本案利率都应以一年期贷款市场报价利率四倍予以调整。

前述四种意见各有理据，司法陷入了法律适用严重分歧的窘境之中。

二、法律疑惑——规则设计中的缺漏分析

《民间借贷规定》明确在民间借贷案件中人民法院仅支持借贷双方在一年期贷款市场报价利率四倍以内的利率约定。当前新立民间借贷案件中 2020 年 8 月 20 日之后超过一年期贷款市场报价利率四倍的利率约定将被认定为无效,而无效的根本依据是该利率违反了《民法典》第 680 条“禁止高利放贷”的规定,亦即最高人民法院通过司法解释确立了一年期贷款市场报价利率四倍的高利放贷利率标准,超过该标准即构成高利放贷。而根据市场经济统一性和平等性的要求,高利放贷只能有一个标准,不能不同主体不同对待,所以前述第四种意见才会主张包括金融机构在内的一切组织的放贷利率皆不应超过该标准。

但问题是,《民间借贷规定》又在其第 1 条特别指出:金融机构发放贷款而产生的纠纷不适用于该规定。亦即超过一年期贷款市场报价利率四倍的高利放贷标准只限于民间借贷领域,金融机构不受此限制。甚至有观点认为,自 2013 年 7 月中国人民银行解除了之前对金融机构严格的贷款利率上限限制后,利率市场化已经成为金融改革不可逆转的趋势,即不应当再对金融机构放贷利率进行限制,“禁止高利放贷”仅针对民间借贷,金融机构并非“禁止高利放贷”的适用主体。

前述争论的根源就是对《民法典》关于“禁止高利放贷,借款的利率不得违反国家有关规定”的不同理解。一是该条没有对禁止的主体对象进行明确,在禁止的对象是否包括金融机构这个问题上引发了争议。二是“国家有关规定”的表述较为笼统,其指向并不明确,高利放贷的利率标准没有在基本法律层面予以统一,在我国长期以来对民间借贷和金融贷款利率进行“双轨制”管理的特殊背景下,造成不同主体不同对待的情形,给《民法典》的统一和平等适用带来了挑战。

三、理论探究——原则与规律的应然分析

(一)禁止高利放贷能否成为一种通则

在对待高利放贷的问题上,国内外历来有自由派和限制派之争。最著名的论战发生在两位政治经济学大师杰里米·边沁和亚当·斯密之间。亚当·斯密是典型的限制派,其主张款项应当借给那些只愿意接受较低利率并可以为社会积极创造财富的“理性可靠者”,而高利放贷接受者往往都是“阴谋人物”或“大肆挥霍之人”,应严

格限制。[1] 边沁却是典型的自由派,他认为借贷基于双方的自由和自愿,约定较低的利率还是约定较高的利率在性质上并没有根本性的区别,对利率进行限制是没有意义的。[2]

但不可否认的是,因高利所具有的"过于逐利性",常常伴随着"三恶"展现在世人面前:一是来源之恶。高利贷"坐等以钱生钱",因非直接源于社会财富创造,该概念一开始便为学界大师所诟病,如亚里士多德指出:"金钱的产生是人们用来进行商品交换的替代品,货币的本身就不是用于借贷收取利息而实现获利的。通过把金钱借出盘剥获取重利是严重违背自然法准则的。"[3] 二是手段之恶。接受高利贷者往往是那些通过正常融资途径无法借到资金的人,通常是那些经济条件差、缺乏优良资产保障或资信的借款人,在高利贷巨额的利息面前,违约的概率极高。而进行高利放贷的出借人,往往又是"风险偏好者",对使用"暴力"或"软暴力"的风险性催收手段具有天生的偏好,给社会的和谐稳定带来严重的挑战。三是影响之恶。从市场经济角度,社会资本只有在具备"企业家才能"的付出前提下,才可能组织创新性生产,从而创造社会财富。但高利放贷仅提供社会资本,并未付出创新性劳动,尤其是在交给放贷职业经理人打点的情况下,逐步演变成一个"纯食利"阶层,其获得高利回报并非基于创造性劳动,而是仅仅因为其持有放贷资本。如任由高利放贷发展,在激烈的市场竞争中,需付出大量"企业家才能"创造性努力却只能获得微薄利润的多数实体经济行业将彻底失去对投资性资本的吸引力,届时守本待息蔚然成风、实体经济空心化、社会创新动力不足的局面出现,社会经济将进入全面的衰退。马克思曾一针见血指出其反生产性的一面:"高利贷不会促进生产力发展,相反却是将生产力推向持续的萎缩枯竭,只会使悲惨的状况不断加重并固定化。"[4]

正因为高利放贷存在诸多之"恶",自古以来我国素有对高利放贷予以限制的传统,如宋太宗赵光义沿用了唐令"积日虽多,不过一倍"的规定,发布诏令规定收取借

---

〔1〕 参见[英]亚当·斯密:《国民财富的性质和原因的研究》,郭大力、王亚南译,商务印书馆1972年版,第181~196页。

〔2〕 See Jeremy Bentham, *Defence of Usury*, General Books, 2010, p. 11 – 16.

〔3〕 [古希腊]亚里士多德:《政治学》,吴寿彭译,商务印书馆2009年版,第5~8页。

〔4〕 [德]马克思、恩格斯:《资本论》(第3卷),中共中央马克思恩格斯列宁斯大林著作编译局译,人民出版社2004年版,第934页。

贷利息不得超过本金一倍,违令者收入没收充公。[1] 清代朝廷发布皇谕,规定“借贷利钱不得超过月息三分”[2]。民国时期的“国民政府”则在其《民法》第205条特别规定:“放债人对于超过年化利率20%部分的利息没有偿付请求权。”[3]这种传统精神被我们传承延续,中华人民共和国成立后对高利放贷的限制始终没有中断过。总之,无论是从经济学争论、高利放贷的“三恶”表现,还是从历史传统来看,禁止高利放贷利远大于弊,符合社会公众的一般性认知和理性判断,应当成为民事借贷行为的一种法律通则。

(二)高利放贷的利率标准是否可以不同主体不同对待

我国对金融借贷和民间借贷利率长期分别监管,形成“双轨制”。这种“双轨制”的影响是根深蒂固的,以至于最高人民法院司法解释也对此进行了明确的区分,即在《民间借贷规定》第1条特别规定金融机构并不适用于该规定第25条所设定的一年期贷款市场报价利率四倍的利率上限标准。而对金融借贷的利率上限并无民间借贷那样的强制性规定,只有最高人民法院在2017年曾发文指出:金融借款人如果认为其所借款项利率过高,对于超过年利率24%的部分可请求人民法院予以下调。[4] 该意见把金融借款合同利率调减放到“严格依法规制高利贷”项目下展开,说明最高人民法院将金融借款纳入“严禁高利放贷”的调整范围,但其仅规定“超过年利率24%的部分予以调减”,而非绝对无效,且适用条件模糊,造成审判实践中对大量金融借款(尤其是信用卡借款)的利息、违约金、费用等之和超过24%的部分亦予以支持。造成同为市场资金融通行为,但对利率水平不同主体不同对待的情况,引发各界争议。

这种差别对待的情况与《民法典》的精神有所悖离。我国《民法典》第206条以国家基本法律的形式确立了我国“社会主义市场经济”的经济运行基础架构,并且重申了市场的主体平等原则和权利保障原则。[5] 市场主体无论是个人还是组织,无论

---

[1] 参见司马光:《资治通鉴·宋纪·长编》(第1册)第21卷,沈志华、张宏儒主编,中华书局2009年版,第76页。

[2] 《清世祖实录》(第二册),华文书局1985年版,卷38。

[3] 王志萃、吴敬敷编著:《农业金融经营论》,商务印书馆1936年版,第256页。

[4] 详见最高人民法院《关于进一步加强金融审判工作的若干意见》,2017年8月4日发布。第2条规定:“严格依法规制高利贷,有效降低实体经济的融资成本。金融借款合同的借款人以贷款人同时主张的利息、复利、罚息、违约金和其他费用过高,显著背离实际损失为由,请求对总计超过年利率24%的部分予以调减的,应予支持,以有效降低实体经济的融资成本。”

[5] 我国《民法典》第206条规定:“国家实行社会主义市场经济,保障一切市场主体的平等法律地位和发展权利。”

是金融机构还是一般企业,在相同性质的市场交易事项上,应当具有平等的法律地位和发展权利。诚如王利明教授所言:“民法的立法理念经历了从形式平等到实质平等转变,我国民法典也体现了实质正义和实质平等的要求。”〔1〕不同主体不同对待显然与《民法典》所确立的时代精神不相吻合。另外,即便从市场经济“风险和收益成正比”规律来看,民间借贷的出借主体是个人或非金融机构,并且不能是“职业放贷”,因此其往往具有分散化和非专业化的特点,风险评估和控制能力较差,不能像正式金融机构那样拥有借助国家金融征信系统的便利,借款人又往往资信较差,借款缺乏优质资产的担保,故而其借款无法收回的风险往往要大于金融机构,所以其利率水平需要较金融机构更高,以覆盖其较高的出借风险。因此,没有理由给民间借贷设定一个比金融机构更为严苛的利率上限标准,禁止高利放贷作为民事借贷行为的法律通则,应当在所有民事主体中平等设定和适用。

(三)高利放贷利率标准的经济规律分析

高利放贷亦称高利贷,目前并无统一的概念,《现代汉语词典》对其的定义是:“指索取特别高额利息的贷款。”〔2〕但何为“特别高额”亦无明确的标准。对此,我国素有“四倍”的历史传统。最高人民法院审判委员会专职委员杜万华曾提及,最高人民法院在制定有关民间借贷相关司法解释关于利率规定的时候,就全面研究了我国自古以来国家对民间借贷利率限制的历史,年利率24%(月率二分)历史上很早就有,这个利率水平与我国市场经济改革后中国人民银行发布的年贷款基准利率均值的四倍亦大体相当,该利率限制就是参考这些因素制定的。〔3〕随着利率市场化改革的推进,央行颁布的贷款基准利率被贷款市场报价利率(LPR)所取代,随即民间借贷利率上限就被调整为一年期LPR的四倍。

在央行贷款基准利率较高时,其“四倍”数值基本上高于民间借贷实际市场利率,因此,“四倍”上限为社会各界普遍接受。但2019年8月LPR诞生以来,一年期贷款市场报价利率数值持续走低,其四倍的数额可能存在低于民间借贷市场实际市场利率的情形。2018年有学者曾在浙江省对大量参与民间借贷的家庭进行借贷利率情况的调查研究,数据显示该地区家庭参与民间借贷的月利率在2%～3%的占39%,月

〔1〕王利明:《彰显时代性:中国民法典的鲜明特色》,载《东方法学》2020年第4期。

〔2〕中国社会科学院语言研究所词典编辑室编:《现代汉语词典》(修订本),商务印书馆1996年版,第416～417页。

〔3〕参见罗书臻:《规范民间借贷裁判标准——杜万华就〈最高人民法院关于审理民间借贷案件适用法律若干问题的规定〉答记者问》,载《人民法院报》2015年8月8日,第1版。

利率超过3%的占28%。[1] 还有学者于2019年通过对网络民间借贷的10,058个样本进行分析,结论是综合借贷利率为30%。[2] 前述两项研究结果虽不能反映民间借贷的全貌,但从一定程度上反映出民间借贷的实际市场利率可能存在高于四倍一年期贷款市场报价利率的情形。在法定利率上限和市场实际利率出现倒挂的情况下,会出现资金供给明显减少的后果,本已融资困难的民营经济主体将雪上加霜。这是市场经济规律运行的必然结果。如图1所示:

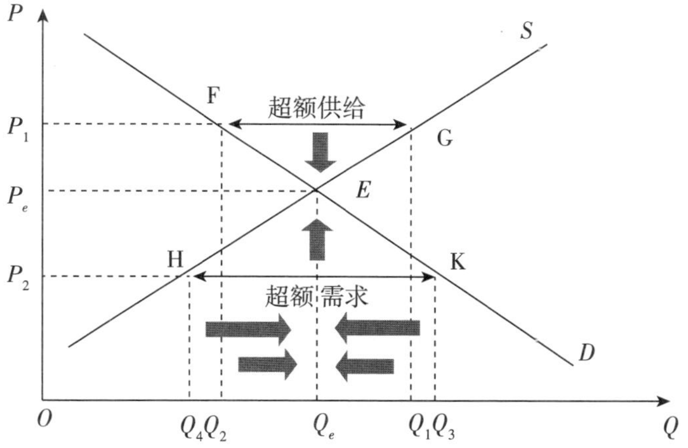

图1　借贷市场供需图

在前述借贷市场供需图中,横坐标为借贷数量Q,纵坐标为利率(借贷价格P)。S线为贷款供给曲线,向上倾斜,表示利率越高借贷供给越多;反之利率越低借贷供给越少。D线为借款需求曲线,向下倾斜,表示利率越低借贷需求越多,反之利率越高借贷需求越少。在市场经济交易条件下,借款需求曲线和贷款供给曲线会自动交叉形成一个利率价格的均衡点P_e,即借贷市场实际均衡利率,此时借款需求和贷款供给达到平衡状态,是一个健康的市场。当我们人为干预市场价格时,会出现两种情况:

第一种情况是人为给借贷市场限定利率水平且低于市场利率,即图中的P_2,在该利率水平所对应的需求曲线上K点对应的需求量为Q_3,而在P_2利率水平所对应

[1] 参见赵竞竞:《我国民间借贷利率影响因素及规范路径——基于浙江787户家庭的调查数据》,载《中国流通经济》2019年第3期。

[2] 参见刘进一:《数据说话:15.4% 的利率上限究竟有多低?》, https://dy.163.com/article/FKQKMKVO0519ADGM.html? referFrom = baidu,2021年5月10日访问。

的供给曲线上 H 点对应的供给量为 Q_4，Q_3 在数量上远大于 Q_4，即需求远大于供给，出现超额需求的情况，公开市场上有需求但缺乏供给。也就是说，如果利率上限低于实际市场均衡利率水平 P_e，公开市场上大量的借贷需求将得不到满足，直接表现是资信较差的中小企业及个人等在公开市场上融资更为困难，为了生存，只得从"地下钱庄""影子银行"进行借贷，进而可能引发暴力催收等一系列社会问题。

第二种情况是人为给市场借贷限定利率水平且高于市场利率，即图中的 P_1，在该利率水平所对应的需求曲线上 F 点对应的需求量为 Q_2，而在 P_1 利率水平所对应的供给曲线上 G 点对应的供给量为 Q_1，Q_1 在数量上远大于 Q_2，即供给远大于需求，出现超额供给的情况，公开市场上有供给但缺乏需求，为了把钱借出去，供给方会主动降低借贷利率价格，公开市场上利率水平会自动回归均衡点 P_e，使市场重新达到均衡的健康状态。

上述分析表明，借贷利率的法定上限高于市场均衡价格水平时，在利率允许自由下调的正常情况下，并不会扭曲市场。但在借贷利率的法定上限低于市场均衡价格水平时，在公开市场利率不允许超过上限的情况下，正常的借贷市场将会扭曲，市场主体融资困难，"地下钱庄""影子银行"盛行，引发暴力催收等一系列社会问题。就经济规律而言，利率上限的确定不应当低于借贷市场实际均衡利率水平，"如果因为法律政策压制借款利率上限而导致借贷供应不足，那么中小企业要么因为信贷困难面临破产的风险，要么在国家法律秩序不提供保护的情况下，与出借人通过变相加价等其他形式来达成实质上的高利贷款，其结果与降低民间借贷利率司法保护上限的立法初衷显然背道而驰"。[1]

四、解决路径——立法与司法的双重完善

（一）立法完善

如前所述，《民法典》第 680 条关于禁止高利放贷规定在司法适用中的窘境表现为两点：一是没有对放贷主体进行明确。市场经济中放贷主体分为自然人、法人及非法人组织三种，而法人中存在一个非常特殊的专业化放贷主体"金融机构"。在司法实践中，凡遇到金融机构（尤其是国有大型银行）贷款利率畸高时，是否应将其认定为高利放贷而对利率进行调减存在很大争议，极少有法官愿意顶着"造成国有资产流

〔1〕 缪因知：《司法政策需注意民间借贷的"双层市场性"》，http://news.eastday.com/eastday/13news/auto/news/finance/20200729/u7ai9417242.html，2021 年 6 月 1 日访问。

失"的风险予以调减，法官统一、平等适用《民法典》的"腰杆"缺乏强有力的支撑，有必要在法律规定中对所有主体的平等适用进行明确。二是《民法典》第680条中"借款的利率不得违反国家有关规定"对平等适用带来了挑战。长期以来，允许民间借贷利率高于金融贷款利率一度得到政策的确认，在过去金融贷款利率被严格限制的背景下，高利放贷很难与金融机构挂钩，高利放贷甚至一度被认为仅是民间借贷的顽疾。但目前情况出现了明显的转变，金融借贷在利率市场化改革的春风中破除了利率上限，利率开始大幅上扬，尤其在信用卡领域，在利息、违约金及各种费用的叠加下，有些真实利率甚至超过了原来年利率36%的上限。利率上限一反历史常态，呈现金融借贷利率与民间借贷利率上限倒挂的现象，金融机构作为规模化、专业化、拥有优质资源的放贷组织，运行成本及风险控制较民间借贷具有明显优势，却在利率水平上得到较民间借贷上限更为优惠的支持，这引发了极大的市场公平性争议，也是司法在适用《民法典》第680条时对不同主体不同利率对待的根源，因此从立法的角度对高利放贷利率标准进行统一规定已经成为司法平等适用《民法典》的当务之急。

针对以上两点，建议将《民法典》第680条修改为"禁止高利放贷，自然人、法人及非法人组织借款的利率不得违反国家统一规定"。一方面将借款主体自然人、法人及非法人组织进行平等罗列，明确自然人、法人及非法人组织皆不得高利放贷，为司法在面对金融机构进行高利放贷时的平等法律适用提供明确法律依据，确保法律适用的平等性；另一方面，在利率市场化的背景下，不宜在《民法典》这种基本法律中对利率上限进行一个固定数量的限定，但采用"国家统一规定"的表述将指引国家在配套规定中就高利放贷的利率标准进行统一化，以适应主体平等化的市场经济内在要求。

（二）司法完善

我国长期以来并没有对民间借贷进行系统的监管，更没有建立专门的监管机构，其利率管理方式采用的是规则引导机制，即由最高人民法院制定司法解释对其上限进行规制，该过程经历过如下几个阶段的变迁：

1. 民间借贷可适当高于国家银行贷款利率阶段。1984年8月30日最高人民法院通过下发意见的形式明确：允许民间借贷利率适当高于金融贷款利率。[1] 而当时国家银行贷款利率则严格通过贷款基准利率予以微浮限制。这一阶段虽未对民间借

〔1〕 详见最高人民法院《关于贯彻执行民事政策法律若干问题的意见》1984年8月30日发布，其第69条第2款规定："有息借贷，其利率可以适当高于国家银行贷款利率。但对于乘人之危、牟取暴利的借贷关系，不予保护。"

贷利率上限进行数额设定，但也只能“适当”高于国家银行贷款利率，非适当的标准主要以是否构成乘人之危或牟取暴利来认定，给了司法很大的自由裁量权。

2. 民间借贷不得超过银行同类贷款利率四倍阶段。1991 年 7 月 2 日最高人民法院再次通过下发意见的形式明确：民间借贷利率不得超过银行同类贷款利率的四倍。[1] 这是首次在正式的官方文件中确立了四倍标准。

3. 民间借贷和金融借款采用统一的固定利率上限标准阶段。2015 年 6 月 23 日最高人民法院首次就民间借贷案件办理发布系统的司法解释，确立了非常有特点的“二线三区”利率标准，即支持债权人未超过年利率 24% 的利息诉求，已经支付的利息超过年利率 36% 的约定无效。[2] 与前述 24% 标准相呼应，最高人民法院在 2017 年发文指出：金融借款人如果认为其所借款项利率过高，对于超过年利率 24% 的部分可请求人民法院予以下调。[3] 同年最高人民法院为了降低企业融资成本，甚至要求对金融机构通过利息以外的各种费用等名目变相收取高息的情况参照民间借贷利率标准进行处理。[4] 民间借贷和金融借款的利率上限标准首次出现较为统一的情况，可惜该规定为“宣誓性”条款，司法实践并未普遍适用。

4. 金融借款和民间借贷利率上限倒挂阶段。为服务实体经济发展，2020 年 8 月 20 日最高人民法院修改了其于 2015 年 6 月 23 日制定的《民间借贷规定》，明确民间借贷案件中人民法院仅支持借贷双方在一年期贷款市场报价利率四倍（目前为 15.4%）以内的利率约定，同时又在其第 1 条特别指出：金融机构发放贷款而产生的纠纷不适用于该规定。在前述第三阶段中关于金融借款合同年利率超过 24% 才可予以调减的规定未能进行同步修改。历史上第一次出现金融借款利率上限与民间借贷利率上限呈现“倒挂”的现象。

从历史分析来看，中华人民共和国成立以后民间借贷的利率上限长期以来都是

---

[1] 详见最高人民法院《关于人民法院审理借贷案件的若干意见》，1991 年 7 月 2 日发布，其第 6 条规定：“民间借贷的利率可以适当高于银行的利率，各地人民法院可根据本地区的实际情况具体掌握，但最高不得超过银行同类贷款利率的四倍（包含利率本数）。超出此限度的，超出部分的利息不予保护。”

[2] 详见最高人民法院《关于审理民间借贷案件适用法律若干问题的规定》，2015 年 6 月 23 日发布，其第 26 条中规定：“借贷双方约定的利率未超过年利率 24%，出借人请求借款人按照约定的利率支付利息的，人民法院应予支持。借贷双方约定的利率超过年利率 36%，超过部分的利息约定无效。”

[3] 详见最高人民法院《关于进一步加强金融审判工作的若干意见》第 2 条，2017 年 8 月 4 日发布。

[4] 详见最高人民法院《关于充分发挥审判职能作用为企业家创新创业营造良好法治环境的通知》，2017 年 12 月 29 日发布，其第 5 条规定：“对商业银行、典当公司、小额贷款公司等金融机构以不合理收费变相收取高息的，参照民间借贷利率标准处理，降低企业融资成本。”

高于金融借款上限。直到第三阶段,两者的利率上限标准首次出现较为统一的情况,而当时金融借款合同超过年利率24%的部分可请求调减的规定显然也是根据当时民间借贷利率上限标准制定的,这在一定程度上契合市场经济规律关于主体平等的要求。从2017年12月29日最高人民法院发布关于要求对金融机构通过利息以外的各种费用等名目变相收取高息的情况,参照民间借贷利率标准进行处理的通知精神亦可以看出,将金融借款和民间借贷的利率上限标准进行统一本来就是最高人民法院的本意。在新修订的《民间借贷规定》明确其利率上限的规定对金融机构不适用的情况下,建议最高人民法院重申前述通知的精神,根据市场经济平等原则,将金融借款年利率上限统一为一年期贷款市场报价利率的四倍,以避免司法实践中关于不同主体不同对待的争议。

但将金融借款和民间借贷年利率上限统一为一年期贷款市场报价利率四倍的标准,仅解决了不同主体不同对待、促进《民法典》适用统一化、平等化的问题。如前分析,就经济规律而言,利率上限的确定不应当低于借贷市场实际均衡利率水平。在一年期贷款市场报价利率的四倍可能低于借贷市场实际均衡利率水平的情况下,以其四倍为借贷利率的上限,这种固化的模式对于利率市场化及经济规律的内在要求而言是存在局限性的。贷款市场报价利率(LPR)由全国银行间同业拆借中心发布,由各报价行(目前是18家银行)向全国银行间同业拆借中心提交报价并经相应计算后得出数值,其以银行报价为基础,并不包括其他放贷类金融机构,更不包括主体更为多元、范围更广的民间借贷主体,难以起到科学评估整体借贷市场实际均衡利率水平的作用。因此,从长远来看,建议最高人民法院会商中国人民银行、财政部等部门,进一步推动利率市场化改革进程,将金融借贷和民间借贷中的各种借贷主体纳入综合性借贷市场,通过对更大范围、更多元主体借贷行为的科学研判,构建最贴近市场经济规律的借贷市场实际均衡利率水平评估机制,在此基础上以不低于借贷市场实际均衡利率水平为原则动态确定统一的借贷市场利率上限,以实现制度规定和经济规律的高度统一。

五、结语

诚如著名经济学家科斯(Ronald Coase)所言:“没有适当的制度,任何有意义的市场经济都是不可能的。”[1] 与其说《民法典》的颁布是我国民事统一立法的里程碑,

---

〔1〕 Ronald Coase, *The Institutional Structure of Production*, American Economic Review, 1992.

不如说是我国市场经济法律化的里程碑。《民法典》的统一、平等适用,是市场经济关于市场统一化、主体平等化的内在要求。在我国对金融借贷和民间借贷利率进行"双轨制"管理的传统下,《民法典》第680条关于禁止高利放贷规定在司法适用中的窘境,正是这种统一化、平等化未能全面落实的镜像。希望本文的分析,能有益于人们对经济规律和科学立法及公正司法密切关系的认识,能为《民法典》的统一、平等适用起到绵薄之力。

通谋虚伪表示在金融司法中的识别与规制

陈　珂*

摘要:《民法总则》第146条首次规定了通谋虚伪表示制度;通谋虚伪表示只要表意人非真意的意思表示为对方所明知即可;通谋虚伪意思作为意思表示瑕疵的一种,是对《合同法》规定的"恶意串通"与"以合法形式掩盖非法目的"的修正;就提交法院裁决的案件而言,法院更容易作出通谋虚伪意思的认定;裁判者应坚守商事思维,准确理解和运用穿透性思维与整体性思维;裁判者应严格按照构成要件去审查,把握真实性标准与合理性标准。

关键词:通谋虚伪表示;金融;司法识别

金融交易活动一直以来就具有参与主体众多、形式多样、法律关系复杂的特点,在"金融创新"时代显得更为突出,有时候参与各方基于不同的目的,时常伪装或隐藏自身的真实交易目的,出现了大量的"黑白合同"(又称为"阴阳合同""抽屉合同")与"名实不符合同",对于前者,在形式上同时存在黑白两种不同形式的合同,识别其真意不难,而对于后者,在形式上名实混杂在同一形式的合同中,要识别其真意进而认定其效力,在司法实践中存在较大的难度。2017年3月15日颁布、2017年10月1日施行的《民法总则》第146条(后为《民法典》第146条[1]沿袭)第一次规定了"通谋虚伪表示"制度,提供了司法识别的解决路径,但因该条文规定相对简单,司法适用中仍存在很多争议与困惑。为此,笔者分析了涉及《民法总则》第146条以及《民法典》第146条规定的大量案例,作如下探讨。

---

* 陈珂,福建天衡联合律师事务所律师。

〔1〕《民法典》第146条规定,"行为人与相对人以虚假的意思表示实施的民事法律行为无效。以虚假的意思表示隐藏的民事法律行为的效力,依照有关法律规定处理"。

一、通谋虚伪表示的概念

通谋虚伪表示系源自大陆法系的概念，在德国法上也称为虚假行为，是指表意人和相对人一致同意表示的事项不应该发生法律效力，亦即双方当事人所达成的一致仅仅是表面假象，实际上不欲使其发生法律行为上的效果。[1] 我国《民法通则》与《合同法》均无通谋虚伪表示的规定，在制定《民法总则》时才第一次规定了该制度，后为《民法典》所吸收。在我国的理论与司法实践中，对于"通谋虚伪表示"的称谓不一，有的谓之"通谋虚伪表示"[2]，有的谓之"虚伪意思表示"，有的谓之"通谋虚伪意思表示"。考虑到"通谋"可以体现该制度的特征以及法律概念的简练准确表达，笔者认为统称为"通谋虚伪表示"为宜。所谓通谋虚伪表示，是指行为人与相对人都知道自己所表示的意思并非真意，通谋作出与真意不一致的意思表示。[3]

关于通谋虚伪表示的构成要件，理论界既有四要件说，也有三要件说，但笔者认为无论是三要件说还是四要件说，无非就是将要件归纳为四点还是三点而已，其本质并无差别，均认为需具备以下要件：一是须有行为人与相对人（亦即参与者为两方以上）；二是须有意思表示；三是须有意思表示与真意不符；四是须有通谋。因为《民法总则》与《民法典》条文均未提及第四个要件"通谋"并进行界定，虽然理论界与实务界一致认可根据立法本意需要具备"通谋"要件，但何谓"通谋"却争议颇多，也导致了司法实践中的裁判尺度把握不一的问题。杨立新教授认为"通谋"并不要求双方当事人之间存在共同策划、共同决定的"串通"行为，[4]而上海市高级人民法院黄海法官却认为"通谋"要求表意人、相对人之间具备双向的、积极的意思联络，[5]笔者认为从实务角度来看，要求法庭查明双方当事人之间存在双向的、积极的意思联络很难，双方只要非真实的意思表示为对方所明知就符合通谋虚伪表示制度予以规制的本意，因此，笔者认同杨立新教授的观点，只要表意人非真意的意思表示为对方所明知

---

〔1〕 参见［德］卡尔·拉伦茨：《德国民法通论》（下册），王晓晔等译，法律出版社2003年版，第497页。

〔2〕 冉克平：《论〈民法总则〉上的通谋虚伪表示》，载《烟台大学学报（哲学社会科学版）》2018年第4期。

〔3〕 参见最高人民法院民法典贯彻实施工作领导小组主编：《中华人民共和国民法典总则编理解与适用》（下册），人民法院出版社2020年版，第729页。

〔4〕 参见杨立新：《〈民法总则〉规定的虚假民事法律行为的法律适用》，载《法律科学（西北政法大学学报）》2018年第1期。

〔5〕 参见《以通谋虚伪表示理论分析〈民法总则〉第146条之作用》，载搜狐网2017年12月18日，https://www.sohu.com/a/211387712_159412。

即可,不应要求双向的、积极的意思联络。在表现形式上,"通谋"可能表现为双方共同策划的形式,也可能表现为一方策划一方明知的形式。

二、通谋虚伪表示法律规定及司法政策的沿革

如前所述,通谋虚伪表示首次规定在《民法总则》,《民法通则》与《合同法》并未作明确规定,但不可否认,通谋虚伪意思作为意思表示瑕疵的一种,是对《合同法》规定的"恶意串通"与"以合法形式掩盖非法目的"的修正,我们可以从《民法总则》颁布前后的法律规定及司法政策的变迁,去探寻通谋虚伪表示制度的意义。笔者所知的一个案件,原告最初的诉求为确认合同无效,但适用《合同法》"恶意串通"与"以合法形式掩盖非法目的"的无效依据又不足,遂变更诉求为确认合同不成立,但论证起来也不容易,好运的原告等到了《民法总则》的颁行,于是案件改变了走向,最终法院以通谋虚伪表示判定合同无效。该案中原告的请求权基础的变迁,反映了通谋虚伪表示制度的沿革,也体现了其制度意义。

(一)《民法总则》颁布以前的《合同法》时代

为了解决司法实践中大量的"名实不符合同"效力确认问题,裁判者通常援引《合同法》第 52 条规定"有下列情形之一的,合同无效:……(二)恶意串通,损害国家、集体或者第三人利益;(三)以合法形式掩盖非法目的……",在说理部分阐述意思表示的瑕疵。但裁判者适用第 2 款会进入一个困境,其无法解决恶意串通需要损害国家、集体或者第三人利益,而通谋虚伪表示中双方并不一定存在损害国家、集体或者第三人利益的情形;适用第 3 款又会进入另一个困境,其无法解决隐藏行为的目的合法的情形。

2014 年 2 月 24 日,最高人民法院发布《关于审理融资租赁合同纠纷案件适用法律问题的解释》(法释〔2014〕3 号)。该解释第 1 条规定"人民法院应当根据《合同法》第二百三十七条的规定,结合标的物的性质、价值、租金的构成以及当事人的合同权利和义务,对是否构成融资租赁法律关系作出认定。对名为融资租赁合同,但实际不构成融资租赁法律关系的,人民法院应按照其实际构成的法律关系处理",该条款已经具备隐藏行为的制度雏形。

(二)《民法总则》与《合同法》并行的时代

《民法总则》第 146 条规定总算补齐了意思表示瑕疵制度的最后一块板,但《民法总则》规定的"通谋虚伪表示"与《合同法》规定的"恶意串通"与"以合法行为掩盖非法目的"存在着法律适用上竞合,裁判者简单依赖一般法与特别法、新法与旧法的规

则又容易陷入困境。好在陆续颁布的地方性审判指导意见与会议纪要提供了逐渐清晰的识别路径。

2017年8月4日,最高人民法院印发《关于进一步加强金融审判工作的若干意见》(法发〔2017〕22号)。该意见第1条第4句“对以金融创新为名掩盖金融风险、规避金融监管、进行制度套利的金融违规行为,要以其实际构成的法律关系确定其效力和各方的权利义务”与第4条第3句“对名为融资租赁合同、保理合同,实为借款合同的,应当按照实际构成的借款合同关系确定各方的权利义务,防范当事人以预扣租金、保证金等方式变相抬高实体经济融资成本”已经体现了区分伪装行为与隐藏行为的思路。

2017年9月12日,广东省高级人民法院发布了《关于审理房屋买卖合同纠纷案件的指引》(粤高法(2017)191号),该指引第12条规定“出卖人为套取贷款与他人签订虚假的房屋买卖合同,应当依照民法总则第一百四十六条第一款的规定,认定买卖合同无效。金融机构知道或者应当知道房屋买卖合同虚假,仍然与买受人签订房屋担保贷款合同的,该贷款合同亦属虚假。应当认定无效。该贷款合同关系实际存在于金融机构与出卖人之间,合同效力依照民法总则第一百四十六条第二款的规定处理”,该条款已经体现了对“通谋”要件的识别规则。

2019年7月3日,最高人民法院审委会专职委员刘贵祥在全国法院民商事审判工作会议上的讲话,强调要树立法律关系思维,核心在于确定权利义务内容,并据此确定法律关系的性质。比如,名股实债中当事人享有的是股权还是债权,售后回租型融资租赁是企业间借贷还是融资租赁,股权让与是股权转让、让与担保还是股权质押,都需要根据权利义务的内容来认定其性质进而确定其效力。还要树立穿透式审判思维,在准确揭示交易模式的基础上,探究当事人真实交易目的,根据真实的权利义务关系认定交易的性质与效力。

2019年11月8日,最高人民法院经征求意见后正式印发了《全国法院民商事审判工作会议纪要》(以下简称《九民纪要》),该纪要再次强调了通过穿透式审判思维,查明当事人的真实意思,探求真实法律关系,还强调要准确把握外观主义的适用边界,避免泛化和滥用。《九民纪要》第69条规定“保兑仓交易以买卖双方有真实买卖关系为前提。双方无真实买卖关系的,该交易属于名为保兑仓交易实为借款合同,保兑仓交易因构成虚伪意思表示而无效,被隐藏的借款合同是当事人的真实意思表示,如不存在其他合同无效情形,应当认定有效。保兑仓交易认定为借款合同关系的,不影响卖方和银行之间担保关系的效力,卖方仍应当承担担保责任”,第100条规定“贴现行的负责人或者有权从事该业务的工作人员与贴现申请人合谋，伪造贴现申请人与其前手之间具有真实的商品交易关系的合同、增值税专用发票等材料申请贴现，贴现行主张其享有票据权利的，人民法院不予支持。对贴现行因支付资金而产生的损失，按照基础关系处理”，第102条规定“……当事人虚构转贴现事实，或者当事人之间不存在真实的转贴现合同法律关系的，人民法院应当向当事人释明按照真实交易关系提出诉讼请求，并按照真实交易关系和当事人约定本意依法确定当事人的责任”，第103条规定“审判实践中，以票据贴现为手段的多链条融资模式引发的案件应当引起重视。这种交易俗称票据清单交易、封包交易，是指商业银行之间就案涉票据订立转贴现或者回购协议，附以票据清单，或者将票据封包作为质押，双方约定按照票据清单中列明的基本信息进行票据转贴现或者回购，但往往并不进行票据交付和背书。实务中，双方还往往再订立一份代保管协议，约定由原票据持有人代对方继续持有票据，从而实现合法、合规的形式要求。出资银行仅以参与交易的单个或者部分银行为被告提起诉讼行使票据追索权，被告能够举证证明票据交易存在诸如不符合正常转贴现交易顺序的倒打款、未进行背书转让、票据未实际交付等相关证据，并据此主张相关金融机构之间并无转贴现的真实意思表示，抗辩出资银行不享有票据权利的，人民法院依法予以支持。出资银行在取得商业承兑汇票后又将票据转贴现给其他商业银行，持票人向其前手主张票据权利的，人民法院依法予以支持”，对于虚伪行为与隐藏行为的识别与效力确认作了明确的规定。

（三）《民法典》时代

《民法典》于2021年1月1日施行，进入了《民法典》时代。《民法总则》完成了其短暂的使命，《合同法》也失去了效力，《民法典》第146条只字未改完全沿袭《民法总则》第146条的规定，“以合法形式掩盖非法目的”规定废止，“恶意串通”继续保留，“通谋虚伪表示”作为意思表示瑕疵的一种重要类型正式入典。

2020年12月31日，最高人民法院《关于适用〈中华人民共和国民法典〉有关担保制度的解释》第68条第3款规定“债务人与债权人约定将财产转移至债权人名下，在一定期间后再由债务人或者其指定的第三人以交易本金加上溢价款回购，债务人到期不履行回购义务，财产归债权人所有的，人民法院应当参照第二款规定处理。回购对象自始不存在的，人民法院应当依照民法典第一百四十六条第二款的规定，按照其实际构成的法律关系处理”，该条款系让与担保物不真实的情况下依通谋虚伪表示审查隐藏行为效力。

三、通谋虚伪表示在金融司法中的大数据观察

为考察通谋虚伪表示制度在金融审判实践中的应用，笔者以 Alpha 案例库有关案例数据作为分析样本，梳理了 2017 年 10 月至 2021 年 5 月与《民法总则》第 146 条、《民法典》第 146 条有关案例的数据特点。截至 2021 年 6 月 9 日，涉及《民法总则》第 146 条的金融案件数量为 1797 件（涉及《民法典》第 146 条的金融案件数量为 26 件，因样本数量较小，其规定与《民法总则》完全一致，故本文不再另作分析。

从地域分布来看，案件数量与经济总量基本上成正比。案件数量排名前十位的省市与 GDP 排名前十位的省市基本一致，其中：山东省 278 件、广东省 159 件、江苏省 151 件、浙江省 120 件、黑龙江省 107 件、湖北省 88 件、河南省 86 件、河北省 78 件、辽宁省 75 件、四川省 64 件。但有两个省市 GDP 排名前十，案件数量却很少。其一是上海市，作为国际金融中心，金融市场规模较大，[1]但仅涉案 23 件，笔者认为这与上海的金融监管水平较高分不开。其二是福建省，虽然 GDP 排名高居第七，但仅涉案 16 件，其原因还是在于金融市场规模还不够大。[2]

从时间分布来看，案件数量与法律规定、司法政策的运行规律基本吻合。2017 年 47 件、2018 年 360 件、2019 年 675 件、2020 年 644 件、2021 年 71 件。2017 年《民法总则》刚刚颁行，2021 年《民法典》替代《民法总则》，案件数量自然较少。2018 年属于新法颁行后的平稳适用周期。2019 年全国法院民商事审判工作会议召开并随后颁布了会议纪要，态度鲜明地提出树立穿透性思维，避免滥用外观主义原则，随之 2019 年与 2020 年的案件出现井喷，案件总量与认定通谋虚伪表示的案件数量均大幅提升。

从行业分布来看，案件数量与行业规模、行业特点基本吻合。银行业 1051 件、小额贷款业 268 件、融资担保业 190 件、保险业 132 件、融资租赁业 63 件、信托业 16 件、私募基金管理业 10 件、证券业 3 件、期货业 1 件、其他金融业 155 件。银行业市场规模巨大，案件数量自然最大。小额贷款业、融资担保业鱼龙混杂，监管难度较大，案件数量也相对较大。其他金融衍生工具专业性强，监管规范，案件数量则相对较小。

---

〔1〕 根据上海市统计局发布的《2020 年上海市国民经济和社会发展统计公报》，2020 年 12 月末，上海市中外资金融机构本外币各项存款余额 155,865.06 亿元，贷款余额 84,643.04 亿元，全年金融市场交易总额达到 2274.83 万亿元，载中国经济网，http://district.ce.cn/newarea/roll/202103/19/t20210319_36394818.shtml。

〔2〕 根据福建省统计局发布的《2020 年福建省国民经济和社会发展统计公报》，2020 年 12 月末，福建省金融机构本外币各项存款余额 56,386.92 亿元，贷款余额 59,859.66 亿元。

从金额分布来看,案件数量与金融行业特点基本吻合。1000 万元以上的金融案件 166 件,占金融案件总量的比重为 9.24%。而涉及《民法总则》第 146 条的全部案件 13,601 件,1000 万元以上的案件为 736 件,占全部案件总量的比重为 5.41%。由此可见,大金额的案件数量占比,金融业案件远高于全行业数量,这也充分体现了金融业案件金额大的特点。

从裁判结果分布来看,法院经审理认定构成通谋虚伪表示的案件为 1123 件,占案件总量的比重为 62.5%,远高于未认定通谋虚伪表示的案件(包括认定不构成与未确定构成)比重。考虑到"幸存者偏差",我们自然无法得出法院对金融活动更容易作出通谋虚伪意思的认定,但至少就提交法院裁决的案件而言,法院更容易作出通谋虚伪意思的认定。

四、通谋虚伪表示在金融司法中的识别与规制

前文对金融行业涉及通谋虚伪表示的案例不分审级地进行了全面考察,可以窥见通谋虚伪表示案件的全貌,但要厘清法院对通谋虚伪表示的识别规则并指导司法实践,还需要对更高层级的法院判例进行考察。笔者仍然以 Alpha 案例库有关案例数据作为分析样本,对最高人民法院案件 27 件与各地高级人民法院的案件 115 件进行类型化分析,探寻高级别法院对通谋虚伪意思的认知与判断。

(一)类型化分析

样本案例多种多样,笔者仅就其中常见多发的、典型的、新型的案件作如下分析。

1. 名为保兑仓交易实为借款合同。按照《九民纪要》的定义,保兑仓交易是"一种新类型融资担保方式,其基本交易模式是,以银行信用为载体、以银行承兑汇票为结算工具、由银行控制货权、卖方(或者仓储方)受托保管货物并以承兑汇票与保证金之间的差额作为担保"。在"安阳钢铁股份有限公司、中信银行股份有限公司南阳分行合同纠纷案"[1]中,经查明,汇票并未用于真实贸易,二审法院径行认定构成通谋虚伪表示。《九民纪要》第 69 条中规定"双方无真实买卖关系的,该交易属于名为保兑仓交易实为借款合同",该规定并未明确要求双方存在"通谋",是否就不要求"通谋"呢?显然不是,其背后的逻辑是保兑仓交易的特点,银行需要控制货权,卖方要发货,买方要收货,如果没有真实的货物,各方自然是明知的,这也印证了杨立新教授"通谋"只要求明知,并不要求共同策划的观点。

---

〔1〕 河南省高级人民法院民事判决书,(2019)豫民终 1076 号。

2. 名为票据活动实为借款合同。样本案例中总共有该类型案件 11 例,其中 4 例被认定构成通谋虚伪表示,7 例未认定。被认定的样本案例中"辽宁忠旺集团有限公司、广发银行股份有限公司天津分行金融借款合同纠纷案"[1]"中国民生银行股份有限公司南昌分行、上海红鹭国际贸易有限公司票据追索权纠纷案"[2]"中国民生银行股份有限公司成都分行、成渝钒钛科技有限公司、泸州市物资产业集团有限公司等票据付款请求权纠纷案"均查明银行为了偿还旧贷而通谋,前两者认定的依据源于相关刑事案件证据,后者源于交易本身的不合理性。可见,对于外观形式合理、嵌套复杂的票据案件,没有刑事案件的调查,在举证上的确存在较大的困难。未被认定的样本案例,其原因有两种,一是没有证据证明银行明知(存在通谋),二是根据票据无因性原则。在该类型样本案例中,票据无因性原则是常见的抗辩事由,法院却作出了截然相反的结论。在"吉林长发小额贷款有限公司与长春发展农村商业银行股份有限公司等申请执行人执行异议之诉案"[3]中,一审法院认定"因票据具有无因性,故票据关系一经成立,即与票据取得的原因关系相脱离,因此无论天景公司与双丰合作社、景源合作社之间是否存在真实交易,均不影响天景公司与长春农商行之间的票据关系,更不能影响到长春农商行与天景公司签订的《银行承兑协议》及《保证金协议》的效力",但在"中国民生银行股份有限公司南昌分行、上海红鹭国际贸易有限公司票据追索权纠纷案"中,最高人民法院认定"票据行为具有无因性,但该无因性并不是绝对的,如果持票人取得票据的过程存在违法性则丧失票据权利"[4]。类案异判实际上也是理论之争在司法实践中的反映。理论界对于意思表示瑕疵规则是否适用于票据行为存在争议,有"适用说"与"否定说"之争,华东政法大学曾大鹏更是强烈抨击"通谋虚伪表示第一案"是"为了识别真意而强加真意",其依据是票据法上为促进票据的流通和使用,票据行为的意思表示施行"表示主义",而"表示主义"应根据外观记

---

〔1〕 天津市高级人民法院民事判决书,(2018)津民终 149 号。

〔2〕 最高人民法院民事判决书,(2017)最高法民终 41 号;最高人民法院民事裁定书,(2018)最高法民申 4623 号。该案被称为"通谋虚伪表示第一案"。

〔3〕 吉林省高级人民法院民事判决书,(2020)吉民终 342 号。

〔4〕 最高人民法院民事裁定书,(2018)最高法民申 4623 号。法院认为"本案中,不仅民生银行南昌分行知晓前手红鹭公司取得票据不是用于真实交易,而且民生银行南昌分行贴现亦明知是为了发放贷款的目的。根据《票据法》第 13 条第 2 款关于'以欺诈、偷盗或者胁迫手段取得票据的,或者明知有前列情形,出于恶意取得票据的,不得享有票据权利'的规定,原判决认定民生银行南昌分行不享有票据权利,而只能向有色金属公司主张还款责任,本院对此不持异议"。

载判断意思表示，通谋虚伪表示不应用于票据法领域。就未来司法实践的角度而言，《九民纪要》规定“人民法院在审理票据纠纷案件时，应当注意区分票据的种类和功能，正确理解票据行为无因性的立法目的，在维护票据流通性功能的同时，依法认定票据行为的效力”，传递出的信息就是票据行为无因性并不是绝对的，要区别而论。“通谋虚伪表示第一案”历经最高人民法院二审、再审，无论其裁判观点是否值得商榷，其判例效应已然存在。因此，在《票据法》没有明确的修订或没有明确的司法解释的情况下，通谋虚伪表示规则适用于票据行为是实务中的定论。

3. 名为票据活动实为骗取贷款（违法发放贷款）。该类型案件属于常见多发案件，样本案例共 4 例，基本表现为借款人虚构基础交易骗取银行票据承兑，均涉及刑事犯罪，债务人与保证人以构成通谋虚伪表示抗辩，但法院最终均未采信。在“万某根、江西银行股份有限公司南昌洪城支行金融借款合同纠纷案”〔1〕与“李某、江西省嘉华投资有限公司金融借款合同纠纷案”〔2〕中，江西省高级人民法院认为通谋虚伪表示要以存在合意为要件，骗取银行票据承兑罪的行为人是单方虚伪意思表示，故不构成通谋虚伪表示。

4. 名为票据转贴现实为资金通道业务（多链条融资）。根据《九民纪要》定义，转贴现是通过票据贴现持有票据的商业银行为了融通资金，在票据到期日之前将票据权利转让给其他商业银行，由转贴现行在收取一定的利息后，将转贴现款支付给持票人的票据转让行为。转贴现业务是一种重要的银行同业业务，也是发生纠纷较多的业务领域。样本案例中共有该类型案件 14 例，被称为“同业之王”的兴业银行涉及 8 例。该类型案件 13 例认定为通谋虚伪表示，1 例“廊坊银行股份有限公司、中原银行股份有限公司信阳分行票据回购纠纷案”存在通谋虚伪的嫌疑发回重审，还有 1 例“中国民生银行股份有限公司邯郸分行与乾安县农村信用合作联社及嘉兴银行股份有限公司不当得利纠纷案”未予认定为通谋虚伪，但该案也认定了资金通道业务性质，只是从《民法总则》的时间效力角度未予认定。可以说，该类型案件几乎全被认定为通谋虚伪表示，而被认定的原因全部是因为“存在不符合正常转贴现交易顺序的‘倒打款’”〔3〕现象。正是因为该类型案件层出不穷且同质化特征明显，《九民纪要》专门对此类案件作出了明确的识别规则，即“出资银行仅以参与交易的单个或者部分

---

〔1〕 江西省高级人民法院民事判决书，（2018）赣民终 756 号。

〔2〕 江西省高级人民法院民事判决书，（2018）赣民终 364 号。

〔3〕 浙江省高级人民法院民事判决书，（2020）浙民终 1220 号。

银行为被告提起诉讼行使票据追索权,被告能够举证证明票据交易存在诸如不符合正常转贴现交易顺序的倒打款、未进行背书转让、票据未实际交付等相关证据,并据此主张相关金融机构之间并无转贴现的真实意思表示,抗辩出资银行不享有票据权利的,人民法院依法予以支持"。对此,我们也可以看出通过交易外观的不合理性反推通谋的逻辑。

5. 名为融资租赁合同实为借款合同。样本案例中共有该类型案件 8 例,其中 5 例被认定构成通谋虚伪表示,3 例未认定。该类型案件的争点主要在于有无"融物"。《合同法》第 237 条[1](《民法典》第 735 条)规定"融资租赁合同是出租人根据承租人对出卖人、租赁物的选择,向出卖人购买租赁物,提供给承租人使用,承租人支付租金的合同"。从上述定义可以看出,融资租赁合同具有融资和融物的双重属性,其主要特征是租赁物的所有权在租赁期间归出租人所有,租赁物起着融资担保作用。若没有"融物",只有"融资",即为借款合同。被认定为通谋虚伪表示的原因有三类:一是没有真实租赁物[2];二是没有真实的租赁物流转[3];三是交易整体外观上直接体现了没有融物的意思表示。在"工银金融租赁有限公司、铜陵大江投资控股有限公司融资租赁合同纠纷案"[4]中,最高人民法院认定"根据各方当事人同一天签订的系列协议内容,《合作协议书》《资产转让合同》《融资租赁合同》《酒店抵押合同》《债权转让协议》均为履行《借款及合作协议书》而签订,本案所涉主债权合同名为融资租赁,实为借贷"。在"中建六局第三建筑工程有限公司、远东宏信(天津)融资租赁有限公司借款合同纠纷案"[5]中,租赁物并非具备长期使用功能的物,而是作为消耗品的钢材,法院结合案涉合同中"融资"的意思表示,与案涉"租赁物"的性质,认定不构成融资租赁法律关系。该两案在交易外观上即可看出各方之间没有"融物"的意思表示,法院直接推定构成"通谋"。未被认定的该类型案例中,"湖南水总水电建设集

[1] 《民法典》第 735 条沿袭了《合同法》第 237 条规定,没有作任何修改。

[2] 天津市高级人民法院民事裁定书,(2019)津民申 1049 号;天津市第二中级人民法院民事判决书,(2019)津 02 民终 224 号。

[3] 最高人民法院民事判决书,(2018)最高法民再 373 号,法院认定"如无实际租赁物或者租赁物所有权未从出卖人处转移至出租人或者租赁物的价值明显偏低,则应认定该类融资租赁合同没有融物属性,系以融资租赁之名行借贷之实,应属借款合同"。

[4] 山东省高级人民法院民事判决书,(2020)鲁民终 1595 号。

[5] 天津市高级人民法院民事判决书,(2019)津民终 124 号。

团有限公司等与中国康富国际租赁股份有限公司融资租赁合同纠纷案”[1]缺乏证据证明没有融物，而“上海斗文计算机系统集成工程有限公司、安徽兴泰融资租赁有限责任公司融资租赁合同纠纷案”[2]在查明租赁物不存在的情况下未予认定则耐人寻味。该案中，一审法院认为“斗文公司与斐讯公司的上述辩解意见，只能说明其相互之间形成了以融资租赁形式实施借款的共谋，并没有证据证明兴泰公司有相同的意思表示。融资租赁物不能按时交付，系斗文公司违约”，二审法院认为“在没有证据证明买受人兼出租人对标的物的缺失存在过错的情况下，不能据此否定合同当事人以书面形式确认的法律关系”并维持原判。该案提出了一个值得重点研究的问题，即在一个闭合的交易中，部分环节存在伪装行为，是否所有环节都认定为伪装行为，安徽省高级人民法院显然是持否定态度。笔者也认同安徽省高级人民法院的观点，“通谋”是必不可少的构成要件，只要其中一环的确不存在“通谋”，就不应认定，否则就是“为了识别真意而强加真意”。

6. 名为信托贷款合同实为借款合同。样本案例中共有该类型案件 2 例，其中 1 例被认定构成通谋虚伪表示，1 例未认定。在“河南普乐泰科技发展有限公司、大用控股有限公司金融借款合同纠纷案”[3]中，法院从借款动机和目的、资金流向、法律关系、法律责任四个方面推断出通谋虚伪意思表示。而在“潘某义、四川信托有限公司合同纠纷案”[4]中，最高人民法院认为“按照《股权收购及转让协议》的交易安排，新伊公司实现了将所持有东方蓝郡公司股权进行转让并获得对价的目的，潘某义最终也将获得东方蓝郡公司股权，四川信托则在潘某义受让股权后履行了案涉《信托合同》确定的义务。此种交易安排实现了新伊公司、四川信托与潘某义各自的交易目的和需求，协议履行结果为各方所追求”，进而未予认定通谋虚伪表示。与前案异曲同工，也是从交易目的与交易安排一致性的角度去识别。

7. 名为房屋买卖合同实为骗取贷款。样本案例中共有该类型案件 7 例，全部被

---

〔1〕 北京市高级人民法院民事判决书，(2019)京民终 583 号、(2019)京民终 578 号。

〔2〕 安徽省高级人民法院民事判决书，(2020)皖民终 616 号。

〔3〕 河南省高级人民法院民事判决书，(2019)豫民终 801 号。

〔4〕 最高人民法院民事判决书，(2019)最高法民终 688 号，法院认为“市场主体通过信托方式融通资金为现行法律法规所允许，信托融资作为一种间接融资方式，资金融出方与资金融入方位于融资链条的两端，虽然各自通过信托计划最终达到了与借款相同的目的，即一方通过资金融出获取了收益，另一方则通过支付一定对价获得了资金，但在信托融资中，信托公司参与其中分担控制融资风险，使得此种融资模式有别于借款，其性质不能简单混同于借款关系”。

认定构成通谋虚伪表示。实践中，房地产开发商“找人头”通过“假按揭”骗取银行贷款普遍存在，在低级别法院的案件中更是批量出现。该类型案件中，通常存在与第三人的权利冲突问题，法院主要从是否支付购房款与是否占有使用房屋进行识别，一经识别确认统统无效，进而认可第三人的权利。

8. 名为保理合同实为借款合同。样本案例中共有该类型案件 2 例，其中 1 例被认定构成通谋虚伪表示，1 例未认定。在“恒丰银行股份有限公司重庆分行华弘国际工程设计有限公司等与瞿某艳、兰某毅等合同纠纷案”中，法院从合同签订时间、交易安排、交易模式、协议内容等方面认定保理商明知，进而认定构成通谋虚伪表示。在“中铝河南国际贸易有限公司、中国建设银行股份有限公司郑州金水支行合同纠纷案”中，法院认为不能证明保理商明知，故未予认定。根据中国银行业协会保理专业委员会的报告〔1〕，我国是世界保理业务量最大的国家，但在《民法典》之前却没有法律层面的明文规定，可谓“无法可依”，《民法典》颁布以后，结合《民法典》的规定，按照通谋虚伪表示的构成要件进行识别，应该更加容易。

9. 名义上的借款用途与实际用途不符。样本案例中共有该类型 13 例，其中 5 例被认定构成通谋虚伪表示，8 例未认定。笔者认为，该类型案件中仅有伪装行为，不存在隐藏行为，被隐藏的只是伪装行为的目的而已，并非同一伪装行为的另一面。未认定为通谋虚伪表示的原因有四类：一是从时间效力角度不适用《民法总则》；二是不存在名义上的借款用途与实际用途不符的情形；三是伪装借款用途的合同无效不影响借款合同效力；四是借款用途的虚假表示效果并不及于借款合同整体的意思表示。前两类不难理解，后两类在实践中存在较大的争议，存在类案异判的情形。在“凯里市贵都房地产开发有限责任公司、贵州凯里农村商业银行股份有限公司金融借款合同纠纷案”〔2〕中，法院认为“贵都房地产公司提出的理由即使真实，也只能够证明广毅商贸公司与深凯诚公司之间的《煤炭购销合同》属于《中华人民共和国民法总则》第一百四十六条第一款规定的行为人与相对人以虚假的意思表示实施的民事法律行为无效，并不能因此直接得出广毅商贸公司与凯里农商行之间《流动资金借贷合同》无效的结论”，无证据证明银行存在“通谋”。笔者认同贵州省高级人民法院的观点，整个交易链条上存在通谋虚伪表示的环节，不能当然推定其他环节也存在通谋虚伪

〔1〕 参见《报告：中国是世界保理业务量最大的国家》，载中国新闻网 2019 年 7 月 2 日，https://baijiahao.baidu.com/s? id=1637946758988343424&wfr=spider&for=pc。

〔2〕 贵州省高级人民法院民事判决书，(2019)黔民终 888 号。

表示。在“恒丰银行股份有限公司西安分行与陈某云、刘某涛金融借款合同纠纷案”[1]中，法院认为“恒丰银行西安分行已按照合同约定向陈某云发放了贷款，从双方当事人就借贷意愿的表达及合同履行情况看，均体现双方当事人的真实借款意思表示，借款用途的虚假表示效果并不及于借款合同整体的意思表示”。笔者认为，识别的关键在于准确理解通谋虚伪表示制度中意思表示的范围，该案待评价的行为是借款行为，只需要考察双方之间是否存在借款的意思表示即可，借款用途不应纳入考察范围。若要考虑借款用途，那借款期限、借款利率是否需要考虑？然而，样本案例中还是有5例以名义借款用途与实际借款用途不符而将其认定为通谋虚伪表示。对此，期待最高人民法院能够给出明确的裁判规则。

10. 名义借款主体与实际借款主体不符。样本案例中共有该类型案件10例，仅有1例被认定构成通谋虚伪表示。在“梨树县农村信用合作联社与辽源市亿嘉小额贷款有限责任公司、吉林省荣桦担保有限公司案外人执行异议之诉案”[2]中，法院认为“通过对中国银行业监督管理委员会四平监管分局的调查取证，115名自然人借款系梨树农联社与荣桦公司串通以115个自然人名义为荣桦公司及其实际控制人韩某的贷款。115名自然人与梨树农联社并无借款的意思表示，只是为荣桦公司借款代名而已”。对于实践中的借名贷款、借名买房等行为的法律性质，理论界观点不一，有学者认为属于隐藏民事主体的隐藏行为，[3]有学者认为合同当事人希望发生相应的法律后果故不能认定为通谋虚伪行为，可解释为或类推适用间接代理确定各方当事人的权利义务。[4] 笔者认同后一种观点，如前所述，我们只需要考察在名义借款主体与贷款银行之间是否存在借款的意思表示即可，对于名义借款主体，其当然希望发生借款的法律效果。在“黄某彬、平安银行股份有限公司福州分行金融借款合同纠纷案”[5]中，福建省高级人民法院认为“根据黄某彬在一、二审庭审和调查中的自认，其系为了替其父等人贷款提供担保或是为银行审贷需要而在合同上签名，足以证明无论其是否是案涉贷款的实际使用人，其均系自愿签订案涉《贷款合同》，且平安银行福州分行已经依照与黄某彬等人的合同约定发放了贷款，故无论黄某彬是否实际享受

〔1〕 陕西省高级人民法院民事判决书，(2020)陕民申1935号。

〔2〕 吉林省高级人民法院民事判决书，(2018)吉民终542号；吉林省辽源市中级人民法院民事判决书，(2018)吉04民初16号。

〔3〕 参见杨立新：《〈民法总则〉规定的隐藏行为的法律适用规则》，载《比较法研究》2017年第4期。

〔4〕 参见田韶华：《论通谋虚伪行为规则的司法适用》，载《北方法学》2019年第4期。

〔5〕 福建省高级人民法院民事裁定书，(2020)闽民申2037号。

贷款利益,均不影响其作为共同借款人依约应承担还款责任”,法院的裁判逻辑也是名义借款主体实际希望发生借款的法律效果。至于其他未认定通谋虚伪表示的样本案例,其主要依据是没有证据证明银行明知,并没有对银行明知的情况下如何认定表明态度。因此,该类型案件的裁判规则还有待于进一步明确。

11. 名为房屋买卖合同实为让与担保。样本案例中共有该类型案件 4 例,全部被认定构成通谋虚伪表示。在该类型案件中,房屋买卖合同的经济目的并非为了取得房屋所有权或者购房款,而是为了担保债权的实现。基于此认识,理论界有观点认为在此情形下,当事人显然是希望买卖合同发生效力的,这说明当买卖合同并非虚假合同,而恰恰是处于真正的效果意思而为的表示,故不应当认定为通谋虚伪行为,[1]而应认定为非典型担保。笔者认为,是通谋虚伪表示还是让与担保,根据《九民纪要》对于让与担保的处理规则,二者的处理结果并无区别,对二者进行区分,仅是理论上的意义。

12. 消费贷款合同与借款合同。样本案例中共有该类型案件 16 例,均为晋商消费金融股份有限公司所涉的系列案件。案情比较简单,旅游公司为了取得消费金融公司的借款,以免费出境旅游而通谋引诱消费者向消费金融公司贷款,贷款最终流向旅游公司。法院查明消费金融公司明知从而认定构成通谋虚伪表示。该系列案件与前述借名贷款的案例的区别在于消费者实际加入交易的实体权利义务关系,比如出境旅游,而借名贷款中的名义借款主体除了借名以外并不实际加入交易的实体权利义务关系。实践中,打着廉价甚至免费医美、教育、旅游、购物等幌子,实施消费金融诈骗的案件层出不穷,通谋与刑民交叉的认定是该类型案件的难点。

(二)识别方法论

1. 观念层面。笔者认为,裁判者应坚守商事思维,准确理解和应用穿透性思维与整体性思维。从《九民纪要》的精神及样本案例中表现出的裁判趋势,金融司法裁判者贯彻穿透性思维的力度在不断地加大,但金融案件毕竟属于商事案件,而商事审判与民事审判在价值取向、行为解释、诉讼构造上存在显著的不同,尤其是在行为解释上,民事审判强调意思主义,商事审判强调外观主义,追求对信赖利益的保护。笔者认为,裁判者要有商事思维,要抑制穿透的冲动,以免破坏市场交易秩序的稳定。另外,《九民纪要》也强调整体性思维,要从交易链条的整体性去考察和处理,如第 104 条规定的票据清单交易案件的处理原则,对此,笔者完全认同,但样本案例出现了一

[1] 参见王泽鉴:《民法总则》,北京大学出版社 2009 年版,第 345 ~ 346 页。

个不好的趋势，就是从交易整体视角看，存在部分环节存在通谋虚伪表示或者上下游存在通谋虚伪表示，而其他环节或者中间环节是否也存在通谋虚伪表示，很多判决粗暴推定了或者简单回避了，这不是裁判者应有的裁判思维。这是认为“没有一片雪花是无辜的”的“有罪推定”，实不足取。

2. 方法层面。《民法总则》《民法典》法条规定比较简单、抽象，但理论和实践中总结的构成要件识别规则已经比较成熟与稳定，在审判实践中，裁判者应严格按照构成要件去审查，不符合构成要件的，应该审慎认定。

3. 标准层面。识别通谋虚伪表示的基本任务是识别真意，而真意往往被刻意隐藏，识别真意是一个主观见之于客观的过程，应有明确的客观标准方能反推主观真意。笔者认为，在按照构成要件识别规则探寻真意的过程中，应把握真实性标准与合理性标准。所谓真实性标准，就是要对交易所涉的交易标的、交易标的流转、交易主体、交易文件等的真实性进行审查进而识别真伪。所谓合理性标准，就是要对交易模式、交易文件、交易风险、交易对价、交易目的等的合理性进行审查进而识别真伪。

（三）识别后果处理

通谋虚伪表示制度与合同无效制度有关联也有区别，同样存在合同无效的情形，对于无效后果的处理上，在存在第三方（如通道方、担保方）的场合，通谋虚伪表示制度的处理方式更为复杂，以至于司法实践中存在至少四种以上的处理结果，且都有最高人民法院或各地高级人民法院的案例支持。对此，《九民纪要》第 104 条第 2 款最后 1 句规定“在确定参与交易的其他金融机构的过错责任范围时，可以参照其收取的‘通道费’‘过桥费’等费用的比例以及案件的其他情况综合加以确定”，提供了解决思路，但规定仍过于笼统和模糊，亟待进一步的厘清和规范。

连带共同保证内部追偿权解释论

——兼评《民法典》第 700 条

陈泓舟*

摘要:连带共同保证旨在保障债权实现,要求债务人、第三人担保进行信用增信,扩展债务人的责任财产空间。我国《担保法》、《物权法》及其司法解释中对于连带共同保证规范设立有迹可循且适用已久,但对于内部追偿权问题却存在立法冲突、统一尺度阙如的问题。法定代位权理论为追偿权提供了法理基础,而现行规范演绎与《民法典》第 700 条立法宗旨赋予了内部追偿权适当化学理解释,而在关于该条的法条展演与体系架构中还需注意责任承担顺序、担保责任免除、既判力范围等规范要素。

关键词:连带保证;价值冲突;民法典;既判力

一、内部追偿权规则嬗变与适用冲突

(一)连带共同保证之述要

混合共同担保存在广义与狭义之界分,从《物权法》第 176 条第 1 句规定,“被担保的债权既有物的担保又有人的担保的,债务人不履行到期债务或者发生当事人约定的实现担保物权的情形,债权人应按照约定实现债权;没有约定或者约定不明确,债务人自己提供物的担保的,债权人应当先就该物的担保实现债权;第三人提供物的担保的,债权人可以就物的担保实现债权,也可以要求保证人承担保证责任”。可看出我国担保法体系采纳了狭义内涵,即同一债权上存在债务人及第三人的双重物保,则采用“债务人物保相对优先说”由债务人所供担保物先行承担;而在保证与物保并

---

* 陈泓舟,泰和泰(重庆)律师事务所律师。

存格局，则采取“物保人保平等说”赋予债权人自由选择实现债权的对象。

在保证合同框架下，两个以上的保证人就同一债务人的相同债务向债权人提供保证的，则视为共同保证。共同保证按照其责任形式界分为按份共同保证和连带共同保证。因按份共同保证中各个共同保证人之间的责任份额依约定或法定可予以明确，因此一般不存在超额判决或执行并引发内部追偿其他共同保证人的问题；而连带共同保证是指数个共同保证人与债权人在保证份额没有约定或约定不明确情形下，数个保证人应在保证范围内对全部债务负连带责任的共同保证，此时就延伸出多个保证人构成共同保证时，超额承担债务的保证人在要求债务人最终承担前是否享有能向其他保证人追责的权利，即内部追偿权。

（二）先前规范之省思

为了保障债权最大化实现，拓宽债务人的责任财产范畴，添列债权人的有效索偿渠道，债权人通常会主张债务人除自身提供物的担保外，亦会要求债务人引入多方主体就自身全部财产向债权人提供复数担保、承担连带责任，此可谓为连带共同保证。我国现行立法对保证人在连带共同保证中追偿权诸多问题看法不一，一则为对于连带保证人承担保证债务后可否向债务人追偿始终秉持肯定态度，如《担保法》第 31 条规定：“保证人承担保证责任后，有权向债务人追偿。”二则为向其他连带保证人是否有权追偿即内部追偿权问题尚未统一司法适用尺度。

从我国的相关立法沿革及体系解释而言，我国《担保法》第 12 条第 3 句规定：“已经承担保证责任的保证人，有权向债务人追偿，或者要求承担连带责任的其他保证人清偿其应当承担的份额”确认了保证人可向债务人或其他保证人任意择一行使追偿权的正当性。而在最高人民法院《关于适用〈中华人民共和国担保法〉若干问题的解释》（以下简称《担保法司法解释》）第 20 条第 2 款第 1 句却规定，“连带共同保证的保证人承担保证责任后，向债务人不能追偿的部分，由各连带保证人按其内部约定的比例分担”。虽未更改否定追偿权主张，但设置了债务人优先清偿与其他保证人后位担责限制。但是在该法第 38 条第 1 款第 2 句又规定，“当事人对保证担保的范围或者物的担保的范围没有约定或者约定不明的，承担了担保责任的担保人，可以向债务人追偿，也可以要求其他担保人清偿其应当分担的份额”。将内部追偿权在担保法体系中予以纳入。嗣后，我国《物权法》第 176 条最后 1 句则规定：“提供担保的第三人承担担保责任后，有权向债务人追偿。”显然，该条款并未明晰追偿权对象与顺次问题，似乎将前述问题在立法与适用上的规则冲突格局模糊化处理。继而有观点认为《物权法》在立法时就考虑到了《担保法司法解释》第 38 条，在未吸纳内部追偿权的情形下，内部追偿权条款不能再适用，由此全国人大法工委主编的《物权法释义》一书对此问题认为，担保人之间不能相互追偿。[1]

（三）《民法典》前后之回应

为及时回应司法实践疑惑，最高人民法院在2019年《全国法院民商事审判工作会议纪要》（以下简称《九民纪要》）第56条就追偿权问题作出针对性规定："……担保法司法解释第38条明确规定，承担了担保责任的担保人可以要求其他担保人清偿其应当分担的份额。但《物权法》第176条并未作出类似规定，根据《物权法》第178条关于'担保法与本法的规定不一致的，适用本法'的规定，承担了担保责任的担保人向其他担保人追偿的，人民法院不予支持，但担保人在担保合同中约定可以相互追偿的除外。"此种解释路径先将《物权法》第176条限缩解释为保证人向债务人的追偿权的肯綮，而回避保证人相互追偿问题，再采用同一法律位阶中"新法优于旧法"原则，回溯到《担保法司法解释》第38条对该前述问题采取否定说，同时突出例外约定的意思自治准则。有基于此，2019年发布的《九民纪要》第56条也正是吸纳该观点，根据《物权法》第178条关于"担保法与本法的规定不一致的，适用本法"的规定，不予支持内部追偿权。

但紧随《民法典》颁布出台，其中第700条规定，"保证人承担保证责任后，除当事人另有约定外，有权在其承担保证责任的范围内向债务人追偿，享有债权人对债务人的权利，但是不得损害债权人的利益"。该条的文义解释确将保证人相互追偿问题置于空白地带，基于私法中"法无禁止即自由"原则可资推论保证人依据债权人针对连带债务的任意选择权可进行内部追责，但先前《九民纪要》所采观点与既定适用难免导致《民法典》出台后的规则冲突与实务障碍。但经笔者查询相关资料获知，无论是法制出版社黄薇主编的《中华人民共和国民法典合同编解读》，抑或是最高人民法院编写的《〈全国法院民商事审判工作会议纪要〉理解与适用》与《中华人民共和国民法典合同编理解与适用》的解读，立法机关对保证人的内部追偿权一脉相承了法工委关于《物权法释义》的观点，秉持在担保人之间关于追偿权无约定情形下不存在可行使内部追偿权的法定情形。[2] 但从"人保物保平等"角度考量，物保人和保证人之间当属同一层次，自然可享有内部追偿权，但若在连带保证债务下为保证人相互追偿存有

---

〔1〕 全国人大常委会法制工作委员会编：《中华人民共和国物权法释义》，法律出版社2007年版，第328页。

〔2〕 参见黄薇主编：《中华人民共和国民法典合同编解读》，中国法制出版社2020年版；最高人民法院民事审判第二庭编著：《〈全国法院民商事审判工作会议纪要〉理解与适用》，人民法院出版社2019年版。

障碍,是否存在违反公平原则、为债权人与债务人恶意串通提供约束空白之情形。笔者不揣浅薄,试从其理论权源、价值取向、体系建构及诉讼架构等方面予以探讨。

二、内部追偿权的取舍困局

(一)否定说及理由

在未约定连带共同保证追偿情形下,主张不宜通过法定形式确定内部追偿权通常有如下理由:[1]首先,违反了各自担保的独立性,认可内部追偿权难免意味着履行担保义务的担保人除为债务人提供担保外,还须为其他保证人提供担保,违背了保证人真实意思;其次,最终责任人始终是债务人,保证人间相互追偿不但导致程序烦琐冗杂,还招致司法资源浪费;再次,即使存在共同保证,保证人在设立担保时就应当明确知晓承担债务的次序只能在自身与债务人,不能也不应通过向其他保证人追偿而逃避责任或攫取收益;又次,在共同保证人无意思联络情况下,履责担保人的本意是由债务人予以清偿,而知晓其他担保人存在后可能与债务人恶意串通要求其他担保人履责并对其利益产生贬损,而后担责保证人本身就不具备共同承担保证责任的心理预期,因此也难免对其产生意思表示的突袭;最后,因难以确定具体承担份额,向其他保证人追偿可操作性极低,即使赋予内部追偿权在实践中也将被束之高阁。故此,最高人民法院和法工委否定追偿也是基于现实的考虑,复杂问题简单处理,便于裁判者操作,否则裁判尺度的不统一将导致公信力的减损。

(二)肯定说及缘由

虽在诸多规范释义中一概认为在无约定追偿情况下应不予认可共同保证人间相互追偿权存在,但在主动赞同内部追偿权的学说观点中也为《民法典》第700条的解读提供了支持空间。首先,从法理出发,追偿程序的费时费力并不是限制追偿权成立的理由,相反,程序的精密架构恰恰是保障实体公正的前提与基础,为实现效率而堵塞权利救济途径实质与《民法典》第6条所规定的公平原则相悖;其次,不能单纯推定保证人提供担保的意思表示仅着眼于债务人偿债能力,在共同保证人相互知晓情形下,各担保人是否愿意加入保证关系往往还考虑到自己并未独自担保,在自己承担超额债务并向债务人索偿无果后,还能要求其他担保人共担风险;最后,《民法典》第699条规定,"债权人可以请求任何一个保证人在其保证范围内承担保证责任",如仅允许履责担保人向主债务人追偿。结合正常交易惯例,债权人正是因为向债务人无

〔1〕 参见黄薇:《中华人民共和国民法典合同编解读》,中国法制出版社2020年版。

法追偿才选择担保人的,若履责担保人的权益将无法得到保障,履责担保人反而成为实际意义上的“最终责任人”,与担保责任初衷着实不符。显然,从立法机关和最高人民法院的相关解释中可以看出,不予支持内部追偿权可能成为未来几年裁判趋势的主流,但我们不妨对内部追偿的可行性从学理解释、现实阻碍、立法设计等方面予以进一步探究。

三、内部追偿权理论及司法回应

(一)内部追偿权的学理论证

立足《民法典》出台前相关条款的文义解释,对于内部追偿权肯定说讳莫如深,不妨从反向支撑论证否定保证人相互追偿的合理性。虽然《民法典》第519条第2款中规定:“实际承担债务超过自己份额的连带债务人,有权就超出部分在其他连带债务人未履行的份额范围内向其追偿”,但该条规定的连带债务人享有追偿权的前提是“实际承担职务超过自己份额”。[1] 况且与《民法典》第700条规范要件明显冲突,即该法所规定债权人对债务人的权利涵盖基于连带债务而向任意连带保证人追偿的权利,担责后的保证人因内部追偿权的否定而无法凭借债权人权利进行任意追偿,而需排除掉被债权人指定豁免的保证人及其责任财产,实则违反“权利义务对等”的民法准则。显然,否定说无论如何论证势必陷入不公平局面:债权人可以此任意放弃某些担保人之权利,而其他担保人并不能因此减免责任。[2] 否定说与上述法条主旨的相悖,恰恰反证内部追偿权的存在空间。同时,在学理层面存在“保证人相对优待主义”观点,主张在物保与人保并存情况下,保证人对债权人全额清偿后可从物保人处求偿;若在物保人全额清偿后,保证人关系随之消灭,物保人则无法向保证人求偿。[3] 此理论在《德国民法典》、《法国民法典》及修订前的我国台湾地区所谓“民法”的条文设置中,足以窥出保证人在共同担保中的特殊地位及功能。

立足体系解释,在法律层级上,《担保法》第12条与《担保法司法解释》第20条虽稍存文义出入,但均指向追偿权的肯定态势,且早在全国人大常委会发布的《关于加强法律解释工作的决议》中已明确,凡属于法律审判工作中的具体应用法律问题由

---

〔1〕 参见最高人民法院民法典贯彻实施工作领导小组主编:《中华人民共和国民法典合同编理解与适用》,人民法院出版社2020年版,第1394页。

〔2〕 参见高圣平:《担保法论》,法律出版社2009年版,第74页。

〔3〕 参见江海、石冠彬:《论共同抵押的法律适用——〈物权法〉第176条释义及其展开》,载《社会科学》2013年第2期。

最高人民法院予以解释或补充，故此并未产生法律适用上的根本冲突；从调整范围看，《物权法》整体篇幅仅针对物权及物上的担保权，而《担保法》及其司法解释的调整规范包含人保和物保在内的担保行为，因此《物权法》对于担保人概念的界定很难说包含人保情形，也就不存在内部追偿权的模糊化处理。虽然最高人民法院民法典贯彻实施工作领导小组所主编的《中华人民共和国民法典理解与适用》（以下简称《民法典理解与适用》）所采倾向性观点为如无约定下不应主张追偿权，但也在后文提及在立法方面此问题的统一裁判尺度方法还需由制定的司法解释决定采取何种观点。在学理方面，共同保证人可以享有追偿权，有着深度原则理念，依靠制度机理、利益衡量支撑，确属合理且必要。[1]

（二）内部追偿权的性质争鸣

追偿权还需在法理上明晰该权利属性与权源，其关键应在于法条适用中的目的解释。连带保证人内部追偿权性质，多见于连带债务说、不当得利说与代位权说。具体而言，连带债务说的构成要件之一是债务人均应清偿所有债务，而我国《民法总则》第178条明确连带责任人对于超过责任份额部分有权向其他连带责任人追偿，即设置了责任份额的前置要件。《民法典》第700条规定，保证人在承担保证责任后享有债权人对债务人的权利，第699条后半句规定："没有约定保证份额的，债权人可以请求任何一个保证人在其保证范围内承担保证责任。"表明也沿用了责任份额的适用前提，连带债务说尚无适用余地。

若保证人承担了债务人全部债务后，其他保证人的债务即相应免除，可视为其他保证人的不当得利而赋予担责保证人追偿权，则称为不当得利说。但从整体而观，责任保证人的清偿行为是基于保证合同这一合法依据的合同义务履行完毕，难以视为不当损失。相反，其他保证人的事前担责意思并不完全等同事后责任实际发生，亦即仅以其他保证人责任财产减少可能性因担责保证人行为发生而减免就视为获取不当利益，因而陷入牵强的境地，故不当得利说也难以成立。

鉴于此，不妨把担保人追偿权因法定债权转让规则便捷有效而突出对待。[2] 仰赖于追偿权所蕴含的公平与效率的价值判断，代位权说应运而生。在规则推导方面，保证人依据代位清偿承担担保责任后，取债权人位置而代之，则如债权人般向其他保

〔1〕 参见崔建远：《混合共同担保人相互间无追偿权论》，载《法学研究》2020年第1期。

〔2〕 Habersack, Münchener Kommentar zum BGB, 7 Aufl., 2017, § 774, Rn. 1. 转引自温世扬、梅维佳：《混合共同担保之内部追偿权研究》，载《学习与实践》2019年第6期。

证人主张全部担保责任，契合《民法典》第700条所规定保证人享有债权人对债务人权利的规范宗旨。在实际运用方面，基于保证合同的单务属性，保证人常常系基于信任机制而自愿向债权人承担保证责任，若保证人在依约承担保证债务后，债务人欠缺清偿能力，保证人无法承受债权人位置行使附属权利，则极易导致保证人追偿无果，想必保证制度的适用也将越发受阻直至架空；若出现债权人与债务人恶意串通情形下，故意放弃其他担保、违法设置清偿顺次与责任划分，无疑将导致担保人利益受损，而引入代位权性质的追偿权，无须当事人先前约定，而可直接援引适用从而突破恶意担责枷锁，此说也符合大陆法系统中对于保证人代位权性质的认知通识，如《德国民法典》第774条第1款规定债权人将主债权转移至代为清偿后的保证人。[1]

四、内部追偿权的价值取向

（一）意思自治

从事前真实意思表示角度分析连带共同保证的责任分担，认可内部追偿权在为债务人的责任财产无形扩大担责范围的同时，也是为其他担保人赋予了保险机制。上述保险机制通过共同分担方式降低了共同保证人所承担风险，显然是比否定内部追偿权更为公平。同时，基于上述机理而设置的内部追偿权与《民法典》第695、696、697条所规定的未经保证人通知或同意延长债务期限、增减债务、变更债权内容等情形下保证人相应责任免除，凸显对于保证人合法利益的公平维护，也有效限制债务人或债权人的不当处分而给保证人导致额外负担。从《民法典》第681条对于保证合同定义及构成要件出发，保证的无偿性也决定着若要求履责保证人独自承担责任，在债务人也无其他财产可供清偿情况下，难免陷入对于履责保证人的担保责任过于严苛境地，最终将“无偿担责”的利益在债权人与债务人间分享，对履责保证人显失公平。引入内部追偿权是对共同保证人均为“无偿担责”情况下的一次内部救济与责任分配。

（二）矫正正义

就事后责任分担而言，内部追偿权是在权利滥用与意思自治之间达成的一种理解公平。在否定追偿权的格局下，债务人一旦陷入无法履债情形，基于保障债权人合法权益而产生的选择权可能滋生债权人滥用权利、肆意选择承债主体的风险，甚至部分保证人会与债权人恶意串通而使自己免于债务分担，此种做法以债权人选择承债

---

〔1〕 陈卫佐译注：《德国民法典》，法律出版社2010年版，第877页。

主体具或然性特征的合法形式掩盖了前述非法目的。同时,若提供连带保证的真实意思是在保证人独自承担保证责任后不能向其他保证人追偿分担责任,其承担责任的效果意思本就可扩展至债务人的全部债务,那在否认内部追偿权情形中,未实际承担债务的其他保证人为何可以此种目的意思而规避保证责任?抑或是承认内部追偿权存在,其他保证人所分担债务份额也是小于其所承担的保证责任意思范畴,也并未变相加重保证人的承债份额,故内部追偿权实质发挥着保证责任产生后的合理再分配功能。

(三)分配效率

内部追偿权的行使主体范围仅是众多连带保证人,但其实质也囊括债务人与各保证人间的损害分配的效率问题,亦即对损失进行重新分配时如何避免徒增社会成本。无论是《合同法》还是《民法典》"合同编"均将保证责任纳入其中,即合同法视野下的追偿权可以作为意思自治产物——任意性规范而予以设计约定,该规则的内容优劣与适用条件也就决定了债务人损害责任的初次分配与再分配的交易成本与效率。除此以外,若内部追偿权不能以法定方式适用于交易环节中,则无法防范阻却正常分担效率的诸多问题。例如,保证人与债务人恶意串通引入其他保证人提供担保,通过贿赂、欺诈等非法方式促使债权人故意向该其他保证人主张权利,随后保证人以自己名义直接购买或第三人名义代为购买债权人的债权,代债权人之位对该其他保证人要求履债,进而免除自身保证责任,甚至以此增加原债务成本而向其他保证人牟取不当利益。因此,对于连带保证人而言,内部追偿权的存在比否定更能在维持正常交易效率情况符合整体与单个保证人的利益;相反,在否定内部追偿权的则会导致投机行为的丛生而破坏正常交易效率。

五、内部追偿权立法的体系化建构

(一)法律效力方面

我国《民法典》出台后,保证责任相关更新规范凸显于其"合同编"之内。其中,第691条规定了保证责任覆盖范围,第699条规定了按份共同保证与连带共同保证中保证人的责任承担方式,第700条则规定了保证人追偿权行使路径。从规范效果着眼,《民法典》第700条所规定追偿权实质属于授权性规范,也即并未对连带共同保证人内部追偿作出强制效力性规定。但是立法滞后性客观存在,实务中对于法律规范的完整理解与适用也存在偏差。[1] 但实践中的现实需求也促成法院在面对同类问题时需充分发挥法官的自由裁量权能，在（2018）最高法民终1118号案件“本院认为”部分载明：“在连带共同保证中，保证人是作为一个整体共同对债权人承担保证责任，债权人为实现其债权，无需向全部保证人逐一主张权利，可向任何一个保证人主张权利，而该保证人承担保证责任后，有权要求其他保证人清偿，其他保证人的保证责任不会因债权人未在保证期间内向其主张权利而免除。”[2] 上述案例直接表达了最高人民法院对于内部追偿权的正面肯定。而在（2019）最高法民申2170号案件中，最高人民法院认为债权人即使在保证期间未向其他连带保证人主张保证权利也不代表债权人免除了其他保证人的保证责任。否则，将导致已承担全部保证责任的保证人无法实现其追偿权。法律规定债权人可以向连带债务人中的任一人主张权利的目的在于方便权利人实现债权，而非因此得出债权人不对其他连带债务人主张权利就可免除其他连带债务人责任的结论。[3] 上述观点间接表达了对承担全部保证责任的保证人的追偿权的合理保护。最高人民法院两则裁判案例中对连带责任共同保证人的追偿权问题论述，引用的法律渊源仍是《担保法》及其司法解释，但对共同保证人履行债务后向其他保证人追偿问题上确持肯定观点。

（二）规范体系方面

毋庸讳言，追偿权的适当发挥还需依赖立法层面的具体架构。从追偿权的权源头而论，其根本属性为债权范畴中的代位权，而连带共同保证中的追偿权本就肇起于《民法总则》中的第176条及第178条的连带责任条款，即二人以上依法承担连带责任的，权利人有权请求部分或者全部连带责任人承担责任。而实际承担责任超过自己责任份额的连带责任人，则有权向其他连带责任人追偿。虽《九民纪要》所形成关于混合担保中承担了担保责任的第三人无权向其他保证人追偿意见不能与法律规则抑或是司法解释相齐肩，但该意见之立意本在于指导民商事审判实践，在当前施行规范对所涉立法解释歧义尚未区分情形下，《民法典》分设了“物权编”与“合同编”，并将追偿权纳入后者并表以肯定具有现实意义。因保证责任追偿权的体系化设置并非最高人民法院司法解释可调整范畴，不能削足适履地通过司法解释或会议纪要形式

---

〔1〕 参见宋晓明、雷继平、林海权：《自由裁量权的行使及其规制（上）》，载《人民法院报》2012年5月16日，第7版。

〔2〕 参见中国农业银行股份有限公司府谷县支行、陕西兴茂侏罗纪煤业镁电（集团）有限公司金融借款合同纠纷二审判决书（2018）最高法民终1118号。

〔3〕 参见陈家兵、王红民间借贷纠纷再审审查与审判监督民事裁定书，（2019）最高法民申2170号。

确定。故应对连带共同保证人之间的追偿予以明确规定,应参照第699条规范对承担按份与连带保证责任的保证人有权要求其他保证人承担责任作出效力性规定,而弥补第700条对行为规范性质所留出的空白。对连带责任保证人追偿顺序、追偿比例与免责事由均应有所限制,如在确定主债务人履行不能情形时,可参照《民法典》第687条中关于一般保证人拒绝承担保证责任的例外情形确定,抑或是债权人免除特定保证人部分或全部保证责任后,担责保证人追偿权范围仅应排除被放弃担保的保证人所应分担的份额。

六、内部追偿权诉讼架构审思

(一)主观诉讼架构

立足实体法角度,在连带责任保证法律关系中债务人与保证人系成立不真正连带责任,亦即保证人在外部承担连带效力后,在内部没有完全分担效力,但在债权人通过诉讼获取生效判决判令连带保证人承担保证责任后,保证人需另行通过诉讼主张追偿权,则将面临前诉与后诉是否构成最高人民法院《关于适用〈中华人民共和国民事诉讼法〉的解释》(以下简称《民诉法司法解释》)第247条所规定的重复起诉之禁止。在我国《民事诉讼法》中引入辩论主义与处分主义似乎已成为学界共识。[1]债权人对于诉讼主体的选择正是基于前述民事诉讼模式而产生的权利处分,将前诉保证人界分为不同诉讼形态:共同被告、单独被告与无独立请求权第三人。

具体而言,首先,将债务人与保证人作为共同被告提起诉讼,该主观构造实则将保证责任纳入前诉审理内容中,将后诉的单独追偿权诉讼与前诉的当事人形成等同地位;同时对于前诉虽为共同被告,但实际具备主从合同关系,决定在判决主文中通常要求列明主债务人不能完全履行到期债务后应由保证人承担保证责任。其次,在将保证人单独作为被告、债务人仅作为案外人的诉讼架构中,对于前诉的诉讼标的应指主债权债务还是保证合同确存争议,笔者认为将诉讼标的范围仅等同于保证合同更为妥当,一方面保证责任系依附于主债权债务,保证人在诉讼中行使债务人的抗辩权系固有权利,并不意味着保证人代债务人之位主张权利,主债权债务并不属于前诉判决主文,而仅为判决必要的先决事项;另一方面,后诉系针对保证人承担责任后的追偿权诉讼,与前诉保证责任关系并不相同,而主债权债务在前诉中已予以审理,无

---

〔1〕 参见熊跃敏:《辩论主义:溯源与变迁——民事诉讼中当事人与法院作用分担的再思考》,载《现代法学》2007年第2期。

须围绕其再行争议,故后诉诉讼标的则自然为保证人间责任分担的法律关系。最后,在前诉中将保证人单独列为无独立请求权第三人,多存在理论上可能,在实务中采纳甚少,一是对于保证人而言,无独立请求权第三人是依据《民事诉讼法》第 56 条所规定申请参加、被动追加方式参与诉讼,若保证人意识到诉讼已发生,不可能罔顾承担保证责任风险而选择对于自身辩论权利较多限制的特殊第三人身份加入;二是无独立请求权第三人的立法目的在于简化诉讼程序,保障与案件处理结果有法律上利害关系第三人的合法权益。[1] 相对而言,共同被告模式更能保障保证人在自身与引入债务人抗辩上的主张,故此模式在诉讼上并不经济。

(二)既判力客观范围

《民诉法司法解释》第 247 条所规定诉讼标的同一为前后诉同一的"关键准则"。[2] 大陆法系的传统理论是以诉讼标的作为既判力客观范围划定依据,并记载于判决主文中。[3] 我国民事诉讼模式坚守实体法上法律关系作为诉讼标的概念,置身于既判力客观范围内形成"禁止重复起诉"的效果界限,将涉诉主体与法律事实归类于判决理由之中与判决预决效力挂钩。对于禁止重复起诉的限制主要在于既判力客观范围的分类及扩展。笔者以债务人与保证人为共同被告的典型模式为例,若前诉中依据《担保法解释》第 42 条在判决主文中确定保证人在承担完毕保证责任后有权向其他保证人追偿,则对追偿之诉确系产生消极既判力,亦即其他保证人对于履责保证人的分担请求可提起诉讼予以反驳,并不适用直接强制执行。原因如下:一是追偿权判决因涉及主体、给付内容不明而不具执行力。如在前诉中即使将债务人与保证人列为共同被告,可能存在债权人与其恶意串通故意遗漏其他保证人,而导致其他保证人在诉中未充分行使保证责任有无履行完毕、是否存在履行过错等辩论权利情况下而直接被强制执行。二是追偿权应以保证债务履行完毕事实发生为前提,在前诉的审判对象中显然至多涉及对追偿权的确认或重申,至于保证人承担责任后的追偿之诉既然有赖于前诉生效判决后新发生事实,自然无法受前述既判力客观范围约束。

既然追偿权之诉不被前诉主债权债务诉讼判决所禁止,那前诉判决应在何种范

---

〔1〕 参见马乾熙、杨海云:《无独立请求权第三人利害关系的认定——青海高院判决祝某等第三人撤销之诉案》,载《人民法院报》2018 年 6 月 21 日,第 6 版。

〔2〕 参见张卫平:《重复诉讼规制研究:兼论"一事不再理"》,载《中国法学》2015 年第 2 期。

〔3〕 参见林剑锋:《民事判决既判力客观范围研究》,厦门大学出版社 2006 年版。

围内对后诉进行规制，才能保障两诉不出现矛盾判决？该问题的核心便在于前诉的积极既判力应拘束当事人在后诉中提出否定前诉判决前提事件的诉请。应明确的是，学理对于既判力客观范围突破判决主文的束缚自始保持谦抑与谨慎，对导致权利消灭、妨碍发生或再抗辩事实通常不包含在既判力射程范围内。[1] 故此，若前诉中存在对保证人追偿权的确认，则后诉中可直接援引作为判决前提，因保证人在前诉中已获得充分的程序保障，固然应接受“禁反言”拘束，而不得在追偿之诉中作出相反主张。而对于保证责任分担比例、履责过错及其他要件事实，则可在后诉中由保证人另行主张，不应受既判力扩张约束。

七、结语

连带共同保证多因保证人间共同意思联络的缺失，而需在制度创设与运用中秉持公平与效率价值。《民法典》物权编与合同编修订对混合共同担保规则作出若干反思与修正可谓有益之举，而在连带共同保证中未存在明确条款消除《担保法》第 12 条与《担保法司法解释》第 20 条的立法冲突，确实存在立法设立之疏漏。内部追偿权的肯綮，既能保证债权人的利益实现，也能兼顾担保人权益的妥当维护，但追偿权规则建构仍需相关立法或司法解释对于追偿权具体顺次、保证范围与免责事由等要素具体描绘。

[1] 参见王亚新、陈晓彤：《前诉裁判对后诉的影响——〈民诉法解释〉第 93 条和第 247 条解析》，载《华东政法大学学报》2015 年第 6 期。

居住权与抵押权冲突的再平衡

——从商业银行视角出发

秦好冰[*]

摘要:为了满足多主体供给、多渠道保障住房市场的需要,克服传统二元化房屋供应体系(购房+租赁)的弊端,推进住房领域供给侧改革,《民法典》首次以立法的形式规定了“居住权”,标志着我国居住权制度的正式确立。

本文拟简述居住权基本法律框架及各地试点施行现状,分析居住权制度给商业银行带来的不利影响,并进一步探讨完善居住权制度的构想,提出具体规则的设计建议。呼吁立法者、司法者在通过居住权保障弱势群体居住权利、解决社会矛盾的同时,关注居住权与抵押权的冲突以及对金融机构债权构成的威胁,在达到住房供应体系与人民居住需求平衡的基础上,实现居住权与抵押权冲突的再平衡。

关键词:居住权;抵押权;冲突;再平衡

引　言

《民法典》在我国创设了居住权制度。所有权人可以在自己的住宅之上为他人设立居住权,赋予他人占有、使用自己住宅的权利。

居住权制度在购房与租房之间创设了第三种居住形式,使权利人能够更加灵活地安排自己的房产,既可以有效解决婚姻家庭关系中赡养、抚养或扶养产生的居住问题,又可以为公租房和老年人以房养老提供法律保障。

虽然居住权制度能够有效解决上述社会问题,但也给商业银行带来了困扰,集中体现在对押品价值的减损上。银行实现抵押权时,如押品上附着居住权,其变现能力

* 秦好冰,中国建设银行股份有限公司厦门市分行非诉讼团队负责人、高级经济师。

和变现价值与未设居住权的相比可谓是天壤之别。因此，居住权将成为继“长租约”之后，商业银行抵押权面临的又一巨大挑战，应引起商业银行高度关注。

第一部分　居住权的制度设计

一、立法背景及目的

（一）居住权制度的起源

居住权制度源于罗马法。在古罗马共和国的末期，无夫权婚姻[1]和奴隶解放的情况日益增多，为避免家长亡故后，没有继承权的配偶或奴隶失去依靠，家长就把一部分财产的使用权、收益权、居住权等遗赠给配偶或被解放的奴隶，使他们生有所依，老有所养。[2]

居住权制度对大陆法系民法典的制定产生了很大影响，德、法、意等国均继承了该项制度，其作为一项传统的民事法律制度，在各国立法中主要用于实现婚姻家庭关系中赡养、抚养或扶养目的，扶弱施惠、保障生存。

（二）居住权制度的本土化探索

1. 地方及司法解释层面

对于居住权制度的地方性探索，江浙沪地区走在了全国人民的前面。1997 年无锡市出台《房屋居住权处理办法》，旨在调整家庭成员之间的房屋居住权关系，保护房屋居住人和所有权人的合法权益；2003 年上海市出台《房地产登记条例实施若干规定》，明确当事人以协议方式设定居住权的，可向登记机构申请他项权利登记。

在司法解释层面，2001 年最高人民法院在《关于适用〈中华人民共和国婚姻法〉若干问题的解释（一）》中亦曾采用“居住权”这一概念，规定离婚时一方可以以个人所有的房屋居住权对生活困难者进行帮助。但由于彼时居住权的法律性质不够明晰，该条解释在司法实践中的运用范围并不广泛。

---

〔1〕 古罗马的婚姻制度分为“有夫权婚姻”和“无夫权婚姻”，简言之，“有夫权婚姻”的妻子没有财产权，其身份、姓氏也都依丈夫而定；“无夫权婚姻”的夫妻关系则相对平等和独立，妻子婚后也可以拥有并独立处分自己的财产，同时也不享有丈夫财产的继承权。

〔2〕 参见最高人民法院民法典贯彻实施工作领导工作小组主编：《中华人民共和国民法典物权编理解与适用》，人民法院出版社 2020 年版，第 859 页。

2. 国家立法层面

居住权首次进入立法视野是在2002年的民法草案，后该草案由于各方争议过大、时机尚不成熟而被迫搁置。

《物权法》的制定提上日程后，其草案第二、三、四次审议稿中均以专章形式规定了居住权制度，但该制度在历次审议中均引起了较大的争议。最终，在原全国人大法律委员会的建议下，2007年正式颁布的《物权法》删除了居住权章节。

3. 司法实践层面

虽然在《民法典》颁布前，居住权并未被我国民事立法所承认，但实践中一直存在涉及居住权的诉讼纠纷，主要集中在离婚、继承、赡养以及涉公产住房、投资性住房纠纷等社会生活领域。由于没有明确的法律规定为案件审理提供依据，各地法院在处理相关案件时适用的法律及裁判思路也不统一，裁判者自由裁量权较大。上述种种原因，使得居住权并未切实起到保护弱势群体居住利益的作用。

（三）居住权制度正式确立的时代背景

在本次《民法典》编纂的过程中，居住权制度的设立与否再次引发巨大争议。对设立居住权持反对态度的学者基本延续了制定《物权法》时的观点，认为现行法已然能够保护弱势群体居住利益，从而不赞成设立居住权；对设立居住权持肯定态度的观点则认为，现行法在很多情况下不能涉及弱势群体的居住利益，只有设立具有物权属性的居住权才能更好地保护弱势群体的居住利益，更好地体现所有权人的自由意志。[1]

更重要的是，在现有的住房二元化供应体系（购房+租房）已经无法满足日渐多元化的住房保障需求的时代背景下，居住权制度除了能够实现传统婚姻家庭关系中赡养、抚养或扶养目的外，还能够有效兼顾购房的稳定性及租房的灵活性，有利于克服传统二元化房屋供应体系的弊端，实现住房领域的供给侧改革。

最终，为实现"人民群众住有所居"的目的，居住权制度应运而生。《民法典》在借鉴国外立法经验的基础上，结合我国国情，创设了居住权制度，既满足了传统的赡养、抚养或扶养目的，又拓展了社会保障属性，还凸显了房屋价值利用多元化的功能，

〔1〕参见单平基：《〈民法典〉草案之居住权规范的检讨和完善》，载《当代法学》2019年第1期；申卫星：《从"居住有其屋"到"住有所居"——我国民法典分则创设居住权制度的立法构想》，载《现代法学》2018年第2期。

具有鲜明的时代特征。[1]

二、基本法律架构

《民法典》以专章形式,用短短六个条文,从定义特点、权利对价、成立要件、限制情形、消灭原因等方面构建了居住权制度的基本法律框架。

(一)居住权的定义及特点

居住权是为满足生活居住的需要,占有、使用他人住宅的一种用益物权。故其具有用益性、独立性、人身性及不可转让性四大特征。[2] 具体而言:

1. 居住权是一项用益物权,赋予居住权人对他人住宅占有、使用的权利,具有用益性。

2. 居住权与所有权相分离,所有权的移转并不妨害居住权的存续,具有独立性。

3. 居住权的设定是一种恩惠行为,系为他人基于生活需要而设立的物权,具有强烈的人身属性,故居住权人仅限于自然人。法人或其他组织不能成为居住权的主体,但可作为所有权人为自然人设定居住权。

4. 居住权的人身属性决定了其不得转让或继承。

(二)居住权无偿设立,登记生效

1. 居住权设立以无偿为原则,以有偿为例外

居住权的设立以无偿为原则,以有偿为例外。如果居住权仅为平衡婚姻家庭关系中赡养、抚养或扶养关系,一般无偿设立。但在我国立法中,其作为一种新型用益物权,还承担了提升房屋多元化利用效率的历史使命。在可以预见的将来,居住权除在婚姻家庭关系中适用外,还将在公租房等保障性住房体系和老年人以房养老模式中得到广泛应用,且必将衍生出具备投资功能的居住权,故立法为居住权的有偿设立预留了例外出口。

2. 居住权设立方式及生效时点

居住权可通过合同或遗嘱方式设立;此外,居住权还可依据生效法律文书设立。三种设立方式所遵循的物权变动规则(生效时点)有所不同,具体而言有如下内容。(见表1)

---

〔1〕 参见最高人民法院民法典贯彻实施工作领导工作小组主编:《中华人民共和国民法典物权编理解与适用》,人民法院出版社2020年版。

〔2〕 参见杨立新:《中华人民共和国民法典条文要义》,中国法制出版社2020年版。

表 1　居住权的设立方式及生效时点

<table>
<tr><th colspan="2">设立方式</th><th>物权变动规则(生效时点)</th></tr>
<tr><td colspan="2">合同</td><td>登记</td></tr>
<tr><td rowspan="2">遗嘱</td><td>遗嘱继承</td><td>继承开始时</td></tr>
<tr><td>遗赠</td><td>未明确规定,建议及时登记</td></tr>
<tr><td colspan="2">生效法律文书</td><td>法律文书生效之日</td></tr>
</table>

(1)依合同设立

依合同设立的居住权经登记方发生法律效力;未经登记的,不发生法律效力。

(2)依遗嘱设立

依遗嘱设立的居住权的生效时点需进一步细分以下两种情形加以考量。

①遗嘱继承设立

通过遗嘱继承方式设立的居住权(适用于居住权人为法定继承人的情形)何时生效,存在一定争议。

《民法典》在物权编一般规定中明确,因继承取得物权的,自继承开始时(被继承人死亡时,下同)发生效力。居住权作为一项法定用益物权,应适用上述规定。但有观点认为,居住权专章作为《民法典》物权编之特别规定,根据"特别优于一般"的法律适用原则,应优先适用居住权专章的有关规定。既然居住权专章明确依遗嘱方式设立居住权的,参照该章有关规定,则应适用依合同方式设立居住权的物权变动规则,经登记方可生效。

笔者认为,遗嘱继承设立的居住权应自继承开始时发生效力,无论是否办理登记。如需登记方可生效,则会导致在被继承人死亡后至居住权登记前,遗产的权利状态出现"真空期",此时如果发生对权利的侵害行为,将陷入无人可以主张权利的窘境。

②遗赠设立

通过遗赠方式设立的居住权(适用于居住权人并非法定继承人的情形),是否需要办理登记才生效,法律未明确规定。前述遗嘱继承所依据的物权变动规则仅针对继承取得的物权,但遗赠并非继承,其并不在被继承人死亡时自动生效,而需受遗赠人在知道受遗赠事宜后 60 日内作出接受的意思表示,否则,遗赠不生效。

因此,依遗赠设立的居住权不宜直接适用遗嘱继承的物权变动规则。在法律法规未进一步释明的情况下,依遗赠设立的居住权仍应及时办理登记,以保障其效力。

(3)依生效法律文书设立

虽然《民法典》居住权专章中并未提及,但人民法院、仲裁机构的生效法律文书亦可导致物权变动，故居住权亦可依生效法律文书设立。此种物权设立方式亦体现在《民法典》物权编一般规定中,故对于其生效时点的争议与遗嘱继承设立相似,此处不再赘述。笔者认为,为避免出现权利真空期,此类居住权也应自法律文书生效(或法律文书另行确认的生效时点,下同)之日起设立,无论是否办理登记。

(三)居住权的处分受限制

1. 居住权不可转让、继承

《民法典》规定居住权人不得将其享有的居住权转让给第三方或者由继承人继承,且并未给出例外的制度出口,这是由居住权的立法目的及其特有的人身属性所决定的。

2. 居住权不能作为抵押财产

《民法典》并未明确居住权能否抵押,但居住权的不可转让性必然导致其不得抵押。抵押权的实现将导致居住权主体发生变动,其人身属性将被打破。此外,《民法典》规定可设定抵押的应为权利人有权处分的财产,居住权不可转让,权利人无权处分,亦不符合设定抵押权的要件。

3. 设定居住权的住宅原则上不得出租

设立居住权的住宅不得出租,但是当事人另有约定的除外。

从所有权人对其住宅享有的占有、使用、收益、处分四项权能来看,在设立居住权时,所有权人为满足特定自然人居住需求,向其让渡了占有、使用两项权能,却保有了收益、处分两项权能。其中,处分权由所有权人完全保有。但是,可赋予一定流通性,以便实现居住权价值的最大化利用,《民法典》在严守居住权不得转让的前提下,将出租作为收益权保有之例外,规定居住权虽以不得出租为原则,但与所有权人协商一致的,亦可出租。

(四)居住权的消灭

居住权消灭的原因是约定的期限届满或居住权人死亡。如居住权人在期限届满前死亡的,因其不得继承,居住权实际上亦告灭失。

除此之外,其他物权消灭的一般原因亦可适用。例如,住宅被征收、征用、灭失的,居住权人危害所有权人或其亲属的人身或财产、危及房屋安全的,所有权人与居住权人混同的等。[1]

居住权的灭失并不以办理登记为必要前提条件,但从维护所有权人利益以及便利交易的角度出发,应及时注销。

三、居住权与租赁的异同分析

居住权与租赁的共同点在于:(1)所有权人让渡居住功能,使权利人能够占有、使用房屋;(2)房屋所有权的流转不影响权利人对房屋的占有及使用。

故有人提出,居住权是租赁的"加强版",是租赁的"物权化"。但其实二者在权利属性、权利客体(标的物)、生效要件、最长存续期限等方面仍存在较大差异,以下逐一甄别。(见表2)

表2 居住权与租赁的差异点

差异点	居住权	租赁
权利属性	用益物权	债权
权利客体(标的物)	住宅	未明确不得出租的财产
生效要件	登记	合同
最长存续期限	未限定	20年

(一)权利属性不同

居住权是一项用益物权,是对世的、绝对的,可对抗包括所有权人在内的一切人。住宅所有权转让的,居住权不受影响。反之,租赁是一项债权,是对人的、相对的,一般不能对抗第三人。但是,如出租房屋在承租人按照租赁合同占有期间发生所有权转让的,租赁合同的效力不受影响,此即法律用以保护承租人的"买卖不破租赁"规则,故租赁在上述情况下可有限地突破合同相对性。

(二)权利客体(标的物)不同

《民法典》特地将居住权的客体限定为"住宅"而非"房屋",个中差别不言而喻。只有用于居住的房屋方可设定居住权,办公楼、商铺、厂房、仓库等商用房地产不得设立居住权,住宅用地的土地使用权或在建工程等因尚不具备居住功能,亦无从设立居

〔1〕 参见杨立新:《中华人民共和国民法典条文要义》,中国法制出版社2020年版;最高人民法院民法典贯彻实施工作领导工作小组主编:《中华人民共和国民法典物权编理解与适用》,人民法院出版社2020年版。

住权。相较而言,租赁的标的物则极为广泛,法律法规未禁止的,均可租赁。

(三)生效要件不同

除遗嘱继承外,居住权采登记生效主义,未登记则不生效。而租赁合同虽有登记备案渠道,但未登记并不影响租赁合同的效力。

(四)最长存续期限不同

租赁期最长不得超过20年,超过部分无效。租赁合同具有一定的人身属性,但如果承租人在租赁期内死亡的,与其生前共同居住的人或者共同经营人可以按照原租赁合同继续租赁该房屋。反之,居住权并无最长期限限制。因此,当事人可以对期限长短进行自由约定。但是,鉴于居住权不得转让或继承,虽已设立固定年限居住权,然权利人在期限届满前死亡的,居住权实际上亦将归于消灭。

第二部分　居住权制度的实施现状

一、登记现状及存在问题

(一)居住权登记总体情况

《民法典》正式施行后,自然资源部初步拟定了《居住权等登记办法(试行)》(征求意见稿),对相关工作提出要求,并在非公开范围内征求了意见,目前尚未对外公布。

部分地区先行先试,逐步开展了居住权登记试点工作。例如,福州四城区于2021年6月1日起开放办理居住权登记,申请人可凭身份证明、不动产权属证书、居住权合同等相关材料办理居住权登记手续;[1]再如,成都市不动产登记中心组织修改《不动产登记操作规范》等文件,调整登记簿册和办事指南,同步完善登记系统功能,并于2021年4月19日颁发了全省第一本居住权登记证明,登记证明记载了权利人、义务人、房屋坐落及单元号等基本要素,居住权期限、条件和要求等居住权合同的核心条款,[2]标志着居住权登记在成都市正式落地。

据悉,上海、广州、青岛、赣州等地也陆续开展了居住权登记试点工作。

---

〔1〕 参见《福州四城区开始登记居住权》,载《福州日报》2021年6月2日,第3版。

〔2〕 参见《保障"居者有其屋" 四川成都颁发首本不动产居住权登记证明》,载人民网2021年4月20日,http://sc.people.com.cn/n2/2021/0420/c345509-34685386.html。

（二）上海登记规则述评

1. 上海登记规则简述

鉴于上海是《民法典》生效后第一个以地方性法规形式明确了居住权登记规则的城市，本文以上海市为例，对登记规则及其对银行抵押权可能产生的影响进行简要述评。

上海市于2020年11月27日公布了《上海市不动产登记若干规定》（以下简称《上海登记规定》），并于2021年3月1日正式施行。《上海登记规定》将居住权纳入可依法登记的不动产权利范围。随后，《上海市不动产登记技术规定》（以下简称《上海技术规定》）作为《上海登记规定》的配套文件进行了同步更新，明确不动产登记簿应记载居住权状况，包括居住权人、义务人、登记类型、登记原因、住宅范围、居住权期限等内容，并对居住权首次登记、变更登记、注销登记及冲突情形进行了详细的规范，明确了各类登记的适用情形、申请人身份、所需材料、登记条件、审核时限等。

2. 上海登记规则对抵押权的不利影响

（1）禁止或限制设立居住权的约定未对外公示

《上海技术规定》根据《民法典》及最高人民法院《关于适用〈中华人民共和国民法典〉有关担保制度的解释》中关于抵押财产禁止或限制转让的要求，规定在不动产抵押权登记中，应明确“不动产转让的约定”。但由于尚无相关法律依据，不动产抵押登记事项中并未包含“是否禁止或限制设立居住权”相关内容。

在后居住权可能对在先抵押权的实现产生一定阻碍，降低抵押财产的处置效率，并进一步影响处置价值，基于此，银行已及时修改合同文本，与当事人约定不得在抵押财产上设立居住权。但《上海技术规定》并未将上述约定体现在不动产登记簿上，使得该约定缺乏对外公示途径，难以对第三方产生约束力，一旦所有权人违约在抵押财产上设立居住权，银行将难以主张该登记不发生物权效力。

（2）抵押财产设立居住权无须取得抵押权人同意

《上海技术规定》要求，在《民法典》施行前已设立抵押权的住宅，申请居住权登记的，应取得抵押权人书面同意。《民法典》施行后设立的抵押权则不受上述规定保护。

换言之，《民法典》施行后设立抵押权的住宅，当事人在抵押期间仍可再设居住权，且无须征求抵押权人意见，银行作为在先抵押权人，对在后居住权缺乏有效管控手段。在抵押权与居住权的具体竞存规则出台前，《上海技术规定》的这一操作模式可能使在先抵押权人陷入行权困局。

二、各地司法动向

2021年1月4日，海淀区人民法院宣判了《民法典》实施后首例涉居住权案件。在该案中，海淀法院根据最高人民法院《关于适用〈中华人民共和国民法典〉时间效力的若干规定》的有关规定，溯及适用了《民法典》有关居住权的规定。法院认为，房屋所有权人在离婚时承诺未成年子女可在涉案房屋中居住，该承诺是所有权人作为监护人应履行的监护义务，并非法律意义上的居住权，现子女已成年且房屋所有权亦发生变更，子女未与房屋所有权人签订书面合同，亦未向登记机关办理登记，不符合《民法典》中关于居住权的规定，故判决子女不享有居住权。[1]

上海、成都、天津、武汉等地法院也陆续宣判了涉居住权案件。目前，涉居住权案件主要集中在离婚、继承、赡养、析产等家事领域，尚未发现涉及抵押权与居住权冲突的案件。在家事领域居住权案件中，除当事人主动主张居住权的案件外，各级法院亦将居住权嵌入调解方案，用以平衡各方利益，如在拆迁安置纠纷中，通过设立居住权，将安置房屋所有权及居住权利相分离，平衡当事人合法权益；再如，在离婚析产案件中，通过设立居住权，解决子女户籍及入学等问题，化解各方冲突。居住权制度正日益成为各级法院处理家事纠纷的有效手段。

第三部分　居住权制度对商业银行的不利影响及对策建议

居住权让渡了住宅在一定时期内的占有、使用权能，对所有权人构成负担与限制，其转让价值必将因此减损，甚至可能“清零”。考虑到抵押权的核心是优先受偿权，而优先受偿的基础是押品的转让价值，因此，银行应该充分关注居住权对抵押权的不利影响。

一、居住权减损押品担保效能

（一）在先居住权

1. 限缩可供抵押的财产范围

由于《民法典》未明确已设定居住权的住宅能否用于抵押，为规避抵押效力的不

---

〔1〕 参见史敬阳：《〈民法典〉实施，海淀法院宣判首例居住权案件》，载北京市海淀区人民法院网2021年1月4日，http://bjhdfy.chinacourt.gov.cn/article/detail/2021/01/id/5690633.shtm。

确定性,银行可能不愿或不宜接受此类住宅作为合格押品,从而限制了可用于抵押的财产范围及规模。

2. 大概率优先于在后抵押权

即使银行接受此类住宅作为押品,也恐难以之对抗在先居住权。居住权与抵押权均为他物权,其效力并无优劣之分,《民法典》亦未明确其竞存规则。鉴于抵押权与居住权均以登记为生效原则,后续立法可能以登记顺序确定其优先效力。如此,在后设立的抵押权将难以对抗在先设立的居住权;对于遗嘱设立的在先居住权,未经登记也可能具备对抗抵押权的效力。

3. 加大押品处置难度,降低处置价格

如有在先居住权,银行债权到期未获清偿时,只能带居住权处置押品。此时,在先居住权人将主张继续占有、使用该住宅,导致押品难以处置。如需与居住权人协商提前解除居住权,居住权人还可能要求向其支付补偿,这都将对银行押品的处置效率及价值造成重大影响。

4. 未登记的居住权无从查询,权利顺位难以把控

前述可知,依遗嘱继承设立的居住权可能自继承开始时生效,依生效法律文书设立的居住权可能自法律文书生效时生效。如果此二类居住权不以登记为权利设立时点,则缺乏权利公示外观,银行申请办理抵押登记时,无从得知抵押物是否存在此类在先居住权。一旦银行在此类住宅上设立抵押权,则在先居住权可能对抵押权的实现产生负面影响。

(二)在后居住权

1. 影响抵押物的变现能力及变现价值

如果房屋在设立抵押后又设定了居住权,银行在实现抵押权时,抵押权是否当然优先于居住权?由于《民法典》对此未作规定,银行在实现抵押权时可能面临如下风险:

只要居住权期限未届满且居住权人尚在人世,即使法院强制拍卖,该房屋也可能因购房人无法实际占有住宅,而以极低的价格成交,甚至无人竞拍。此种情形下,押品价值将受到严重减损,银行的抵押权可能落空。

虽然,银行可以事先在抵押合同中禁止抵押人(所有权人)设立居住权;但是,抵押人一旦设立了居住权,银行只能采取合同约定的违约救济措施,如停止新发放贷款、宣布贷款提前到期、要求补充新的担保等。然而,银行在实现抵押权时仍将面临价值降低、优先受偿权受损的问题,违约设立居住权产生的不利影响很难通过合同完

全规避。

2. 在后居住权可能引发银行的声誉风险

即使银行可以基于在先抵押权涤除在后居住权，该权利仍可能被所有权人恶意利用，损害居住权人的合法权益，并给银行造成声誉风险。

举例而言，债务人以自有住宅为银行债权设定抵押权，后在该住宅上另设居住权。债务人死亡后，住宅所有权的继承人可能通过拒不履行债务的方式，迫使银行行使抵押权。如果银行以抵押权涤除居住权并优先受偿，受偿后住宅剩余价值可能归继承人（新所有权人）所有。如此，则居住权人丧失预期居住利益，而继承人获得超额继承利益，这不仅有失公允，亦背离了被继承人的意愿，还将有损银行的社会形象。

（三）恶意设立居住权

债务人为逃避到期债务，或抵押人为对抗抵押权，有可能恶意在自有住宅上设立居住权。对此，《民法典》并无针对性规定。对于恶意设立的居住权，银行作为抵押权人或普通债权人有可能无法有效行使撤销权。这给逃废债行为创造了制度空间，从而损害银行的合法权益。

即使银行对于恶意设立的居住权可以要求撤销，仍存在难于证明"恶意"的问题。例如，若居住权以市场价格有偿设立，此时居住权人并无过错，亦支付了对价，银行恐难证明"恶意"；再如，居住权人是与债务人存在赡养、扶养或抚养关系的父母、配偶、子女等，即使存在无偿或明显不合理低价的情形，银行亦不易证明债务人存在恶意。

二、居住权对抵押权杀伤力强于"长租约"

从居住权与租赁的异同分析可知，居住权对抵押权的杀伤力强于"长租约"。

在司法实践中，银行通常要求抵押权设定时间早于租赁合同签署日，确保抵押权效力优于租赁。此外，银行还可通过举证租约倒签、租赁期限畸长、租金一次付清、租金远低于市场价格或承租人未实际占用房屋等，证明债务人恶意设定"长租约"以逃避债务履行，要求法院将其涤除。即便是存在真实租约，购房人也可以要求承租人向其支付租金，并在租赁到期后实际取得房屋，房屋价值不至于完全清零。

然而，居住权一般登记设立，对外公示效力强于租赁；居住权以无偿为原则，且无期限限制，因此仅凭无对价、期限长难以认定恶意。即使强行拍卖住宅，购房人也无权要求居住权人支付对价，只能在居住权期限届满或居住权人死亡后取得住宅，房屋价值几乎清零，抵押权人的合法权益更难保障。

三、应对措施建议

鉴于居住权制度确实给银行信贷业务带来了更大风险及不确定性，在更为详尽的司法解释及不动产登记规则出台前，现阶段可考虑采用以下措施尽可能防范风险。

（一）严格押品准入

如前所述，对已设定居住权的住宅能否抵押，抵押权与居住权竞存时如何处理等问题，《民法典》均尚无定论，故应谨慎接受此类住宅作为押品。若存在居住权期限长、居住权及于住宅的全部或大部分、居住权人为老弱病残人士等特殊情形，银行应拒绝准入。

如果居住权期限较短或相对独立于住宅主体部分，剔除其在时间或空间上对押品价值的减损后，仍足以覆盖所担保债权或确能起到风险缓释作用的，银行在审慎评估，确认风险可控的前提下，也可考虑接受此类押品。

（二）增强协议约束

1. 可以在信贷合同中要求债务人如实披露其已设定居住权的住宅情况，并承诺：未经银行同意，不得与他人签订居住权合同或订立居住权遗嘱，不得对其名下所有住宅新设居住权。

2. 应当在抵押合同中由抵押人承诺，拟抵押财产尚未设定居住权；未经银行同意，亦不得新设定居住权，否则视为抵押人违约，银行有权采取相应的违约救济措施。

3. 根据特定业务情形，量身定制合同条款。例如，若后续司法解释及不动产登记规则允许居住权附条件解除，则在接受已设定居住权的住宅作为押品时，可考虑与抵押人、居住权人签订三方协议，约定将抵押权的实现作为居住权解除条件，一旦出现需要实现抵押权的情形，则居住权期限提前届满。此外，应将上述三方协议送交居住权登记机关进行变更或备案登记。

（三）贷前贷后管理

1. 贷前尽职调查

信贷业务发生前，应全面摸排债务人房产情况。部分债务人虽未以住宅提供抵押担保，但如果相关授信系以债务人住宅为主要还款来源或信用评价重要依据的，在信用风险评估时，应重点关注其住宅设立居住权的情况，对已设定居住权的住宅价值予以排除或减计。

办理抵押登记前，应仔细查询押品状态，对已设立居住权的住宅，除非在业务审批时已经事先明知的，否则不应予以准入。

2. 细化尽调文件

银行的押品准入审核表中，应增加“是否设立居住权”这一核查项，由客户经理根据尽调结果勾选，如选“是”，则需进一步明确登记时间、居住权人、居住期限、面积、条件，以及在实现抵押权时能否提前解除等具体情况，确保从工作流程上落实居住权设立状况的尽职调查。

为进一步防范居住权对抵押权的影响，还可以要求抵押人出函承诺不设立居住权。虽然合同文本中已有相应的条款，但鉴于部分法官认为合同文本是格式条款，即使违反也不足以认定抵押人欺诈，故可以要求抵押人单独出具承诺函。这也进一步提醒了抵押人重视银行对抵押财产不得设立居住权的要求。

3. 核实抵押人现状

鉴于依遗嘱继承设立的居住权，其权利生效时点可能自继承发生时起算，不以办理登记为必要的前提条件。银行在办理抵押登记时，无从查询是否存在此类在先居住权，可能导致抵押权设立时点晚于居住权。故办理抵押登记时，银行应尽可能要求抵押人悉数到场，以确认未发生遗嘱继承设立居住权的情形。如代理人持抵押人授权委托书代为办理抵押登记的，银行应通过电话、视频等方式谨慎核实，确认抵押人状况后予以办理。

4. 贷后跟踪管理

从《上海技术规定》可知，在抵押财产上设立居住权可能无须取得银行同意。则银行在贷后管理中，应对债务人的重要住宅及存量押品状态定期重检，一旦发现违约设立居住权的，应及时采取相应的违约救济措施。

此前，银行常采用保管房产权证的方式对押品进行管控，但随着不动产登记规则的逐步完善，银行相应放松了权证管控。如果后续登记机关办理居住权登记时无须抵押权人同意，则可以考虑重新由银行保管押品甚至债务人其他重要房产权证，防范抵押人或债务人持以办理居住权的风险。

5. 充分利用网办优势

随着全国各地不动产登记网上办理逐步开放后，银行在抵押登记前可以直接在线查询房产情况，包括查封、冻结、抵押等，后续如果设立居住权，预计也将一并体现，银行应积极运用上述手段加强对客户财产情况的预判及跟踪。

（四）积极依法抗辩

依生效法律文书或遗嘱继承设立的居住权，可能不以登记作为生效要件，权利人可能从法律文书生效时或继承开始时取得居住权。则物权的变动和公示之间存在

"时间差",在实践中,银行可能在不知存在此二类在先居住权的情况下,为同一住宅设立抵押权。此时,银行作为善意第三人,将与真正的权利人(居住权人)之间产生权利冲突问题。

面对此类纠纷,银行可根据不动产登记簿的公信力及善意取得制度积极抗辩,主张银行在设立抵押权时,登记簿并无居住权相关登记,银行设立抵押权的行为是善意、无过错的,银行已经尽到了审慎的注意义务,不应因此承担责任。银行出于对不动产登记簿的信赖而设立的抵押权,即使存在未登记的在先居住权,抵押权也应当可以对抗和排斥真正的权利人。反之,居住权人在获权后怠于行使自己的权利,未及时通过登记机关对外公示,由此产生的风险及后果应由居住权人自担。

第四部分　居住权制度具体规则完善构想

居住权制度的法律框架虽已建立,但其完整性及丰满度仍远远不足,仅凭《民法典》的六个条文难以解决居住权将面临的纷繁复杂的法律问题,虽各地已经陆续试点居住权登记,但尚缺乏统一的司法解释及登记规则加以规范,应尽快出台相关司法解释及不动产登记规则进一步完善,否则将产生严重的社会问题。

在司法解释及不动产登记规则的设计中,应在保障弱势群体生存、居住权利的同时,兼顾公平,充分意识到居住权对押品价值的减损和对债权人合法权益的损害,对居住权与抵押权的冲突进行再平衡,并赋予债权人对恶意居住权的撤销权,避免"按下葫芦浮起瓢"。

以下结合银行实务经验,分别从司法解释及不动产登记规则两个层面,提出具体设想。

一、司法解释设计构想

(一)应适当限缩适格居住权人的范围

从立法背景来看,居住权制度建立的初衷之一是实现"人民群众住有所居"而对购房、租房两种居住形式作出的补充。故在制度执行前期,社会影响及效果尚不明确时,不宜过分扩大适用范围,以防恶意设立居住权以逃避债务或通过有偿设立居住权变相买卖房产。

建议在一定程度上限缩居住权人的范围。除允许运营居住权项目及以房养老项目的商业主体对任意相对人有偿设立居住权外,个人设立居住权的对象可仅限于有赡养、抚养或扶养义务的相对人。比如,子女为赡养父母需要,在自己的住宅上为父母设立居住权的;再如,成年兄姐为扶养失去双亲的未成年弟妹而为其设立居住权的;等等。

(二)应以登记顺位确定优先效力

居住权与抵押权均为他物权,效力并无强弱、优劣之分,故在居住权与抵押权竞存的制度设计上,应主要考虑权利设定或登记的先后顺序。以下按照登记先后顺序对制度设计展开分别探讨。

1. 登记在先的抵押权优先于居住权

(1)经抵押权人同意,可以为押品设立居住权

设立抵押权时,抵押权人与抵押人约定禁止或限制设立居住权但未将该约定登记,抵押人违反约定设立居住权,抵押权人不得主张居住权无效,但可请求抵押人承担违约责任。

设立抵押权时,抵押权人与抵押人约定禁止或限制设立居住权并已将该约定登记的,抵押人设立居住权应取得抵押权人的事先同意。抵押权人明确同意的,各方可就权利义务、抵押权实现相关事宜协商一致后,写入居住权合同并办理登记;抵押权人不同意且能够证明设立居住权可能损害抵押权的,可以请求抵押人提前清偿债务。未经抵押权人同意擅自设立居住权的,抵押权人可以主张居住权无效。

(2)设立在先的抵押权实现时,应当享有涤除权

无论抵押权人是否同意设立居住权,只要抵押权登记在先,就应按照登记顺序确认优先效力,设立在后的居住权不得对抗在先抵押权。在实现抵押权时,抵押权人有权强行涤除押品上附着的居住权,居住权人丧失权利。

(3)抵押权涤除居住权的,应以住宅剩余价值适度补偿居住权人

出于保障居住权人生存利益的考量,在抵押权涤除居住权的情境下,应以设定居住权住宅的剩余价值对居住权人进行适当补偿,否则将出现所有权人利用抵押权恶意损害居住权人权益的情形,并可能给债权人带来声誉风险。

但是,鉴于居住权系设立在特定住宅之上,而非由特定人所负担,故该补偿或安置应参照原居住权期限及居住条件,以住宅剩余价值为限进行补偿;不足补偿或安置的,抵押人或其继承人无须另行补足。

2. 登记在后的抵押权劣后于居住权

(1)居住权未经登记的,不应对抗善意的抵押权人

虽然,依据生效法律文书设立的居住权或依据遗嘱继承设立的居住权可能不以

登记作为设立时点。但是，从居住权设立后到办理居住权登记前，如银行善意地根据具有公信力的不动产登记簿设定了抵押权，应保护其信赖利益，使其有权对抗和排斥真正的权利人，否则可能给善意设立抵押权的银行带来不确定风险。

（2）抵押权实现时，登记在先的居住权应当不受影响

如居住权登记在先，抵押权登记在后的，参照“抵押不破租赁”的规则，抵押权的实现不应妨害既有居住权。换言之，押品转让后，居住权人仍有权按照居住权合同或遗嘱安享住宅居住利益，新的所有权人只能静待居住权消灭。

（三）应赋予债权人撤销权，以对抗恶意设立的居住权

虽然，居住权是用益物权，具有对世性，其对抗第三方的效力高于仅具有相对性的债权。但如果“一刀切”、简单粗暴地认定普通债权不得对抗居住权，不给债权人提供任何救济措施，则债务人将任意设定居住权以逃避强制执行，债权人的合法权益无法得到有效保障。

此时，应综合考虑居住权设立的对价，回归居住权制度的立法本意，从居住权的设立目的，即满足权利人生活需求出发，考量居住权设立的必要性，对因恶意逃避债务而设的居住权，应赋予债权人相应的撤销权。以下按照居住权设立对价分别展开探讨。（见表3）

表3　居住权设立对价及对应的债权人撤销权

居住权设立对价是否合理		债权人撤销权（建议）
有偿设立，对价合理		无
无偿或不合理价格设立	“特殊关系＋占有使用＋生活必须”	无
	其他情形	有

1. 居住权以市场价格合理、有偿设立的，债权人不应享有撤销权，如居住权系依据市场价格合理、有偿设立，此时居住权人并无过错，亦已经向债务人支付了合理的对价，人民法院在强制执行债务人住宅时，不应妨害居住权人的居住利益，居住权人仍可按照原合同享有居住权，债权人对其不应享有撤销权。但如果此时居住权人的对价尚未支付/完全支付，债权人可行使代位权，要求居住权人直接向其支付。

2. 居住权以无偿或以明显不合理低价设立时，如债务人与居住权人之间不存在特殊身份关系，或居住权人未实际占有、使用住宅的，抑或该居住权非满足权利人生活所必需的，一旦上述居住权影响债权人实现债权的，债权人应当可以请求人民法院撤销居住权。

鉴于居住权以无偿设立为原则，以满足婚姻家庭关系中弱势方居住需求为一大目的，故不宜仅以是否有偿作为居住权设立善意与否的判断标准。

此时，应从立法目的出发，如居住权人与债务人存在赡养、抚养或扶养关系等特殊身份关系，确实居住在该住宅之中，且住宅是维系其生活居住必要的，则应加以保护。

反之，对于居住权人有自有住宅、居住权远远超出合理居住需求（如超大别墅仅由一人居住）、一人享有多个居住权、债务人多套住宅为不同人设定居住权等情况，应认为恶意逃避债务，并赋予债权人相应的撤销权。

二、登记规则设计构想

（一）细化登记内容及权证要素

在进行居住权登记时，建议登记机关对影响第三方权利的关键要素进行登记，并同时体现在登记簿及登记证明中，如已设立居住权的住宅能否出租、居住权及于住宅的部分或全部、权利期限以及解除条件（如有）等，使第三方能够通过登记证明直接、全面地掌握居住权设立情况，以便捷交易、提高效率。

（二）抵押登记时应明确能否设立居住权

鉴于目前各地居住权登记制度尚在摸索试点阶段，自然资源部亦尚未出台全国通行的登记规则，银行应积极与登记机关沟通，建议登记机关参照不动产转让限制的有关规定，在不动产登记簿“抵押权登记信息”中增加“是否存在禁止或限制设立居住权的约定”栏位，在当事人申请办理抵押登记时，应根据当事人合意记载抵押财产能否设立居住权。

如当事人约定可以设立居住权的，抵押期间设立居住权无须再征求抵押权人同意；如当事人约定禁止或限制设立居住权的，抵押期间设立居住权应以抵押权人事先书面同意为前提，以保障在先抵押权的顺利实现。

（三）住宅被查封后不应允许设立居住权

如有权机关已经依债权人的申请查封了债务人住宅，此时，债务人再申请设立居住权，其恶意逃避债务的目的十分明显，且查封实际上已构成物权状态的冻结，登记机关应直接不予登记。

第五部分　结　　语

居住权作为一项用益物权，如被设立在银行押品或债务人住宅之上，可能妨碍银行债权的顺利实现及风险的及时化解,不能不引起我们高度警惕。居住权制度骨架已有但血肉未丰,一系列问题都尚无定论,仍待释明解惑。作为商业银行,面对法律制度的重大变化,我们除了及时调整应对,采取严格押品准入、增加协议约束、贷前贷后管理等措施尽可能防范风险外,还应积极参与立法工作,呼吁在保障生存居住权利的同时,重视金融债权安全稳定,并从银行实务经验角度出发,提出平衡居住权与抵押权的具体规则设计思路,向立法者、司法者发出我们自己的声音。

民法典时代金融借款合同利率上限裁判规则的规范适用

朱隆武* 张小英**

摘要:2020年8月、12月,最高人民法院陆续两次颁布《民间借贷规定》,该规定对民间借贷利率上限进行规定限制即不超过LPR利率的四倍。[1] 同时,《民法典》第680条[2]即暴利规则,修改了借款合同的利率规则,与新规定同步施行,但是金融借款合同的利率有待明确。该规定的颁布对于司法审判和金融机构都产生很大的影响。虽然《民间借贷规定》[3]明确规定金融借款合同不适用民间借贷新规定,但在司法审判实践中,参照民间借贷利率的上限规则成为主要裁判观点,有的法院参照,有的法院不参照,从而导致了司法审判中的裁判思路存在差异,观点出现争议,不利于

* 朱隆武,漳平市人民法院审管办主任、审判委员会委员,一级法官。

** 张小英,漳平市人民法院审管办副主任。

〔1〕 2020年8月20日、12月29日,最高人民法院接连颁布《关于审理民间借贷案件适用法律若干问题的规定》(第一次、第二次修正),第二次修正后的第25条规定:出借人请求借款人按照合同约定利率支付利息的,人民法院应予支持,但是双方约定的利率超过合同成立时一年期贷款市场报价利率四倍的除外。前款所称"一年期贷款市场报价利率",是指中国人民银行授权全国银行间同业拆借中心自2019年8月20日起每月发布的一年期贷款市场报价利率。自2019年8月20日起,中国人民银行已经授权全国银行间同业拆借中心于每月20日(遇节假日顺延)9时30分公布贷款市场报价利率(LPR),中国人民银行贷款基准利率这一标准已经取消。

〔2〕 《民法典》第680条规定:禁止高利放贷,借款的利率不得违反国家有关规定。借款合同对支付利息没有约定的,视为没有利息,借款合同对支付利息约定不明确,当事人不能达成补充协议的,按照当地或者当事人的交易方式、交易习惯、市场利率等因素确定利息;自然人之间借款的,视为没有利息。

〔3〕 最高人民法院《关于审理民间借贷案件适用法律若干问题的规定》第1条:本规定所称的民间借贷,是指自然人、法人和非法人组织之间进行资金融通的行为。经金融监管部门批准设立的从事贷款业务的金融机构及其分支机构,因发放贷款等相关金融业务引发的纠纷,不适用本规定。

维护司法公正，有损司法权威。笔者针对此类案件不同裁判标准及不同的裁判观点所涉及的问题进行归类整理，分析探讨，对争议的焦点进行抽丝剥茧，认为在利率市场化改革背景下，金融监管机构取消了金融借款合同利率上限的规制，但司法实践中却以抽象化的规制创制即通过司法政策规范性文件从结果上统一金融借款合同利率的上限，对利率规范模式产生冲击，在各地方法院却以具体化的个案进行干预，通过个案裁判调整金融贷款利率，但存在裁判路径混乱，说理不充分的问题。笔者认为，在司法实践中，金融借款合同的利率，应当尊重银行的专长，以市场利率即 LPR 利率作为裁判的标准，参照民间借贷利率上限 LPR 的四倍计算。对于个案，约定的利率超过 LPR 的四倍的，依据《民法典》规定的暴利规则及主观显失公平条款和客观显失公平构成要件相结合进行判断。法官在论证说理中多运用解释方法，在解释方法中应当充分考虑个体交易利益与金融监管的权威性，在裁判主文表述中应当充分加强裁判说理部分，从而降低社会影响程度，维护司法公正和权威。

关键词：金融借款合同利率；暴利规则；市场利率 LPR

在当前疫情防控常态化，我国经济不断的高速增长的情况下，为了从源头上防止虚假诉讼和套路贷，解决中小企业融资难、融资贵等痼疾，推动利率市场化改革。最高人民法院《关于审理民间借贷案件适用法律若干问题的规定》（以下简称《民间借贷规定》）将民间借贷利率司法保护上限大幅度降低，适用市场利率 LPR 的四倍作为标准，同时明确规定该《民间贷款规定》不适用于金融机构。该规定引起了社会各界的广泛关注，同时也影响着金融机构。原先法律规定，金融借款合同利率上限取决于中国人民银行的利率政策，民间借贷的利率上限根据金融借款合同利率的四倍上限确定，但 2013 年以后，中国人民银行发布文件，取消对金融借款合同利率的上、下线监管，从而导致金融借款合同利率没有明确标准。在司法审判实践中，虽然《民法典》规定禁止高利放贷，《民间借贷规定》也规定了民间借贷利率司法保护上限，但对金融借款合同的利率上限没有规定。那么，在民法典时代，如何确定金融借款合同的利率上限？《民间借贷规定》的民间借贷利率上限规则是否可以作为金融借款合同利率的参照？这些问题都值得去探讨和解决。

一、实证检视：金融借款合同利率裁判的司法现状

从实践案例来看金融借款合同利率表述的现状，笔者就中国裁判文书网上以案由为“金融借款合同纠纷”，关键词为“民间借贷利率上限”，审理结案的时间为“2020

年8月20日~2021年5月25日”,共检索到103件,一审为75件,二审为28件,2020年为87件,2021年为16件。认真查阅103件判决书主文,对判决书进行分析发现,各地法院在审理金融借款合同利率上的裁判结果不一样,观点也不同。

(一)判决主文:表述不一

判决书是法官在审理案件过程中作出决策的客观化、外在化的体现,判决主文是裁判文书的核心,是裁判结果和判决效力产生的最终体现。笔者选取部分裁判文书作为样本进行分析。《民间借贷规定》明确规定该民间借贷利率上限不适用于金融借款合同纠纷,但在审判实践中却出现不同的判决,裁判标准不一的现象,其中最具有影响力的案件就是平安银行温州分行与洪某的金融借款合同纠纷一案[1],一审认为银行主张月利率2%即年化率24%计算利息已经超过LPR的四倍计算,应当予以调整,而二审认为金融机构不适用《民间借贷规定》,一审判决参照《民间借贷规定》LPR的四倍进行调整,适用法律错误,应当依照合同的约定来计算,该一审、二审判决在网络媒介中传播,引起社会各界的广泛关注。同时各地法院在对于金融借款合同利率是否参照LPR四倍,有的法院认为按照原告起诉时的借款利息以LPR的四倍计算,《民间借贷规定》第一次修正的时间为8月20日为界限,颁布前的利息按照年利率24%计算,之后的利息依据《民间借贷规定》的市场利率计算,有的法院判决认为不适用《民间借贷规定》,应当依照合同约定的利率进行判决。(见表1)判决结果和理由各一,已经严重损害了司法权威和司法公信,急需对金融借款合同利率裁判规则进行确定。

表1　金融借款合同的判决主文表述

案例	约定利率	裁判表述	裁判结果
(2020)黔0111民初12569号 (2021)黔01民终1553号	罚息年利率16.9506%	一审参照民间借贷利率的上限即不能超过LPR的四倍即15.4%,二审终审以《民间借贷规定》规定LPR四倍尚不适用金融借款合同纠纷案件的处理,按合同约定的利率计算	一审超过调整;二审超过不调整

[1] 参见段久惠:《温州中院终审判决:民间借贷利率上限不适用金融机构》,载《证券时报》2020年11月13日,第A05版。

续表

案例	约定利率	裁判表述	裁判结果
(2020)豫 0122 民初 8770 号 (2021)豫 01 民终 3576 号	起诉时借款利息计算	一审分别以 2020 年 8 月 20 日之前不超过年利率 24%,8 月 20 日以后,不超过 LPR 四倍计算。应遵循公平原则和诚实信用原则,金融贷款利率应受严格限制。二审支持一审的观点,但认为裁判理由错误,不适用公平原则和诚实信用原则,适用法律不当,应予纠正。而是以金融机构收取过高利息,会破坏金融管理秩序,损害社会公共利益为理由	8 月 20 日前以 24% 为准,8 月 20 日以后超过进行调整
(2020)豫 0105 民初 26176 号 (2021)豫 01 民终 3388 号	逾期利率 13.7025%	一审、二审都以不超过 LPR 四倍计算	未超过不调整
(2020)粤 2071 民初 18524 号 (2021)粤 20 民终 1431 号	贷款年利率 17.4% 上浮 50%	一审、二审均以不超过年利率 24%,不适用 LPR 四倍,因为受理时间为 2020 年 7 月 8 日	以不超过年利率 24% 为标准

(二)判决结果:标准不一

1. 参照适用民间借贷利率的规定

法院在审理金融借款合同过程中的裁判观点受到司法规范性文件的影响,2017 年最高人民法院《关于进一步加强金融审判工作的若干意见》[1] 及 2018 年《关于充分发挥审判职能作用为企业家创新创业营造良好法治环境的通知》[2] 明确提出在审理金融借款合同中,约定的利率过高,审判机关可以参照民间借贷规定的利率予以调

〔1〕 2017 年最高人民法院《关于进一步加强金融审判工作的若干意见》规定:金融借款合同的借款人以贷款人同时主张的利息、复利、罚息、违约金和其他费用过高,显著背离实际损失为由,请求对总计超过年利率 24% 的部分予以调减的,应予支持,以有效降低实体经济的融资成本。

〔2〕 最高人民法院《关于充分发挥审判职能作用为企业家创新创业营造良好法治环境的通知》第 5 条规定:"依法保护企业家的自主经营权。加强金融审判工作,促进金融服务实体经济。对商业银行、典当公司、小额贷款公司等金融机构以不合理收费变相收取高息的,参照民间借贷利率标准处理,降低企业融资成本……"

减,虽然这两份文件不是法律规定,但在审判实践中,各地方法院依据这两份文件中抽象化的规则进行裁判,无形中产生一定的影响和约束力。如有的地方法院依据该司法指导意见精神认为,从金融在整个国民经济中的定位看,金融必须为实体经济服务,金融业本身不产生价值,金融业收取的利息源于实体经济创造的价值,如果金融业收取利息过高,会影响社会扩大再生产,阻碍实体经济的发展。故对金融业的利率管制是国民经济健康发展的必然选择。从金融借贷与民间借贷的比较来看,民间借贷的借款人责任资产有限、偿债能力低,且民间借贷的出借人一般不具有借贷专业知识和技能、防控借贷风险不足,对民间借贷管制的利率上限应当高于金融业的平均利率。

2. 不适用民间借贷利率上限的规定

从上述笔者整理的案例裁判表述可以看出,有的地方法院不适用民间借贷利率上限的规定,依据最高人民法院(以下简称最高法)的《民间借贷规定》及《关于新民间借贷司法解释适用范围问题的批复》,对广东省高级人民法院作出答复,该批复第1条明确规定,从事贷款业务的相关金融机构〔1〕不适用本规定,且《全国法院民商事审判工作会议纪要》也提出:人民法院在审理借款合同纠纷案件过程中,应区分金融借贷和民间借贷,并适用不同规则与利率标准。因此,有的地方法院依据该法律规定,在审理金融借款合同中,不适用该规定,依据合同约定的利率进行判决。

3. 适用公平原则和诚实信用原则

部分法院对金融借款合同裁判时进行了说理论证,例如"郑州银行诉杨某等人金融借款合同纠纷案"〔2〕中,一审法院就依据合同法的相关规定,根据公平原则和诚实信用原则,先判断郑州银行支行受到的实际损失是多少,考虑合同双方当事人对合同的履行情况,再考虑双方当事人在合同履行过程中是否有过错,能产生的预期利益是多少等综合因素,对郑州银行要求偿还的利息、罚息、复利予以调整,以LPR的四倍即民间借贷利率上限为限。

〔1〕 最高人民法院《关于新民间借贷司法解释适用范围问题的批复》第1条:"关于适用范围问题。经征求金融监管部门意见,由地方金融监管部门监管的小额贷款公司、融资担保公司、区域性股权市场、典当行、融资租赁公司、商业保理公司、地方资产管理公司七类地方金融组织,属于经金融监管部门批准设立的金融机构,其因从事相关金融业务引发的纠纷,不适用新民间借贷司法解释。"

〔2〕 参见河南省中牟县人民法院民事裁定书,(2020)豫0122民初8770号。

二、追本溯源:金融借款合同利率不规范适用的原因

在司法审判实践中,金融机构借款利率的裁判标准不一,判决主文表述的不规范,说理不充分,已经影响到了司法公正和司法权威。只有探究其根源,才能精准施策。

(一)因调整主体不同导致裁判表述不同

1. 金融机构利率由中国人民银行监督管辖

从历史上看,国务院早在80年代时就明确规定存款贷款利率由中国人民银行进行确定。1995年《中国人民银行法》也对此作出了明确规定。在经济发展中,对利率监管太严,阻碍市场机制发挥作用,为了更好促进市场化改革,解决实体经济集资难的问题,降低实体经济成本,提高市场效率,中国人民银行2013年对商贷的利率上限不再加以限制,贷款市场报价利率已经代替了贷款基准利率,中国人民银行在《民间借贷规定》颁布前,就发出关于完善LPR形成机制的公告,[1]提出LPR利率每月公布一次,要求各银行在8月20日起,发放贷款和浮动利率贷款都要参考LPR利率进行定价。

2. 借贷利率由最高院制定

长期以来对民间借贷利率进行规范都是由最高院负责监管制定的。在1952年时,最高院就明确规定借贷利率不超过3分。1991年发布关于民间借贷利率不能超过银行规定的利率的四倍的规定。后来,鉴于金融贷款市场化改革,2015年发布司法解释,确定利率上限的标准,接着2020年8月、12月发布《民间借贷规定》,确定LPR利率,统一各级法院在审理民间借贷案件的裁判规则。

两种不同的合同类型受不同主体进行调整,从而导致金融借款合同利率规范标准的缺失。特别是在利率市场化改革后,中国人民银行取消利率上限监管政策后,金融机构的贷款利率就没有明确,各地方法院的主流裁判观点仍延续以往的裁判观点即金融借款合同利率不得高于银行同类贷款利率的四倍,实际上与《民间借贷规定》民间借贷的利率上限一致,仍坚持民间借贷利率向金融借款利率看齐的传统,只是以

---

[1] 2019年8月16日就改革完善贷款市场报价利率(LPR)形成机制发布2019年第15号公告:公告指出,自2019年8月20日起,中国人民银行授权全国银行间同业拆借中心于每月20日(遇节假日顺延)公布贷款市场报价利率,公众可在全国银行间同业拆借中心和中国人民银行网站查询。自2019年8月20日起,各银行应在新发放的贷款中主要参考贷款市场报价利率定价,并在浮动利率贷款合同中采用贷款市场报价利率作为定价基准。

LPR 利率代替银行的基准利率。

（二）司法创制抽象规则的干预导致裁判标准不一

在上述的裁判观点中可以看出，大部分法院还是以《关于进一步加强金融审判工作的若干意见》指导的精神即司法创制的抽象规则为依据。以最高院的抽象化规则来指导各级法院，而不是以具体的规则为依据，其合理性与正当性存在质疑。

1. 形式上不具备合理性

最高院在 2015 年规定的民间借贷解释中明确规定金融贷款不适用民间借贷利率标准，却又在 2017 年发布的《关于进一步加强金融审判工作的若干意见》中对 24% 利率上限标准予以限制，有违反用法律进行治理的合理性。应当慎重考虑法的形成机制的严肃性，尽量避免以司法文件取代司法解释，毕竟司法文件的效力低于司法解释。

2. 实质上理由不充分

金融贷款利率受银行成本、平均利润率及借贷货币供求关系的影响，对其如何限制，如何定价，如何调控，作为审判机关的法院是无法随时去监测的，需要专业的机构中国人民银行来监督管辖，这样更符合市场经济的规律。最高院创制抽象化的规则干预金融机构的利率，从结果上阻碍了利率市场化的政策的实行，会破坏利率市场化改革，因为在实践中，短期贷款消费如银行卡信用卡消费如果适用 LPR 利率，那么对于银行和消费者来说是不合理的，因为银行信用卡利率相对于市场利率较高，银行承担的风险较大。因此，作为司法机关应当遵循市场规律，由银行专门机构对金融贷款利率进行监管，不得对其利率上限统一规范。

（三）案例的指导、借鉴参考功能不足

目前，在我国司法实践中，对于金融借款合同利率规范的案例较少，指导性功能较弱。目前各个地区都只有中级人民法院这一级别对各个地区的金融借款利率规范适用进行规制，如笔者上述整理的裁判表述可以看出。目前可供借鉴参考的案件有限，且可参考的内容有限，缺乏对金融借款合同利率规范适用的指导性案例。虽然上述平安温州分行一案引发媒体和金融界热议，但该案只是个案，并非最高人民法院司法指导公报案例，不具有普适性。

（四）判决主文裁判说理不充分

近年来，我国特别强调推进裁判文书说理改革和提升裁判文书说理质量。法官审理案件存在三个层次，第一层次是法官能根据法条审理案件；第二个层次是法官能根据法律原则去审理案件；最高层次是法官能根据法律精神去审理案件，思考现实和

法律的问题。对裁判文书说理就可以体现不同层次的法官，从上述裁判文书可以看出，判决主文中关于利率上限保护的问题说理不够充分，反映出法官思维不够连贯，就没有办法很好地向当事人解释，服判息诉率就无法提高，所以应当加强法官在裁判文书中的释明权。

三、路径探索：金融借款合同利率规范适用的具体思路

在利率监管的规则取消后，法院应当以市场利率作为裁判的基准，而 LPR 就是市场利率，以其作为参照具有合理性、正当性。当个案出现约定利率与市场利率不符时，由于监管规范和四倍传统利率的存在，司法裁判一直未将借款合同利率与暴利规则相连接，在民法典时代，司法审判中应当以其为依据，依据《民法典》的暴利规则进行调整。在司法裁判方法上，应当适用《民法典》的具体规则即主客观显失公平规则，将抽象化的原则具体化后适用，即金融借款合同利率应当回归具体的法律规则适用并受公序良俗、暴利规则的调整，并将政策进行司法技术问题处理即加强裁判文书主文的说理后再适用。

（一）以市场利率 LPR 的四倍作为裁判基准具有合理性

1. 以市场利率 LPR 作为基准的适当性

市场利率是资金市场上供求关系决定利率。市场利率因资金市场的供求变化而经常变化，市场利率一般参考伦敦银行间同业拆借利率、美国的联邦基金利率、我国银行间同业拆借市场利率 LPR。现在国家推行利率市场化改革，LPR 利率正是市场利率的表现，以其作为裁判基准是符合社会发展趋势的，具有适当性。LPR 本身有议定的规则，它是商业银行对其最优质客户执行的贷款利率，由 18 家银行分别报价，在去除最高和最低报价后，在对余下的报价进行相加平均后计算得出的。相对于基准利率来说，它能更好地反映市场资金的供求变化和市场利率的变动情况，金融机构能更好地分辨哪些客户信用较差且风险较大，并对不同的客户进行不同的定价，用利息收益来弥补不良客户产生的风险，促进金融机构向民营企业提供经济支持。如笔者上述所说，《民间借贷规定》颁布前，中国人民银行已经要求各大银行的利率按照 LPR 来定价。因此，金融借款利率参照 LPR 利率的四倍具有适当性，也是裁判观念的延续性。

2. 以市场利率 LPR 作为基准的社会性

《民间借贷规定》以 LPR 的四倍作为司法保护的上限，其目的是要扶持实体经济，降低融资成本，司法设定民间借贷利率上限，与这一形势是相符的，在经济大势背

景下，司法裁判会兼顾总体社会效益、偏重支持实体经济，给实体经济减轻负担。目前，我国经济正在不断地迅速发展，因而更需要为中小企业创造良好的营商环境，中小企业要发展，需要金融机构提供更多的政策性贷款优惠政策。为了保证经济的发展，借款利率不能太高，适当地降低利率可以更好地促进经济的发展，如果司法保护利率太高，就会加大整个社会的集资成本，不利于一个社会的经济正常发展，但 LPR 的四倍利率不会太高，它是整个社会资金供求成本关系的反映，具有社会性。

3. 以市场利率 LPR 作为基准的接受性

实际上金融机构利率是分层的，金融机构普通贷款利率水平远低于民间借贷利率司法保护上限，大部分业务利率多数在 12% 以下，银行业大部分不受 LPR 的四倍利率的影响。只有银行业中的信用卡和个人消费贷款利率最高，因银行承担的风险较高，所以对信用卡和个人消费贷款的利率要求比平时的贷款利率更高。其他非银行的金融机构贷款利率通常利率普遍在 15% 以下。2021 年 5 月 24 日，最高院发布《关于审理银行卡民事纠纷案件若干问题的规定》第 2 条[1]规定解决了银行业信用卡和个人消费已经明确不参照 LPR 的四倍利率的问题，而是综合各方因素依据公平原则和诚实信用原则来认定。对非银行金融机构由《民间借贷规定》进行管辖，总体上来说，对金融机构没有多大的影响，公众对于《民间借贷规定》利率的调整也能接受，因为可以预防套路贷、高利贷等现象的产生。

（二）在个案中将抽象原则具体化适用

在审理金融借款合同时，在个案中考虑到约定的利率与市场利率不符时，首先应考虑《民法典》暴利规则及第 151 条规定[2]的显失公平规则来调整。所谓显失公平的民事法律行为，是指一方利用对方处于危困状态、缺乏判定能力等情形，致使民事法律行为成立时权利义务明显失衡的行为。传统民法中的显失公平行为，德国民法称为暴利行为，需要同时具备客观要件和主观要件。客观要件是双方的权利义务显著失衡。主观要件是一方利用对方处于危困状态、缺乏判定能力等情形而与对方从

---

〔1〕《关于审理银行卡民事纠纷案件若干问题的规定》第 2 条第 2 款：发卡行请求持卡人按照信用卡合同的约定给付透支利息、复利、违约金等，或者给付分期付款手续费、利息、违约金等，持卡人以发卡行主张的总额过高为由请求予以适当减少的，人民法院应当综合考虑国家有关金融监管规定，未还款的数额及期限、当事人过错程度、发卡行的实际损失等因素，根据公平原则和诚实信用原则予以衡量，并作出裁决。

〔2〕《民法典》第 151 条：一方利用对方处于危困状态、缺乏判断能力等情形，致使民事法律行为成立时显失公平的，受损害方有权请求人民法院或者仲裁机构予以撤销。

事民事法律行为。德国民法和我国台湾地区所谓的“民法”均采主客观相结合说，且德国民法认为暴利行为无效。作为金融借款合同，应当受暴利规则的调整，从主观显失公平和客观显失公平两方面相结合对其利率予以调整。

1. 主观显失公平规则

金融借款合同从主观要件上考察订立合同过程中意思表示是否真实。是否有利用对方处于危困状态的情形下，如企业或者个人急需资金的问题，或者利用对方如老人家缺乏判断能力，欠缺一般的生活经验或者交易经验，金融机构的从业人员向其兜售风险较高的理财产品，由于缺乏判断能力而购买，就可能构成显失公平。且贷款人是否意识到借款人出于前述不利的状态，并且有主观故意的可能性。如果主观上明显显失公平，那么作为法官有权依法予以调整。

2. 客观显失公平规则

在金融借款合同中，要通过考虑供求关系、价格的涨落等各种因素，判断利益的失衡是否达到“显著”的程度。如果没有到达“显著”失衡的程度，就不能运用显失公平规则而撤销该交易。双方当事人的利益显著失衡如《民法典》第496条第2款[1]规定，如果贷款人提供的利率与同类贷款人的利率相比高很多的情况下，且贷款人在签订合同中没有向借款人明确披露实际利率，对利率、费用等相关重要的信息进行解释说明。那么，对方可以主张该条款不成为合同的内容。依据《民法典》第497条[2]规定，在借款合同中，如果借款人完全没有议价的权利和选择权，格式条款贷款人单方提供，借款人没有实际磋商的机会，提供方可能恣意追求自己的单方利益，不合理地分配合同交易中的风险和负担，严重违背公平原则，则该格式条款规定为无效。如果合同中出现上述的客观显失公平的情形，可以予以调整，维护当事人的合法权益。

（三）规范裁判文书的说理

在金融借款合同利率上限的标准立法还没有明确的情况下，在个案中，需要司法政策对金融监管进行干预的时候，裁判者的裁判技术应当进一步优化，并在判决书

---

〔1〕《民法典》第496条第2款规定，采用格式条款订立合同的，提供格式条款的一方应当遵循公平原则确定当事人之间的权利和义务，并采取合理的方式提示对方注意免除或者减轻其责任等与对方有重大利害关系的条款，按照对方的要求，对该条款予以说明。提供格式条款的一方未履行提示或者说明义务，致使对方没有注意或者理解与其有重大利害关系的条款的，对方可以主张该条款不成为合同的内容。

〔2〕《民法典》第497条中规定，有下列情形之一的，该格式条款无效：提供格式条款一方不合理地免除或减轻其责任、加重对方责任、限制对方主要权利；提供格式条款一方排除对方主要权利的。

中充分的说理,说理越详细,不当影响程度就会降低。利率问题是借款合同的核心,关系双方当事人的利益,也是借款合同争议的焦点,基于司法政策需要对利率进行调整的,应当规范裁判文书说理,运用多种解释方法,结合相关条款,行为的性质和目的、习惯等进行充分的解释,对其进行充分的论证。

四、结语

随着现代社会经济的发展,无论是民间借贷还是金融借款合同,利率是借款合同的核心要素,关系借款人和贷款人的根本利益。笔者认为,在审判实践中,金融借款合同应当以市场利率 LPR 作为裁判基准,在个案中再适用《民法典》的相关规定进行调整,在裁判文书中加强充分说理,从而更好地规范裁判统一标准,维护司法公正。

民法典预告登记制度在金融司法协同案件中的理解与把握

——兼谈被执行人预告登记商品房强制拍卖的条件设定

李溪洪* 钟 燕** 陈敏明***

摘要：本文针对《民法典》物权预告登记制度的性质认识和现有预查封制度的缺陷，以及抵押预告登记的特点等展开论述，认为被执行人预告登记的预售商品房不应当只是一种针对未来进行物权登记的请求权及保全措施，而同时存在现实且丰厚的财产利益和价值，尤其是在厦门等房地产市场活跃地区。也因此，在符合一定的条件和程序的情况下，被执行人预告登记的预售商品房应当作为人民法院强制拍卖的标的。文章因此提出此类预售商品房符合强制拍卖的具体条件和程序设定。文章同时认为，金融司法协同中心应当立足于厦门经济特区优势，主动作为，先行先试，率先制定此类案件的协同化执行规范性意见，加强此类案件的执行力度和强度，充分保护包括地方金融组织在内的债权人的合法权益。

关键词：被执行人；预告登记；物权期待请求权；强制拍卖；协同执行

《厦门经济特区地方金融条例》和最高人民法院《关于新民间借贷司法解释适用范围问题的批复》的施行，使地方金融监管部门监管的地方金融组织终于有了明确的身份界定，且在司法适用上“不适用新民间借贷司法解释”。这对地方金融组织中的小额贷款公司而言是一大福音。但现实情况是，在小额贷款公司有关借款保证合同

* 李溪洪，厦门诚泰小额贷款股份有限公司法务部法务主任。

** 钟燕，厦门诚泰小额贷款股份有限公司法务助理。

*** 陈敏明，福州大学法学院研究生院应届毕业生。

的法律催收案件中，由于其放款对象均是小微企业或是普通自然人，标的额不大且担保措施有限，因此，此类案件进入司法程序后，很多情况下执行效果不佳。与此同时，在厦门等房地产市场活跃地区，又经常存在有被执行人名下预告登记的预售商品房这一物权期待权。对于此类物权期待权如何正确地理解和认识？是否应当结合具体的案件事实和此类商品房现实中所存在的丰厚的财产利益价值来加以正确的把握？此类商品房能否强制执行直至强制拍卖？如允许强制执行直至拍卖，则具体的条件与相关程序事项如何设定？这些问题都值得地方金融组织以及全体法律人重视与认真思考。本文谨借助一实际执行案例，针对该案执行实践过程中的相关焦点问题和法理进行必要的分析与探讨，期望能引起大家的共鸣。

一、问题的提出

（一）案情与本案焦点

厦门某小额贷款股份有限公司（以下简称小贷公司）系厦门市经金融监管部门批准设立的合规小额贷款公司，系属合规的地方金融组织，经营范围为小额贷款服务。2018 年 9 月，申请执行人小贷公司与被执行人钟某某等公证债权文书强制执行一案于厦门市同安区人民法院（以下简称同安法院）执行立案。在该案强制执行过程中，同安法院依法查封了钟某某和其配偶、女儿三人共同预告登记为“三人共有”的地址位于厦门市同安区某小区的预售商品房。并查明至本案查封时，该房产已经具备交房和办理权属证书条件，但预告登记权利人尚未办理交房和权属证书登记。鉴于此，经执行法官送达告知，预告登记共同权利人钟某某和其配偶、女儿三人均同意由法院通过司法拍卖方式处置该房产，并按各 1/3 的份额分割，其中钟某某的份额直接由法院处分代偿债务。同时，鉴于案涉预售商品房尚未办理交房和权属登记，且存在抵押预告登记，借款人在履行相关合同时未有逾期违约等情况。故执行法官乃将案涉房产查封法律文书，同时送达不动产登记中心和开发商，告知开发商预查封的效力及解除合同后，不得自行向被执行人返还已收的房款，并征得开发商以及抵押预告登记权利人银行同意由法院处置该房产的意见。

经评估，案涉房产于 2020 年 5 月在司法拍卖网拍卖成交，成交价为 326 万余元，溢价率达 27.59%。案涉房产拍卖款扣减抵押预告登记权利人银行债权 145 万元后，余 178 万元按三人各 1/3 份额均分，申请执行人小贷公司获得执行款 59 万余元，再辅以被执行人的余款交纳,本案得以顺利执结。[1]

本案的执行处置,涉及以下焦点:(1)本案的查封标的物是已经办理预告登记的家庭共有预售商品房,其已具备交房和办理权属登记条件,但预告登记权利人尚未办理交房和权属登记,基于此的查封的性质特点应当如何认识与把握。(2)对于此类物权期待权如何正确理解和认识?是否应当结合具体的案件事实和此类商品房现实存在的丰厚的财产利益价值来加以正确的把握?(3)对于此类物权期待权的预售商品房能否执行?在何种情况下才可以执行?又该如何执行?(4)在执行处置此类抵押预告登记的预售商品房时,如何保障抵押预告登记权利人银行的合法权益不受侵犯。

(二)值得思考和探讨的问题

本案执行中的上述焦点,一直是司法实践中困扰人民法院处理此类执行案件时的难点问题。对被执行人预告登记的预售商品房的预查封性质及相应效力如何认定,以及对预查封的被执行人预告登记的预售商品房能否强制拍卖,在司法实践中存在不同的看法,且主流观点认为对于此类预查封的预售商品房不能直接拍卖处置(各地法院对于此类案件的执行,大多只是采取预查封措施后就束之高阁,此乃不争的事实),理由是:(1)此类预查封仅是被执行人为了未来物权登记请求权的顺利实现而采取的一种保全行为,其对象并非被执行人现实且已经存在了的财产。(2)在被执行人有关物权登记请求权实现之前,所涉预售商品房的实际产权应归属于开发商。如果允许对该预售商品房予以强制拍卖,则显然直接侵犯了开发商的财产权益。(3)预查封和查封的效力应予严格区分。根据相关规定,“土地、房屋权属在预查封期间登记在被执行人名下的,预查封登记自动转为查封登记”[2],即只有在预查封转为正式查封时,才可以进行诸如拍卖、变卖或折价等实体处置。(4)不动产物权的设立、变更、转让或消灭必须经过登记才具有法律效力,法院应当尊重不动产登记机关登记的确权效力,不应当单纯地通过司法行为来改变物权的权属状态。

笔者以为,上述观点在现有的法律规定及法理分析上不无道理,但过于拘泥于表面形式上的分析。何况在现实的执行实践中,尤其是在诸如厦门等房地产市场活跃地区,许多被执行人都有此类预告登记的预售商品房,且其具有丰厚和现实的财产利益。与此同时,许多被执行人正是借助现有法律在这方面规定上的不足与缺陷,采取

〔1〕 参见福建省厦门市同安区人民法院执行裁定书,(2018)闽0212执2314号之三。

〔2〕 最高人民法院、原国土资源部、原建设部《关于依法规范人民法院执行和国土资源房地产管理部门协助执行若干问题的通知》(法发〔2004〕5号)第16条。

各种手段规避法院的执行，此乃不争的事实。也因此，我们是否应当结合具体的案件事实和此类商品房现实存在的丰厚的财产利益价值，来重新考察和认识此类物权期待权？对此种具有相应财产利益的被执行人的物权期待权预售商品房，人民法院是否应当积极主动作为，明确在对其预查封的基础上，并在符合一定的条件和程序时，可以强制拍卖（具体的条件和程序详见本文第三部分）。本文即对此作如下阐述。

二、不动产物权预告登记的性质及预查封制度完善

（一）不动产物权预告登记的性质及其理解

《民法典》第 221 条第 1 款规定："当事人签订买卖房屋的协议或者签订其他不动产物权的协议，为保障将来实现物权，按照约定可以向登记机构申请预告登记。预告登记后，未经预告登记的权利人同意，处分该不动产的，不发生物权效力。"该规定即为不动产物权预告登记下所产生的物权期待权。设立预告登记制度的根本目的在于保障权利人将来能够实现物权，保障登记权利人对未来物权的信心。"预告登记的法律性质，其实就是一种特殊的担保，即借助于不动产登记的作用，以物权的法律效力来保障目的的实现"〔1〕，但该规定与狭义上的物权期待权并不完全一致。其实，物权期待权更多地存在于民事法律行为中，诸如附条件、附期限民事法律行为，也存在于动产物权中如所有权保留，买受人在付清全部价款之前，仅对标的物的所有权享有期待权，所有权仍属于出卖人。〔2〕但在预告登记的预售商品房中，买房人与开发商之间虽存在商品房的买卖关系，但法律并未规定开发商可以所有权保留的方式出售商品房，而是规定买房人只要进行了预告登记，则其所享有的权益虽非现实的、完整意义上的物权，但也与一般意义上的债权相区别，构成典型的不动产物权期待权。这一期待权的内容在于：买受人所购买的不动产房屋的交付请求权和所有权权属登记或移转登记的请求权。但应当强调的是，这一期待权在多年来的房地产市场，尤其是厦门及其他经济较发达地区，具有丰厚且现实的财产利益。有的地方楼盘即使刚开盘，一个房号或一个签约合同一转手，就是十几二十万元甚至更多的利益价值，何况是已经预告登记了的预售商品房。因此，我们不应当只从表面形式上来看待物权期待权，更应该把它视为一种具有财产利益的权利，就犹如股权的股利分配请求权。

（二）现有预查封执行措施的缺陷与制度完善

基于预售商品房物权期待权这样的特殊情况，我国特别创设了预查封制度。根

〔1〕孙宪忠：《中国物权法总论》（第 2 版），法律出版社 2009 年版，第 349 页。

〔2〕参见《物权期待权》，载找法网 2021 年 7 月 4 日，https://wap.findlaw.cn/wuquan/a6965.html。

据最高人民法院、国土资源部、建设部《关于依法规范人民法院执行和国土资源房地产管理部门协助执行若干问题的通知》(法发〔2004〕5 号)第 15 条规定,对于被执行人购买的办理了商品房预售合同登记备案手续或者商品房预告登记的房屋,法院可以进行预查封,预查封制度由此产生。"预查封是人民法院对被执行人尚未进行权属登记,但将来可能会进行登记的不动产进行的一种预先限制性登记"〔1〕,但此类查封的效力只有在购房人依照合同约定办理完不动产权属登记后,才自动转为正式查封,即在此时才具有正式查封的效力。

预查封措施与《民法典》中的预告登记行为是互相配套的。法律创设预告登记的目的,在于防止开发商或其他卖主在与买受人进行商品房买卖或者转让其他不动产物权时,再次擅自处分该不动产,把已出售的商品房或不动产再次出售或者进行抵押,防止"一房二卖",从而保障买受人将来能够顺利地取得不动产物权登记。只是此种预告登记在性质上只是相应债权物权化的登记,与不动产物权的权属登记有着本质上的区别,不能随意混淆。也因此,买受人预告登记所取得的只是针对未来顺利进行物权登记的一种期待性请求权。对于此类预告登记商品房的查封,也只能是基于在特定的房产买卖债权中,限制开发商或其他卖主乃至预告登记权利人处置所涉期待性物权财产的权利,而非对物权的查封。

但不可忽视的是,基于预告登记和预查封的效力性质,现有法律规定下的预查封并不能限制被执行人公积金住房贷款以及其他商业按揭贷款卡的正常使用,众多的被执行人也就自然而然地利用这一点来规避法院的执行,执行法院却对之无可奈何。有的被执行人甚至利用预查封这一性质特点,与自己的亲戚或者第三方合谋串通,转手买卖已被预查封了的房产,从而赚取高额价差,至于能否办理权属转让登记对于他们来说并无所谓。甚至在可以办理交房手续和权属登记时,拖延办理或不予办理,但却直接装修入住。更有甚者,通过倒签房屋买卖合同并装修入住,届时再以实际产权人或以等三方物权期待权为理由对抗法院的强制执行,人为创设"执行难"。

与此同时,基于预告登记和预查封的效力性质,人民法院的预查封并不能直接限制预售商品房合同当事人依约行使合同解除权。《民法典》第 562 条第 2 款规定:"当事人可以约定一方解除合同的事由。解除合同的事由发生时,解除权人可以解除合同。"由于预查封并不具有物权查封的效力,故按照一般法理,当事人在合同中约定的合同解除事由发生时,合同解除权人仍然可以依约行使合同解除权。也因此,"第三

〔1〕 "预查封",载 360 百科 2021 年 7 月 1 日,https://baike.so.com/doc/7605919-7880014.html。

人依法解除合同的,人民法院应当准许,已经采取的查封、扣押、冻结措施应当解除,但人民法院可以依据申请执行人的申请,执行被执行人因支付价款而形成的对该第三人的债权”〔1〕。问题是,在此类解除合同的诉讼中,申请执行人往往并不知晓这一诉讼的情况,更非当然的当事人,不可能直接参与诉讼,只能被动地接受裁判结果。申请执行人又何以能够及时地向执行法院申请“执行被执行人因支付价款而形成的对该第三人的债权”?

但值得注意的是,最高人民法院新修订后施行的同一规定中,删去了该款规定。这是否意味着就此类被人民法院预查封的不动产,当事人的合同解除权应当受到限制?具体的制度设计意义如何,有待观察和关注。

鉴于以上分析,对于被执行人存在预售商品房预告登记的,执行法院在采取预查封措施时,“除向房产登记部门送达预查封有关法律文书之外,还应及时向开发商送达预查封裁定和协助执行通知书,告知预售商品房已被法院预查封,擅自向被执行人退款承担法律责任”〔2〕。同时告知开发商:(1)在人民法院采取预查封措施并向开发商送达预查封裁定法律文书后,开发商擅自退还给被执行人的款项,将由开发商自行追索。(2)对于开发商尚未退还银行款项的,将在未来处置被执行人的财产变价款时预先扣除给银行。(3)在开发商解除合同之诉中所确认的违约金或诉讼成本等损失,不具有优先于查封债权的受偿权的法律后果。〔3〕这样,才能从法律程序上既充分保护申请执行人的合法利益,又有效地维护了案外第三人开发商的知情权及其实体上的合法权益。

三、被执行人预告登记的预售商品房强制拍卖的条件及程序设定

笔者认为,为了有效保护包括地方金融组织在内的债权人的合法权益,遏制被执行人利用物权期待权的预查封制度缺陷规避人民法院的执行的现象,应当对涉及被执行人预告登记的预售商品房的执行案件,在对其预查封的基础上,进一步明确在符合以下条件和程序时,人民法院可以强制拍卖:(1)被执行人与开发商签订商品房预售合同并已完成向登记机关的预告登记。(2)被执行人已按约向开发商支付完毕首付款项,如同时办有银行抵押预告登记按揭贷款的,已经按约履行贷款总额的30%以

〔1〕 最高人民法院《关于人民法院民事执行中查封、扣押、冻结财产的规定》(2008年)第18条第2款。

〔2〕 江苏省高级人民法院《关于执行疑难问题的解答》(苏高法〔2018〕86号)第3条。

〔3〕 参见江苏省高级人民法院《关于执行疑难问题的解答》(苏高法〔2018〕86号)第3条。

上。(3)在既有的购房款支付以及银行抵押预告登记按揭贷款合同履行中,未出现逾期违约,或已经得到补救,或已经得到贷款银行的谅解。(4)该预告登记的预售商品房已经具备交房条件或被执行人已经完成交房手续,但尚未办理权属登记。(5)人民法院对被执行人该预告登记的预售商品房已经予以预查封,并已经告知开发商预查封的法律后果,开发商同意由人民法院拍卖处置该房产。(6)人民法院已经查明被执行人该预告登记的预售商品房在银行抵押预告登记按揭贷款的履行情况及现有余额,且抵押预告登记权利人银行对人民法院的强制拍卖没有异议。(7)在被执行人该预告登记的预售商品房可以办理交房和权属登记情况下,如果被执行人迟迟不予办理,人民法院应当明确告知被执行人相应法律后果,即如人民法院指定一定期间内办理,被执行人仍拒不办理的,人民法院将在债权人申请代位办理的前提下,由人民法院直接在执行程序中裁定债权人代位办理,被执行人不得再有异议。但应当强调的是,申请执行人的上述代位权,只能限制在代位被执行人办理交房手续和物权权属登记,以及交纳相关费用的事项范围内,不得超出。(8)被执行人该预告登记的预售商品房截止拍卖时,未有相关当事人提起涉房解除合同之诉或其他关联诉讼。(9)此类案件的执行管辖应以首封法院管辖为原则,以被执行人该预告登记的预售商品房所在地法院管辖为例外,并协调相关法院移送统一处置。

对符合上述条件的,人民法院应当按照《民事诉讼法》和相关执行司法解释规定,及时制作裁定书,并送达被执行人、申请执行人、登记机关以及各相关的权利人,包括开发商、预告抵押权人等。特别是应告知开发商所涉预售商品房的预查封效力,明确擅自向被执行人退款应当承担相应的法律责任。如最终裁定对被执行人该预告登记的预售商品房予以强制拍卖,则根据人民法院相关的拍卖程序规定执行。

四、被执行人预告登记的预售商品房强制拍卖时抵押预告登记权利人的关系处理

在此类被执行人预告登记的预售商品房执行案件中,被执行人大都与银行办理了借款合同,并以预告登记了的预售商品房作为预抵押物,向登记机关作了抵押预告登记。与不动产物权期待权相对应,该抵押预告登记亦非法律意义上的抵押担保物权,并不当然享有优先受偿权,而是待所涉商品房建成并交付买房人后,银行就该房屋设立抵押权的一种预先排他性保全措施。而且与人民法院的预查封在预告登记的商品房取得产权证书后即可自动转为正式查封不同,抵押预告登记届时并不能自动转为正式抵押登记。抵押预告登记转为正式抵押登记乃当事人行为,权利人银行必

须在所涉房产权属登记至被执行人名下后，再向登记部门申请转为正式抵押登记，只有在转为正式抵押登记后，银行才真正享有担保物权，也才具有优先受偿权。“如果房屋建成后的产权未登记至借款人名下，则抵押权设立登记无法完成，银行不能对该预售商品房行使抵押权。”[1]“抵押权预告登记并不具备保障抵押权预告登记权利人设立抵押权之外的请求权实现的效力，认为办理了抵押权预告登记就意味着赋予债权人对特定财产享有优先受偿权的观点，无疑是对预告登记保全效力的曲解”。[2]

基于以上分析，抵押预告登记并非正式抵押登记，抵押预告登记权利人亦非抵押权人。则在有关预查封的情况下，对抵押预告登记权利人银行的影响不大，且银行在相应的借款担保合同中还同时有开发商提供连带保证责任担保，更不至于影响其债权利益。也因此，法院在预查封时并不必然需要通知抵押预告登记权利人银行。但值得探讨的是，如果此类被执行人预告登记的预售商品房符合一定条件下予以拍卖、变卖的情况（详见本文第三部分），预查封法院就应当将所涉的预查封法律文书、协助执行通知书等一并送达给抵押预告登记权利人银行。如最终进行强制拍卖，则应当“在拍卖五日前以书面或者其他能够确认收悉的适当方式，通知当事人和已知的担保物权人、优先购买权人或者其他优先权人于拍卖日到场”[3]。毋庸置疑，虽然抵押预告登记权利人银行在此时并非抵押权人，但所涉预告登记的预售商品房的拍卖、变卖结果将至少涉及两个以上的案件，抵押预告登记权利人银行与其他债权人之间必然存在相应的利益冲突。因此，在对所涉预告登记的预售商品房的强制拍卖中，应当依法保障抵押预告登记权利人银行的知情权，并取得他们的配合，同时依法保障他们的合法权益。

五、金融司法协同中心执行工作建议

《厦门经济特区地方金融条例》第20条专门规定，人民法院应当推进金融司法机制创新，设立金融司法协同平台，完善金融纠纷多元化解决机制，提升司法服务金融发展的水平。而厦门市中级人民法院特别设立的金融司法协同中心的创新机制还被写入最高人民法院《中国金融司法报告》，足显厦门特色。

---

〔1〕 中国光大银行股份有限公司上海青浦支行诉上海东鹤房地产有限公司、陈某绮保证合同纠纷案，载《最高人民法院公报》2014年第9期。

〔2〕 司伟：《预购商品房抵押权预告登记权利保护的法律基础与路径选择》，载《人民司法·案例》2016年第14期。

〔3〕 最高人民法院《关于人民法院民事执行中拍卖、变卖财产的规定》第11条第1款。

基于上文分析，笔者以为，在被执行人预告登记的预售商品房特定条件下执行拍卖过程中，人民法院不应当只是把它作为纯粹的个案来处理。毕竟，执行处置此类案件，必定是牵一发而动全身，关系到如何有效衡平各方当事人及其他权利人乃至登记机关、评估拍卖机构、开发商、抵押预告登记权利人银行等的相互之间的关系与配合，相互之间的系列协调和协同工作至关重要。因此，寄望于金融司法协同中心，能够进一步立足于厦门经济特区优势，主动作为，先行先试，率先制定对于被执行人预告登记的预售商品房特定条件下执行拍卖的协同化执行规范性意见，设定被执行人预告登记的预售商品房强制拍卖的条件及具体程序，并将所有的地方金融组织的金融案件均衡纳入金融司法协同中心的管辖范围，实行统一管辖。或由金融司法协同中心制定专门的指导性规范化执行意见，统一指导、协调，协同规范化两级法院此类案件的执行，保证案件审理执行中法律适用上的统一，从而平等地实现对所有金融机构包括对地方金融组织合法权益的保护。

下　篇

在应对金融风险大背景下对金融科技创新的审慎监管及司法应对

资管通道合同效力判定的司法路径:困境和选项

沈　伟*

摘要:通道合同效力认定的传统路径是对《民法典》第153条、第154条进行解释。本文通过分析传统路径存在的困境,包括对金融稳定利益的忽视、法律制定的滞后性、法教义学方法的局限性,对比说明利益衡量路径能够克服传统路径的不足,并且具有优势和可行性。本文在介绍通道业务及其风险基础上,对通道业务纠纷进行了类型划分,提出衡量各方主体利益的裁判规则。法院应当优先保护守约方的利益,除非保护守约方的利益危害到了金融稳定利益,并给出了具体的裁量标准。本文将利益衡量路径引入资管通道合同的效力认定过程,为金融司法监管化背景下法院维护金融安全等公共利益的政策职责提供了理论支持。

关键词:利益衡量;合同效力;金融监管;《资管新规》;《九民纪要》

2018年4月27日,中国人民银行、中国银行保险监督管理委员会、中国证券监督管理委员会、国家外汇管理局联合印发了《关于规范金融机构资产管理业务的指导意见》(银发〔2018〕106号,以下简称《资管新规》)。《资管新规》对资产管理"实行穿透式监管",其出台标志着资管业务正式进入统一监管时代。2020年7月,多部门联合发布通知,延长《资管新规》过渡期至2021年年底,同时建立健全激励约束机制,完善配套政策安排,平稳有序推进资管行业规范发展。

2019年11月最高人民法院公布了《全国法院民商事审判工作会议纪要》(以下简称《九民纪要》)。其中,在引言部分,最高人民法院已经原则性地指出法院在民商

---

* 沈伟,上海交通大学法学院教授、博导,英国伦敦政治经济学院博士。本课题组其他成员包括林大山、苏可桢,特此说明和感谢。

事审判中需要“注意处理好民商事审判与行政监管的关系，通过穿透式审判思维，查明当事人的真实意思，探求真实法律关系”。这与资产管理的穿透式监管要求两相呼应。具体到通道业务本身，正文第93条分三部分对通道业务进行了规范：界定了通道业务的定义、规范了过渡期内通道业务的效力，以及明确了通道业务中委托人和受托人之间的权利义务关系。[1]《九民纪要》将营业信托纠纷分为事务管理信托纠纷和主动管理信托纠纷两种类型，规定在事务管理信托纠纷案件中，对信托公司开展和参与的多层嵌套、通道业务、回购承诺等融资活动，要以其实际构成的法律关系确定其效力，并在此基础上依法确定各方的权利义务；在主动管理信托纠纷案件中，应当重点审查受托人在“受人之托，忠人之事”的财产管理过程中，是否恪尽职守，履行了谨慎、有效管理等法定或者约定义务。

2018年6月29日，最高人民法院对北京北大高科技产业投资有限公司与光大兴陇信托有限责任公司借款合同纠纷案[2]作出判决。该案是《资管新规》出台后法院在案件判决文书中对《资管新规》内容进行直接认可和援用的第一案，最高人民法院在判决书的裁判说理部分援引《资管新规》。这是该新规发布以来第一次被法院援引作为裁判说理的依据，一定程度上反映了当下金融司法审判的监管化趋势。这种趋势主要体现为法院通过裁判说理扩大原《合同法》第52条“违反法律、行政法规的强制性规定”[3]“以合法形式掩盖非法目的”[4]“损害社会公共利益”[5]等有关认定合同无效条款的适用情形，司法审判结果与金融监管态度趋于一致。[6]

资管业务中的通道合同属于《九民纪要》中规定的事务管理型信托。《九民纪

[1] 参见《九民纪要》第93条：“……在过渡期内，对通道业务中存在的利用信托通道掩盖风险，规避资金投向、资产分类、拨备计提和资本占用等监管规定，或者通过信托通道将表内资产虚假出表等信托业务，如果不存在其他无效事由，一方以信托目的违法违规为由请求确认无效的，人民法院不予支持。至于委托人和受托人之间的权利义务关系，应当依据信托文件的约定加以确定。”

[2] 参见最高人民法院民事判决书，(2015)民二终字第401号。

[3] 《民法典》第153条第1款关于“违反法律、行政法规的强制性规定的民事法律行为无效”的规定，为对《合同法》第52条第5项“违反法律、行政法规的强制性规定”无效规定的继受。

[4] 《民法典》对《合同法》第52条第3项关于“以合法形式掩盖非法目的”的合同无效的规定，继受改造为2个规范：(1)第146条，关于“通谋虚伪行为无效”的规定；(2)第154条，关于“行为人与相对人恶意串通，损害他人合法权益的民事法律行为无效”的规定。

[5] 《民法典》第153条第2款“违背公序良俗”是对《合同法》第52条第4项“损害社会公共利益”的吸收。

[6] 参见王进：《〈资管新规〉第一案：资管通道业务是否有效？且看最高院怎么判》，载微信公众号“金融监管研究院”2018年11月20日，https://mp.weixin.qq.com/s/a2Njt5wz1sHhX8MQZnMFWg。

要》要求法院依据实际构成的法律关系确定其合同效力,给法院留下了一定的自由裁量空间,其中涉及两个问题:第一,法院是否应当判定通道合同效力;第二,法院应当运用什么路径来判定通道合同效力。本文研究的意义在于,针对金融司法审判监管化的趋势,以通道业务为视角,对相关领域司法中的合同效力认定路径进行探究,为法院判决提供新的路径选择和理论支持。本文将首先分析法院审查合同效力的四个传统路径及遇到的困境,然后引入利益衡量论的视角对通道合同效力认定进行分析。

一、审查合同效力的传统路径及其困境

(一)金融司法审判的监管化趋势

2017 年 8 月 4 日,最高人民法院发布的《关于进一步加强金融审判工作的若干意见》规定,“以服务实体经济作为出发点和落脚点,引导和规范金融交易……对以金融创新为名掩盖金融风险、规避金融监管、进行制度套利的金融违规行为,要以其实际构成的法律关系确定其效力和各方的权利义务”。2018 年 5 月 25 日,上海市高级人民法院发布的《关于落实金融风险防范工作的实施意见》规定,“审慎处理金融创新产品引发的金融纠纷案件。对不符合金融监管规定和监管精神的金融创新交易模式,或以金融创新为名掩盖金融风险、规避金融监管、进行制度套利的金融违规行为,及时否定其法律效力,并以其实际构成的法律关系确定其效力和各方的权利义务”。2018 年 7 月 23 日,上海市浦东新区人民法院为贯彻落实上海市高级人民法院《关于落实金融风险防范工作的实施意见》发布了《关于加强金融审判与金融监管有效衔接的意见》,其第 3 条规定,要准确甄别法律关系,“准确认定金融交易实际构成的法律关系,对合法合规的金融交易模式依法予以保护,实现法院裁判结果与金融监管政策导向的有机衔接,避免以金融创新为名规避金融监管、掩盖金融风险”。[1]

从上述法院审判指导意见可以看出,基于金融纠纷的特殊属性,现行司法审判规则在不断配合现有金融监管政策,对金融行业新型交易模式进行定性,对金融监管下的实际金融交易进行判断,确定其实际法律关系和相关合同效力。法院应当在合理界定行政监管与司法裁判边界的同时,坚持公法与私法并重,规范金融市场,防控金

〔1〕 参见王进:《〈资管新规〉第一案:资管通道业务是否有效? 且看最高院怎么判》,载微信公众号“金融监管研究院”2018 年 11 月 20 日,https://mp. weixin. qq. com/s/a2Njt5wz1sHhX8MQZnMFWg。

融风险。[1]

在法院需要承担防范金融风险、维护金融安全职责的背景下，我国金融司法审判呈现监管化趋势。比如，在福建伟杰投资有限公司与福州天策实业有限公司、君康人寿保险股份有限公司营业信托纠纷案[2]和杨某国与林某坤股权转让纠纷案[3]中，最高人民法院实际上是通过裁判说理，扩大了“违反社会公共利益”这一构成要件的涵摄范围，且在裁判说理中援引了监管部分的规章，与金融监管态度趋于一致。

（二）行政规章影响商事合同效力的四种传统进路

在过渡期届满之后的通道业务中，案涉合同是否将因违反监管政策而无效，目前的审判中依然没有给出一个明确的回答。这实际上涉及行政规章能否成为、如何成为商事合同效力裁判的规范依据，笔者以为其中有四种传统进路。

1. 合同有效但构成履行不能

该裁判方式最大限度尊重当事人意思自治，不承认行政规章影响合同的效力，只是认为在合同履行时，会构成符合《民法典》第580条“法律上或者事实上不能履行”的履行不能情形。这种裁判方式的问题是，公力救济介入过晚，反映出法院对于社会公共利益维护的消极态度。

2. 恶意串通、损害他人合法权益的民事法律行为无效

该裁判路径以《民法典》第154条关于“行为人与相对人恶意串通，损害他人合法权益的民事法律行为无效”的规定之情形为依据，认定合同无效。然而，“恶意串通，损害他人合法权益”含义并不明确，增加了裁决的不确定性，加剧了司法适用的不统一，且最终仍需要借助“公序良俗”“违反法律、行政法规的强制性规定”“虚假表示”等效力规范来作出决断。[4]

3. 违反法律、行政法规授权之强制性规定的民事法律行为无效

该裁判路径适用《民法典》第153条第1款关于“违反法律、行政法规的强制性规定的民事法律行为无效”的规定认定合同无效。《民法典》第153条第1款“违反法律、行政法规的强制性规定的民事法律行为无效”，规定的仅是违反法律法规的合同无效，但实际上在私法领域中还要区分效力性强制性规范和管理性强制性规范：违反

〔1〕 参见王进：《〈资管新规〉第一案：资管通道业务是否有效？且看最高院怎么判》，载微信公众号“金融监管研究院”2018年11月20日，https://mp.weixin.qq.com/s/a2Njt5wz1sHhX8MQZnMFWg。

〔2〕 参见最高人民法院民事裁定书，(2017)最高法民终529号。

〔3〕 参见最高人民法院民事裁定书，(2017)最高法民申2454号。

〔4〕 参见李建伟：《行政规章影响商事合同效力的司法进路》，载《法学》2019年第9期。

效力性强制性规范的合同无效而违反管理性强制性规范的合同不当然无效,只是会带来某些否定性的法律效果。[1] 但是对什么是"效力性强制性规范"依然有争议,法官无法识别什么是效力性强制性规范。并且,法官在裁判具体案件时,对具体案件的利益关系的关注较少,仅根据法律法规语言文字上的表述去做逻辑推演,过于脱离实践。

4. 违背公序良俗的民事法律行为无效

在《民法典》颁布之前,这一裁判路径依据《合同法》第 52 条第 4 项规定的"损害社会公共利益"情形,认定此类合同无效。考察过去的司法实践可以发现,将违反金融监管政策的情形解释为"损害社会公共利益"是法院认定合同无效的一个典型解释路径。[2] 而在《民法典》中,该表述则是《民法典》第 153 条第 2 款的"违背公序良俗的民事法律行为无效"。

该进路存在的问题是:

第一,社会公共利益、公序良俗是一个模糊的概念,不同法官有不同的认识,裁判难以统一。尽管"公共利益""公序良俗"本来意味着所有人的权利,但如果解释不当,却可能被"异化"为压迫每个人的工具。[3]

第二,通道合同下,监管机构难以识别每一笔投资的最终流向,造成了监管失灵,加剧金融风险。金融风险加大可以视为对金融安全性、稳定性的损害。然而,在传统民商事领域中,往往是合同安排能直观地看出对社会的损害,才会被认定为无效。在金融领域必须提前打击增大金融风险的行为,而不能等到系统性崩盘之后再加以挽救。用公序良俗来考量合同的效力,在金融领域对加大金融风险的行为打击过晚。

第三,公序良俗与金融稳定的判定没有完全一致。社会公共利益要求法官的判决不能过度背离民众的法感情。星野英一认为,在进行利益考量或价值判断的时候,法学家并不具有什么特殊的权威,他们的权威只体现在法律技术方面。在有关利益考量、价值判断方面,法学家也只是一个普通的市民而已。因此,对于法学家来说,一件很重要的事情就是,一定要努力使解释的结果尽可能地和普通市民的感觉、期待相

---

〔1〕 参见李建伟:《行政规章影响商事合同效力的司法进路》,载《法学》2019 年第 9 期。

〔2〕 参见万子芊:《对资管新规关于通道业务相关规定的理解与思考》,载《金融法苑》2018 年第 2 期。

〔3〕 参见张千帆:《"公共利益"是什么?——社会功利主义的定义及其宪法上的局限性》,载《法学论坛》2005 年第 1 期。

一致。[1] 社会公共利益的判定主要依据是民众的法感情，而通道业务中，金融稳定的判断依据是风险计算和评估，更多地体现为杠杆率大小、资金规模、嵌套层数等指标。在传统的公序良俗理论中，合同本身的恶劣性、公序良俗的重要性以及合同无效的均衡性更多地涉及价值判断。[2] 而金融风险的计算与把握更为客观，但对法官的专业能力提出了更高要求。

（三）传统进路面临的困境

第一，私法自治主导下的法律观念，使得法院在裁判合同争议案件时，只看见合同双方之间权利义务的矛盾关系，而没有看到行政权力的调控。有学者指出，民法权利思维定式过于僵化，它缺乏对以公共秩序形式彰显的法益的构建力和解释力，导致了权利化表达范围的局限和非理性扩张，高估了权利及其请求权对法律生成的作用，忽视了权利运行的公共社会基础和义务底色。[3] 行政机关没有办法作为第三人介入这场诉讼，因此法院审查时通常也只考虑合同双方的利益关系，缺乏对行政权力所保护的公共利益的考量。

第二，立法的滞后性。法律位阶不仅是法理学的一个基本问题，而且是《立法法》所确立的"上位法优于下位法"适用规则的理论基础和逻辑起点。法律位阶理论由奥地利法学家梅尔克首先提出，他认为，法律是一个有等级秩序的规范体系，除了最高规范外，每一个规范的效力至少取决于其他规范。[4] 他提出，排列有序的条件性和附条件规范呈现为一叠按高低层次堆放的错落有致的公文案卷，因而可称为位阶。[5] 在实践中，法律的出台需要全国人大常委会审议通过，法律的出台是一个利益集团博弈的过程，往往一部法律的出台需要经过很长时间的讨论。而国务院有关部门制定的行政法规，能够及时有效地对市场变化进行调控。法院在裁判时，往往认为《民法典》效力优先于银保监会、证监会出台的规范性文件，使得监管部门作出的努

---

〔1〕 参见吴从周：《概念法学、利益法学与价值法学：探索一部民法方法论的演变史》，中国法制出版社 2011 年版，第 260～268 页。

〔2〕 参见黄忠：《比例原则下的无效合同判定之展开》，载《法制与社会发展》2012 年第 4 期。

〔3〕 参见梅夏英：《民法权利思维的局限与社会公共维度的解释展开》，载《法学家》2019 年第 1 期。

〔4〕 参见顾建亚：《法律位阶划分标准探新》，载《浙江大学学报（人文社会科学版）》2006 年第 6 期。

〔5〕 See Adolf Merkl. Prolegomena einer Theoriedes rechtlichen Stufenbaues, S. 1340. quoted from: Nico las Forster: SE Rechtsphilosophie, Die Wiener rechtstheoretische Schule, Rechtsphilosophische Seminararbeitvon-NicolasForster Sommersemester 2003, http://www. hausar - beiten. de/faecher/hausarbeit/jul/22676. html.

力在法院审判前被否决。

第三，法教义学的局限性。在裁判商事合同效力时，有一些合同是金融监管规则所禁止的，但法院一般并不直接援引监管规则，而是以《民法典》第153条、第154条中的“违背公序良俗，违反法律、行政法规授权之强制性规定的合同无效”来裁决合同无效。这时候法院就面临一个难题，即如何将合同安排解释为损害“社会公共利益”，如何将监管规则解释为“强制性规定”。社会公共利益本身是一个模糊抽象的概念，而且一个合同安排通常不会影响整体的公共利益。以经济学上公地的悲剧为例，每个人都没有影响整体的公共利益。但从宏观上看，他们的一致行为导致了公地的悲剧。因果链条太长，影响因素太多，法院难以将每一个违反监管规则的合同都认定为违反公共利益。

与此同时，对于“效力性强制性规定”的含义，根据《民法典》第153条第1款规定，违反法律、行政法规的强制性规定的合同无效。之前的最高人民法院《关于适用〈中华人民共和国合同法〉若干问题的解释（一）》（以下简称《合同法解释（一）》，已失效）第4条对“法律、行政法规”的范围进行了限定，明确了不得以地方性法规、行政规章作为认定合同无效的依据。最高人民法院《关于适用〈中华人民共和国合同法〉若干问题的解释（二）》（已失效）第14条进一步将“强制性规定”明确为“效力性强制性规定”。根据《资管新规》的位阶，其并非法律和行政法规，违反《资管新规》的合同并不能依据《民法典》第153条第1款被认定为无效。

根据上述分析可知，传统路径难以应对金融审判所面临的复杂情形。

（四）《资管新规》对法院认定资管合同效力的影响

为探究《资管新规》对法院认定资管合同效力的影响，笔者以“关于规范金融机构资产管理业务的指导意见”为关键词在中国裁判文书网进行检索，[1]在“案由”部分选择“民事案由”筛选条件，在“法院层级”部分分别选择“最高法院”“高级法院”两类筛选条件，总共得到相关裁判文书29篇。其中，涉及资管合同效力认定的裁判文书共15篇，[2]而这些文书都对相关合同的效力予以确认。

《九民纪要》出台后，仍没有法院援引其规定以证成合同无效，即便当事人已经开

〔1〕 参见中国裁判文书网2021年6月6日，https://wenshu.court.gov.cn/。

〔2〕 这些判决书的案号如下：（2017）最高法民终478号、（2015）民二终字第401号、（2016）最高法民终215号、（2015）民二终字第393号、（2020）浙民终548号、（2020）鲁民终3001号、（2020）豫民终410号、（2020）京民终676号、（2019）京民终1460号、（2017）京民初91号、（2019）京民初7号、（2018）京民初122号、（2019）辽民终517号、（2018）浙民初29号、（2017）渝民初109号。

始援引《九民纪要》第31条和《资管新规》的相关规定答辩请求法院否定合同效力，典型者如卓越公司与万向公司等合伙企业财产份额转让纠纷。[1] 在该案件中，卓越公司在答辩中请求法院认定当事人之间订立的《合伙协议》《承诺函》部分无效，依据的便是《资管新规》第2条以及《九民纪要》第31条：卓越公司认为《资管新规》第2条关于刚性兑付的禁止性规定"系出于维护金融安全、市场秩序、国家宏观政策等公序良俗的考虑"，这属于《九民纪要》第31条认定合同无效的事项。尽管因为《资管新规》中明确设置了过渡期制度而使前述规定无法直接适用于本案，且法院本来也只能根据《民法总则》(现《民法典》)中关于法律行为效力的规定[2]而非《资管新规》和《九民纪要》认定合同无效，但是审理本案的两级法院都完全没有就当事人提出的该理由予以回应，而仅简单地阐明对合同效力予以承认的结论，未曾进行进一步的说明。

另外，尽管《九民纪要》已经明确了违反涉及金融安全之规章的合同应作为违反公序良俗的合同，进而否定其效力，但是仍有法院于《九民纪要》出台后，在其自身已经明确了相关合同违反部门规章和监管政策的情况下，得出了合同不违背公序良俗的结论，确认了相关合同的效力。[3] 由此观之，结合《九民纪要》第31条后半段对人民法院认定规章是否涉及公序良俗的审慎要求，该条文所确立的规则在适用上存在一定的模糊地带。

在前述15份裁判文书中，有7份判决书系基于《资管新规》中的禁止性规定为其设置的"过渡期"制度所排除，从而确认了合同的效力。由此观之，基于"过渡期"而认可存量通道合同的效力，是当前承认相关合同效力的主流观点。例如，在北大高科与光大兴陇借款合同纠纷一案中，最高人民法院明确指出现行金融监管规则要求金融机构不得为其他金融机构的资产管理产品提供规避投资范围、杠杆约束等监管要求的通道服务，但是由于案涉业务属于发生于2011年的存量银信通道业务，相关业务处于根据"新老划断"原则设置的过渡期内，北大高科主张案涉信托借款合同系商业银行为规避正规银行贷款而借助信托渠道谋取高息并构成以合法形式掩盖非法目的于法无据。[4]

值得一提的是，在一份未提及过渡期制度而直接认可资管通道合同效力的判决

[1] 参见浙江省高级人民法院民事判决书，(2020)浙民终548号。

[2] 参见《民法总则》(现《民法典》)第143条。

[3] 参见北京市高级人民法院民事判决书，(2017)京民初91号。

[4] 参见最高人民法院民事判决书，(2015)民二终字第401号。

书中，最高人民法院根据《资管新规》表明了其对于多层嵌套和通道业务事实上的负面态度，认为案中当事人的多层嵌套交易模式拉长资金链条、增加产品复杂性，可能导致监管部门难以监控实际投资人、难以把握核查风险，实际上不符合《资管新规》中的监管要求，警示各方当事人今后须严格依据《资管新规》开展业务。[1] 据此，学界有观点认为在金融审判中"司法监管化"的趋势已越发明显，金融监管规范可能在未来的金融司法中发挥更大影响力。[2] 事实上，《九民纪要》的出台也确实让像《资管新规》这样的金融监管规范在金融司法中的影响力大大增强，其通过公序良俗的转介成为了判断法律行为效力的重要依据。

通过案例检索，可以总结出《资管新规》对于法院认定资管合同效力影响的三个方面。第一，《资管新规》出台后，在高级法院及以上层级法院裁判中，法院都倾向于认定资管合同有效。第二，《资管新规》出台后，法院认定资管合同有效的路径主要有两种：一是虽然案涉合同的内容违反《资管新规》，但因其属于前述规定中设置的"过渡期"内的合同而有效；二是法院不认为《资管新规》可以作为合同效力认定之依据，这主要是参照了《合同法解释（一）》关于不得以行政规章作为认定合同效力之依据的规定。[3] 第三，《九民纪要》第 31 条重新规定了违反涉及金融安全、市场秩序、国家宏观政策等公序良俗之规章的合同无效，[4] 该规定存在改变前述《合同法解释（一）》相关规定并将其与《资管新规》衔接适用的可能。

二、利益衡量分析路径

（一）概念法学与利益衡量方法

传统合同效力认定方法体现了概念法学的路径。概念法学源于法国的注释法学派和德国的潘德克顿法学，它们将法律作为一个完整精巧的概念金字塔，认为法官的

---

〔1〕 参见最高人民法院民事判决书，(2016)最高法民终 215 号。

〔2〕 参见上海财经大学法学院：《〈上财金融判例评述〉白皮书》，载微信公众号"上海财经大学法学院"2021 年 6 月 15 日，https://mp.weixin.qq.com/s/gzQSfMSpGTH8gtU_9xvOaA。

〔3〕 参见辽宁省高级人民法院民事判决书，(2019)辽民终 517 号。参见《合同法解释（一）》第 4 条：合同法实施以后，人民法院确认合同无效，应当以全国人大及其常委会制定的法律和国务院制定的行政法规为依据，不得以地方性法规、行政规章为依据。

〔4〕 参见《九民纪要》第 31 条：违反规章一般情况下不影响合同效力，但该规章的内容涉及金融安全、市场秩序、国家宏观政策等公序良俗的，应当认定合同无效。人民法院在认定规章是否涉及公序良俗时，要在考察规范对象基础上，兼顾监管强度、交易安全保护以及社会影响等方面进行慎重考量，并在裁判文书中进行充分说理。

职责在于根据法律所建立的概念体系做逻辑推演。概念法学的主要特征如下:其一,无论法律是否存在漏洞,强调法律体系都具有逻辑自足性,即认为社会生活中无论发生什么案件,均可依逻辑方法从成文法中获得解决,不承认法律有漏洞。其二,关于法律解释,概念法学注重文义解释和体系解释,排斥解释者对具体案件的利益衡量。其三,概念法学否认法官的能动作用,认为法官遇到疑难问题时应探求立法者的意思,并以立法者的意思为准。[1]

19 世纪后期,社会生活发生很大变化,法院面对很多新问题,这些案件或者缺乏法律规定,或者法律规定比较模糊,如果像过去那样机械适用法律就无法解决问题。这些变化促进了利益衡量的兴起。德国学者基希曼 1848 年发表演讲《论作为学术之法学的无价值》,指出:"立法者修正了三个字,整个法学文献就变成一堆废纸。"[2]这是他对概念法学脱离实践、沉迷法律文件与逻辑推演的批判。耶林提出了目的法学,他指出利益是权利的核心,权利是法律上所保护的利益。[3] 解释法律必须结合实际的社会生活,不能偏离法律的目的。德国法学家在此基础上创建了利益法学派。庞德是美国利益法学的代表人物,他接收耶林的利益思想发展出了利益学说和利益纲目。[4] 日本利益衡量理论以加藤一郎的《民法的解释与利益衡量》[5]和星野英一的《现代民法基本问题》[6]为代表作。

(二)利益衡量路径的优势

第一,在传统的民商法分析路径中,只见合同双方意思自治,而不见公共利益;权利优先,行政权力的干预只能是例外。这种观念忽视了金融领域的特殊性,无论是在哪个国家,金融领域都是监管最密集的领域。在这个领域内,为维护国家利益和金融稳定,政府经常动用公权力进行调控,私人自治并不占主导地位。例如,安邦集团于

---

〔1〕 参见梁上上:《利益衡量论》(第 2 版),法律出版社 2016 年版,第 17 ~ 18 页。

〔2〕 [德]弗朗茨·维亚克尔:《近代私法史:以德意志的发展为观察重点》(下),陈爱娥、黄建辉译,上海三联书店 2006 年版,第 399 页。

〔3〕 参见吴从周:《概念法学、利益法学与价值法学:探索一部民法方法论的演变史》,中国法制出版社 2011 年版,第 11 页。

〔4〕 参见[美]罗斯科·庞德:《法理学》第 3 卷,廖德宇译,法律出版社 2007 年版,第 13 页。

〔5〕 参见[日]加藤一郎:《民法的解释与利益衡量》,梁慧星译,载梁慧星主编:《民商法论丛》第 2 卷,法律出版社 1994 年版。

〔6〕 参见[日]星野英一:《现代民法基本问题》,段匡、杨永庄译,上海三联书店 2012 年版。

2018 年 2 月 23 日被银保监会接管。[1] 2019 年 5 月,包商银行因经营不善,由央行和银保监会联合接管,成为 20 年来第一家被监管接管的商业银行。[2] 之前也有学者指出,在金融私法领域内,仅以合同交易规则为基础对待金融风险可能引发更多的金融风险,其论据有二:一是在某个案中,出现信用危机的债券发行人被持有人以预期违约为由起诉要求提前赎回债券,法官考虑到发行人存在多期债券发行且多期债券彼此之间存在交叉违约条款而未予支持,此为避免引发较大金融风险之行为;二是 P2P 在我国的兴起系基于仅以合同规则进行规制,但缺少国家监管使金融信息优势方有机可乘、实施欺诈,最终导致风险爆发。[3] 这样的论证路径存在欠缺。一方面,以个案乃至系列案作为"金融风险"的载体,有失偏颇,在《九民纪要》中"金融风险"这一术语就指向不特定多数人在金融方面的利益,具有大规模和系统性的特征。[4] 另一方面,金融风险需要被考虑,但合同交易规则的适用不应该被视为对金融安全的忽视。符合公序良俗在现行法中作为效力性强制性规定的内容,是对民事法律行为的一种基本要求,而《九民纪要》也明确指出了金融安全在公序良俗涵摄的范围内。[5] 由此观之,以合同规则欠缺对金融安全的考虑为由排除其适用、忽视合同规则对于金融安全的维护作用实属欠妥。而利益衡量路径正是将合同效力判断与宏观金融安全相连接的桥梁。利益衡量视角的指向是,法律作为一种协调社会利益关系的工具,是利益衡量的工具。[6] 它将公民的权利与政府的权力放在同等位置上进行考察,使得传统民商事审判视而不见、躲在幕后又发挥重大影响的行政权力被纳入法庭的考量范围。该理论同时认为,政府权力同样值得保护,是法律所要保护的利益。这一理念扭转了法院重民轻行的审判倾向。

第二,在传统民法分析路径中,囿于公法私法划分的固有观念,认为民商事审判

---

[1] 参见吴红毓然:《安邦保险处置浙商银行股份　挂牌价近 68.7 亿元》,载财新网,https://finance.caixin.com/2019-11-06/101479656.html。

[2] 参见吴红毓然、彭骎骎、武晓蒙:《央行银保监联合接管包商银行全纪录:首次有限打破同业刚兑》,载《财新周刊》2019 年第 21 期。

[3] 参见鲁篱:《论金融司法与金融监管协同治理机制》,载《中国法学》2021 年第 2 期。

[4] 例如,《九民纪要》第 96 条:"……信托公司作为被告,确有必要对其固有财产采取诉讼保全措施的,必须强化善意执行理念,防范发生金融风险。……"

[5] 参见《民法典》第 153 条第 2 款:"违法公序良俗的民事法律行为无效。"《九民纪要》第 31 条:"违反规章一般情况下不影响合同效力,但该规章的内容涉及金融安全、市场秩序、国家宏观政策等公序良俗的,应当认定合同无效。……"

[6] 参见王利明:《法学方法论》,中国人民大学出版社 2012 年版,第 627 页。

就是适用私法解决私法问题,公法的介入只是例外情形,脱离了实践。在金融领域,行政法规是当事人订立合同时的重要考量因素,行政法规是作为合同签订的背景而存在的,很多合同安排的目的本身就是摆脱行政监管。以资管行业的发展历史为例,2011 年资管模式为银行和信托合作,就是银行为了扩大业务,同时又能逃避资本充足率的监管要求。后来银监会(现为中国银行保险监督管理委员会)出台了规定,限制银行信托合作后,又出现了银行和证券公司合作的业务模式。银行理财借助证券公司的资管计划,投资高风险行业。在这种情况下,如果只看到合同双方意思自治,而没有考虑到双方合同安排的目的就是从事监管所禁止的业务,相当于只见树木,不见森林。

第三,利益衡量更加关注实践,能够发挥法官的能动性。利益衡量具体分析法律关系背后的利益关系,突破了传统教义学的局限性。传统教义学过多地强调对法条的解释,是为了给行政权力介入合同找到一个好的理由,法院花费很多精力来解释"为什么合同损害公共利益""为什么监管规则是强制性规定"。如硬要将监管规则套进《民法典》的框架内,就会显得削足适履,十分别扭。从利益衡量视角看,金融领域的合同效力如何,既要考虑合同双方横向的权利义务关系,又要考虑纵向的监管权力的影响,实现利益的最大化。这种方法上的转变使法院能发挥自身的判断能力,根据具体案件体现出来的利益最大化作出判决。

(三)利益衡量运用到金融司法领域的可行性

利益衡量的过程就是利益不断比较、权衡与取舍的过程。在这一过程中,既可能是同一性质或同一种类的利益之间的衡量,也可能是不同性质、不同种类的利益之间的衡量。有学者以价值多元难题为理由,认为价值与价值之间并不存在相容性和公度性(通约性),因而如何选择,是一个无解的难题。[1] 例如,金融稳定利益和合同双方意思自治、契约自由就是一对矛盾,二者的价值优先顺位如何,是困扰很多学术和实务界人士的问题。

然而,异质价值"不可通约性"的难题在理论层面似乎无解,但在法律适用等现实层面是可以求解的。[2] 价值多元在理论上似乎是冲突的、矛盾的、无解的,但是与具体的生活场景联系起来,却是可解的。实践层面上异质利益衡量的难度并没有想象的那么大。在具体案例中,可以较为明显、直观地看到原告与被告之间的力量对比、

---

〔1〕 参见张国清:《在善与善之间:伯林的价值多元论难题及其批判》,载《哲学研究》2004 年第 7 期。

〔2〕 参见梁上上:《利益衡量论》(第 2 版),法律出版社 2016 年版,第 77 页。

利益博弈,根据具体情况作出判断。

(四)利益衡量运用到金融司法领域的特殊性

有学者引入法律经济学的方法,提出将帕累托改进和卡尔多—希克斯理论引入金融司法的裁量之中,能够克服既有利益衡量论里诸多模糊、复杂以及难以通约带来的困境。[1] 依据帕累托改进标准,如果一种变化在没有使任何人境况变坏的前提下,可使至少一个人变得更好,则其达到了帕累托最优。[2] 卡尔多—希克斯效率观提出应当选择以最小的资源消耗使需要得以最大限度满足的方案。[3] 该学者认为运用这些方法能够形成更有效率的裁判。

笔者不否认该观点的思路的合理性,它看到了利益衡量的目的就是实现利益的最大化,如何求解利益最大化,法律经济学的确给了我们很多启发。但是该观点并不太具备可行性,主要是基于以下几个原因:

第一,将不同的主体获得的利益进行量化就是一个难题。以通道方与银行之间的合同纠纷为例,法院如果判决合同有效,银行和通道方能够得到多少利益难以衡量。因为法院并不是判决一方赔偿给另一方多少钱,而是判决合同是否应当继续履行。胜诉方获得了合同的履行利益,但履行利益价值却难以直接转化成金钱多少。

第二,合同双方的利益形势是动态变化的,而非静止不动。以缔约过程为例,缔约过程是当事人之间由并无任何交易接触的陌生人关系向以有效合同为联结形式的密切信赖关系逐步发展的过程。在此过程中,当事人之间须进行持续的利益交换,其密度和强度亦不断变化(趋势是由弱渐强),相应的法律调整需求、司法裁判也随之变化。[4] 在通道方与银行的合同纠纷中,法院不能脱离合同签订背景与过程,仅通过公式计算得出金融稳定利益是值得保护的,能够实现总体利益最大化,就直接否定合同效力。法院应当根据合同双方的谈判力量大小、合同签订过程中是否出现欺诈、合同履行过程中是否出现一方恶意违约、债权人利益是否得到保护等因素进行利益

---

〔1〕 参见朱飞:《金融法裁判的利益衡量方法》,载陈金钊、谢晖主编:《法律方法》第25卷,中国法制出版社2018年版。

〔2〕 参见曾娇艳:《假释案件审理的帕累托最优》,载《检察日报》2018年6月26日。

〔3〕 卡尔多—希克斯效率观指的是受益者的得益必须大于受害者的损失,只要受益者有这个能力并虚拟地补偿受害者之后,还有一定的获益,就增加了社会财富的总量,社会资源的配置也是有效率的。参见钱弘道:《法律的经济分析》,清华大学出版社2006年版,第13~14页。

〔4〕 参见张家勇:《论前合同损害赔偿中的期待利益 基于动态缔约过程观的分析》,载《中外法学》2016年第3期。

衡量。

第三,法官并非经济学家,裁判文书也不应当以公式推导来代替逻辑说理。

那么如何进行金融领域的利益衡量呢?笔者以通道合同效力判定为例,提出以下分析方法:

第一,了解合同签订及履约过程,划分不同的纠纷类型。具体分为两个环节:一个是对合同签订背景进行调查,识别合同双方的权利大小,了解在合同签订中占据主导地位的一方。另一个是对合同履约过程进行调查,识别合同履行中的双方利益,在此基础上对纠纷的类型进行细分。

第二,了解金融风险及其影响因素。法院应对该资管通道合同中的投资链条进行调查,掌握合同可能产生的金融风险及其产生原因及影响因素。这一方法实际上体现了法院对于"金融安全"的司法表达,是法院对行使自由裁量权的正当化并为其创制金融法律规则提供了外部条件,成为公共政策向司法政策转化的"桥梁"。[1]

第三,在此基础上法院进行利益衡量。

接下来笔者运用该方法对通道业务中合同效力认定进行利益衡量。

三、通道业务风险及合同纠纷类型

(一)通道业务及其风险

1. 通道业务的定义及起源

"通道业务"并非法律概念,我国现行的法律、行政法规并未界定其概念,但在金融监管层面已有明确的定义和解释。银监会最早在《关于印发信托公司净资本计算标准有关事项的通知(征求意见稿)》中将通道业务信托定义为"委托人自主决定信托设立、信托财产运用对象、信托财产管理运用处分方式等事宜,自行负责前期尽调及存续期信托财产管理,自愿承担信托风险,受托人仅负责风险提示、账户管理、清算分配及提供或出具必要文件以配合委托人管理信托财产等事务,不承担积极主动管理职责的信托业务"。总的来说,通道业务的产生源于实体经济市场的需求,同时更是金融机构为了规避监管而设计的创新业务模式。[2]

就银信通道业务而言,2017 年 11 月 22 日,银监会发布《关于规范银信类业务的通知》(银监发〔2017〕55 号,以下简称"55 号文"),其中"银信通道业务"被定义为,在

〔1〕 参见黄韬:《"金融安全"的司法表达》,载《法学家》2020 年第 4 期。

〔2〕 参见杨征宇、卜祥瑞等编著:《金融机构资管业务法律纠纷解析》,法律出版社 2017 年版,第 59～60 页。

银信类业务中,商业银行作为委托人设立资金信托或财产权信托,信托公司仅作为通道,信托资金或信托资产的管理、运用和处分均由委托人决定,风险管理责任和因管理不当导致的风险损失全部由委托人承担的行为。从业务实践来看,银信通道业务的产生主要是银行为了突破央行对商业银行信贷业务的束缚。具体原因可归为以下几类:第一,表内资金方面,通道业务可以解决银行表内资本占用问题,提高银行的信贷投放能力和资本收益率,实际实现银行表内资产出表,规避风险监管指标;第二,表外资金方面,银行的表外理财资金可以借助通道投向融资标的;第三,限制性监管方面,银行可借助通道规避对房地产、地方政府融资平台等限制性行业的信贷管控。

2. 银信通道业务监管政策

2008 年银监会发布了《银行与信托公司业务合作指引》(银监发〔2008〕83 号),许可银行理财资金通过信托通道发放贷款这一业务模式,同时对银信合作业务正式开启监管。2017 年"55 号文"第 3 条规定:商业银行对于银信通道业务,应还原其业务实质进行风险管控,不得利用信托通道掩盖风险实质,规避资金投向、资产分类、拨备计提和资本占用等监管规定,不得通过信托通道将表内资产虚假出表。根据该定义可以总结出银信通道业务的主要界定标准:一是商业银行作为委托人,主动履行管理职责,对信托资金或信托资产进行管理、运用和处分;二是信托公司作为受托人即通道方,并不承担主动管理职责,而一般是根据商业银行的指示开展投资活动;三是投资活动的风险由商业银行承担,收益也由商业银行享有,通道方并不承担投资风险,一般只收取固定的信托费用或管理费用。

《资管新规》是"一行三会"协同对金融资管行业进行监管。《资管新规》明确规定,金融机构不得为其他金融机构的资产管理产品提供规避投资范围、杠杆约束等监管要求的通道服务。《资管新规》第 22 条进一步对多层嵌套、委托投资、财务顾问等与此相关的制度建设和监管要求进行了明确。由上述规定可见,就银信通道业务而言,目前资管政策明确的指向性意见为"去通道"。〔1〕

3. 通道业务带来的风险

银行为做大资产规模,发行可转让定期存单获得负债资金,投资同业理财,加杠杆通过委外对接券商、基金专户、保险等资管计划,委外投资加杠杆投向权益资产、债券资产以及非标资产,通过质押回购再投向资管计划,甚至配资加杠杆再投向权益资

〔1〕 参见王进:《〈资管新规〉第一案:资管通道业务是否有效? 且看最高院怎么判》,载微信公众号"金融监管研究院"2018 年 11 月 20 日,https://mp.weixin.qq.com/s/a2Njt5-wz1sHhX8MQZnMFWg。

产，形成“同业负债—同业理财—委外投资”多层嵌套加杠杆的链条，资本市场“场外杠杆”叠加“场内杠杆”。据统计，当前100多万亿元的资产管理产品中，约一半属于多层嵌套。[1] 金融衍生品资金来源和去向不明、底层资产不明晰、投资收益和风险承担错配、私募产品公众化等，积聚了金融风险，使得监管部门无法穿透最终的投资者，交易风险难以核查，导致监管失灵。宝万之争中宝能杠杆收购便是真实案例。[2] 通过嵌套的形式加杠杆，也抬高了无风险收益率，干扰货币政策传导。

（二）通道合同涉及纠纷类型

1. 通道合同类型

在通道业务合同中，一般由银行提供资金，以信托公司的信托计划作为通道，投资的目标企业是融资方。当法官审判通道业务相关案件时，首先要仔细梳理一下案情，明确涉及的是哪两方当事人、原告与被告是谁、是谁提起合同无效的主张、事件发生背景是什么、合同无效对谁有益。回答了这些问题就能够知道法院在利益衡量的时候，在哪些情形下，注重保护的是谁的利益，并且能够知道应当保护哪一方的利益。

通道业务通常的链条体现为：投资者投资银行理财产品，银行将理财资金投资信托公司的信托计划（证券公司资管计划或者基金公司的基金专户），然后信托公司（证券公司或者基金公司）再将这笔资金投向标的资产。

通道业务合同可以表现为两种类型：第一种是银行主导型，第二种是融资方主导型。二者的商业逻辑与法律逻辑都不相同：从银行端启动的交易具有投资的特征，即投资人委托通道方作为管理人办理对外投资，银行选择了特定融资方作为投资标的，此时通道方起到的是突破投资范围、增加杠杆的作用；而从融资端启动的业务带有投行色彩，即融资人委托通道方作为管理人设计结构融资的架构，以其基础资产作为担保或现金流支持，并由通道方联系销售对象，此时通道方起到的是设计融资架构、销

---

[1] 参见《资产管理乱象之治》，载新浪财经2017年6月14日，https://cj.sina.com.cn/article/detail/3742935575/283829?cre=financepagepc&mod=f&loc=4&r=9&doct=0&rfunc=100。

[2] 参见吴晓灵：《宝能系资金并不违规，但蕴含风险》，载投资界2016年11月28日，https://news.pedaily.cn/201611/20161128405981.shtml。宝能系共耗资430亿元收购了万科约25%的股份成为第一大股东，这430亿元中，包含自有资金62亿元，保险资金105亿元，券商资金78亿元，银行理财资金185亿元。宝能系采用多重工具参与收购，包括保险账户、券商资产管理计划、有限合伙基金、嵌套的结构化资产管理计划等。宝能系每一层架构的杠杆比例均不超过1∶2，但是通过嵌套组合、股票质押再融资等金融杠杆工具，最终实现了约4.2的杠杆比率。

售的作用。[1]

在银行主导型的通道业务中,通道方功能有限,并且在市场上相互竞争杀价,降低费率。[2] 随着监管并不鼓励通道业务并且有严厉禁止的趋势,在通道方看来,在监管趋严的情况下,如果因为做一单而被罚,业务资质、声誉都会受到很大影响。[3] 2018 年,通道业务萎缩,通道方显性和隐形成本都在上升,因此通道费率提升到 0.3% 左右。[4] 根据媒体报道,2019 年以来,通道费率维持在 0.3%。[5]

在融资方主导的通道业务中,通道方扮演销售的角色,享受更高的费率。投行提供撮合资金与资产方的中介服务,并从交易中赚取佣金。在集合信托的发行中,虽然是通道业务,但信托公司也能扮演撮合融资方与投资方的中介角色。此时信托公司并不是单纯意义上的资产管理机构,而是具有投行功能的资产管理机构。[6]

第一种合同类型即银行主导型通道业务的操作流程(见图 1):

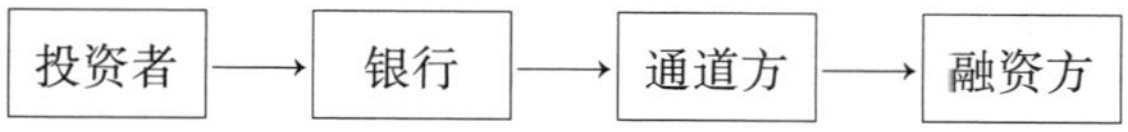

图 1　银行主导型通道业务操作流程

第二种合同类型即融资方主导型通道业务的操作流程(见图 2):

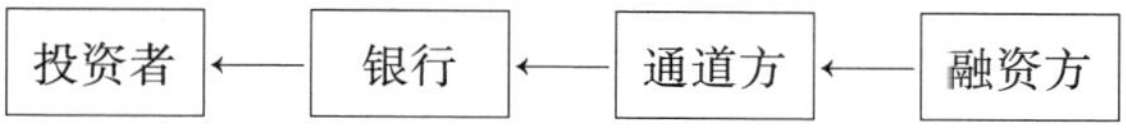

图 2　融资方主导型通道业务操作流程

2. 通道业务纠纷类型

通道业务中经常发生的纠纷体现为两种类型:第一种类型是通道方与融资方之

---

〔1〕 参见刘燕、楼建波:《回归本源:重思资产证券化法律原理》,载《中国金融》2018 年第 21 期。

〔2〕 参见《为了争抢业务　信托通道业务费大幅下降》,载新浪财经,http://finance.sina.com.cn/roll/2016-12-28/doc-ifxyxqsk6957880.shtml。

〔3〕 参见《重磅!多家信托公司被监管部门要求暂停通道业务》,载新浪财经,http://finance.sina.com.cn/roll/2019-08-16/doc-ihytcern1343078.shtml。

〔4〕 参见《重磅!多家信托公司暂停通道类业务!通道费率上升!》,载搜狐网 2018 年 1 月 11 日,https://www.sohu.com/a/215980523_417564。

〔5〕 参见《通道继续收缩、费率升至 0.3%,信托公司加码消费金融》,载第一财经 2019 年 1 月 24 日,https://baijiahao.baidu.com/s?id=1623538797076727509&wfr=spider&for=pc。

〔6〕 参见邓婷:《银行理财子公司对信托的影响》,载《中国金融》2019 年第 18 期。

间的纠纷,第二种类型是银行与通道方之间的纠纷。下文通过通道业务中的几个典型案例进行分析。

第一种类型:通道方与融资方之间的纠纷。这类案件中,银行起到主导作用,先有银行和融资方,然后银行再找一个通道方进行嵌套。纠纷往往体现为融资方无力偿还借款,通道方提起诉讼要求偿还借款,融资方企图通过主张通道合同无效来否定通道方的合同请求权。典型案件见表1。

表1　通道方与融资方之间纠纷典型案件

案件	原告	被告	投资链条	涉及合同类型	主张合同无效当事方	案件背景	法院判决
北大高科公司与光大兴陇信托等借款合同纠纷案〔1〕	光大兴陇信托	北大高科公司	投资者—包商银行—光大兴陇信托—北大高科公司	单一资金信托合同、信托资金借款合同	北大高科公司	北大高科公司无法偿还借款	合同有效
深圳西丽公司、光大兴陇信托借款合同纠纷案〔2〕	光大兴陇信托	深圳西丽公司	投资者—包商银行—光大兴陇信托—深圳西丽公司	单一资金信托合同、信托资金借款合同	深圳西丽公司	深圳西丽公司无法偿还借款	合同有效
王某与国民信托有限公司金融借款合同纠纷案〔3〕	国民信托有限公司	王某	国民信托有限公司—王某	信托贷款合同	王某	王某无法偿还借款	合同有效
洛阳农村商业银行股份有限公司、河南太康农村商业银行股份有限公司信托纠纷案〔4〕	洛阳农村商业银行股份有限公司	河南太康农村商业银行股份有限公司	投资者—尧都农商行—洛阳农村商业银行股份有限公司—河南太康农村商业银行股份有限公司	信托受益权转让协议	河南太康农村商业银行股份有限公司	河南太康农村商业银行股份有限公司无法偿还借款	合同有效

〔1〕 参见最高人民法院民事判决书,(2015)民二终字第401号。

〔2〕 参见最高人民法院民事判决书,(2015)民二终字第393号。

〔3〕 参见北京市高级人民法院民事判决书,(2020)京民终676号。

〔4〕 参见河南省高级人民法院民事判决书,(2020)豫民终410号。

第二种类型:银行与通道方之间的纠纷。这类案件中,融资方起到主导作用,通道方起到的是撮合的作用,先有后端的融资方设立资管产品,后有银行出资购买资管产品。纠纷往往体现为融资方无力偿还借款,银行找通道方进行索赔。此类典型案件见表2。

表2　银行与通道方之间纠纷典型案件

案件	原告	被告	投资链条	涉及合同类型	主张合同无效当事人	案件背景	法院判决
南昌农商行与内蒙古银行、民生投资公司、民生股份公司合同纠纷案〔1〕	南昌农商行	内蒙古银行	投资者—南昌农商行—内蒙古银行—民生证券资管计划—华珠鞋业公司	定向资管计划收益权转让协议	南昌农商行	华珠鞋业公司经营困难,无法偿还借款	合同有效
江苏省国际信托公司、中国农业银行昆明分行合同纠纷案〔2〕	江苏省国际信托公司	中国农业银行昆明分行	投资者—中国农业银行昆明分行—江苏省国际信托公司—绿园置业公司	转让协议	中国农业银行昆明分行	中国农业银行昆明分行未能交付资金	合同有效
河北临西农村商业银行股份有限公司、恒丰银行股份有限公司营业信托纠纷案〔3〕	河北临西农村商业银行股份有限公司	恒丰银行股份有限公司	投资者—河北临西农村商业银行股份有限公司—恒丰银行股份有限公司委托投资—中信证券资管计划—奥创公司	委托定向投资业务合作总协议	河北临西农村商业银行股份有限公司	奥创公司无法偿还借款	合同有效

在实践案例中,合同违反监管规定无效,往往是违约方提出的主张,目的是否定守约方的请求权。法院面临两个维度的利益衡量:第一个维度是对双方利益的衡量,如果承认合同效力,保护的是守约方的利益,如果否认合同效力,支持的是违约方的利益;第二个维度是对意思自治代表的以意思自治为基础的商业秩序与金融秩序代

〔1〕 参见最高人民法院民事判决书,(2016)最高法民终215号。

〔2〕 参见最高人民法院民事判决书,(2017)最高法民终478号。

〔3〕 参见山东省高级人民法院民事判决书,(2020)鲁民终3001号。

表的金融安全利益的衡量，如果承认合同效力，保护的是双方意思自治的利益，如果依据监管规定否认合同效力，维护的是金融安全利益。法院面临的难题是，承认合同效力，微观上看保护了守约方的利益，宏观上看却是对监管规则的违背；否认合同效力，宏观上看是落实了金融监管规则，却在微观的个案中使得违约方获益。因此，法院面临的是两个维度的利益衡量，既要考虑保护守约方利益，又要考虑维护金融安全利益（见表3）。

表3　法院裁决类型及其所保护的相应利益类型

法院裁决	微观上保护守约方利益	宏观上维护金融监管秩序
承认通道合同效力	√	×
否认通道合同效力	×	√

将金融安全这一本应由监管部门保护的宏观利益在具体司法审判中予以考量和实现，具有系统性的正当性。事实上，金融监管和金融司法服务于共同的目标，即防范和化解金融市场风险，二者价值相通、立场一致，〔1〕其中差异只在于是通过行政权抑或司法权实现共同的目标。但是，区别于本质为管理权的行政权，司法权是一种判断权，〔2〕而进行判断需要依据规则而为。“法院尽力从法律规则和原则中找出正确的答案，行政官尽力根据公共利益找出最有利、最理想的答案”〔3〕的定势在金融审判中已经被打破，法官亦需要将公共利益置于法律续造活动的射程范围之内。究其原因，有学者指出，在金融司法领域中，于国家干预市场的大背景下，大量行政规范进入私法领域并成为影响私法上意思自治的重要力量，而法院在相关的纠纷处理中可能就需要评价这一影响，司法机关在其中从事的工作实际上是在民事诉讼中变相审查行政立法；〔4〕有学者认为，有效的司法本身就具有弥补创新中的制度缺失问题的功能；〔5〕还有学者认为，我国金融监管部门欠缺“准司法权”机制，行政处罚轻、力度小、威慑弱，客观上本就需要司法配合；〔6〕更有学者指出，法院与特定监管部门可能在特

〔1〕 参见周荃：《金融领域中监管与司法的博弈与融合》，载《法律适用》2020年第8期。

〔2〕 参见孙笑侠：《司法权的本质是判断权——司法权与行政权的十大区别》，载《法学》1998年第8期。

〔3〕 ［英］威廉·韦德：《行政法》，徐炳等译，中国大百科全书出版社1997年版，第50页。

〔4〕 参见刘骏：《法院影响金融监管的可能路径》，载《甘肃政法大学学报》2020年第6期。

〔5〕 参见张守文：《中国经济法治的问题及其改进方向》，载《法制与社会发展》2018年第2期。

〔6〕 参见赵霞、王德明：《围绕防范系统性风险界定公序良俗的范围》，载《法律适用》2020年第24期。

定领域的规则供给方面存在竞争的关系。[1] 由此观之,应然层面上,在一个“类行政诉讼”中适用利益衡量方法对前述的公、私两个维度的不同利益进行比较,对金融领域纠纷中所涉及的利益分别进行比在普通司法案件中更全面的考察和保护,是司法机关在金融领域理所应当的作为方式。

而在实然层面上,实践中《九民纪要》第31条也已经以公序良俗为转介,通过立法技术将“金融安全”纳入公序良俗的范畴,从而使相关规章能够作为法院判断合同效力的落脚点之一。这是我国最高司法机关对金融司法监管化趋势的一种确认,表明司法机关将联动监管部门对金融领域的公共利益予以维护。不过,尽管将作为公共利益的金融安全作为司法的依据具有必要性,但“金融安全”在司法实践中并不存在明确的边界,其本身也更像是以防控金融风险为核心的价值取向,而非严谨的法律概念。[2] 因此,要在金融审判中维护金融安全、进行利益衡量,就需要明确司法的原则与例外。

四、通道业务中合同效力判定的利益衡量

一个案件的审理会涉及多种类型的利益,这时候法官如何进行利益衡量?有些学者提出运用比例原则进行裁量。[3] 然而,当着眼于空洞的大的概念的时候,我们难以进行细致的分析。法院审判时的确应更多关注微观层面的,特别是当事人双方之间的利益,这是因为个别案件并不涉及宏观的公共利益或系统性风险,但是维护金融领域公共利益亦是当今金融司法监管化趋势下重要的司法目的。法官应当秉持的审判原则是:第一,承认合同效力是原则,否认合同效力是例外;第二,优先保护守约方的利益,除非保护守约方的利益危害到了金融监管秩序。

(一)原则:承认合同效力

在通道合同纠纷案件中,往往是违约方主张否定通道合同效力,此时根据风险收益原则,应依据通道方在业务中发挥的作用、扮演的角色来分配投资损失的责任。通过对下述两种情形的分析,法院应当以承认合同效力为原则,以不承认合同效力为例外。

---

〔1〕 参见陈若英:《超脱或应对——法院与市场规制部门的竞争》,载《北大法律评论》2013年第1期。

〔2〕 参见李有、沈伟:《金融司法的安全和效率周期之困——以“职业放贷人”司法审判为切入》,载《中国法律评论》2020年第5期。

〔3〕 参见黄忠:《比例原则下的无效合同判定之展开》,载《法制与社会发展》2012年第4期。

第一,金融风险具有累积性,链条长并且难以衡量。

法官在个案中,应当优先考虑个案正义,兼顾金融稳定利益。以上海法院金融商事审判情况为例,通道业务可能涉及的金融借款合同纠纷数量占全部案件的13.73%,占比并不高。笔者以"资管、通道"为关键词在北大法宝进行检索,只检索到122件民事案件。[1] 对于金融机构来说,涉及诉讼纠纷会影响其声誉,通道业务纠纷很多采取非诉讼的方式解决,法院审理的资管通道业务纠纷并不多。有人可能认为,法院承认了通道合同的效力是对金融监管规则的弱化,会激励更多人采取通道安排,增加金融风险。但事实上,对通道业务数量影响重大的历来不是法院裁判,而是监管政策。在《资管新规》和去通道严监管政策下,2019年上海银保监局发布:2018年严控信托通道业务,相关规模下降14.7%。[2] 2019年12月,中国信托业协会发布了第三季度的信托业数据报告,该报告显示,相较第二季度末,全国68家信托公司受托资产余额下降5376.90亿元为21.99万亿元,环比下降2.39%。构成信托资产整体规模下降的主要原因还是在于事务管理类信托,也就是所谓的"通道业务"。[3] 在严监管趋势之下,金融风险也逐渐化解,法院更应该聚焦于合同双方的利益衡量、关注案件中的是非曲直。

第二,针对通道业务的不同情形应当作不同的裁判。

在通道方与融资方之间的纠纷中,银行处于主导地位,通道方属于弱势一方,实施被动管理,收取低廉的通道费用。该业务中,银行是下指令的人,银行会找一个投顾帮自己下指令,但投顾和通道公司都是听从自己的决策。[4] 当融资人无法偿还借款,并主张通道合同无效,企图否定通道方的借款返还请求权时,法院应当承认通道合同效力,维护债权人的利益。如果法院判定合同无效,在融资人无法偿还借款的情况下,相当于要求通道方向银行承担资金返还义务。通道方获取极低的收益,却要承担高昂的投资损失,并不公平。此时法院认可通道合同效力,维护了弱势的通道方的利益。

在通道方和银行之间的纠纷中,融资方处于主导地位,通道方是融资方的帮手与

---

[1] 参见北大法宝判例检索2020年5月20日,http://www.pkulaw.cn/Case/。

[2] 参见杜雨萌、刘东:《上海银保监局:去年严控信托通道业务　相关规模下降14.7%》,载中国经济网2019年1月25日,https://baijiahao.baidu.com/s?id=1623587428726930985&wfr=spider&for=pc。

[3] 参见罗佳明:《通道业务继续萎缩　信托三季度规模降至22万亿》,载《新闻朝报》2019年12月18日。

[4] 参见《中信建投基金专户揭开行业潜规则:通道、投顾都听金主的》,载微信公众号"挖掘机"2017年4月20日,https://mp.weixin.qq.com/s/KUiEBQSkE4lwrQT7sGybog。

销售者,发挥着撮合业务的重要作用。当融资方经营困难、无法偿还借款时,通道方可能会主张通道合同无效,试图否定银行的合同权利。此时法院应当侧重保护银行的利益,追究中介方即通道方投资不善的责任,认可通道合同效力,让扮演强势角色、获取较高收益的通道方承担应负的责任。

(二)例外:当保护守约方的利益危害到金融稳定利益时

对于违反行政规章的行为,最高人民法院已经明确只有当其可能造成如导致系统性金融风险这样严重的社会后果时,才可以违背公序良俗为由认定合同无效。[1] 尽管相关理论对"系统性金融风险"的定义莫衷一是,但是在厘清概念时总是绕不开风险的溢出效应。[2] 这正是判断合同中是否存在系统性金融风险的关键。同时,法律也被期待在减少系统性金融风险方面发挥应有的作用。[3] 这与金融司法监管化的趋势相呼应。

通道方是一类影子银行,"影子银行"被定义为"银行体系之外,从事实体以及非实体活动的信用中介机构"[4]。根据监管机构的定义,通道业务属于通道方持有金融牌照但监管不足或规避监管的业务。[5] 通道方具有的"脱媒性"和表外性的特征,导致了信息失灵、代理失灵和监管失灵。由于投资者的逐利性和"有限理性",导致了对金融产品和信息的误读和误判。[6]

影子银行风险具有传染性,有三种传染机制。[7] 第一种是会计账户传导机制。影子银行体系内各类机构,通过资产证券化或流动性管理目标资产交易链条联系在一起,产生了资产负债的关联,由此形成会计账户之间的风险传导机制。这是影子银行业务风险在金融部门内部最主要的传染机制。第二种是市场心理恐慌与行为选择

---

〔1〕 参见最高人民法院民事审判第二庭编著:《〈全国法院民商事审判工作会议纪要〉理解与适用》,人民法院出版社 2019 年版,第 256 页。

〔2〕 参见沈悦、逯仙茹:《系统性金融风险:来源、最新研究进展及方向》,载《金融发展研究》2013 年第 8 期。

〔3〕 参见斯蒂文·L. 施瓦茨:《金融系统性风险》,沈朝晖、缪因知译,载《金融法苑》2013 年第 1 期。

〔4〕 Zoltan Pozsar & Tobias Adrian, *Adam Ashcraft and Hayley Boesky*, Shadow Banking (2010), http://ssrn.com/abstract = 1645337.

〔5〕 国务院办公厅 2013 年发布的《关于加强影子银行监管有关问题的通知》也将我国的影子银行界定为三类:一是不持有金融牌照、完全不受监管的信用中介机构;二是持有金融牌照但监管不足或规避监管的业务;三是不持有金融牌照,存在监管但监管不足的信用中介机构。

〔6〕 参见沈伟:《中国的影子银行风险及规制工具选择》,载《中国法学》2014 年第 4 期。

〔7〕 参见李建军、薛莹:《中国影子银行部门系统性风险的形成、影响与应对》,载《数量经济技术经济研究》2014 年第 8 期。

的风险放大机制。影子银行局部风险爆发会对市场交易者心理产生实质性影响,交易商市场首先的反应是逃避风险,对应的行为选择是抛售金融产品,导致市场价格大幅下跌。第三种是货币、信用传导机制。影子银行风险传染先后通过会计账户、市场恐慌心理与行为选择,打破了市场资金供需平衡,推动资金价格高企,引起流动性紧缩。基础货币的收缩导致货币供给总量的收缩。国际清算银行将系统性风险定义为一个金融活动的参与者不能履行其合同责任,从而引起其他参与者违约,导致广泛金融困难的可能性。

在考虑金融稳定利益时,法院应当结合以下因素防范系统性风险:

第一,资金规模与投资者人数。通道合同涉及资金规模越大,系统性风险越大;涉及投资者人数越多,系统性风险越大。

第二,刚性兑付。刚性兑付,是指一项金融产品无论实际的投资业绩如何、底层资产实际表现如何,发行机构均会兑付投资人本金以及承诺的收益,违反了“投资人风险自担”的基本原则,影响投资人的风险识别能力,投资人盲目进行不相匹配的风险投资和提高杠杆率,在信用风险集中暴露、资产端刚性兑付难以维持等情况下,为金融市场良性运作带来了巨大风险和隐患。〔1〕《资管新规》禁止刚性兑付,金融机构开展资产管理业务时不得承诺保本保收益,不得为资产管理产品投资的非标准化债权类资产或者股权类资产提供任何直接或间接、显性或隐性的担保、回购等代为承担风险的承诺。有学者指出,保底交易这样的交易形式可能在经济层面和社会层面导致系统性负外部性,因为其可能造成市场失灵,而仅靠市场机制解决这一问题可能需要付出较大的代价,故而只能由市场以外的力量加以弥补,〔2〕此时便需要通过司法干预来保障公共利益。如果资管合同触犯红线,出现违反公允确定净值原则的“保本保收益”的相关承诺、显性或隐性担保或回购、滚动发行资管产品、发行机构代偿等相关内容,基于刚性兑付的弊病,法院应当优先考虑金融稳定利益,认定合同无效。

第三,嵌套数量。法院应当穿透审查该笔交易的上下游交易是否有多层嵌套,如前文所述,“穿透式审判思维”正是《九民纪要》对民商事审判提出的原则性要求之一。嵌套会影响资金的投资范围,涉及的嵌套数量越多,资金流向越难以把控,系统性风险越大。金融机构借助通道业务进行多层嵌套,拉长资金链条,增加产品的复杂

〔1〕 参见曲峰、章明芳:《金融监管新政下违反〈资管新规〉的合同效力认定之法律实务》,载微信公众号“大成上海”2019 年 1 月 12 日,https://mp.weixin.qq.com/s/AGFcCbkkO3m8c9EtOxb8Pg。

〔2〕 参见刘静:《我国私募保底条款规范路径的完善——兼论〈九民纪要〉对私募保底条款认定的影响》,载《金融理论与实践》2021 年第 4 期。

程度,隐蔽资金来源,增加了经济实体的融资成本,使得监管部门无法穿透最终的投资者,交易风险难以核查,加大了监管成本,对金融市场秩序造成不利影响。《资管新规》第22条规定,资产管理产品可以再投资一层资产管理产品,但所投资的资产管理产品不得再投资公募证券投资基金以外的资产管理产品。目前监管部门对于金融机构资产管理业务实行穿透式监管,禁止开展多层嵌套和通道业务,最多只能嵌套一层,违规通道业务将被全面禁止。前述南昌农商行与内蒙古银行等合同纠纷案便是此类风险的典型体现,虽然最高人民法院在判决中没有否定该合同效力,但是其于判决中明确指出拉长资金链条、增加产品复杂性之行为违反《资管新规》相关规定,可能造成对最终投资者难以监控、对交易风险难以穿透核查。[1] 面对极其复杂的多层嵌套模式,基于多层嵌套和通道业务对金融管理秩序的危害,法院应当裁定该合同无效。

第四,杠杆大小。通道合同涉及的杠杆越大,系统性风险越大。根据《资管新规》的要求,资管产品应当设定负债比例(总资产/净资产)上限,每只开放式公募产品的总资产不得超过该产品净资产的140%,每只封闭式公募产品、每只私募产品的总资产不得超过该产品净资产的200%,且金融机构不得以受托管理的资管产品份额进行质押融资,放大杠杆。杠杆大小是法院认定通道合同效力的一个考虑因素。在佳晔苌清公司委托理财合同纠纷系列案中,佳晔苌清公司先与投资人订立《委托投资管理协议》,投资方向为二级市场股票投资并以委托资金作为劣后资金投资伞形信托,杠杆率为1:2;后又对外签署《股票配资借款协议》进行配资借款,约定配资比例为1:3,增加了《委托投资管理协议》原先约定的投资风险和投资成本。上海金融法院在本案判决中明确指出,《中国证监会通报证券公司融资融券业务开展情况》中关于"证券公司不得以任何形式参与场外股票配资、伞形信托等活动,不得为场外股票配资、伞形信托提供数据端口等服务或便利"之规定虽然因非行政法规而不符合《合同法》第52条第5项规定的情形,但其规范意旨在于控制金融市场风险、维护正常经济秩序,在此背景下双方当事人签订以伞形信托加杠杆形式的对外投资为目的的《委托投资管理协议》属于违反社会公共经济秩序的行为,根据《民法总则》(现《民法典》总则编)有关规定[2]应属无效;法院还进一步明确,基于金融风险的高传导性,虽然本案涉及的投资项目金额并不高,但如果允许市场主体在监管部门明令禁止的情况下以

---

[1] 参见最高人民法院民事判决书,(2016)最高法民终215号。

[2] 参见《民法总则》第153条第2款:"违背公序良俗的民事法律行为无效"。

通道业务等模式规避监管,将破坏证券市场秩序从而导致金融风险急剧增加,可能损害证券市场不特定投资人的利益,属于损害社会公共利益的行为,根据《合同法》第52条第4项[1]规定,亦应无效。[2] 前述判决的论证结论与本文观点不谋而合。

上述列举的四种情形仅为结合当前审判思路的一般分析,资管产品交易的多样性和复杂性决定了个案的差异性。具体到个案的认定,审判机关还须结合个案的特定情况具体分析其对金融管理秩序或对社会公众群体产生的危害程度,存在对效力、法律责任的不同认定结果,不能一概而论。当系统性风险较大时,守约方的利益应该让位于金融安全稳定利益,法院应当作出合同无效的裁定。

五、结语

《资管新规》的出台目的是统一监管,规避监管套利,促进金融脱虚向实,服务实体经济。《九民纪要》的发布为法院审理资管纠纷提供了指导。然而,这两份文件并没有回答过渡期之后通道合同效力如何判定的问题。审查合同效力的传统路径面临解释论的困境,正如学者提出的建议:随着法治的进步,《民法典》中关于合同无效的司法适用应最终交由法官在个案中完成,脱离对最高司法机关提供的统一机制的依赖,以实现理想化的通道构建。[3]

本文引入利益衡量的视角,分析了通道业务及其风险,将通道合同纠纷分为银行主导型和融资方主导型两种类型,并给出了裁判原则:第一,承认合同效力是原则,否认合同效力是例外;第二,优先保护守约方的利益,除非保护守约方的利益危害到了金融稳定利益。在金融司法监管化日益发展的今天,公序良俗不再是私法领域一个简单的"口袋",诸如金融安全这样的公共利益已然成为金融司法过程中司法机关必须予以考虑的重要命题,《九民纪要》第31条更是已经表明了我国司法机关具有主动维护此类公共秩序的倾向。在此背景下,司法机关若能将利益衡量路径引入资管通道合同的效力认定过程,则既可以在传统民商法规则于金融司法中"顾此失彼"时顺势而为,又是对金融司法监管化背景下法院维护金融安全等公共利益的新职责的必要回应。

---

〔1〕《合同法》第52条:"有下列情形之一的,合同无效:……(四)损害社会公共利益……"

〔2〕参见上海金融法院民事判决书,(2018)沪74民终120号。

〔3〕参见李建伟:《行政规章影响商事合同效力的司法进路》,载《法学》2019年第9期。

金融司法监管化的逻辑审视

赵　尧*

摘要：金融监管政策正不断涌入司法领域，突破传统理论对司法权与行政权的边界限定，形成金融司法监管化的独特现象。社会各界多以私法自治为由，质疑和否定这一现象的正当性。殊不知，金融市场及其风险的独特性，早已超越传统私法的治理疆界，亟须金融法的独特回应，并要求将防控系统性金融风险作为金融法治的基本制度目标。与此同时，受制于金融立法的极度不完备性以及金融监管的相对劣势，金融司法求诸监管政策成为实现上述目标的必由之路。至于金融司法监管化的规范性构造，则包括：《民法典》第153条第2款"公共利益"而非"善良风俗"构成其法源基础；穿透交易主体的身份去识别金融风险；坚持"说理—抗辩"式的诉讼结构；将"合同性质"一并纳入违规交易的后果考量。

关键词：金融风险；监管政策；合同效力；金融司法监管化

一、引论

以《民法典》第153条为代表的私法制度，坚守意思自治的基本原则，非经法律和行政法规的强制性规定，排除一切行政权力的干扰。在"法无禁止即可为"的传统私法领域，行政权与司法权泾渭分明、各司其职。即使就实证法的角度而言，公共利益不断浸入私法，并日渐模糊公法与私法之间的界限，但是，两者转介的合法途径却依然限于法律的明确授权，并没有为行政权的直接干预铺设通道。

司法权与行政权的楚汉之界正在被金融监管政策不断介入司法领域的事实所打

* 赵尧，西南政法大学经济法学院讲师，法学博士。本文原发表于《华中科技大学学报（社会科学版）》2020年第5期。

破,并形成金融司法监管化的趋向。[1] 2018 年 3 月,最高人民法院在福州天策实业有限公司与福建伟杰投资有限公司营业信托纠纷案(以下简称"天策公司案")[2]的终审判决中,描绘了金融监管政策介入司法领域的路线图:金融监管政策若与公共利益(或成文法)相一致,则违反该监管政策之行为当属无效。一石激起千层浪,有学者质疑这种借公共利益之名融入监管政策(行政权)的司法路向,可能异化为戕害个人自由的利器。如此犹疑也存在于我国各级人民法院的司法判决当中,并一度成为司法难题。[3] 随着 2019 年年末《全国法院民商事审判工作会议纪要》(以下简称《九民纪要》)的颁布,金融司法监管化的现象正式从个案走向规范。

《九民纪要》第 31 条虽然向金融司法监管化迈出了关键性的一步,有条件地接受行政规章作为合同效力的裁判依据,但是,金融司法监管化的正当性和规范性问题并未获得圆满解决。[4] 从所附条件来看,《九民纪要》第 31 条与《民法典》第 153 条第 2 款的规范框架趋近一致,仍然需要通过"公序良俗"的论证和转介才能实现其正当性,并且依赖监管强度、社会影响等综合因素的个性化判定,以期实现其规范性。诚如下述,民法世界的"公序良俗"并不宜作为金融领域的价值基石,金融司法监管化具有自身独立的制度目标及其正当性,而且金融司法监管化的规范路径亦非模棱两可,甚至于"合同无效"也不是其唯一结果。为此,本文将从金融市场及其风险属性入手,重拾金融法的基本制度目标,并在揭示金融立法和金融监管的固有缺陷之后,证成金

---

〔1〕 这与部分学者所称"行政司法化",分属两种截然相反的情况。后者多指行政机关吸收司法权能和规则,进行纠纷解决、公力救济的现象。参见耿玉基:《超越权力分工:行政司法化的证成与规制》,载《法制与社会发展》2015 年第 3 期。

〔2〕 "天策公司案"[最高人民法院民事裁定书,(2017)最高法民终 529 号]主要援引的规范是《保险公司股权管理办法》,在法源位阶上属于"部门规章"。但是,为了本文研究的便利,并与《民法典》第 153 条的规范适用相呼应,特将"金融监管政策"界定为金融监管部门制定的除法律、行政法规以外的规范性文件。

〔3〕 最高人民法院在光大兴陇信托与北大高科借款合同纠纷案[最高人民法院民事判决书,(2015)民二终字第 401 号]中,司法态度比较微妙。一方面,援引《关于规范金融机构资产管理业务的指导意见》和《关于规范银信类业务的通知》对通道业务持否定意见,认可金融监管政策的司法决断力。另一方面,援引《合同法》第 52 条第 5 项不"违反法律、行政法规的强制性规定",认可通道业务的合约效力。由此可见,金融司法监管化尚未成为共识。

〔4〕 这一点可以从最高人民法院民二庭关丽法官在 2018 年"北京金融法治环境建设研讨会"上的发言中获得例证。她认为原则上不应将违反规章的金融合同认定为无效,并且金融商法才是金融司法的裁判准则,而非金融监管法。参见关丽:《强监管背景下的金融商事审判法官视角》,载知识产权司法保护网 2018 年 10 月 18 日,http://www.chinaiprlaw.cn/index.php?id=5380。

融司法监管化的正当性，然后再围绕实现该制度目标的规范路径和可能的限度展开论述，最后以争论颇久的名股实债为实操案例，以证金融司法监管化的有效性。

二、金融风险：传统私法难以承受之重

传统私法扎根于“法无禁止即可为”的公民社会，存在相对稳定的行为规范，讲求因果关系，注重损害填补。但是，金融市场却天然伴随风险，并且呈现前所未有的隐蔽性和系统性特点，超越传统私法的治理疆界，亟须金融法治的独特回应，尤其需要将“防控（系统性）金融风险”作为基本制度目标，贯彻始终。

（一）金融风险的独特性

金融交易因不确定性而天然存在风险。金融交易的本质乃是跨期限和跨地域的价值交换，不确定性如影随形。风险是指结果偏离预期的可能性。追本溯源，跨时空交换的不确定性源于当事人的信息不完全和不对称。但是，有限理性却决定了金融参与者不可能完全掌握经济现状及其发展趋势，所以，因信息不完全而导致的内生性风险挥之不去。无论科技如何进步，因学识、经验等多种个体性原因而存在的信息不对称情况都难以消弭。为此，有观点认为通过对风险进行分拆、捆绑和转移，可以实现风险在不同承受能力和意愿的主体之间的优化配置，从而达到防控风险的目的（如保险制度）。殊不知，为分散风险而对金融工具结构化，却可能孕育新的风险。曾经风行美国的按揭贷款抵押支持债券（MBS），其产品初衷就是为分散风险而将个别化的次级贷款进行证券化处理，最终却异化成引爆全球金融危机的罪魁祸首。

金融交易的复杂结构让市场参与者难辨底层资产的实情，增强了金融风险的隐蔽性。为了更好地实现价值交换和风险管理的目标，不同的金融工具会在期限、利率等要素上进行不同的组合与重构，尤其是大量金融衍生品的出现，在提升资产证券化水平的同时，也加剧了底层资产的不透明程度。以引爆2008年国际金融危机的美国次级抵押贷款为例，它原本只是商业银行向次级信用借款人提供的一种十分普遍的按揭贷款，但是投资银行在购买上述贷款资产之后，却将其拆分、重组，并据此发行不同序列的债券。若在此信贷资产证券化产品之上再叠加信用违约互换（CDS），以及以CDS为资产池的合成担保债务凭证（CDO）等衍生工具，那么投资者无疑会陷入错综复杂的交易迷宫。

金融交易的本质是合同行为，但是金融合同当事人的关联程度却远超其他商业模式。随着全球金融网络化程度的不断增强，金融系统内部各要素之间的链接持续加深，局部震荡可以迅速在整个市场传递和演化。金融资产价格作为市场要素，也会

叠加到这种风险传递的过程当中，造成市场价格的“螺旋式下降”。[1] 当市场行情下行时，(个别)企业为了偿还债务可能会折价变卖资产，从而招致逐日盯市损失(market - to - market losses)，诱发新一轮的变卖，如此循环直至市场好转或者公司倒闭。[2] 当然，资产折价出售的恐慌情绪亦会越过金融市场的边界而在其他行业当中自我增强和蔓延，以致引发更多的抛售和违约，最终酿成经济危机和社会动荡。

(二)传统私法的局限性

所有法律部门都镌刻着风险社会的印记，但是传统私法的制度取向却与金融法大相径庭，诸如侵权法上的“危险责任”以及公司法上的“企业社会责任”，均属于风险社会的制度回应，都超越了对单一个体的强调，转而采取整体主义的视角。但是，私法制度的底层逻辑却与金融风险的独特性有所抵牾。以危险责任为例，虽然行为人适用严格责任，但由于该制度的适用主体多为企业经营者，他们最终可以通过提高产品价格的方式将责任转移给全社会。由此观之，传统私法对于危险行为在根本上是一种“容忍”、一种“鼓励”。可是，金融法对于风险的回应却完全不同，它不仅拒绝高风险行为的准入，而且严控已发风险的社会传染。另外，侵权法填补损害的制度目标也非金融法之所欲。相较于抚平当事人所受损失，防止金融风险的滋生和蔓延才是其制度核心。比如，2008 年美联储针对金融危机的救市政策，主要围绕系统重要性金融机构而展开，并非针对金融体系中的任意个体。

金融风险的隐蔽性及其非线性运动，模糊了侵权法意义上的因果关系，实质上降低了金融机构的民事赔偿责任。工业社会的风险多是单向度的，事后通过对因果关系的分析便可以回溯风险源头，为将来防控类似风险提供有益参考，但是金融风险却由于金融系统的“交互复杂和紧密耦合”，传播和叠加犹如黑箱。时至今日，世人对于 2008 年国际金融危机的产生及作用机理依然众说纷纭，即使大费周章之后寻得金融风险的运行轨迹，却也可能会惊奇地发现，“灰犀牛”事件不过是某一微不足道的偶发因素借助金融系统的耦合性而酿成的。

传统民法对于市场波动的处理方案，并不足以应对金融系统的复杂性。市场波动在民法视界当中可能被归入“不可抗力”的范畴，成为合同违约的阻却事由。此时，

---

[1] 可谓“信号理论”在金融市场的具体应用。诸如此类的规制，包括证券市场绝对禁止虚假信息、商业银行被接管之后依然需要正常兑付等。See J. Armour et al. *Principles of Financial Regulation*, Oxford University Press, 2016, p. 95.

[2] 有学者将此概括为“金融资产价格和信贷增长具有自强化功能和顺周期特征”。参见黄志凌：《金融监管的作用、定位与改革方向》，载《金融监管研究》2017 年第 10 期。

只要终止或者微调当事人之间的利益关系(如过失相抵或互免债务),私法秩序又将恢复。在民法视界里,市场风险不足为惧,当事人的"冷处理"(如不主张违约)即可产生止损效果。纵使民事交易因解除合同而终止,也将无害于它。但是,如果相同的风险事件发生在金融市场,如宏观经济形势下行致使上市公司股票大面积贬值,则会产生迥然有别的制度回应:当事人是否主张违约、是否主张赔偿,已无暇顾及,兹事体大,政府不得不施以援手,以减少此类事件可能产生的连锁反应。[1]

三、金融司法监管化:防控金融风险的必由之路

将防控(系统性)金融风险作为金融法治的基本制度目标,并不意味着金融立法、金融监管与金融司法各司其职便能实现目标,我们务必正视金融法治的现状——金融立法的不完备以及金融监管的相对劣势——并在司法环节引入金融监管政策,以有效回应金融风险的防控之需。

(一)金融立法的不完备性

法律的不完备性是任何法律部门都难以避免的,但是金融法不仅缺失度更高,而且难以像民商法那样在法律缺失处依旧泰然处之。在法律内生性理论看来,包括民法在内的许多实定法,不过是对日常经验的提炼和固定,它类似于格式合同以更加简便的方式对人类生活予以指导和补强。追根溯源,法律规则与人类生活之所以能够浑然一体,主要源于两者的道德根基趋于一致,如诚信、孝敬不仅是人伦纲常,也是民法规则"作为公民社会基本法的本职所向"。所以,对一个从未接触过《民法典》的人而言,即使他并不清楚法律规则的具体构造,他的行为后果也不会过于背离法律要求。既然社会道德是一定时空范围内相对固定和共通的行为准则,那么对于公民社会的悖德行为,即使缺乏法律规制,其也将遭受社群的流放和公众的谴责,从而替代性产生"有法可依"的规制效果。由此可见,"法无禁止即可为"的私法原则,不仅是对私法主体自由的保障,也是对私人秩序的充分信赖。[2]

金融法因市场的变动不居而难以形成恒定的法律准则。即便在法律的内生性理论看来,金融法制所承载的也不过是"昨天的故事",今日今时的金融市场和金融工具

---

〔1〕 为应对2018年上市公司股票质押回购可能产生的金融风险,深圳、北京等地方政府和国资纷纷出手"拆弹"。参见程丹:《不管民资还是国资能化解质押风险就是"好资"》,载《证券时报》2018年10月18日,A01版。

〔2〕 习惯即经验,而经验又难逃道德约束。所以,我国《民法典》第10条与世界各国基本保持一致,并确立"有法律依法律,无法律依习惯"的民事争议处理规则。

已经发生翻天覆地的变化，那些抽离于过去市场的经验总结已然无法适应变化后的新情况，法律规则的普遍性与金融市场频繁更迭之间的巨大张力，终将造就金融法制的不完备（含“滞后”现象）。与此同时，传统市场中发挥重大作用的自我规制工具，也将因为金融交易的复杂性和参与者的自负心理而失效。以强制披露制度为例，消费者或恐于金融产品的复杂程度而自觉忽略所披露的信息，并且金融机构也会因为金融风险的外部性而缺乏利用强制披露进行朝上竞争的激励。此外，人类社会普遍存在“可得性偏差”，对于远期风险天然存在过度自信的缺陷。风险暴露的“时滞”和“隐蔽”无疑会加剧金融消费者对风险的轻视。比如，次贷危机爆发前，仅 CDS（信贷违约掉期）的规模便超过 60 万亿，而相应的担保品价值不足 2.7 万亿，杠杆率高达 200。

（二）金融监管的相对劣势

金融监管政策是否可以介入司法，其实质还是金融监管权与司法权的配置问题：金融司法是否应该保持谦抑性？金融风险的防控任务是否仅限于监管机构？金融监管部门时常会遭遇“无法可依”的尴尬局面，如缺乏与行为规制相匹配的责任条款。此时，他们并没有纵容行为失范的任意滋长，而是积极采取“窗口指导”等创新监管措施，通过口头劝告、约谈当事人等方式进行市场规制。对于这种超越成文法规则的监管行为，难道有充分的理由采取完全不同于金融司法监管化的评价标准？有观点认为，在成文法规则不完备的现实条件下，行政权力的灵活性可以弥补司法裁判的刻板，因此“窗口指导”具有一定的合理性。但实际上，行政权优于司法权的传统配置理论，与本文在规范基础、规制对象等方面均有差异。就规范基础而言，前者多用于法律未作规定或规定不明的情形，期待监管部门的“主动执法”（proactive law enforcement）。但是，本文的讨论场景却限于法律不完备的特殊情形：无法律，有政策。就规制对象而言，前者多集中于食品、医疗等传统领域，而本文所称“金融市场（风险）”却在内生性、隐蔽性和系统性等方面判然有别。因此，金融风险的防控职权配置需要结合金融风险的独特性，以及我国司法权和执法权的运行实情，从长计议。

从“防风险”的角度出发，通过司法途径实现民事责任的方式，拥有四项行政监管并不具备的比较优势：其一，司法裁判的确定性更高，有助于形成更加稳定的行为预期。相较于“窗口指导”的“相机抉择”，判定交易合同（无效）尚存事前明晰的金融监管政策（如部门规章），并且根据依法行政的基本要求，金融监管并不比金融司法天然拥有更多的灵活性。鉴于金融法制的极度不完备性，两者在本质上与金融立法一样，都是在复杂金融世界中努力寻求一种动态平衡的金融治理艺术。其二，司法裁判可对所有当事人的利益施以整体性调整,有利于避免行政监管仅限于行政相对人的不足。如果彻底选择金融监管的规制路径,则非金融机构当事人虽有共谋风险行为,但囿于机构监管的作用对象不宜超越持牌机构,前者的利益格局将不会受到行政规制的影响,从而实质上逃脱责任约束。与此同时,金融机构为了避免交易对手以举报相要挟,将不得不屈从于刚性兑付、债务减免等息事宁人的方案,从而助长金融风险的滋生和蔓延。其三,司法机关的介入还将弥补现行金融监管体制的不足。跨市场、跨区域、跨行业的金融创新活动不断冲击着传统机构监管模式的效力边界,产生大量的监管空白和监管重叠,为金融风险的滋生和蔓延创造有利条件。在功能监管和行为监管的愿景因路径依赖等原因尚未实现之时,人民法院可以承接行为监管的实质功能,即无论有无牌照,均可通过司法裁判调整当事人的利益结构,从而影响市场预期和行为选择。其四,司法裁判的威慑力将会强于行政监管。相较于行政管理,司法环节的处置时限更长,公开程度更强。对于当事人而言,如果金融纠纷进入司法环节,则意味着被曝光的细节将会更多、投入的沉没成本将会升高。无论最终裁判结果如何,视声誉/时间为生命的金融机构终将在耗时长久的诉讼过程中不断遭受公众的质疑甚至被抛弃。所以,从节约成本的角度考虑,金融机构多会理性地选择行政和解,以最大限度地减少各项损失。[1]此时,若另行禁止金融监管政策介入司法领域,则势必会造成民事诉讼环节的"合法"缺位,在客观上减少金融机构的外部约束机制。易言之,赋予金融监管政策在司法领域的可适用性,有助于形成贯通式的金融风险防控体系。当行政责任、民事责任与刑事责任环环相扣时,金融机构将会自觉地把防控金融风险的注意义务内化成为机构运营与交易活动的行为准则(或称"企业合规"),从而实现金融监管与市场交易的激励共容,从根本上回应金融监管的难题与初衷。

综上所述,对于入禀法院的金融案件,如果风险已经暴露,却依然苛求只有全国人民代表大会或者全国人民代表大会常务委员会制定的"法律"才能作为否定相应协议的唯一法源,否则难免会陷入法律形式主义的窠臼,错失风险处置的良机。与其固守成文法的思维定式,不如回归金融市场及其风险的真实世界,以更加动态和务实的观念接纳相对有效的治理方案。金融风险的隐蔽性、传染性等特点决定了发现和识别它的难度。即便金融监管政策并非全部立意于金融安全,且用于防控(系统性)金

---

〔1〕 中国证监会2015年颁行的《行政和解试点实施办法》第23条规定了行政和解的协商期限为3个月,并且,通过对中国证监会2020年第1号公告的研读(关于上海司度违规从事资产管理活动的行政和解事项),可见其内容主要涉及和解金额和终止调查审理程序的结果。

融风险，但是相较于司法机关苦苦寻觅，金融监管政策的规范性表达无疑为金融风险的发现之旅提供了醒目标志。哪有什么十全十美的治理选择，不过是在自治与规制、创新与安全等多维价值之间力求实现的一种平衡策略罢了。试想，一边是以"法无禁止即允许"为原则而任凭金融风险滋长蔓延，另一边是以"风险防控"为借口恣意对金融交易进行效力裁判。此时，金融司法监管化无疑成为"两害相权取其轻"的一种务实之选，即在坚持以风险防控为基本制度目标的前提下，将裁判活动限定在明确的金融监管政策范围之内。据此，金融司法监管化不仅部分满足形式法治的外观要求，控制司法裁判的恣意妄为，而且能够实质达到金融风险的防控目标。

四、金融司法监管化的规范性构造

金融司法监管化虽有制度正当性，但是这并不意味着金融监管政策完美无缺，也不意味着金融司法绝对可靠，所以，正视金融司法监管化的不足，并从适用要件的角度予以规范，成为防控（系统性）金融风险的理性之选。与此同时，虽然《民法典》第153条第2款被公认为是金融司法监管化的法源基础，但是"公序良俗"原则在金融领域的真实意涵却有待深究，毕竟上述条款只是为了满足金融司法监管化对形式法治的需求而采取的权宜之计，两者所根植的市场和社会状况大异其趣。

（一）法源基础

《民法典》第153条第2款的"公序良俗"条款，虽然构成合同效力判定的兜底性规则，[1]但是其在金融领域的真实意涵却有所不同。一方面，民法世界的"善良风俗"可能为金融领域避之不及。"善良风俗"虽然构成民法制度的基本原则，保障了私法规则的生命力，但是金融交易的主要特点却是求新求变，难以形成稳定而共通的道德准则，以至于畅行于公民社会的交往法则可能衍变为金融风险的主要源头，应予绝对禁止。比如，《民法典》强调的"有约必守"却是金融监管力求破除的"刚性兑付"。所以，金融交易的效力判定不宜交给不复存在的"善良风俗"，以免"好心办坏事"。此外，"善良风俗"也并不构成独立的效力准则。诚如前述，民法规则本就是

〔1〕 有学者从教义规范的层面提出，"我们对于违法合同效力状态的研究，理应从单纯地对违法之"法"进行多方限制或对违法方式作列举的做法中觉醒过来"，重新回到"损害社会公共利益无效"的一元论立场"。参见黄忠：《违法合同的效力判定路径之辨识》，载《法学家》2010年第5期。

“善良风俗”的规范表达，两者高度统一，[1]所以，针对“善良风俗”的立法设计和司法适用，许多国家都采用“一元论立场”，将“违法和违背公序良俗并列为一个条款”，无须额外解释“公序良俗”。另一方面，金融领域的“公共利益”更为统一和具象，始终将“防控（系统性）金融风险”作为其核心要义。私法制度当中的“公共利益”变幻万千。比如，《民法典》中的“合同编”与“物权编”就持有不同的公共利益标准。但是，它在金融法的视阈里却又归于一体，并将金融安全视为金融法治的优先准则。所以，将金融监管政策原则上视为“公共利益”的规范表达，不仅可以避免在每一个案件当中界定“公共利益”的主观和烦琐，而且还能适当抑制法官造法的缺陷，否则，金融领域对“公共利益”的界定继续莫衷一是，将会陷入事实认定和法律适用的迷思。当前对名股实债的判定困难，即为适例。概言之，“公共利益”是效力裁判的“出口”（之一），以风险防控为导向的效力评价（含属性分析）则是通达上述出口的“必经之路”，而金融监管政策则是揭示相应风险的“路标”。

那么，金融监管政策是否与“防风险”这一公共利益相契合呢？从体量论，繁密的金融监管政策构成我国金融市场规范体系的底座。以私募基金为例，虽然资产规模将近 14 万亿，但是在法律层面上却仅有《证券投资基金法》（2015 年修正）可供援引，[2]大量为《民法典》第 153 条所排斥的规范性文件和行业自律规则成为我国私募基金规制体系的主力。以形成过程论，金融监管政策的施行需要历经市场主体和交易实践的多番磨砺，并非一日之功。以“去刚兑”为例，早在 2002 年，《信托投资公司资金信托管理暂行办法》（已失效）第 4 条便已明确“不得承诺信托资金不受损失，也不得承诺信托资金的最低收益”，此后 2007 年的《信托公司管理办法》第 19 条进一步规定“不得以卖出回购方式管理运用信托财产”。可见，打破刚兑的监管意见始终如一，只不过随着杠杆率水平的攀升、金融风险的不断累积，打破刚兑才变得刻不容缓。概言之，将金融监管政策视为实质意义上的法律渊源，与狭义的“依法裁判”类似，都意在实事求是地选择最有利于防控彼时彼地金融风险的制度方案。实际上，即使将

---

[1] 传统民法在论证公序良俗原则的正当性时，多认为私人利益与公共利益会产生冲突。参见易军：《论私法上公序良俗条款的基本功能》，载《比较法研究》2006 年第 5 期。但是，本文认为公民社会的私人自治，多能达成两者的统一。当然，市场失灵的状态并不鲜见，但此时是否需要像《民法典》第 153 条一样从法律层面否定合同效力，而不是通过行政监管、社群自救等方式予以纠偏，同样存在浩如烟海的文献可供参阅。所以，对“公序良俗”是否必须单独成为一项法律原则（构造），不无疑问。

[2] 实际上，私募股权投资基金、创投基金在产品属性、风险状况等方面均有别于证券投资基金，但它们当前都“挂靠”在《证券投资基金法》下，这也再次证明了金融特别法的不完备。

狭义的“法律”视作唯一的裁判准则，也断然不会否定货币政策在司法领域的适用价值。最高人民法院在《商业银行法》尚未取消贷款利率上下限管制之时，便以《九民纪要》的形式接纳了贷款利率市场化改革的政策现实，明确将贷款市场报价利率（LPR）作为贷款利息的基本标准。作为金融政策的重要表现形式，货币政策同样旨在落实中央银行关于防控金融危机（风险）的基本职责。

（二）适用要件

第一，金融案件缺乏成文法规则时，金融监管政策方可介入。金融的概念千差万别，有人主张一切涉及货币和信用的经济关系均可视为金融；另外的观点却将金融限定为资本市场的运营、资本资产的供给和定价。无论怎样，“金融中介”均是其核心构造。就风险防控的角度而言，持牌金融机构所涉业务活动当然要归入金融案件，非持牌机构或个人从事货币融通活动，若涉嫌系统性风险，同样需要纳入金融法的审查范畴。随着“实体金融化”趋势的不断增强，许多传统意义上的实体行业和交易结构正在不断演变为金融市场的重要组成部分，将许多浑然不觉的实体参与者吸附其中。比如，近年来不断曝光的长租公寓模式，即隐含了巨大的金融风险隐患。所以，司法机关在处理类似案件时，应当秉持穿透式监管的理念，不为交易主体的常规身份所迷惑，从防控（系统性）金融风险的角度出发，结合交易行为的负外部性、系统性等特点科学审视、综合施策。

金融监管政策绝非公共政策在金融领域的直接翻版，而是限于金融监管机关依法制定的可供执行的部门规章和规范性文件。公共政策涵盖范围较广且内涵飘忽不定，包括“国家权力部门制定的具有目标、价值与策略的（一切）计划”。司法环节求诸监管政策，其初衷就在于厘清个案中（系统性）金融风险的明确所指，以避免另起炉灶去发现和识别金融风险的烦琐与困难。诸如“维护金融稳定”“保障金融安全”等含义宽泛的表达，不宜再作为可资借鉴的金融监管政策。所以，从权威性、确定性等角度而言，金融监管政策更加类似于“规制性规范”。当然，金融监管政策亦非白璧无瑕，仍然会遭受规制俘获、监管套利等多方面的挑战。只不过，这些挑战既不为金融监管政策所独有，也能够在一定程度上通过司法审查、意见竞争等方式消解。

第二，法官应负说理义务，尤其是在采用金融监管政策之时。不少学者质疑金融司法监管化的重要理由在于金融司法权将会因此而沦为监管权的“传声筒”，并失去应有的独立价值。但是，天策公司案起到了良好的示范效果。人民法院并未直接适用《保险公司股权管理办法》来否定股权代持的有效性，而是首先从实体和程序两个维度，对裁判依据（金融监管政策）进行了独立的合法有效性审查，即是否与上位法相冲突、是否违反了法定程序。因此,司法机关在面对金融风险畸高而缺乏法律或行政法规作为裁判依据时,不宜断然否定或接受金融监管政策在司法领域的适用价值,而应当充分利用监管政策所提供的风险识别和评判指引,独立辨析并说明其介入金融裁判的可能与限度。

第三,诉争当事人可以就金融监管政策的合法性与合理性提出质疑。既然金融司法监管化只是在法律不完备情形下为应对金融风险而采用的"推定",那么也就意味着其应当接受诉讼当事人的质证。这不仅有利于推进消极的司法审查,以保障监管政策的公允,[1]而且有助于形成政策优化的竞争环境。有别于自下而上的单向的公开立法意见征求,这种寓于具体利益争端中的观点竞争与对抗制诉讼模式相仿,有助于激发并生成真正有利于防控金融风险的治理之道。在此过程中,人民法院也能够借助利益相对方的意见碰撞,修正、丰富并不断提升自己对于金融风险的甄别能力,从而弥补相较于行政机关可能存在的信息劣势。申言之,信息能力并不足以构成阻碍金融司法监管化的理由,恰好相反,司法机关在处理金融案件时的信息不足,可以通过援引和检视相关监管政策的途径而获得弥补。与所有的规范表达相似,监管政策亦属监管者对过往经验的总结,所以,司法机关在金融案件中梳理和评判监管政策,类似于监管机关和金融市场进行对话,借此汲取后者的知识养分。

(三)不足与调适

本文强调金融监管政策在司法领域的应用价值,并不意味着监管政策就一定拥有"上帝视角",监管机构同样会面临金融市场的剧烈变动及其产生的不确定性,根据以往经验形成的监管政策终将难以应对变化后的市场行情。换言之,金融市场的瞬息万变与规范表达的相对固定,始终构成一对矛盾体并时刻镶嵌在我国法律制定和实施的体制之上,任何试图基于事前(后)的规制措施便一劳永逸地防范或处置金融风险的观念,终将被人类社会不断爆发的金融危机所证伪。笔者呼吁司法机关勇担金融风险防控之责,实则为破解上述难题提供了可能。司法机关的职能不仅在于解决纠纷,而且还包括规则供给。虽不能像普通法那样直接适用"遵循先例原则",但是个案的示范效应和司法解释的回应功能对于建构动态的金融风险防控规则的作用,同样不容小觑。

与此同时,有学者可能会因为金融监管政策的灵活多变而对法的安定性产生隐

[1] 有学者质疑"并非所有的金融交易,都代表了公共利益"。参见李建伟:《行政规章影响商事合同效力的司法进路》,载《法学》2019年第9期。

忧,尤其是担心金融司法将会因此而失去稳定性和可预见性。诚哉斯言,但金融监管政策的流变,无不是对金融市场及其风险转化的及时回应,以"打补丁"的形式弥补金融监管的漏洞。金融市场的推陈出新,在一定程度上是为了规避监管规则而进行的监管套利。"一旦金融创新成功地规避了监管,就很容易被其他机构竞相模仿,从而使资本和风险更加集中于金融体系内部的薄弱环节,导致更容易发生金融危机"。所以,金融监管政策的灵活性恰巧弥补了金融立法尾大不掉的缺陷。金融司法随行(监管政策)就市,也可以同步打消违规金融创新不用承担民事责任的妄想。更何况,司法机关独立确定监管政策的可用性以及当事人的抗辩权,亦为维护金融司法的公允和可靠提供了制度保障。退一步讲,司法裁判天然拥有的不告不理的被动性,将在一定程度上缓和金融司法或有缺陷的泛化。

当然,人民法院在识别和评判金融风险时,还存在两项技术性难题,应予正视。其一,金融风险的测量本身充满了技术挑战和不确定性,即便是金融监管专家也常感力有不逮,这明显超出了长期更多地从事法条分析的裁判者的知识范畴。所以,司法机关在处理商业纠纷时,要么只涉及两造当事人的"公平"问题,要么将更加棘手的适当性问题交由"商业判断规则"或者彻底排除法院的实质审查。因此,金融风险的识别、测量等基础性工作在实践中多交由宏观审慎部门来完成,而人民法院专司法律(政策)适用之责。但是,金融风险依附于市场而形成的内生关系和传染特性决定了金融风险的瞬息万变,传统治理手段对可测量、确定性的要求需要重新审视。因此,金融监管领域的混沌理论应运而生——放弃对线性因果关系的苛求,着重强调模块化的风险管理手段。在放松风险测评的精确性要求之后,司法机关天然拥有的自由裁量权尤其是就事论事的自由度,正好贴合金融风险规制对灵活性的要求。

其二,司法机关及其个体缺乏主动运用系统观评测金融风险的激励。法官在案件审判过程中,需要承受审限、舆情等多重压力,并在有限理性的驱动下迅速作出判断和决策,而尚未实际暴露的金融风险便会不时从其优先考虑项中隐退。法院也非抽象的公义担纲,他们与身处的地区保持着难以割舍的地缘联系,不可避免地会被裹挟进地方竞争的历史洪流当中。比如,部分法院为了配合地方政府对 P2P 网贷市场的清理整顿而中止对相关案件的审理,致使大量债权债务关系悬而未决。一时一地之安稳却可能在整体上造成多方共输的不良局面——错失投资者教育的良机,助长借款人恶意逃废债的道德风险,最终伤及金融市场的长治久安。

五、金融司法监管化的实例分析:名股实债

随着股债融合的创新型交易不断迭代升级,如何准确判定此类交易的法律属性,

成为十分棘手的问题。有学者根据《民法典》第146条“通谋虚伪”规则,主张在探究并尊重隐藏行为意思的基础上进行效力(属性)判定。比如,投融资双方为了隐藏真实的借贷意思,不得已而采取股权形式,故称名股实债。可是,称谓不过是事后分析者的片面说辞而已,若真为交易双方密谋之事,外部第三人又何以觅得真意。即使有民事诉讼的对抗制作为真意发现的制度保障,所谓“逃避监管”也不过是无关痛痒的“动机意思”,并不足以揭示或动摇交易真意。实际上,姓甚名谁并不是交易双方所关心的,交易文件已经清楚地载明,投资方就是为了寻求定期回报才进行回购设计的。股权登记,无外乎是一种风控措施。质言之,如此交易并不存在效果意思与表示行为相分离的情形,并无探求所谓交易目的之必要和可能,更何况,从监管机构(含自律组织)对名股实债的定义来看,[1]他们也没有拘泥于名、实之间的真实意思问题。为此,有学者建议超越股债二分的固有视角,将其归入“股债融合型金融产品”的独立范畴。诚如许德峰教授所言,僵硬的股债界分,可能会破坏当事人之间原本自愿达成的风险分配方案。以联营合同为例,虽然其对特定制度背景下的借贷管制有所突破,但是随着短期刚性管制的逐渐淡出,应该正视此类交易对当事人多元利益的妥当安置。

上述分析虽然增添了更为丰富的外部视角,但是依然没有将(系统性)金融风险纳入行为判定的分析框架。在所有的讨论案例中,其实可以再次区分为两类,即本文所称“金融类案件”与“非金融类案件”。如果将所有的回购、保底等交易安排都笼统地归入名股实债,无疑会掩盖不同交易可能对外部世界造成的不同风险影响,从而误导对交易效力/属性的法律评价。[2] 回到联营合同的例子,假如借贷管制的规定不复存在,而此类交易却会推升金融风险的系统性,那么法律同样应该予以否定评价。只不过实业投资当中的“对赌协议”并不明显涉及系统性金融风险,将其认定为合法

[1] 《证券期货经营机构私募资产管理计划备案管理规范第4号——私募资产管理计划投资房地产开发企业、项目》对“名股实债”的界定是“投资回报不与被投资企业的经营业绩挂钩,不是根据企业的投资收益或亏损进行分配,而是向投资者提供保本保收益承诺,根据约定定期向投资者支付固定收益,并在满足特定条件后由被投资企业赎回股权或者偿还本息的投资方式,常见形式包括回购、第三方收购、对赌、定期分红等”。

[2] 风险维度的加入,可能会更新我们对于很多疑难案件的预判。以当前热议的让与担保问题为例,如果行为后果并非关乎体系性、隐蔽性的风险,则大可将其视为非典型的增信措施,而不必“一刀切”式地全然否定其效力。因此,相较于流质条款(无须清算,直接抵扣),非登记约定可能产生的外部性风险更强,更应给予严格规制。

有效的股权投资并无大碍。[1] 换言之，司法机关对于非金融类"对赌协议"的肯定并不意味着放行所有的联营合同。为此，我们可以从"新华信托系列案"中更加深刻和全面地体会金融风险对于行为效力/属性的影响。在新华信托诉港城置业破产债权确认纠纷案[2]中，湖州市吴兴区法院基于内、外部相区分的视角，认为在破产环节主要涉及外部债权人的利益分配问题，应该贯彻商法的外观主义精神，从而认可新华信托在工商登记上的股东资格。但是，在新华信托与叶某嗣等人的金融借款合同纠纷案中，[3]重庆市高级人民法院却以交易目的来界定合同属性，认为股权登记的实质功能是让与担保，当事人之间实质上构成债权债务关系。

看似"同案不同判"，实则属于司法机关按照穿透式审判思维，针对金融风险给予的理性回应。众所周知，相较于股权收益的变动不居，债权投资具有明显的稳定性。可是，为什么惯于短期、稳定投资模式的金融机构，[4]却一反常态地改用股权模式呢？名股实债的交易之所以在地产融资领域大行其道，离不开投融资双方的合谋。当融资方的债务规模（含非标资产）超过一定比例时，即使投资方看好其偿还能力，但若想继续延用债务融资方式，也将会因为资产负债比的监管限制而退步。但是，如果将此融资模式调整为股权投资，则会产生立竿见影的奇效：原本负债累累的企业，因此股权投资被计入权益类资产而立即在财务报表上表现不凡。融资方之所以能够愉快地接受这种交易方式，不仅在于它能够绕开负债比的监管红线而解燃眉之急，更在于这种经过优化的企业资产负债（表）还将有助于进一步扩大融资，可谓一举两得。当然，结合名股实债的重点适用领域（基建和房地产），该类交易除了要绕开"资产负债比"的监管要求之外，还会有意规避房地产项目融资"四三二"的监管规定。[5] 综

[1] 参见联大集团有限公司与安徽省高速公路控股集团有限公司股权转让纠纷二审民事判决书，最高人民法院（2013）民二终字第33号。

[2] 参见新华信托股份有限公司与湖州港城置业有限公司破产债权确认纠纷一审民事判决书，浙江省湖州市吴兴区人民法院（2016）浙0502民初1671号。

[3] 参见新华信托股份有限公司与叶某嗣等金融借款合同纠纷一审民事判决书，重庆市高级人民法院（2014）渝高法民初字第00045号。

[4] 中国银保监会的公开资料显示（2018年7月），我国银行理财资金的70%集中在债券、存款与货币市场工具等固收类资产。详情参见中国银保监会官方网站 http://www.cbirc.gov.cn/cn/view/pages/ItemDetail.html? docId=186176。

[5] 参见中国银监会办公厅《关于信托公司房地产信托业务风险提示的通知》（银监办发〔2010〕343号）对"'四证'齐全、二级资质以及30%自有资金"等内容作出了详细规定。

上所述,地产融资场景下的名股实债交易难逃逾越监管、推升风险之嫌,[1] 为此,我们可以反思《九民纪要》第89条的规定,即“只要合同不存在法定无效事由”,便应该对名股实债的信托投资活动予以肯定。但是,《九民纪要》对何为“法定无效”则语焉不详,是否包括前述“金融监管政策”?显然,从“天策公司案”所引发的舆论反响来看,司法机关对于如此扩张解释似乎持有保留意见。但是,在金融法律极度不完备的现实条件下,限缩解释的后果却可能是无意间放任金融风险的蔓延。实际上,“新华信托系列案”中所体现的超越当事人交易目的而进行的合法(规)性审查,正是自最高人民法院《关于进一步加强金融审判工作的若干意见》至《九民纪要》所一直强调的“穿透式审判思维”,即根据“实际法律关系确定其效力和各方权利义务”,其不仅要求穿透交易结构看目的,而且需要穿透目的看风险。[2] 符合当事人自身目的的交易,却可能因为实质上放大了市场风险而被判无效。

按照“穿透式审判思维”(或称“实质重于形式”),“合同无效”并非实质违法(规)行为(如实质推升了系统性金融风险)的唯一后果。债权与股权的区分,不过是司法机关根据“行为目的是否违背了金融监管的要求并放大了金融风险”所采取的一种结果导向的裁判思路。[3] 易言之,“新华信托系列案”是以金融监管(政策)所承载的“合规性”为基础,反向推论交易行为的法律关系。就维护金融监管有效性和防范系统性金融风险的角度而言,对新华信托的交易利益不应给予保护。所以,对于新华信托而言,当标的公司处于破产清算环节时,“股权”将是其最坏的结果——即便将其认定为“无效”,它依然有权诉请投资本金的返还,但作为剩余索取权的“股权”却将一无所获。如果转换一下案件场景,假如新华信托涉及一起标的公司可分配利润十分可观的投资案件,则其将被认定为只是享有固定回报的“债权”或者无效,而不是可以主张更多回报的“股权”。[4] 实际上,就顾及善意第三人及交易秩序的角度而言,名股实债的属性判定也具有一定的相对合理性,一旦将其归于“无效”,则势必会

---

〔1〕 为了验证规避监管的推断,可以通过查验交易当事人的事前财务报表来探究是否存在监管压力。

〔2〕 参见《最高人民法院民二庭第五次法官会议纪要》对名股实债的判定意见(“根据当事人的投资目的、实际权利义务等因素综合认定其性质”),似乎也止步于“交易目的”,并没有进一步追问目的合规性,尤其是从金融风险的外部视角反向判别合同属性/效力。

〔3〕 这种裁判路径还将有助于弥补通谋虚伪表示“相对无效”的立法漏洞。参见曾大鹏:《〈民法总则〉“通谋虚伪表示”第一案的法理研判》,载《法学》2018年第9期。

〔4〕 相较于新华信托在港城置业案件当中的处境(标的公司进入破产程序),它在强人置业案中就要缓和得多。所以,后者将其认定为“债权投资”而非“股权投资”,在理论上将获得更少的收益。

连锁性地影响交易第三人的效率和安全,至少会徒增后者清产验资的成本。若将其认定为相对无效之"股权"或者"债权",则可以避免"无效"或"有效"之争对金融秩序造成的次生(系统性)伤害,维护金融法(金融风险)与商法(外观主义)的相对一致。当然,违规交易离不开当事人的双方合谋,有人或许因此会质疑"不利于金融机构"的裁判思路,认为在客观上偏袒了非金融机构一方。但是,就"防风险"的角度而言,"不利于金融机构"却是牵住了金融风险产生和发展的"牛鼻子"。无论市场如何风云变幻,金融中介所担负的信用创造功能始终都是市场勃兴的必备要素。[1] 所以,通过司法途径判定合同属性,可以强制回调金融中介的利益结构,并反作用于非金融机构一方的行为预期,最终影响市场选择和风险走向。概言之,金融交易的属性判定看似千变万化,但万变不离其宗,以监管要求为指引,防控和化解金融风险始终构成金融裁判的不变准绳。

六、结论:认真对待金融司法监管化

在常规案件中,严格执行法律和行政法规所提供的操作规程便可实现制度目标,无须跨越司法权和行政权的既有边界,但是金融法规则难以应对不断变化的市场及其制度需求,以致造成司法裁判频频陷入无法可依的非常规状态。此时,若继续延用"无为而治"的私法制度,则难免纵容金融风险的滋长。法规缺失,但法治不容缺位,金融司法绕道金融监管政策,并在符合一定规范性构造的前提下将其引入司法过程,从而共同构筑起防控(系统性)金融风险的有效屏障。一言以蔽之,金融市场及其风险属性所决定的"防风险"底层逻辑在应对金融立法与金融监管的固有缺陷时,架设起金融司法权和行政权沟通的桥梁,并最终体现为金融司法监管化。

本文聚焦于(系统性)金融风险的防控,并借此证成金融司法与金融监管的协同必要性。但是,这并不意味着金融监管或者金融司法的目标仅此一条,实际上,保护金融投资者、提高市场效率等都是金融法不可或缺的制度目标。当然,多任务容易诱发目标之间的冲突,如投资保护与市场效率、促进竞争与金融稳定,因此,如何结合具体案件和市场环境,实现多种监管目标之间的平衡,实属困难和必要。只不过,(系统性)风险防控是金融市场的基础,否则,投资者保护、市场效率提高、促进产业竞争终将无从谈起。

---

〔1〕 以互联网为代表的创新交易模式,虽然意在金融脱媒,但是它却同时创造了附随的、全新的金融中介,所以"去中介化"并非易事。参见赵尧、鲁篱:《股权众筹领投人的功能解析与金融脱媒》,载《财经科学》2015 年第 12 期。

自治与管制:对职业放贷行为的司法规制

——基于122份判决的实证考察

刘茂梁*

摘要:职业放贷行为因其特殊法律属性,不同于一般民间借贷,其危害金融秩序与安全,司法规制中应平衡好“自治”和“管制”双重目标,优化对职业放贷行为的司法规制。一方面,在职业放贷行为认定中,应采取形式审查与实质审查相结合,严格认定职业放贷行为,以维护民事主体的意思自治。另一方面,在认定职业放贷行为后,以《民法典》第153条解释为中心,以规范目的探寻为进路,通过利益衡量判定职业放贷行为的无效;以《民法典》第157条解释为中心,判定行为无效的法律后果,否定职业放贷人利息请求权和资金占用费请求权,严格限定担保人担保责任,以此实现“管制”目的,维护金融安全。

关键词:职业放贷;司法规制;民间借贷

引　论

民间借贷是正规金融的有效补充,在民间借贷发展过程中,出现了以营利为目的的职业放贷人,其运营中涉及资金数量庞大,涉及人员广,利益关系复杂,危害金融秩序与金融安全,甚至诱发社会治安问题,因此,需要对职业放贷行为加强管制。司法机关作为公共政策的执行机关,对职业放贷行为进行规制可以弥补金融监管的滞后与不足。

职业放贷司法规制面临的问题首先是职业放贷行为难以认定,缺乏统一的认定标准,对职业放贷人认定过宽容易侵扰民事主体意识自治与契约自由,认定过窄则不

* 刘茂梁,南京市秦淮区人民法院法官助理。

足以打击职业放贷这一违法行为，在司法规制理念上，应当平衡意思自治保护与高效管制。职业放贷行为司法规制中，应统一认定标准，通过形式审查与实质审查，严格认定职业放贷行为，以保护民事主体的意思自治；同时，对于经严格审查认定的职业放贷行为，应在法律行为效力与法律后果的判定中落实有效管制理念，发挥司法规制在维护金融秩序与金融安全上的补足作用。

一、职业放贷人案件司法规制现状

（一）职业放贷人案件分析

随着民间借贷领域职业化趋势的发展，金融监管部门不断出台规范文件予以规制，但因民间借贷的隐蔽性，监管难度较大，司法规制作为事后规制在职业放贷行为管制上更有效率。随着司法机关对职业放贷的关注不断提升，尤其是最高人民法院以司法解释的形式明确职业放贷人界定等问题，在司法实践中涉及职业放贷的案件数量也不断增加。笔者以“职业放贷”为关键词，通过中国裁判文书网检索，发现2016～2020年，民间借贷领域涉及职业放贷的案件呈倍增趋势如图1所示。

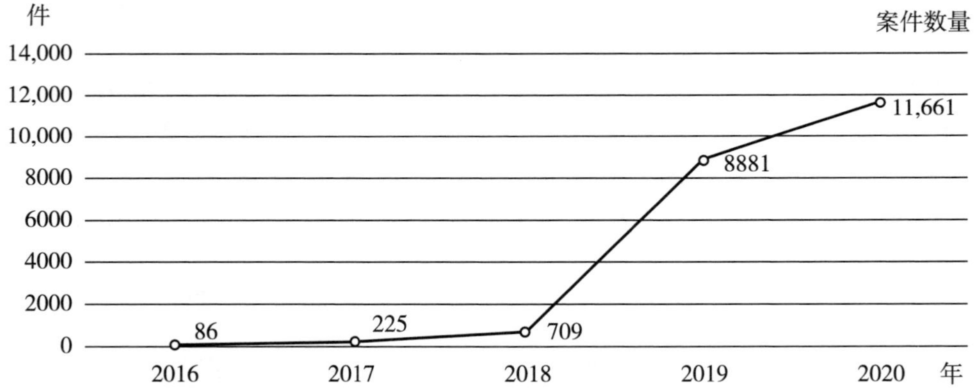

图1　2016～2020年涉及职业放贷案件增长趋势

笔者以“职业放贷”为检索词，在中国裁判文书网中随机选取2021年150份判决书作为研究样本，去除无关案例28件后，获得有效案例122件，本文以此122件涉职业放贷案件为样本进行实证考察。经过案件梳理统计，在122件案件中认定职业放贷人的有12件，借款人以职业放贷为理由抗辩或提起上诉等但法院未认定职业放贷的有110件，占比情况如图2所示。在司法实践中，借款人以出借人为职业放贷人作为抗辩理由相当普遍，以此否定借款合同的效力及出借人的利息请求权，但法院最终认定职业放贷人的案件占比较低,各地法院对职业放贷人认定标准不统一,甚至在同一地区的法院审判尺度也不统一,在一些案件中存在二审改判的情况。

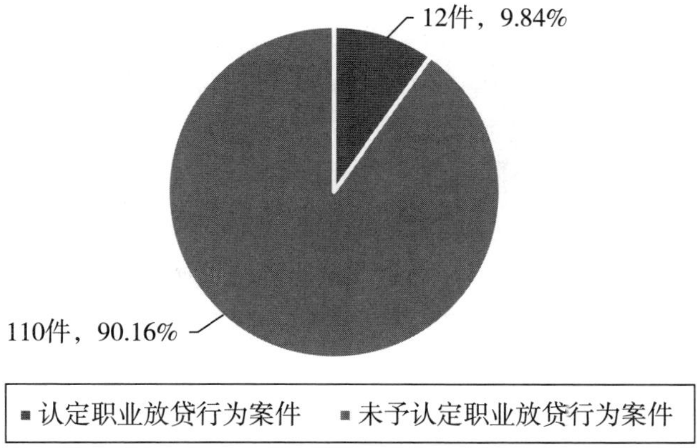

图 2　法院认定职业放贷案件比例

经案件梳理发现,各地法院判决中对职业放贷人的审查宽严程度并不一致。对于借款人以职业放贷的抗辩,一些法院会依职权主动审查,查询系统关联案件;一些法院将职业放贷的证明责任全部归由借款人,借款人举证不足或未举证的,法院不予认可;一些法院对当事人提出的职业放贷抗辩,未进行审查,判决中未涉及此问题。经数据统计,在 110 件未予认定职业放贷人的案件中,有 43 件是法院审查后不予认定并说明理由的,有 42 件是法院以举证不足或未举证而不予认定的,有 21 件是当事人提出抗辩但法院未在判决说理部分予以审查的,有 4 件是法院主动查询关联案件排除职业放贷的,占比情况如图 3 所示。

通过案例研究发现,如何准确识别正常的民间借贷与职业放贷,缺乏共识性认定标准;在认定职业放贷人后,就如何判定职业放贷行为的效力和法律后果,各地法院也未统一;职业放贷无论在司法规制的理念上,还是在司法规制的具体法律适用上,均不统一。本文以案例研究为基础,对以上问题进行探讨,通过法律解释的方法缓和职业放贷司法规制中的价值冲突与判断分歧。

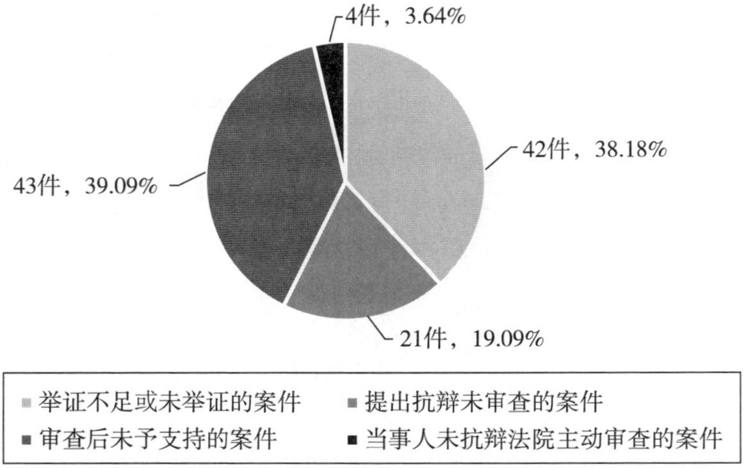

图3　未认定职业放贷案件裁判理由比例

（二）自治与管制：职业放贷行为司法规制之理念抉择

现代法律肩负“自治”与“管制”双重目标，正常民间借贷属于民事主体意思自治领域，司法不应过多干涉，但职业放贷行为因其特殊法律属性，已进入金融监管领域。在对职业放贷行为的司法规制中，应平衡好意思自治与有效管制两种理念。

“职业放贷”本身不是一个法律概念，它是对个人专门从事放贷业务这一法律现象的总结归纳。从法律主体上看，职业放贷人既可以是自然人，也可以是法人或其他组织，但在司法实践中，从各地法院所建立起来的“疑似职业放贷人名录”来看，司法实践中认定的职业放贷人多为自然人。从行为特征上看，职业放贷人的放贷行为具有经常性、经营性、营利性特点，通过收取高额利息或者手续费、保证费等各类名目来获得收入，符合一般意义上商行为的特征。

一般民间借贷是熟人之间互助的、偶然的行为，与此不同，职业放贷是以营利为目的的非法放贷活动。[1] 职业放贷行为是一种经营性借贷或者商事借贷活动，具备一定的商事特征，属于金融行为。此类商事借贷关系，超越了传统债权人与债务人之间的一对一的简单关系，债务人是不特定的社会公众，债权人成为提供金融产品的机构，两者类似消费者与商家的关系。[2] 职业放贷人在信息掌握、资金获取等方面，相

---

〔1〕 参见汤正旗、徐俊：《职业放贷行为的认定及其效力——最高院（2017）民终647号民事判决书评释》，载《湖北文理学院学报》2020年第1期。

〔2〕 参见岳彩申、车云霞：《民间借贷法律监管的新进路》，载《河北法学》2016年第5期。

较于作为交易相对方的金融消费者即借款人而言,占据优势地位,债务人在信息获得、专业知识、维权意识和法律能力方面较为薄弱,处于弱势地位[1]。职业放贷人利用其优势地位,侵害债务人合法权益的情况时有发生,带来一定的社会和道德风险。职业放贷行为是一种商事借贷或经营性借贷活动,因此应加强对职业放贷行为的金融监管,同时注重对债务人的倾斜性保护。

法院作为中央政策的执行机构需要通过司法手段保障经济发展[2],在通过司法行为处理职业放贷人案件时,应对职业放贷行为进行有效管制,通过对职业放贷行为法律效力和法律后果的判定,缓解金融监管失灵难题。同时,法院在审查认定职业放贷行为时,应进行严格审查,平衡好民事法律关系中自治与管制的关系。

二、职业放贷行为的认定

(一)司法实践中职业放贷行为的认定

在对职业放贷行为进行司法规制的过程中,存在的主要问题是法律规范层面缺乏认定职业放贷行为的统一标准,导致职业放贷行为案件的判决不统一,出现同案不同判、认定标准各异、裁判尺度宽严不一致的现象。

对职业放贷人法律规制的演变,体现了主管部门监管态度逐步明确的过程,早期对职业放贷规定原则性取缔,后在法律规范层面明确职业放贷行为的概念,在认定标准上逐渐细化(见表1)。因法律规范层面对职业放贷行为认定较为笼统,各地法院纷纷出台了适用于本地的指导意见,并明确法院的审查重点(见表2)。

表1　涉及职业放贷规制的法律规范

时间	法律规范	具体规定
2011年	《非法金融机构和非法金融业务活动取缔办法》	第3条认定非法金融机构"是指未经中国人民银行批准,擅自设立从事或者主要从事吸收存款、发放贷款……等金融业务活动的机构"

〔1〕 参见何煊:《论自然人职业放贷的法律性质及其监管》,载《江苏第二师范学院学报》2020年第4期。

〔2〕 参见侯猛:《最高法院公共政策的运作:权力策略与信息选择》,载《北大法律评论》第7卷第1辑,北京大学出版社2006年版。

续表

时间	法律规范	具体规定
2018 年 4 月	银保监会、公安部、国家市场监督管理总局、中国人民银行联合下发了《关于规范民间借贷行为维护经济金融秩序有关事项的通知》	“三、……未经有权机关依法批准,任何单位和个人不得设立从事或者主要从事发放贷款业务的机构或以发放贷款为日常经营活动”
2019 年 7 月	最高人民法院、最高人民检察院、公安部、司法部联合制定的《关于办理非法放贷刑事案件若干问题的意见》	“一、违反国家规定,未经监管部门批准,或者超越经营范围,以营利为目的,经常性地向社会不特定对象发放贷款,扰乱金融市场秩序,情节严重的,依照刑法第二百二十五条第(四)项的规定,以非法经营罪定罪处罚。前款规定中的‘经常性地向社会不特定对象发放贷款’,是指 2 年内向不特定多人(包括单位和个人)以借款或其他名义出借资金 10 次以上。贷款到期后延长还款期限的,发放贷款次数按照 1 次计算”
2019 年 11 月	《全国法院民商事审判工作会议纪要》	第 53 条规定,职业放贷行为是指“未依法取得放贷资格的以民间借贷为业的法人,以及以民间借贷为业的非法人组织或者自然人从事的民间借贷行为”,并授权民间借贷比较活跃的地方的高级人民法院或者经其授权的中级人民法院根据本地区的实际情况制定具体的认定标准
2020 年	最高人民法院《关于审理民间借贷案件适用法律若干问题的规定》	在第 13 条“认定民间借贷合同无效”条款中,增加了第 3 项“未依法取得放贷资格的出借人,以营利为目的向社会不特定对象提供借款的”,对职业放贷行为作出限定

表 2　各地法院涉及职业放贷规制的指导意见

法院	法律规范	具体规定
河南省高级人民法院	《关于严格依法审理民间借贷案件的通知》	第 3 条规定,“从严规制职业放贷行为。出借人通过向社会不特定对象提供资金以赚取高额利息,出借行为具有反复性、经常性,借款目的具有营业性,未经批准,擅自从事经常性的贷款业务,属于从事非法金融业务行为,所签的民间借贷合同因违反强制性规定,应认定无效,按照无效合同进行处理。各地法院要根据同一原告或关联原告在一段时间内所涉的民间借贷案件数量、利率、合同格式化程度、出借金额、资金来源等特征来认定民间借贷是否为职业放贷行为……”

续表

法院	法律规范	具体规定
江苏省高级人民法院	《关于建立疑似职业放贷人名录制度的意见(试行)》	第2条规定,"各基层人民法院要根据自身实际,建立疑似职业放贷人名录制度。审理民间借贷案件首先要进行关联案件查询,同一出借人及其实际控制的关联关系人作为原告一年内在全省各级人民法院起诉民间借贷案件5件以上的,该出借人应当纳入疑似职业放贷人名录。通过案件审理或者其他途径可以初步确定为职业放贷人的,不受上述案件数量的限制"
天津市高级人民法院	《天津法院民间借贷案件审理指南(试行)》	第21条规定,对于职业放贷行为的审查,"出借人未依法取得放贷资格,在一定期间内多次反复从事有偿民间借贷的,一般可以认定构成职业放贷行为。因职业放贷行为形成的民间借贷合同无效。职业放贷行为具有营业性和营利性。审理民间借贷案件中,可以根据出借人在一定期间内放贷次数、同一原告或关联原告提起民间借贷案件数量、借贷合同约定格式化程度以及出借人是否公开推介、宣传或明示出借意愿、借款金额和利息等因素综合认定出借人是否具有营业性。同一原告或者关联原告在两年内向全市法院提起民间借贷案件5件以上,或者出借人在两年内向社会不特定人出借资金3次以上的,一般可以认定出借人的放贷行为具有营业性。借贷合同约定利息、服务费、咨询费、管理费、违约金等相关费用的,或者借款人已实际支付上述费用的,应认定出借人以营利为目的出借款项。主要业务或日常业务不涉及放贷的出借人偶尔出借款项,或者出借人基于人情往来不以营利为目的出借款项,不构成职业放贷行为"

续表

法院	法律规范	具体规定
新疆维吾尔自治区高级人民法院	《关于加强职业放贷人审查工作的指导意见（试行）》	第4条规定，“纳入‘职业放贷人名录’，应当符合以下条件：1. 在同一年度内，同一出借人及其实际控制的关联关系人作为原告在同一法院涉及6件以上民间借贷案件，或者在同一中级人民法院及所属辖区法院累计涉及6件以上民间借贷案件的；2. 连续两年，同一出借人及其实际控制的关联关系人作为原告在同一法院涉及10件以上民间借贷案件，或者在同一中级人民法院及所属辖区法院累计涉及10件以上民间借贷案件的。以上案件数量包含涉及民间借贷申请执行的仲裁裁决、公证债权文书案件和诉前调解案件”。第5条规定，“通过相关案件审理或者其他途径可以认定为职业放贷人或非法金融活动的，不受上述第四条规定的案件数量限制。借款人主张利息的计算利率未超过全国银行间同业拆借中心公布的贷款市场报价利率的民间借贷案件不计入案件数量”

因各地对职业放贷行为认定标准不统一，导致判决不一致情况的产生。有的法院将“经常出借资金以赚取高额利息的行为”认定为职业放贷行为[1]；有的法院主动检索同一出借人关联案件，以向“社会不特定对象提供资金以赚取高额利息，出借行为具有反复性、经常性，行为目的具有营业性”认定职业放贷人[2]；有的法院以“两年内以借款人名义向不特定的多人出借资金并赚取利息已达10次以上，同一出借人在一定期间内多次反复从事有偿民间借贷的行为”认定职业放贷行为[3]；还有法院以“贷款的过程中使用借款合同、借据采用相同的格式条款，形式及内容完全一致”为标准认定职业放贷行为[4]。

（二）职业放贷行为认定中的形式审查与实质审查

通过以上法律规范、法院指导意见以及具体典型案件的梳理，可以看出，在职业放贷行为认定上，各地认定标准差异较大。但总体来看，各地在确定职业放贷行为

[1] 参见河南省高级人民法院民事判决书，（2020）豫民终434号。

[2] 参见徐州市中级人民法院民事判决书，（2021）苏03民终1215号。

[3] 参见武汉市中级人民法院民事判决书，（2021）鄂01民终349号。

[4] 参见郑州市中级人民法院民事判决书，（2021）豫01民终3445号。

时,要么是采用关联案件数量、合同格式化程度等形式标准,要么是以向社会不特定人、经常性、经营性等实质标准进行认定,要么采用形式标准与实质标准相结合的审查模式。笔者认为,在认定职业放贷行为时,应当采用形式标准与实质标准相结合的模式进行全面审查,以此提升案件审查的全面性和精准性。

职业放贷人未依法取得放贷资格而以放贷为业,其行为具有非法性,排除了小额贷款公司等具有放贷资格机构的职业放贷行为;在此基础上,对涉及职业放贷行为的案件进行形式审查和实质审查。职业放贷行为认定的形式标准是职业放贷案件识别标准,即具备该识别标准的一种或几种,即存在职业放贷行为的可能;最终是否构成职业放贷,则应当根据职业放贷行为的实质认定标准进行综合判断,判断该行为是否危害金融秩序与安全。

1. 认定职业放贷行为的形式标准

经常性、反复性、职业性是界定职业放贷人的重要依据,也是认定职业放贷行为的形式标准。放贷行为的经常性或反复性,具体表现为出借人作为原告的案件数量、放贷次数,行为的职业性具体表现为借贷合同的格式化程度、借贷过程的专业化程度、主要收入来源等。

在司法实践中,为提高裁判的统一性,各地高院纷纷规定了职业放贷的量化指标,比如,江苏省高级人民法院规定同一出借人作为原告在全省各级法院一年内有5件以上民间借贷案件,天津市高级人民法院规定两年5件或者两年出借资金3次以上或在中院及辖区累计10件以上等。在具体案件的判决中,出借人的民间借贷案件数量也是一项重要依据。[1] 在司法实践中,部分法院(如江苏法院)要求在立案时通过审判管理系统对民间借贷强制检索关联案件,要求法院主动审查出借人在一定时期内起诉民间借贷案件数,在具体案件审理过程中,法官也会通过调取出借人的银行流水来审查出借人的放贷次数。

在界定职业放贷人时,"以民间借贷为业"是一个相对抽象的特征,各级法院对其认识并不统一,相比而言,行为的职业性较为容易把握,主要表现为借贷过程的专业化程度、合同的格式化程度。需要注意的是,强调放贷行为的职业性,并不要求出借人将放贷行为作为"唯一的"职业,而是要求出借人需将经常性、反复性的借贷行为作为谋生手段和重要生活来源。

---

〔1〕 参见徐州市中级人民法院民事判决书,(2021)苏03民终1215号;武汉市中级人民法院民事判决书,(2021)鄂01民终349号。

经常性、反复性、职业性是职业放贷行为进行认定时的形式标准，民间借贷案件数量、放贷次数是形式标准的量化指标，借贷过程专业化、流程化、借贷合同的格式化是职业性的显性指标。但经常性、反复性、职业性并非认定职业放贷行为的唯一依据，当放贷行为符合形式标准时，才有必要进行进一步的实质标准的审查，从而精准界定职业放贷行为。

2. 认定职业放贷行为的实质标准

借贷对象的不特定性、营利性是认定职业放贷行为的实质标准，借贷对象的人数、范围、身份是认定借贷对象不特定性的主要指征，利率、借贷金额、资金来源等是营利性的主要表现形式。之所以将借贷对象的不特定性、营利性作为认定职业放贷行为的实质标准，是因为正是这些行为特征，体现出职业放贷行为的商行为属性，对金融秩序的安全影响最大，从而规制职业放贷行为。

职业放贷行为的对象是“社会不特定对象”，一般应从借贷对象的人数、范围、身份来确定。但在具体认定时，“特定”“不特定”只是一个相对的概念，是按身份还是数量进行界定，并没有统一的认识。“社会不特定对象”是比较抽象的概念，难以通过规定具体数量予以确定，需要结合其他标准进行综合判断。虽难以认定行为对象的不特定，但基于此标准可以排除部分职业放贷人案件，如仅存在于亲属间互助性的借贷，即使案件数量多、借贷次数多、约定有利息，也不应当认定为职业放贷行为。

营利性或营业性是判定职业放贷行为最为核心的标准，利率、借贷金额、资金来源是判定营利性或营业性的主要标准。利率问题是民间借贷的核心问题，民间借贷利率的高与低是判定民间借贷行为合法与否的关键因素。职业放贷人通过放贷行为收取利息获利，通过借款合同约定高额违约金或高额逾期利息以实现赚取高额利息的目的，相较于一般民间借贷，其发生更经常、金额更大，虽然合理利息受法律保护，但若是以此为盈利模式，反复、经常从事借贷行为，应当认为是从事金融机构贷款业务的行为。因职业放贷行为游离于监管之外，损害金融秩序安全与稳定，利率、利息、借款金额等是认定职业放贷行为进行实质审查的主要内容。

资金来源是认定职业放贷行为进行实质审查的另一项重要内容。民间借贷中，出借人的资金必须是其合法收入的自有资金，禁止吸收或变相吸收他人资金用于借贷。放贷人用自有资金放贷产生相关风险相对较小，若是吸收他人资金或从金融机构转贷资金实施放贷行为，更易产生系统性的金融风险。

对职业放贷行为的审查，应由法院主动审查还是当事人抗辩后法院进行审查？当事人对此抗辩是否负担举证责任？对此，不同法院在判决中的做法也并不统一。

依照法律规定，职业放贷行为因违反效力性强制性规定而无效，理论上对可能构成无效合同的案件既可以由主张合同无效方负责举证，也可由法官依职权认定合同无效。笔者认为，一方面，由借款人举证职业放贷行为确实存在举证困难，由法院主动审查更利于查清真相；另一方面，在当前行政监管、司法政策对职业放贷行为加强管制的背景下，法院主动审查职业放贷行为更有利于推进公共政策的执行。

三、职业放贷行为的司法规则

（一）职业放贷行为司法规制之法律适用

经形式审查与实质审查，认定确系职业放贷行为的，需援引法律规范对法律行为的效力进行判定。在判定借贷合同效力时，各地法院在法律适用上存在援引规范并不统一的问题（见表3）。有的判决书并未援引法律规范，只是在判决说理部分阐述职业放贷行为扰乱国家的金融秩序，合同因违反国家法律的强制性规定而无效。[1]

表3　判定职业放贷行为效力的法律适用

法院判决	援引法律规范
徐州市中级人民法院（2021）苏03民再19号民事判决书	最高人民法院《关于适用〈中华人民共和国合同法〉若干问题的解释（一）》第10条；《合同法》第52条第5项
徐州市中级人民法院（2021）苏03民终1215号民事判决书	《银行业监督管理法》第19条；最高人民法院、最高人民检察院、公安部、司法部《关于办理非法放贷刑事案件若干问题的意见》第1条；《全国法院民商事审判工作会议纪要》第53条
新乡市中级人民法院（2021）豫07民终563号民事判决书	《银行业监督管理法》第19条；最高人民法院《关于审理民间借贷案件适用法律若干问题的规定》（2020修正）第14条第5项；《合同法》第52条
郑州市中级人民法院（2021）豫01民终3445号民事判决书	《合同法》第58条；最高人民法院《关于审理民间借贷案件适用法律若干问题的规定》（2020第二次修正）第13条第3项

〔1〕参见武汉市中级人民法院民事判决书，（2021）鄂01民终349号；河南省高级人民法院民事判决书，（2020）豫民终434号。

续表

法院判决	援引法律规范
徐州市中级人民法院（2021）苏03民终1298号民事判决书	《合同法》第52条、第58条、第196条

为统一裁判标准，各地法院的指导意见对法律适用进行统一（见表4），在法律适用上基本形成了共识：在《民法典》实施后，对职业放贷行为效力的判定，应直接援引《民法典》第153条和《银行业监督管理法》第19条判定借贷合同无效。[1]

表4　判定职业放贷效力法律适用的法院指导意见

指导意见	法律适用
河南省高级人民法院《关于加强职业放贷人审查工作的指导意见（试行）》第5条	各中级、基层人民法院应严格监控疑似职业放贷人提起的民间借贷诉讼案件。认定职业放贷人后，对其提起的民间借贷纠纷案件，应当按照《民法总则》第153条、《合同法》第52条、《银行业监督管理法》第19条的规定认定借贷合同无效
江苏省高级人民法院《关于建立疑似职业放贷人名录制度的意见（试行）》第6条	经审查，原告确系职业放贷人或其实际控制的关联关系人且放贷行为属于《银行业监督管理法》第19条规定的“不得设立银行业金融机构或者从事银行业金融机构的业务活动”情形的，相应的借贷合同认定无效，借款人应返还借款本金，并按照中国人民银行同期同类贷款基准利率给付资金占用使用费用
新疆维吾尔自治区高级人民法院《关于加强职业放贷人审查工作的指导意见（试行）》第12条	认定职业放贷人后，对其提起的民间借贷纠纷案件，应当按照《民法总则》第153条、《合同法》第52条第5项、《银行业监督管理法》第19条的规定认定借贷合同无效，判决借款人返还借款本金，并按照全国银行间同业拆借中心公布的贷款市场报价利率给付资金占用期间利息

（二）职业放贷行为司法规制之效力判定

1. 职业放贷行为效力判定的路径选择

对职业放贷行为的效力进行判定，就法律适用形成的共识是援引《民法典》第153条和《银行业监督管理法》第19条，但这两个条文是何种关系，如何依照其判定

[1] 参见《银行业监督管理法》第19条：“未经国务院银行业监督管理机构批准，任何单位或者个人不得设立银行业金融机构或者从事银行业金融机构的业务活动。”

合同效力,在法律适用过程中则需要进一步论证与法律解释。

职业放贷行为的效力判定,是违法合同效力判定的一种类型。合同无效的本质是国家对契约自由的干涉,是因重大社会公共利益而对私人自治予以限制的问题〔1〕,违法合同效力判定的过程实际上是一个公私利益的权衡过程,如何保证无效的判断是适度的则成为这一判定过程中的一个核心问题,在此过程中,需要保证不会因为社会公共利益而去过分戕害作为民法之基石的私人自治。〔2〕

在认定职业放贷行为效力时,一些判决中多以职业放贷行为违反了效力性强制性规定而无效,说理不够充分。效力性强制性规定仅具事后描述之效,只有在判定合同无效后才能判断某一规范是效力性规定,在此之前并无法准确区分某一规范是效力性强制性规定还是管理性强制性规定。同时,效力性强制性规定与管理性强制性规定的区分结论不是一劳永逸,一成不变的,其会随着社会经济环境的变化而变化,现在的管理性强制性规定未来可能被认为是效力性强制性规定,〔3〕《民法典》第153条第1款已经抛弃依照规范性质判定行为效力的进路。《民法典》第153条第1款规定"违反法律、行政法规的强制性规定的民事法律行为无效。但是,该强制性规定不导致该民事法律行为无效的除外",本条并未区分效力性强制性规定还是管理性强制性规定,从规范性质转向规范目的,民法典时代在违法行为效力判定上,已抛弃效力性事前识别模式,而是采取以利益衡量为核心的判别模式,重点在于社会公共利益的发现和权衡之上,着重探寻强制性法律规定的规范目的和规范重心。〔4〕

2.《民法典》第153条与《银行业监督管理法》第19条的关系

为保障公共利益、社会秩序或特定政策目标,国家在法律中增设强制性规定,将公法强制性规定引入私法而产生私法效果的,为民法中的法律行为适法规范。以公私法为基准进行分类,《民法典》为私法规范,《银行业监督管理法》为公法规范,将两者联系起来的即《民法典》第153条。《民法典》第153条第1款是法律行为适法规范,继承自《合同法》第52条第5项,并又增加"但书"规定,引入目的保留条款,预留司法弹性空间。〔5〕《民法典》第153条第1款具有两个规范功能:一是管道功能,将

〔1〕参见黄忠:《违法合同的效力判定路径之辨识》,载《法学家》2010年第5期。

〔2〕参见黄忠:《比例原则下的无效合同判定之展开》,载《法制与社会发展》2012年第4期。

〔3〕参见王轶:《行政许可的民法意义》,载《中国社会科学》2020年第5期。

〔4〕参见杨代雄:《〈民法典〉第153条第1款评注》,载《法治研究》2020年第5期。

〔5〕参见蔡睿:《违法合同的效力评价与无效类型——〈民法总则〉第153条第1款释论》,载《苏州大学学报(法学版)》2019年第1期。

公法规范通过该“管道”引致私法评价体系之中；二是授权功能，通过“但书”条款授权法官依法益权衡的方式进行价值补充，权衡各方法益，作出效力决断。[1]

《民法典》第153条第1款是连接公法和私法的桥梁，提供了一条使公法规范进入私法领域的管道。违法合同的效力问题，实质上是国家公权力能够在多大程度介入私法自治的价值判断问题。民法典在构建公法与私法的互动协调机制时，既不能对公法目的置若罔闻，更不能采公法优位论，认为民法应当完全臣服于公法的评价。[2] 作为引致规范，被引致的主要是民法外的刑法、行政法上的强制规范，其作用就是将民法之外的价值导入民法之中。

《民法典》第153条第1款的“但书”规定授权法官探寻立法目的，经过利益发现与利益衡量，判定违法合同的效力。强制性规定的规范目的在违法合同效力评价中处于核心地位，法官在判定违法行为效力时，目光在规范目的与违法行为之间穿梭，审慎地认定违法合同的效力。法官在行使自由裁量权时，应主动接受比例原则的指导，在目的与手段之间权衡得当。

3. 利益衡量之下职业放贷行为效力之判定

判定职业放贷行为的法律效力，具体而言，首先，应当探寻职业放贷行为所损害的社会公共利益；其次，应基于比例原则对该公共利益与当事人的私人利益进行权衡，以认定是否应当将职业放贷行为判为无效。在认定强制性规定时，应当通盘考虑法律的整体目的和立法初衷，在现有的社会条件基础之上，充分实现目的解释维护法律秩序的体系性、安定性的功能。[3]

职业放贷行为法律效力的判定，究其根本，是对金融安全与金融效率两种价值的衡量。一方面，民间融资具有意思自治与契约自由的法律属性，融资自由有力保障民间金融资源合理配置，民间借贷市场应适当开放，民间资金可以在不同行业开展更加有效率的竞争，提升金融资源配置效率。另一方面，民间借贷的自发性容易导致资金链条断裂等事故，进而引发不良连锁反应，很容易诱发或增加社会不稳定因素，具有

〔1〕 参见张新：《走出效力性强制规定的误区——〈民法总则〉第153条第1款的解释与适用》，载《安徽大学学报（哲学社会科学版）》2020年第2期。

〔2〕 参见黄忠：《民法如何面对公法：公、私法关系的观念更新与制度构建》，载《浙江社会科学》2017年第9期。

〔3〕 参见漆晓昱：《论违反强制性规定的合同效力问题——以〈合同法〉第52条第5项为中心》，载《私法研究》第13卷，法律出版社2012年版。

很大的潜在风险,削弱货币政策执行力度,影响国家宏观调控效果。[1] 同时,随着借贷行为的职业化,借款人在信息获得、金融知识以及风险识别等方面明显处于弱势,成为新型金融法律关系中的"弱势群体","弱势主体权利保护"既是民事法律制度的基本原理,也是金融消费者主权理论下的民间借贷消费者权利实现的重要内容,更是民间借贷法律监管的应有之义。[2] 我国现行民间借贷法律制度主要是按照公共利益规制理论设计的,以维护经济与社会安全为首要目标,[3] 加强对职业放贷行为的管制,同时是对民间金融消费者权益的法律保护。

职业放贷行为危害金融秩序与安全,损害社会公共利益,在当前规范体系下,对职业放贷行为尤其是对自然人职业放贷人,无论是行政法领域还是刑法领域,均难以进行有效规制,因此在对行为的效力进行判定时,认定职业放贷行为无效,可以有力保障社会公共利益之目的的实现,发挥司法规制在金融秩序与金融安全保护中的补足作用。

(三)职业放贷行为司法规制之法律后果

职业放贷行为效力被判定无效后,其法律后果应依照《民法典》第 157 条来确定。《民法典》第 157 条规定:"民事法律行为无效、被撤销或者确定不发生效力后,行为人因该行为取得的财产,应当予以返还;不能返还或者没有必要返还的,应当折价补偿。有过错的一方应当赔偿对方由此所受到的损失;各方都有过错的,应当各自承担相应的责任。法律另有规定的,依照其规定。"依照本条规定,职业放贷行为无效后,主要对本金、担保合同、资金占用费的效力三个方面产生影响。

1. 返还本金

依照《民法典》第 157 条的规定,认定职业放贷行为无效后,债务人应返还本金,各地判决对此较为一致。值得注意的是,因借款合同无效,利息约定也应无效,借款人已经支付的利息应当直接冲抵本金。对职业放贷行为的司法规制,应符合高效管制理念,否定职业放贷人利息请求权,使职业放贷人无法因其违法行为获益,以实现维护金融安全的规制目的。

2. 严格限定担保责任

职业放贷行为无效,担保合同作为从合同也无效。依照最高人民法院《关于适用

[1] 参见孔令学:《民间借贷规范发展路径辨析》,载《河北法学》2013 年第 3 期。

[2] 参见岳彩申、车云霞:《民间借贷法律监管的新进路》,载《河北法学》2016 年第 5 期。

[3] 参见岳彩申:《民间借贷的激励性法律规制》,载《中国社会科学》2013 年第 10 期。

〈中华人民共和国民法典〉有关担保制度的解释》第 17 条第 2 款规定:"主合同无效导致第三人提供的担保合同无效,担保人无过错的,不承担赔偿责任;担保人有过错的,其承担的赔偿责任不应超过债务人不能清偿部分的三分之一。"职业放贷案件中担保人过错责任应严格认定,担保人的过错应进行限缩解释,除非担保人存在明知的故意,否则不应当承担 1/3 的过错责任。明知的故意,是指担保人明知出借人为职业放贷人仍竭力促成借贷合同成立。在职业放贷行为司法规制中,严格限制担保人责任,仍是出于惩戒职业放贷人违法行为的目的,以实现对职业放贷行为的高效管制。

3. 否定资金占用费

在认定职业放贷的案件中,争议最大的是资金占用费的问题,各地判决中差异较大,一些案件中存在一审法院不支持资金占用费而二审改判支持或相反情况,如郑州中院(2021)豫 01 民终 3445 号判决;各地高院出台的指导意见也不尽相同,如江苏高院指出借款人应按中国人民银行同期同类贷款基准利率给付资金占用使用费。总的来看,各地法院支持出借人资金占用费的仍占主流。

对于资金占用费支持与否的判定,仍要立足于当前法律规定及立法目的。若法院支持职业放贷人的资金占用费请求权,其实是变相鼓励职业放贷人的违法行为,职业放贷人对其违法行为非但未受到惩处,还因此获益。民法理论上存在基于违法目的而为之给付,不得请求返还的规则,当事人因为一定给付而实现违法目的,允许其请求返还其实是对不法行为的奖励。[1] 对是否返还问题,法律应动用正当性的理念,合理地权衡管制目的与手段的比例关系。[2] 否定职业放贷人资金占用费请求权,是对《民法典》公序良俗原则的维护。公序良俗原则对法律行为有两项功能:一是消除功能,即法律禁止违背价值秩序的法律行为发生效力;二是阻吓功能,即法律拒绝承认与公序良俗不一致的法律行为,以此对当事人进谴责。[3]

因此,判定职业放贷行为无效后,对其法律后果的判定应以高效管制为理念基础,否定职业放贷人利息请求权,已支付利息冲抵本金,严格认定担保人担保责任,否定职业放贷人利息请求权,以维护金融秩序的安全与稳定。

---

〔1〕 参见尹田:《论法律行为无效后的财产返还》,载《时代法学》2010 年第 5 期。

〔2〕 参见许德风:《论合同违法无效后的获益返还——兼议背信行为的法律规制》,载《清华法学》2016 年第 2 期。

〔3〕 参见纪闻:《论违背公序良俗合同无效后的返还后果》,载《北京理工大学学报(社会科学版)》2020 年第 6 期。

结　语

现代法律肩负“自治”与“管制”双重目标,在职业放贷行为的司法规制中,一方面,通过形式审查与实质审查相结合严格认定职业放贷行为以维护民事主体意思自治,避免司法过度干涉正当的民事行为;另一方面,有效管制职业放贷行为,弥补金融监管的不足,以规范目的探寻为进路,通过利益衡量判定职业放贷行为无效,以法律解释为中心,判定行为无效的法律后果,否定职业放贷人利息请求权和资金占用费请求权,以此实现管制目的,通过职业放贷行为的司法规制,维护金融秩序与金融安全。

证券刑事责任的重新定位与机能转型

刘博涵*

摘要:证券行政、刑事责任执行强势和民事责任实现机制不畅造成证券民事责任优先原则停留在纸面法律宣示。2019年修订的《证券法》大幅提升了证券违法的行政责任,其内在原理在于证券业高企的专业壁垒和违法行为隐蔽性、瞬时性要求赋能超级监管者。证券监管机构在证券犯罪的追诉中起主导作用,证券行政措施和刑事措施配置重叠,司法权对行政权制衡降低导致证券违法刑事评价的独立性逐渐丧失,证券刑事责任的机能没有得到有效发挥。理论上与实践中界分证券行政不法和刑事犯罪困难重重。赔偿投资者损失、修复受损法益是追究证券违法犯罪行为法律责任的首要目的,不应在证券行政责任的基础上片面加重刑事责任"与民争利",而应以二元化犯罪模式的罪后合作机制激励行为人积极履行证券民事赔偿责任。

关键词:证券行政责任;证券监管;证券刑事责任;修复受损法益

经过全面修订的《证券法》已于2020年3月1日起正式施行,加重证券违法行为的行政处罚力度[1]是本次修法的亮点之一。相较之下,《刑法》中对应之证券犯罪的罚金刑则显著低于现行《证券法》的行政罚款标准。为此,有学者认为应当联动修

* 刘博涵,厦门大学法学院博士研究生。

〔1〕 例如,擅自公开或者变相公开发行证券的行政罚款标准,由此前的"非法所募资金金额百分之一以上百分之五以下"修订为"非法所募资金金额百分之五以上百分之五十以下";信息披露义务人不披露重要信息的罚款标准,由此前的"三十万元以上六十万元以下"修订为"五十万元以上五百万元以下";内幕交易的行政处罚,有违法所得和没有违法所得的罚款标准分别由"违法所得一倍以上五倍以下""三万元以上六十万元以下"修订为"违法所得一倍以上十倍以下""五十万元以上五百万元以下"等。

订《刑法》,加大证券犯罪的刑事处罚力度,提高违法犯罪的成本。[1] 事实上,自1997年《刑法》实施以来,金融刑法条文的修订颇为频仍,先后通过的11个刑法修正案有8个均修订了金融刑法的相关规定。然而,金融刑法的象征性立法[2]现象十分明显。内幕交易、泄露内幕信息罪,利用未公开信息交易罪,操纵证券、期货市场罪等涉证券犯罪虽然受到立法者重视,在多个刑法修正案中被反复修改,证券刑事法网越织越密、刑事罚则层层加码,但司法机关实际侦办的证券犯罪案件数量常年维持在个位数,许多年份甚至挂零。[3] 可见,重刑化的证券刑事立法政策在司法实践中收效甚微。那么,为了实现资本市场的有效治理,刑法应当如何定位?由民事责任、行政责任和刑事责任组成的证券法律责任体系应当如何调动?是否、为什么应当全面提升证券违法的行政责任?在现行《证券法》大幅提高证券违法行政责任的背景下,《刑法》应当如何对之作出回应?本文全面检视行政责任、刑事责任在资本市场法治中的功能与作用,以期实现证券行政责任与刑事责任的分工与协同。

一、投资者保护不彰的证券法律责任体系

我国《民法典》第187条规定:"民事主体因同一行为应当承担民事责任、行政责任和刑事责任的,承担行政责任或者刑事责任不影响承担民事责任;民事主体的财产不足以支付的,优先用于承担民事责任。"2019年修订的《证券法》第220条也规定:"违反本法规定,应当承担民事赔偿责任和缴纳罚款、罚金、违法所得,违法行为人的财产不足以支付的,优先用于承担民事赔偿责任。"《刑法》第36条第2款亦规定:"承担民事赔偿责任的犯罪分子,同时被判处罚金,其财产不足以全部支付的,或者被判处没收财产的,应当先承担对被害人的民事赔偿责任。"可见,民事责任优先是我国证券法律责任分配的基本原则。

证券民事责任的实现与否标志着投资者的利益是否得到有效保护,而投资者的保护水平直接关系到一国证券市场的发展水平。实证研究表明,那些投资者保护法

〔1〕 参见王新:《第二次握手:〈刑法〉与〈证券法〉的联动修订》,载《金融博览》2020年第2期。

〔2〕 象征性立法由德国刑法学者克劳斯·罗可辛首次提出,指刑法中为了谋求刑法之外的目的,安抚选民或者表达国家自我姿态的法律规定。在中国金融刑法中,存在一系列与象征性立法具有相同形式效果的规范,这些规范长期处于"闲置"状态,完全或几乎没有在司法中运用过,因而,从形式上看,也可被称为"象征性立法"的另一种类型。参见魏昌东:《象征性立法与金融刑法的理性回归》,载叶青、顾肖荣主编:《经济刑法》,上海社会科学院出版社2015年版,第36~37页。

〔3〕 数据来源:2013~2018年《上海金融检察白皮书》。

制不健全、法律执行不力的国家即便建立了证券市场,其证券市场往往也是羸弱而疲软的。反之,世界重要的金融中心几乎都诞生在保护投资者法制健全、法律执行得力的国家。[1] 我国证券市场建立以来,投资者保护制度体系日益完善,但囿于证券民事诉讼审理及执行效率滞后、程序性保障规范不足、必要配套保障制度缺乏等因素,[2]证券民事责任优先原则仍未得到有效落实。证券违法案件中投资者受损的利益无法及时得到赔偿,"优先承担民事责任"仍然止于纸面法律的宣示。造成证券投资者保护不彰的原因众多,其中,行政责任和刑事责任的"与民争利"是重要的原因之一。证券行业是信息高度不对称的行业,有鉴于此,现代证券法律制度普遍施予证券公司善良管理人注意义务、强化信息披露与风险提示机制、建立投资者适当性原则和证券产品风险稽核制度以实现对投资者的倾斜保护。但是,上述制度都建立在投资者保护的前端。在投资者保护的后端——证券违法行为发生后投资者受损民事权益的赔偿侧面,高企的专业壁垒和民事权利实现机制的缺位,造成保护证券投资者的效果不尽如人意。

被称为中国版"安然事件"的银广夏虚假陈述案[3]发生后,为了应对可能激增的民事求偿案件,最高人民法院出台《关于受理证券市场因虚假陈述引发的民事侵权纠纷案件有关问题的通知》,为法院受理证券市场虚假陈述民事赔偿案件设置了行政处罚前置程序,即"人民法院受理的虚假陈述民事赔偿案件,其虚假陈述行为,须经中国证券监督管理委员会及其派出机构调查并作出生效处罚决定。"最高人民法院设置行政处罚前置程序的主要原因在于法院缺乏处理复杂证券诉讼案件的能力和经验,需要借助证券监管机关的专业判断。同时,行政处罚前置也能够在一定程度上控制证券民事诉讼案件的数量,缓解司法机关"案多人少"的压力。从保护投资者的角度来看,行政处罚前置因为引入证券监管机构帮助查明违法事实,法律定性又有证券监管机构"背书",有利于提高投资者在证券民事诉讼中的胜诉率。但是,由于在前置程序中被告先行缴纳了行政罚款或刑事罚金,其资产已所剩无几,在很多案件中投资者胜诉后却无法执行,这导致证券民事责任优先原则落空。[4]

---

〔1〕 See La Porta et al., *Legal Determinants of External Finance*, The Journal of Finance, 1997, 52(3), p. 1131 – 1150.

〔2〕 参见陈洁:《证券民事赔偿责任优先原则的实现机制》,载《证券市场导报》2017 年第 6 期。

〔3〕 相关案情参见祁敬宇、祁绍斌主编:《金融监管案例评析》,首都经济贸易大学出版社 2011 年版,第 470 ~ 472 页。

〔4〕 参见黄辉:《中国证券虚假陈述民事赔偿制度:实证分析与政策建议》,载《证券法苑》2019 年第 3 期。

二、证券刑事评价独立性渐失：亟须重新定位的证券刑事责任

在成熟的资本市场中，民事责任、行政责任和刑事责任“三足鼎立”，共同构成证券市场法律责任制度的三大支柱。一般认为，基于法目的的差异，刑法的概念、构成、功能都具有独立性，不从属于任何其他法律领域，自成思想体系。[1] 有鉴于此，刑事违法判断的独立性、刑事评价的独立性得到绝大多数学者认可，犯罪行为入罪入刑的独立标准为学者们孜孜以求。而在我国的资本市场，证券刑事责任严重“跛足”。研究数据表明，虚假陈述、内幕交易、操纵市场等典型证券不法行为都过分依赖证监会的行政处罚，刑事责任追诉的频次和力度都不大。[2] 事实上，倚重证券监管机构查办证券违法行为是因为证券市场信息高度不对称和专业壁垒。私力救济无法触及证券违法的“病灶”，公力救济运用公权力介入调查，更有利于发现证据，及时对违法者施以有效处罚。随着我国股票发行全面推行注册制，证监会的权力结构发生从重审核到重监管的重心转移。但是，注册制并不意味着我国“权力型”证监会完全隐退，相反，在某种意义上这意味着我们需要一个更加强大的证监会。[3] 2019 年修订的《证券法》大幅提升证券违法行政责任无疑给证券监管机关的“枪膛”里加入了更多“子弹”。在此背景下，证券犯罪刑事评价独立性渐失乃是正在发生的事情。

（一）从行政处罚到刑事追诉：起主导作用的证券监管机构

金融创新和金融监管如同彼此缠绕的 DNA 螺旋盘绕向前。美国是最早开始对证券业进行专门监管的国家，美国国会通过《1934 年证券交易法》创立了美国证券交易委员会（Securities and Exchange Commission，SEC），并赋予其广泛的权力。SEC 的证券监管权力主要体现在规范制定、行政裁决、违法调查和法律执行四个方面。[4] 证券业高度的专业性和不断迭代的衍生品创新要求证券监管机构不断提高其监管技能。证券监管机构的职能因此变得越来越丰富，监管权力也越来越大。20 世纪 70 年代以来，随着商品期货、股票期货与利率期货等金融衍生品的创新和金融混业经营的

〔1〕 参见［日］木村龟二主编：《刑法学词典》，顾肖荣、郑树周译校，上海翻译出版公司 1991 年版，第 5 页。

〔2〕 参见陈洁、陈甦：《中国证券法律责任制度实施效果评析》，载李林、田禾主编：《中国法治发展报告》，社会科学文献出版社 2014 年版。

〔3〕 参见蒋大兴：《隐退中的“权力型”证监会——注册制改革与证券监管权之重整》，载《法学评论》2014 年第 2 期。

〔4〕 See Thomas Lee Hazen, *Principles of Securities Regulation*, Saint Paul: West Academic Publishing, 2017, p. 22 – 29.

迅猛发展,SEC 的监管职能持续扩张并转型为一种全面的功能监管(function regulation):包括银行和其他金融机构在内的一切证券、证券期货活动均受 SEC 监管。SEC 已成长为美国名副其实的证券超级监管者。

内地的证券监管体制始于对香港特别行政区经验的借鉴,但在后续的机构改革中逐渐向“美国模式”靠拢。我国证监会专司归口证券期货行业的一切事务,其职能同样覆盖规范制定、违法调查和行政执法等诸多方面。就规范制定而言,《证券法》在多项证券管理业务上均通过兜底条款授权,让证监会拥有了针对资本市场的实质“立法权”。即便是对于《公司法》这样的关联法律,证监会也可以直接影响、推动相关法律修订。[1] 就违法调查来说,《证券法》详细规定了证监会在调查取证中的现场检查权、银行账户查询权、证券买卖限制权等权限。为了应对证券违法犯罪资金转移快、调查取证难的特点,2005 年修订《证券法》时还赋予证监会冻结、查封涉案资金、证券账户的权力。从某种角度来说,证监会类似于“经济警察”。[2] 同时,我国证监会还拥有执行《证券法》行政法律责任的完整职能。2019 年全年,我国证监会共作出行政处罚决定 296 件,罚款金额 41.83 亿元,市场禁入 66 人。[3] 可以说,经过 20 余年的发展,我国证监会也成长为一个集证券期货规范制定、违法查办、行政执法等职能于一身,对上市公司、证券交易所、证券中介机构等证券主体进行全方位监管的超级监管者。

与证券监管机构不断增强的专业技能和持续扩大的监管权力相伴,证券监管机构在金融犯罪侦查、追诉中的主导作用也越来越显著。2007 年证监会重组查办证券违法犯罪的职能机构,组建中国证监会稽查总队,专门承办证券期货市场重大、紧急、跨区域案件。此后,证券违法的调查、侦办权力越来越向证监会集中,证券犯罪的刑事追诉越来越依赖证监会查办案件的转交。与此同时,证监会对证券违法案件的定性和行政处罚对于同案的刑事审判也起“一锤定音”的作用。限于证券交易的专业壁垒,司法机关难以根据证券犯罪的法益侵害性确定其刑事责任。为此,立法者在立法技术上使用空白罪状,将证券犯罪行为的违法性判断交由更为专业的证监会进行,造

---

〔1〕 参见缪若冰:《中国证监会的制度环境及法律影响　组织社会学的分析》,载《中外法学》2020 年第 1 期。

〔2〕 See Jing Bian, *China's Securities Market: Towards Efficient Regulation*, London: Routledge, 2016, p. 138.

〔3〕 参见《中国证监会 2019 年法治政府建设情况》,载中国证监会网,http://www.csrc.gov.cn/pub/newsite/zjhxwfb/xwdd/202004/t20200417_373995.html。

成事实上证券违法行政处罚对证券刑事审判的拘束。[1] 实践中，由证监会转交公安机关进入刑事追诉程序的证券违法案件，只要最终进行到法院审判阶段，几乎都会得到有罪判决，刑事处罚越来越沦为行政处罚的简单“加强版”。可见，证监会凭借其越来越强大的机构配置和越来越成熟的技能储备，无论在证券犯罪的发现与侦查方面，还是在证券犯罪的违法性判断和法益侵害性认定方面，均起主导作用。

（二）行政罚与刑事罚的配置重叠：同一行为重复评价之虞

除了在证券犯罪的刑事追诉中司法机关的独立功能没有得到有效发挥，从法律责任的承担形式来看，证券行政责任和刑事责任的配置也高度重叠。以证券市场较为多发的内幕交易和虚假陈述为例：《证券法》对内幕交易、虚假陈述配置了违法财产处置、责令改正和数额、比例不等的行政罚款，单位从事内幕交易针对主管人员和直接责任人员在行政罚款的基础上还应给予警告等声誉罚，国家工作人员作出虚假陈述或者信息误导还应予以行政处分；《刑法》针对内幕交易区分“情节严重”“情节特别严重”配以不同期限的有期徒刑和不同比例的罚金刑，针对虚假陈述区别“造成严重后果”“情节特别恶劣”配以不同期限的有期徒刑和不同数额的罚金刑，单位犯罪除了判处罚金之外还需对其直接主管人员、直接责任人处以自由刑。（见图 1）可见，对内幕交易、虚假陈述的行政处罚和刑事罚则在财产罚（刑）部分大面积重合。

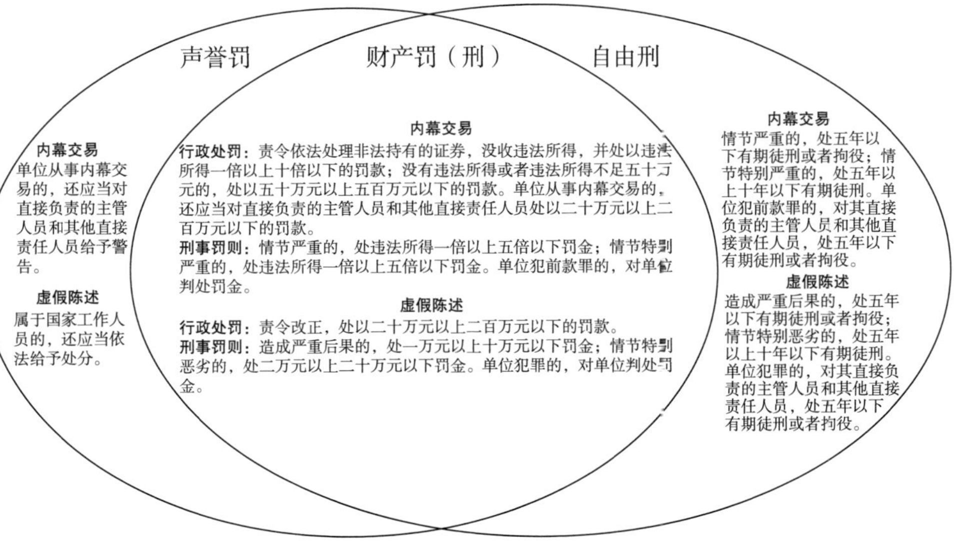

图 1　内幕交易、虚假陈述的行政处罚、刑事处罚责任形式对比

---

〔1〕 参见王世杰：《论行政行为对刑事审判的拘束》，载《政治与法律》2018 年第 6 期。

值得关注的还有证券市场禁入制度[1]和刑事从业禁止制度[2]。证券市场禁入作为证监会针对情节严重之证券违法责任人的控制措施,一般被认为是行政处罚的一种。但是,无论在我国证监会的行政执法信息公开目录中,还是在相关数据统计年鉴中,市场禁入和行政处罚均是分列栏目进行。由此可以推断,证监会认为市场禁入并不是行政处罚的一种类型,而属于"非行政处罚性监管措施"。更进一步,如何在学理上界定市场禁入制度呢?18 世纪以来,随着工业革命推高犯罪浪潮,教育刑理论和社会防卫思想兴起,以德国、意大利、瑞士为代表的大陆法系国家纷纷立法限制或者剥夺不法行为人财产利益、人身自由或者其他重大权益,以防范行为人将来可能产生的危险。[3] 这种积极预防"未然之罪"的措施被称为保安处分措施。我国现行法律虽然并无"保安处分"的法律概念,但从法律制度的功能观之,证券市场禁入毫无疑问属于保安处分措施的一种。根据作出规定的法律部门不同,保安处分措施可以分为行政保安处分措施和刑事保安处分措施。[4] 《刑法修正案(九)》在我国正式确立了"有期限的从业禁止制度"。因此,从法律性质上来说,证券市场禁入和刑事从业禁止均属于保安处分,只不过证券市场禁入属于行政保安处分,刑事从业禁止属于刑事保安处分。"保安处分"的定性在证券市场禁入和刑事从业禁止之间架设起沟通管道,两者存在相互转化的可能。[5]

那么,《证券法》规定的市场禁入和《刑法》规定的从业禁止的适用关系如何?有学者指出,证券市场禁入和刑事从业禁止在适用范围、适用优先性和适用期限上均存

---

〔1〕《证券法》第 221 条规定:"违反法律、行政法规或者国务院证券监督管理机构的有关规定,情节严重的,国务院证券监督管理机构可以对有关责任人员采取证券市场禁入的措施。前款所称证券市场禁入,是指在一定期限内直至终身不得从事证券业务、证券服务业务,不得担任证券发行人的董事、监事、高级管理人员,或者一定期限内不得在证券交易所、国务院批准的其他全国性证券交易场所交易证券的制度。"

〔2〕《刑法修正案(九)》新增第 37 条之一规定:"因利用职业便利实施犯罪,或者实施违背职业要求的特定义务的犯罪被判处刑罚的,人民法院可以根据犯罪情况和预防再犯罪的需要,禁止其自刑罚执行完毕之日或者假释之日起从事相关职业,期限为三年至五年。被禁止从事相关职业的人违反人民法院依照前款规定作出的决定的,由公安机关依法给予处罚;情节严重的,依照本法第三百一十三条的规定定罪处罚。其他法律、行政法规对其从事相关职业另有禁止或者限制性规定的,从其规定。"

〔3〕参见翁腾环:《世界刑法保安处分比较学》,商务印书馆 2014 年版,第 13~14 页。

〔4〕参见时延安:《劳动教养制度的终止与保安处分的法治化》,载《中国法学》2013 年第 1 期。

〔5〕参见欧阳本祺:《我国刑法中的"从其规定"探究——以〈刑法〉第 37 条之一第 3 款的规定为分析对象》,载《法商研究》2017 年第 3 期。

在不同。由于《刑法》第37条之一第3款规定“其他法律、行政法规对其从事相关职业另有禁止或者限制性规定的,从其规定”,因而《证券法》的证券市场禁入制度优先适用。[1] 但事实并非如此。首先,市场禁入和从业禁止分属于不同性质的保安处分,在法律适用上并行不悖。针对同一证券违法犯罪行为,证监会作出证券市场禁入决定后并不能排除法院作出从业禁止决定的权力。其次,证券市场禁入和刑事从业禁止的控制强度不同,不可完全替代。证券市场禁入作为行政保安处分措施,主要由行政机关的强制力保障施行。而违反人民法院作出的从业禁止决定,情节严重的将构成拒不执行判决、裁定罪,亦即刑事从业禁止制度由刑法的强制力保障施行。

通过以上对比可以发现,针对同一证券不法行为,立法同时配置了行政处罚、刑事处罚,以及市场禁入、从业禁止两种性质不同的保安处分措施。从法律适用的逻辑来说,两套措施由于法律性质不同可以同时适用。但是,从规制不法行为的目的来说,针对同一证券不法行为同时施以行政处罚和刑事处罚,有违反禁止重复评价原则之虞。对此,有学者指出,同一事实的不法内涵和罪责内涵存在程度之分。重复评价的认定不能仅根据评价次数判断,而应以对不法内涵和罪责内涵的评价是否重复为标准。[2] 在严格区分行政不法与刑事犯罪的传统思维下,“出行入罪”是行政刑法的基本法理。由于刑法只保护严重侵害法益的行为,那么构成犯罪的证券违法行为一定满足行政处罚的条件,反之则不一定。从这个角度来说,只要刑事责任评价的是超出行政责任的那部分“溢出”不法,就没有重复评价,而属于“补充评价”。这种观点将问题带到了行政犯的行、刑衔接问题,本文将在第三部分论证消减证券刑事责任之合理性时进一步讨论。

(三)行政权与司法权的权能制衡:被架空的证券刑事责任

如前所述,鉴于证券交易的高度专业性,证券犯罪的刑事追诉高度依赖证监会的移送转交。然而,证券违法犯罪案件的行政执法和刑事司法衔接并不通畅,表现出较强的“有案不移、以罚代刑”现象。时任中国证监会主席肖钢曾撰文指出,证监会每年平均移送涉刑案件30余件,最终不了了之的超过一半。[3] 实证研究亦表明,在证监会立案调查的证券违法案件中,移送公安机关进行刑事追诉的不足3%。造成较大社

---

〔1〕 参见黄辉、李海龙:《强化监管背景下的中国证券市场禁入制度研究:基于实证与比较的视角》,载《比较法研究》2018年第1期。

〔2〕 参见聂慧苹:《禁止重复评价之刑法展开与贯彻》,载《中国刑事法杂志》2015年第3期。

〔3〕 参见肖钢:《监管执法:资本市场健康发展的基石》,载《求是》2013年第15期。

会影响，达到刑事追诉标准却没有移交追究刑事责任的证券违法案件也屡见不鲜。[1] 对此，有学者认为行政与刑事证明标准差异、证据转换困难、专业知识阻隔和监督缺位是造成这一现象的主要原因，提出应当适当建立推定和举证责任倒置制度，部分地转移公诉机关举证责任，以减轻其举证负担。同时，还应完善行刑衔接证据转换规则、建立证监会与司法机关信息共享交流机制、确立有效的案件移送监督制度。[2] 应当说，在制度、程序层面的建言献策对于破解证券违法犯罪的行刑衔接困境具有积极意义。但是，证券刑事案件移送阻滞之所以"久治不愈"，还有着深切的理论根源和制度激励。

行政权与司法权的制衡、博弈是行政刑法所涉权能的核心问题。虽然当今世界各国所处发展阶段各不相同，但是可以发现，从行政国家经历法治国家迈向福利国家是一条若隐若现的发展线索。在行政国家阶段，出于对社会秩序的控制，剥夺财产、限制人身自由等权力广泛交由行政机关行使。在法治国家阶段，为了对过大的行政权力进行限制和纠偏，许多国家纷纷以司法权制约、平衡行政权。在福利国家阶段，为了福利性行政目的，基于对效率的追求，行政权力逐渐"松绑"，行政机关的权力有所扩大。[3] 因而行政权的束权、扩权问题是证券行政罚与刑事罚界分、衔接的理论原点。我们之所以强调要坚守刑法评价的独立性，厘清证券行政违法向刑事犯罪转化的根据、条件和要素，根本原因在于对刑事司法严格的程序和"确实、充分"的证据标准的信任，期待以刑事司法限制监督行政权力可能的滥权。但是，证券监管需要超级监管者的行业特征让证券监管机构部分地获得了传统上只能由司法机关行使的权力。证券犯罪的"二元追诉"格局止于行政处罚，在相当多的情况下，证券监管机关的非刑处理成为证券犯罪的终局处理方式。

此外，行政责任和刑事责任的效果同质也是实践中"有案不移、以罚代刑"的重要原因。从法律责任的功能来看，行政责任的设置意在保障政府权力合理、有效运行，所以行政相对人承担的行政责任通过剥夺其能力以实现惩罚功能，通过降低再次实施违法行为可能性以实现预防功能。与犯罪行为严重的法益侵害性相对应，刑罚作为最严厉的制裁手段，可以对犯罪人处以终身监禁，甚至剥夺生命，因而刑事责任呈现浓重的惩罚、报复色彩，此即刑罚的特殊预防功能。与此同时，对犯罪人刑事责任

---

〔1〕 参见练育强：《问题与对策：证券行政执法与刑事司法衔接实证分析》，载《上海政法学院学报（法治论丛）》2018 年第 4 期。

〔2〕 参见叶旺春：《证券领域行政执法与刑事司法的衔接问题研究》，载《证券市场导报》2012 年第 5 期。

〔3〕 参见李晓明：《行政刑法新论》，法律出版社 2014 年版，第 76 ~ 77 页。

的追究也能够向社会表明,犯罪就要受到刑罚处罚,从而震慑、警示潜在的犯罪人,此即刑罚的一般预防功能。[1] 可见,行政责任和刑事责任均通过权利剥夺的痛苦,惩罚已然不法,预防未然不法。在证券市场内幕交易、虚假陈述等违法犯罪案件中,不法行为人的行政责任和刑事责任发生聚合。从功利的角度观之,只要惩罚的强度足够,施以其中一种处罚就可以达到上述目的。2019 年《证券法》修订大幅提高证券违法的行政责任,其目的便在于以陡增的行政违法成本,惩罚和遏制证券不法。可以预见,强度更大的行政处罚权将进一步降低证券监管机构诉诸刑事程序的积极性。

三、激励行为人修复受损法益:削减证券刑事责任的功能诉求

20 世纪以来,随着风险社会的来临,世界各国的行政权不断扩张,行政立法日渐频繁,数量急剧增加。为了保障行政法的有效施行,越来越多单纯违反行政管理秩序的行为被纳入刑法处罚范围,刑事立法越来越沦为单纯实现行政管理目的的工具。以刑法维护行政管理秩序的背后是风险刑法保卫社会的法理逻辑:既有的行政管理秩序一旦被打破,势必对不特定多数国民的生命、财产安全造成威胁,甚至实害。例如,全国首例证券纠纷示范判决案例"方正科技虚假陈述侵权案"的受害投资者便分布于全国多地,近千人向上海金融法院提起针对方正科技的证券虚假陈述诉讼,索赔金额约 1.69 亿元。[2] 风险刑法带来的弊端是古典刑法所坚守的刑法谦抑性被突破,刑法的自由保障机能遭到破坏,刑法处罚关口不断前移、行政法与刑法的界限日益模糊。基于对刑法侵蚀金融自由的担忧,有学者强调在金融刑法领域必须摒除"刑法超前立法"的误区,确立金融刑法修正"立罪至后"的基本规则。[3] 然而,即便是金融刑法"无先而后"的立法冲动得到控制,刑法仍是行政法身后亦步亦趋的"小跟班",面临一系列理论和实践难题。事实上,面对证券违法行为,在行政法正面应对的基础上,刑法应当开拓"敌后战场",寻求功能转型,发挥自身独特作用以促进证券民事赔偿责任实现。

(一)界分证券行政不法与刑事犯罪的困局

在我国证券法制上,欺诈发行证券、擅自发行证券、违规披露证券信息以及内幕

---

〔1〕 参见张旭:《民事责任、行政责任和刑事责任——三者关系的梳理与探究》,载《吉林大学社会科学学报》2012 年第 2 期。

〔2〕 参见严剑漪、郭燕:《全国首例证券纠纷示范判决案尘埃落定》,载《人民法院报》2019 年 8 月 8 日,第 3 版。

〔3〕 参见胡启忠:《金融刑法立罪逻辑论——以金融刑法修正为例》,载《中国法学》2009 年第 6 期。

交易、操纵证券市场等行为均同时受行政法和刑法的规制，如何在理论与实务中区分证券行政不法与刑事犯罪，破解证券违法行为的行、刑交叉难题具有十分重要的理论和实践意义。准确界分行政不法与刑事犯罪受到学界的长期关注，但问题并未因此而得到有效解决。当前，为了在行政不法与刑事犯罪之间划出一条“泾渭分明”的界限，学界形成了违法一元论、违法二元论、违法相对性论和法益区分论等四种学说。

违法一元论认为，法秩序是一个统一的整体，因而行政法与刑法不应采取双重性构成要件，[1]行政不法与刑事犯罪的区别仅在于“罪量”多少的差异。违法一元论的缺陷在于，在诸如《证券法》第202条和《刑法》第174条同时处罚擅自设立证券公司行为的情况下，立法本身并未对行政违法与刑事犯罪的界限作出任何“量”的规定，强行以“罪量”来区分两个条文的适用，无非是学者一厢情愿的“附会”罢了。违法二元论认为，行政不法与刑事犯罪是两个次第相接、性质迥异的场域。刑法作为社会防卫的最后一道防线，其对违法性的要求比行政法高，“出行入罪”须达到值得科处刑罚的程度。[2] 从行政不法进入刑事犯罪，行为性质已经由量变发生了质变。违法二元论在理论上模型完美、逻辑自洽，但在擅自设立金融机构罪等刑法抽象危险犯立法例中依然缺乏立法支撑。

违法相对性论以违法一元论为基础，但认为行政法与刑法各自有其独特的违法性判断标准，而不是统一的法秩序。鉴于行政法与刑法不同的立法旨趣和评价标准，行政不法和刑事犯罪可以作相对性判断。[3] 违法相对性论者声称刑事违法性判断须坚持刑法谦抑原则、法益保护原则和比例原则，但这仍旧只是一个理论上的分析框架，而不具有实践上的指导意义。法益区分论则是违法相对性的更进一步，认为对于同一证券不法行为，行政法和刑法在质和量两个层面均存在差异。以保护法益为目的依归，当行政处罚等非刑罚手段能够保护相应法益时，则不应动用刑罚。在证券行政不法和刑事犯罪的关系上，法益区分论认为虽然行政不法对刑事犯罪的成立不可或缺，但行政法和刑法在规制范围和目的上的差异决定了司法实践仍需根据法益侵害性质的转化，综合运用质的差异和量的差异审慎划定证券行政不法和刑事犯罪的界限。[4]

---

[1] 参见王莹：《论行政不法与刑事不法的分野及对我国行政处罚法与刑事立法界限混淆的反思》，载《河北法学》2008年第10期。

[2] 参见王骏：《违法性判断必须一元吗？——以刑民实体关系为视角》，载《法学家》2013年第5期。

[3] 参见王昭武：《法秩序统一性视野下违法判断的相对性》，载《中外法学》2015年第1期。

[4] 参见孙国祥：《行政犯违法性判断的从属性和独立性研究》，载《法学家》2017年第1期。

对比上述四种理论可以发现,无论哪一种学说在理论智识上均有其独到之处,但学者们的理论述说终究只是给出了一个应然的理论分析框架。在司法实践中,司法机关往往以涉案金额或人数来确定刑事追诉标准,[1]进而划出证券行政不法与刑事犯罪之间的界限。但是,在证券犯罪黑数居高不下,证监会"独揽"侦办大权的现实情境下,证券犯罪追诉标准并没有得到有效执行。[2] 而且,如此刚性的界分标准,势必会造成"立法者三句修改的话,全部藏书就变成废纸"的窘境。例如,2019 年《证券法》修订全面提高了证券行政不法的处罚标准,那司法解释是否也应全面修改过去的刑事追诉标准呢? 可见,无论在理论学说还是在司法实务中,区分证券行政不法和刑事犯罪仍是难以解决的问题。在刑法越来越被立法者用以前置立法控制金融风险的现实背景下,界分证券行政不法和刑事犯罪越来越变为金融法学中的"哥德巴赫猜想"。

(二)联动加重证券刑事责任之否定

在刑法是一切其他法律"保障法"的法理逻辑下,配合 2019 年修订的《证券法》联动修订《刑法》,加重证券犯罪之刑事责任几乎是一个不证自明的命题。但是,在我国金融刑法大量存在"无先而后""刑法超前立法"的现实背景下,2019 年《证券法》关于证券不法行为规制范围的修订很大程度上只不过是补充了证券犯罪前置行政规范的空白。例如,2009 年通过的《刑法修正案(七)》在《刑法》第 180 条后增加第 4 款,将金融监管部门、金融机构和金融行业协会的工作人员利用未公开信息进行证券交易的行为纳入刑法处罚范围,而《证券法》的前置行政规范则长期空缺。直至 2019 年《证券法》修订,在修法后的第 54 条才首次明确了利用未公开信息进行证券交易的行政不法。事实上,在立法层面继续扩大证券犯罪的犯罪圈、加重对证券犯罪的处罚力度,不仅会造成证券刑法立法虚置,还会造成金融刑法系统的功能紊乱、法益保护位阶错乱等问题。[3] 而在法律实施层面,过度依赖刑法治理证券市场,势必会抑制

---

〔1〕 例如,最高人民检察院、公安部《关于公安机关管辖的刑事案件立案追诉标准的规定(二)》将发行数额在 50 万元以上或者擅自发行致使 30 人以上的投资者购买了股票或者公司、企业债券等标准作为擅自发行股票或者公司、企业债券罪的刑事追诉标准。

〔2〕 例如,针对"光大证券乌龙指事件"引发的内幕交易违法行为,证监会作出了被称为"中国证券史上最重处罚"的行政处罚。就涉案金额而言,该案早已达到刑事追诉标准,但证监会并未将该案移送司法机关追究刑事责任,不少学者对此提出了质疑。参见张维:《光大证券内幕交易应移送司法》,载《法制日报》2013 年 9 月 4 日,第 6 版。

〔3〕 参见姜涛:《我国金融刑法中的重刑化立法政策之隐忧》,载《中国刑事法杂志》2010 年第 6 期。

证券市场活力,加剧证券民事责任落空的困境。

我国资本市场的建立和发展均是在政府的主导下逐步推进的,因而表现出一种政府主导型发展模式:政府或者政府的金融监管部门以公共政策为导向,使用公共产权和集体决策权自上而下地推动金融产品供给和资本市场发展。这种发展模式的弊端在于行政权力对资源配置的影响力过于强大,证券市场的市场化程度低、市场活力不足。[1] 民营企业虽然贡献了全国60%的GDP、50%的税收,创造了80%的就业岗位,但能够通过IPO上市,发行短期融资券、可转债等直接渠道融资的民营企业占比不足10%。[2] 证券犯罪的相对性和刑罚的侵害性决定了刑法介入证券市场可能存在的负外部性。亦即,当刑法过度干预证券业、罪刑投入过剩时,将导致刑法对社会主体的投融资权利过度干预,造成证券主体的活动范围和创造空间受到限制甚至剥夺,进而影响市场功能的充分发挥,影响社会资源的有效配置,妨碍社会的发展和进步。[3] 因此,立足于我国金融抑制的现实背景,作为国家干预证券市场强制力手段之一的刑法不应片面强调跟随《证券法》加强规制,而应审度自身的定位和独特功能的发挥。

鉴于自由刑治理证券犯罪的无效果,逐步以罚金刑、资格刑取代自由刑治理证券犯罪乃是大势所趋。罚金刑代表了世界刑罚轻缓化的发展趋势,在世界多国得到广泛适用。据统计,我国法院的罚金平均适用率达到了63.8%,盗窃、抢夺、诈骗等财产犯罪的罚金适用率更是几乎达到了100%。[4] 但是,西方国家在刑事案件中扩大适用罚金刑是建立在完善受害人救助体系的基础之上的。刑事罚金一部分注入旨在弥补被害人受损利益的"犯罪救助基金",是罚金刑扩大适用与正当化的现实根基。在我国,就当前的证券犯罪惩治而言,无论行政罚款还是刑事罚金都无一例外地收归国库,在行政罚款的基础上叠加刑事罚金有"叠床架屋"之嫌,而且刑事罚金的判处进一步压缩了民事赔偿责任的实现空间。"在我国极大部分受害人得不到救助和有效赔偿的情况下,国家不考虑遭受犯罪行为直接侵害的受害者而将罚金收归国库,国家有

---

〔1〕 参见刘道远:《中国证券市场国际化改革的法律困境及其破解——以美国证券法制为镜鉴》,载《法商研究》2016年第4期。

〔2〕 参见刘博涵:《设立中国体育产业投资基金的若干法律问题》,载《体育科学》2020年第3期。

〔3〕 参见陈正云:《刑法的经济分析与伦理价值》,载《法学研究》1999年第6期。

〔4〕 参见熊谋林:《我国罚金刑司法再认识——基于跨国比较的追踪研究(1945~2011)》,载《清华法学》2013年第5期。

发不义之财之嫌”[1]。须知,惩罚和预防证券市场不法行为的功能很大程度上已由行政处罚承担,刑事司法应当从修复受损法益、缓和社会矛盾的角度发挥自己的作用。

(三)以二元化犯罪模式激励行为人修复受损法益

界分证券行政不法和刑事犯罪存在重重困难,在行政责任的基础上叠加同质化的刑事责任会加重金融抑制、压缩证券民事责任的实现空间。那么,这是不是意味着刑法就要放弃对证券不法行为的规制呢?自由主义国家向福利主义国家转型的政治学原理是国家权力扩张的理论基础。为了应对自由主义带来的贫富分化、结构性失业、劳工权利保障等一系列社会问题,促进人民福祉、保持社会持续进步成为新的国家任务,国家公权力应当深入社会各个层面,谋求国民的福利。[2] 同理,在金融产品日趋复杂,金融消费者与金融机构智识、财力差距越来越大的当下,国家权力介入对金融机构和金融消费者失衡的地位进行纠偏亦有其合理性。在虚假陈述、内幕交易、市场操纵等扰乱证券市场秩序、侵害投资者利益的违法犯罪场域,保护投资者利益、修补受损法益是国家权力介入的第一要务。刑法作为国家强制力的重要手段,在福利主义国家任务的实现中自有其独特的价值。问题的关键是,如何实现上述证券刑事责任目标?

由《刑法修正案(七)》修订的逃税罪在我国首创犯罪化与出罪化互动的二元化犯罪模式,属于“试验引领型”立法的典范。[3] 二元化犯罪模式秉持“刑法只是后备处罚”的立法理念和技术,仍以行政处罚先行处理证券不法者的违法行为,激励违法者接受行政处罚,积极赔偿投资者因其违法行为而造成的损失,修补受损法益。如果前置的非刑处置手段能够修复被破坏的法益甚至达到更好的效果,例如,虚假陈述责任人在行政处罚阶段自愿接受行政处罚,积极对投资者的损失进行赔偿,甚至主动供述查办机关尚未掌握的案件细节,有利于在将来建立更有针对性的预防措施以防范类似案件再次发生,这无论对于保护投资者还是完善证券市场法律制度都是有益的,就不需要将其作为犯罪。反之,如果行为人拒绝合作,则以“后备”的刑法予以刑事处罚。二元化犯罪模式立足于风险社会刑法处罚证券不法行为关口不断前移的现实图景,以促进证券民事赔偿责任实现,完善证券市场法制为根本目的,在传统证券行政

[1] 高永明:《罚金刑的基底性批判——罚金刑执行难的另一种解读》,载《河北法学》2014 年第 10 期。

[2] 参见杜健勋:《国家任务变迁与环境宪法续造》,载《清华法学》2019 年第 4 期。

[3] 参见姜涛:《社会风险的刑法调控及其模式改造》,载《中国社会科学》2019 年第 7 期。

责任与刑事责任“混沌”的衔接关系中探索出一条中间道路。

建立证券违法二元化犯罪模式的法理基础在于刑罚痛苦的逆向激励以及罪后合作价值的彰显。对于证券犯罪这类非暴力、贪利型犯罪来说,财产刑和资格刑是更有针对性的刑罚措施,自由刑将因其不菲的行刑成本、“交叉感染”和社会回归等问题适用空间大幅缩减。但是,在当前的法律责任体系下,剥夺自由是刑罚区别于其他法律责任形式最为显著的特征。尽管自由刑对证券犯罪的惩罚、教育作用相对无效果,但自由刑的个别威慑功能仍然显著,适当的自由刑将使证券不法行为人基于对剥夺自由的畏惧而积极接受行政处罚、履行赔偿投资者损失的民事责任。2018 年修正的《刑事诉讼法》在我国建立起认罪认罚从宽制度,首次在法律层面确认了罪后合作的价值。罪后合作是行为人犯罪后自我努力积极修复法益的行动。[1] 由于罪后合作会带来犯罪赦免的效果,因而具有重要的激励作用。罪后合作的目的在于恢复法益,根据法益修复情况判断行为人的需罚性。当行为人犯罪后通过自身努力实现了受损法益修复,其犯罪行为仍具有应罚性但欠缺需罚性,此时就不再追究其刑事责任。

四、余论:行、刑合力促进证券民事责任实现

传统的“法与金融”学派认为普通法系与大陆法系对投资者保护水平的差异决定了其金融市场发达程度的差异。尽管后来的学者从不同国家禀赋异质和计量方法缺陷两个侧面对这一论断予以了批驳,但“投资者保护水平与一国的金融市场发达程度存在较强的正相关性”这一基本结论还是在较大范围内得到了理论研究者和实务工作者的广泛认同,毕竟投资者的投资才是金融市场发展的源头活水。证券民事责任优先原则的有效实现,是投资者保护的重要环节。鉴于证券民事责任修复受损法益、保障私权、匡扶公平正义的基础功效,在证券民事责任、行政责任和刑事责任发生聚合的情况下,促进证券民事责任的实现是行政责任和刑事责任的第一要务。

证券行政责任的大幅提升有其内在行业原理。正如美国联邦巡回上诉法院弗格森法官所言,证券发行人总是想方设法、不断“创新”以规避既有的证券法律监管,而证券市场监管总是紧紧追随证券市场的瞬息万变,这种奔忙的图景犹如“猎犬捕兔”。[2] 证券监管的这种现实客观上“催生”了证券超级监管者,证券监管机构必须

---

〔1〕 参见姜涛:《抽象危险犯中刑、行交叉难题的破解——路径转换与立法创新》,载《法商研究》2019 年第 3 期。

〔2〕 参见中国证券监督管理委员会组织编译:《美国投资者保护经典案例选编》,法律出版社 2014 年版,第 139 ~ 200 页。

拥有覆盖规范制定、违法调查和法规执行等各环节的广泛权力才能有效监管证券市场。因此，证券监管机构在证券违法查办和证券犯罪追诉中起主导作用，行政罚款和证券市场禁入很大程度上可以替代刑事处罚。联动提升证券刑事责任只会进一步困于界分证券行政不法与刑事犯罪的窘境，加重金融抑制，压缩证券民事责任的实现空间。相反，以二元化犯罪模式激励犯罪人积极履行民事赔偿责任、修复受损法益则能够促进证券民事责任的实现，彰显证券刑事责任的独特价值。

当然，证券民事责任优先原则的实现机制是一个系统工程，本文讨论的只是其中最紧迫的议题，《刑法》概不可追随《证券法》进一步提高证券犯罪的刑事责任，而需另辟蹊径，以刑罚的威慑力激励犯罪人履行民事赔偿责任。对于系统工程中的其他问题，如证券行政责任与民事责任的分配衔接、行政罚款的暂缓入库和财政回拨制度等，则有待后续研究深化。

现代金融治理视野下"两链"风险之司法规制作用机理及路径优化

——以T市两级法院的金融审判实践为样本

冒金山[*]　陈　曦[**]

摘要:"资金链""担保链"(以下简称"两链")断裂之金融风险已成为制约社会经济发展的"毒瘤",而上述金融风险的产生主要归咎于历史体制因素、政策偏向、行政规制缺位、司法规制过于宽容等原因。从理性逻辑上看,司法规制具有补充行政规制失灵、识别金融隐形风险、弥补立法的滞后性、指引金融活动和政策的导向性之价值。依据上述探析,本文提出司法规制防范化解金融风险之进路优化,应当从经济全球化和金融开放的视域出发,坚持行政与司法协同并重,共同防范化解金融风险;坚持规制与引导并重,构建诚信金融体系;坚持权利实现与权益保障并重,注重金融案件执行效果;坚持服务实体经济与维护社会稳定并重,着力为优质企业"化圈解链"。

关键词:"两链"金融风险;司法规制;防范化解

一、问题缘起:"两链"金融风险之积聚

(一)现象:"两链"金融风险渗透司法领域

自21世纪伊始,随着中国加入WTO逐渐成为世界工厂,中小企业经济蓬勃发展,规模的扩大也导致各中小企业对资金的需求急速扩大。企业联保、互保的初衷就是解决中小企业在融资过程中物权担保不足的问题,这一制度如果能够得到善意和

* 冒金山,江苏省泰州市中级人民法院审判委员会委员,金融及破产案件审判庭庭长。

** 陈曦,江苏省泰州市中级人民法院金融及破产案件审判庭法官助理。

适度的执行,可以促进资金的融通和商品的流通。但是互保制度的滥用却存在很大的潜在危机。当企业的发展受到国家宏观经济政策变化、营业成本增加、同行竞争、规模扩张过快、风控意识及能力较低等各方面原因的影响,尤其是2020年新冠肺炎疫情的冲击,以T市为例,在以钨钼产业、不锈钢产业、食用油产业等为主要经济支撑的某些区域,因个别企业肆意提高杠杆,放大负债比例,导致资金链断裂,造成信用坍塌,当风险沿着担保链条传递,便发生了连锁反应,波及优质企业。这一现象从T市两级法院受理各类金融民事案件数量得以窥探。(见表1)

表1　T市两级法院受理各类金融民事案件数量

单位:件

案由	2018年	2019年	2020年
民间借贷纠纷	13,280	11,021	7176
金融借款合同纠纷	2477	2914	2775
保险纠纷	647	737	673
银行卡纠纷	1	644	585
票据纠纷	26	64	50
融资租赁合同纠纷	42	93	35
储蓄存款合同纠纷	21	33	7
金融不良债权转让合同纠纷	4	3	5
证券纠纷	6	30	2
期货交易纠纷	0	3	0
合计	16,504	15,542	11,308

注:可以看出,在金融民事案件中,排名前三位的分别是民间借贷案件、金融借款合同案件和保险案件。民间借贷案件已连续三年在全省和T市法院各类民事案件中居于首位。值得注意的是,从2019年下半年开始,在省高级人民法院的统一部署下,全市法院深入开展“套路贷”虚假诉讼专项治理活动,至2020年年底,民间借贷案件数量已大幅下降近50%。

(二)弊端:“两链”金融风险恶果重重

如任由金融风险发展,必将成为未来金融安全的“毒瘤”,将优质企业拖入破产境地,对社会稳定乃至国家政治、经济安全产生巨大的破坏。

1. 可能加剧实体经济的“脱实向虚”。企业经营所获得的利润一般不可能达到民间融资的高利息,这无疑是一种巨大诱惑,驱使投资者放弃实体经济而从事民间融资。

2. 可能成为压垮不少危困企业的“最后一根稻草”。事实上，大多数企业主借用高利息的民间资金并非用于经营生产，而是“拆东墙补西墙”。因此，高利融资在服务实体经济和帮助企业渡过难关等方面所能发挥的作用不但微乎其微，反而会加速危困企业衰败和倒闭的进程，使危困企业丧失最后的挽救机会。

3. 可能成为损害社会稳定的重要推手。一方面，为了实现高利贷，少数放贷人往往不择手段，除了采用一些常见的“套路”之外，还可能会对借款人实施暴力索债，甚至形成黑恶势力犯罪集团。另一方面，非法放贷往往与非法吸储相伴而生，高利贷资金不少来自非法吸储。

4. 拖累金融机构、担保人或关系人。由于个别企业债务危机突然爆发，导致被其拖入担保链的企业或者个人亦出现资金链断裂等危险，这些优质企业或者个人原本与银行之间的正常信贷业务也大受影响，从而导致金融机构无法按时收回正常贷款。

二、讨论推进：反思“两链”金融风险的原因及出路

“一条链索的力量取决于它最弱的一环的力量”。我国金融业的风险也必定取决于其最薄弱的那一链，这一短链的存在也必然影响金融行业的稳固与社会经济活动的安定。笔者以为，虽然中国内在固有风险与外在新生风险都不可避免，但是因为内部制度和体制的缺陷所导致的内部风险比新生风险更危险，因为新生危险因素若叠加上内部因素，随着中国经济体量的日益增长，若不能从根本上予以规制，由此引发的恶果将愈发不可估量。

（一）历史沿革、管理和政策偏向致风险

在我国，融资体系不合理的现象由来已久，由于我国经济体制、分配方式及社会发展程度的问题仍然存在，大量的金融风险积聚于银行，尤其以国有银行更甚。随着金融体制改革的深入推进，如果不能控制企业不良金融债权的形成，金融机构自身将难以抵御金融风险，部分金融机构未来甚至不可避免地走上破产之路，从而对金融机构自身的长期稳定发展产生不利影响。在诉讼过程中，我们发现，金融机构在订立和履行借款合同的过程中风控缺失、诚信意识薄弱。经梳理，2019～2020 年 T 市法院两年的全部金融借款合同纠纷案件共 6945 件，导致金融机构败诉的瑕疵主要表现为以下情形：（1）借款合同或担保合同上的签名非当事人本人所签。（2）对设定抵押财产的实际状况不作深入调查；不要求当事人移交质押财产，或不对质押财产实施有效控制；他项权证上记载的抵押担保范围仅为债权本金；对应收账款的真实性不作严格审查等。（3）对于借新还旧等对担保人是否提供担保足以产生影响的相关事实，不明

确告知担保人。(4)超过诉讼时效期间或担保期间提出主张。

金融机构败诉,在很大程度上就意味着贷款不能回收,金融债权不能实现,但即使金融机构胜诉,其与金融债权的实现还是相距甚远。判断金融债权的实现率,在司法上有一个关键指标,那就是金融借款合同纠纷案件的执结率。一般而言,金融机构发放贷款会持谨慎态度,对外会对借款人作尽职调查,并要求提供充分的担保,对内还需要经过严格的审查程序,并明确贷款经办人的个人责任。即便如此,金融债权的实现率也未达到预期,[1]这时金融机构就会要求担保人承担担保责任,由此优质的企业就可能被拖入担保继而引发"两链"风险。

(二)行政规制缺位致风险

在金融风险的行政规制领域,在混业经营和分业监管的碰撞并进中,行政规制者们各自为政,规制标准的不一致使得监管堆叠和监管空洞现象尤为明显,如 P2P 平台"爆雷"、非法网贷乱象频生。如 T 市当地以区域性金融危机显现的"担保链"危机就是因为监管缺失导致担保制度滥用产生了"债务之网"。从诉讼实务来看,担保制度在 T 市的适用已经远离善意和适度。其一,通过担保转嫁危机。在债务人无力清偿债务时"引进"新的担保人,这是包括金融机构在内绝大多数债权人的常用手法,"借新还旧"情形下的担保就是这样一种典型。其二,片面追求担保效果。不少案件债权人在已设定担保物权情形下仍要求债务人提供人的担保,对于公司债务,要求公司股东、高管提供担保,从而使担保成为一张无形的"债务之网",将债务人的众多关系人全部网入其中。而如何解决这种乱象,T 市当地相关的金融监管部门至今未能出台有效的规制方案。

(三)司法规制态度宽容致风险

从表 1 可以看出,可能正是因为之前司法的支持与宽容[2]从而导致民间融资蜕变为遏制地方经济发展之"毒瘤",民间借贷案件数量近年来一直稳居民事案件第一位。我们从审理中逐渐发现这些进入诉讼的民间借贷案件总体上已经颠覆了我们的传统思维,其中绝大多数民间融资并不具有互助性质,而是具有典型的职业放贷特点,成为追逐高利的手段和工具。如果司法机关不能给予有效的遏制,则"套路贷"虚

---

[1] 2019~2020 年 T 市两级法院共受理涉金融执行案件 5302 件,执结 5077 件,其中实际执结 3840 件,终结本次执行程序 1237 件;申请执行标的额 140 亿元,执行到位金额 25 亿元,执结率为 18%。

[2] 2015 年发布的最高人民法院《关于审理民间借贷案件适用法律若干问题的规定》对民间借贷合同持宽容态度,以保护年利率 24% 为基础,实际已支付的利息可以 36% 计算。

假诉讼的出现也就在所难免。

抛开历史进程中"摸着石头过河"所导致的不可避免的政策偏航不谈，行政规制和司法规制是适用防范化解"两链"金融风险的两种不同路径。虽然我国在理论和实践中普遍重行政轻司法，但事实证明，行政规制在防范化解金融风险中单打独斗似乎心有余而力不足。从表1可以看出，2019年10月，最高人民法院、最高人民检察院、公安部及司法部联合出台《关于办理非法放贷刑事案件若干问题的意见》后，T市法院深入开展"套路贷"虚假诉讼专项治理活动，至2020年年底，民间借贷案件数量已大幅下降近50%。这一司法规制对惩治非法放贷犯罪活动，打击职业放贷行为，防范因非法放贷诱发涉黑、涉恶以及其他违法犯罪活动等产生有效的震慑作用，有力维护国家金融市场秩序与社会的和谐稳定。

因此，笔者认为，金融活动直接影响个人财富、企业行为与经济效率。而当大量企业以区域性的方式出现"两链"断裂时，金融纠纷案件就似泉涌般诉至法院，司法就成为"两链"金融风险的直接显现出口。因金融与金融纠纷本身具有专业性，专业化的金融司法规制成为回应高速发展的金融体系、解决与之伴生的金融风险的必然要求。

三、逻辑思辨：金融司法规制的作用机理

"规制"的英文表述为"regulation"，有控制、管制之意。就词义而言，规制可以用来指称"任何形式的行为控制，无论其本源如何"。[1] 日本学者植草益将规制分为"私人规制"和"公的规制"两种情形，他认为"公的规制"属于经济法意义上的控制，也就是由国家公权力，包括国家立法权、行政权和司法权对经济活动进行制度的安排，并对其中的风险予以制约。

从法学的角度来看，规制作为具体的制度安排，就是对社会经济进行管理和制约。而对社会经济进行制约，第一个原因在于市场经济的客观规律导致需要对其进行引导、规范和制约；第二个原因是市场经济产生风险，当然更来自理性、自由与最大多数人的利益等价值目标。笔者认为，在经济法语境下的司法规制是指，法院依照相关法律规定行使司法权，通过判例等行为来指引社会经济关系、调节社会矛盾，其主要目的在于协调缓冲各社会主体之间的利益矛盾，防范因行政规制缺失而导致的经

〔1〕 参见［英］安东尼·奥格斯：《规制：法律形式与经济学理论》，骆梅英译，中国人民大学出版社2008年版，第1页。

济风险和金融危机。因此,如前所述,为回应国家金融安全发展的主旨,维护社会经济及金融的稳定,识别、防范化解金融风险,司法规制应当是行政规制不可或缺的重要补给。

(一)司法规制与行政规制互为补充

风险规制的路径主要无外乎行政和司法两个方面。而路径选择的中心要旨,就是要达到需要规制的对象与选择的路径之间相匹配这一效果。以前各国倾向于用行政规制手段来克服金融危机,如2020年新冠肺炎疫情时期美联储用降息降准手段来克服资本市场四次熔断之金融危机,我国则提出了“新基建”理念以维护社会金融稳定。其实司法规制与行政规制互为补充,而我国因为历史原因更倾向于行政规制。如前所述,行政规制亦有弱点和监管空洞。法治化营商环境需要法制和法治的奠基,建立有效、及时的司法规制可以满足法治化营商环境建设的时代诉求。法律在建立成熟资本市场的过程中至关重要,因此金融危机的防范和消化离不开司法的力量。国家机关应当充分认知司法规制的价值机理,将司法与行政规制二者结合,形成应对风险的合力。

(二)司法规制可及时甄别金融隐性风险

金融应当服务于社会,但是金融风险的危害不容小觑。金融风险分为两个部分,一是利益的私人化,即个人为私利而做出危害性动作,二是危害社会化,即当个人为私利做出侵害行为时,危害的必然是社会上的他人。当前金融隐性风险主要集中于两个方面:其一,新型网络金融产生的风险正在向其他社会区域蔓延;其二,随着全球经济增速渐缓乃至倒退以及国家“供给侧改革”的施行,不良贷款以及地方债务的日益积聚形成危机。法院作为直面社会纠纷的机构,已经成为甄别隐性金融风险的“第一道关口”。“信用、信息和信心”是经济活动和金融交易能够安全稳定发展的根本因素。而能够诱发系统性风险的直接原因系各金融主体之间错综复杂的关系;根本原因系诚信制度的缺失。个案会导致系统性风险的产生,但相反的是,在化解个案矛盾的同时,恰恰能够有效地甄别风险因素,及时预防系统性、区域性的风险积聚。在这一过程中,司法就能够实施正确、统一的裁判规则,维护社会主义核心价值观,引领社会善良风尚的传承,预防系统风险。

(三)司法规制能够弥补立法的滞后性

立法具有滞后性之弊端。法律保证某种程度的连续性、可预见性和稳定性,这使人们有可能在安排他们的活动时依赖一些业已确立的、先行告知的行为规则,并使人们能够避免因缺乏对人的行为方式的预见而与他人发生冲突,但这也使法律具有保守且侧重过去的特点。[1] 而司法则能够通过不间断地审判活动灵敏嗅到经济活动中的细微波动和矛盾埋伏点，这就是司法规制的优势。法官在进行实际审判工作的过程中，首先，要对纠纷主体之间的矛盾进行有效化解；其次，在个案风险防范的基础上，能够坚持司法服务社会经济发展大局，通过创制司法解释、发送司法建议、开展司法调研等方式，不断适应社会发展的新模式，从而达到规范金融活动的目的。规则的生命在于其合理性，在于符合法律精神，在于合乎人类的自然理性。这也是每一个裁判者在个案中确立裁判规则时所应追求的目标。随着国家经济转型升级、金融创新业务开展，新类型金融商事案件不断出现。对于出现的各种新情况新问题，司法部门能够注重研究，及时确立符合诚信原则的裁判规则，积极推动诚信体系建设，这是立法规制和行政规制所不具备的灵活性特征。

（四）司法规制可发挥审判引导和能动作用

中国语境下的“能动司法”在金融风险防范领域就是完善金融监管法律法规，领会金融监管的司法精神，出台符合实际的金融司法解释，通过审判关注金融监管漏洞如何产生等。司法规制的价值就在于，法院能够在深入审判工作实践的基础上，通过梳理金融危机的特征、危害及预防措施，增加社会公众的辨识度，发挥司法审判的引导作用，亦可以倒逼行政监管部门和金融机构不断完善管理，构建金融司法协同机制，合力防控金融风险。

四、探寻思路：金融司法规制应遵循的原则

司法规制也不是万能的。金融司法规制与行政规制两者之间应当保持既有协同联动又有“楚河界限”的理性关系。笔者认为，在当今经济全球化和金融开放的新视域下，金融司法在应对金融风险新问题时，应当以市场经济的发展规律为主导，以司法保持中立和比例原则作为着眼点，在“监管越来越强”和“打造营商环境”的双重语境下与监管部门协调联动，提升金融风险防范化解工作水平。

（一）遵循市场经济规律原则

市场经济中的供需、定价、信息、利润、私利等要素在实践活动中彼此制约、互相竞争，在此消彼长中达到平衡。市场经济的运行受市场经济基本规律的支配，也是其背后价值、供需、利益的集中体现。在经济全球化和开放金融的大时代背景下，必须

---

[1] 参见［美］E. 博登海默：《法理学：法律哲学与法律方法》，邓正来译，中国政法大学出版社 2004 年版，第 423 页。

以现代金融治理的视域坚守金融司法的法治属性。以维护社会公平正义为目标,紧密联系中国经济金融发展现状,遵守金融资本市场的规律。

(二)坚持“司法居中裁判”原则

合理运用司法权是一个非常复杂的过程,它既表明审判人员适用法律法规对纠纷予以研判,同时又是司法权发挥最终裁量权的根本所在。因此,司法权的行使既是化解社会矛盾、安定社会波动的直接方式,同时也是化解权利、义务、权力彼此之间此消彼长的社会矛盾的重要工具,所以说,司法审判部门既不能因为其要保持中立和独立的地位而丢弃裁量权,也要在行使司法权时保持对其他行政规制行为的谦让与克制。反观司法规制和行政规制之于金融风险的防范,司法规制就需要在行政规制的运行中与之互相制衡、互相补充,并且要在法律法规规定的范围内作出区别于行政规制的自由裁判,这就是审判机关在审判活动中坚守居中裁判的应有之义。

(三)尝试运用比例原则

“公共利益”在金融审判中的内涵与外延其实并不确定。“公共利益”的扩大化适用的后果就是个人私有利益与市场公共利益发生巨大矛盾,这种矛盾如若不能妥善解决将严重侵害审判的公正性与威严性。因此可以说,适度“比例原则”的适用具备在金融司法中的存活空间,它可以保证裁判权在衡平公共利益与民主自治的过程中寻租到合法、合情、合理的边界。将“比例原则”的司法规制运用到金融风险的化解中的理论优势在于,它可以用来衡平权利与权利、权利与权力、权利与义务、权力与义务之间的矛盾与冲突,为其价值的取舍提供理性指引。

五、未来走向:“两链”金融风险的司法规制进路优化

要利用司法规制做好防范、化解金融风险工作,当下最关键的在于以下两个方面:一是要加强研判,准确判断未来可能引发金融风险的不利因素及其发展趋势,只有这样,才能做到未雨绸缪和防微杜渐;二是要标本兼治,尤其要强化源头治理,践行法治,严防消极因素滋生、蔓延甚至坐大成势,推动社会主义市场经济健康有序发展。

(一)坚持行政与司法协同并重,共同防范化解金融风险

卡多佐曾言,法律作为社会控制的一种工具,最重要的是司法的作用。[1] 在西方,司法裁判已经成为几乎所有政治问题的最终解决方式。但是在中国特有的社会体制和经济发展模式下,司法规制的运行几乎屈居于行政政策规制全面覆盖之下,所

〔1〕 参见 Cairns H. ,Konvitz M. R. ,*The Theory of Legal Science*,Ethics,1941,176(1),p. 396 –398。

以在防范和化解重大金融风险的活动中，如何构建行政与司法规制的良性互动、畅通互换机制，审判机关应当作出相应的努力，在改变以往的被动与保持中寻租司法的能动性，坚持有所为有所不为，与行政规制共同构建金融规制的多元体系。

一方面，要引导金融企业不断完善法人治理，规范内控管理，切实增强服务实体经济的能力；另一方面，要建立信息共享平台，为金融监管机关加强潜在风险研判提供有价值的信息资源，从而有利于提高金融行政监管水平，发挥能动司法对规范金融交易行为和提示金融风险的作用。

（二）坚持规制与引导并重，构建诚信金融体系

随着国家经济转型升级、金融创新业务开展，新类型金融案件不断出现。对于出现的各种新情况新问题，法院应当注重研究，及时确立符合诚信原则的裁判规则，积极推动诚信法治建设。

笔者建议，在审理过程中，(1)改变现有举证责任分配规则，以规范金融机构的诚信为切入点，倒逼金融机构必须自觉坚守职业准则。从金融机构败诉案例的分析可以发现，不少案例中的金融机构未能遵守诚信原则。例如，在“借新还旧”情形下，金融机构对于新的担保人未能如实告知“借新还旧”这一事实。再如，担保人经常辩称是在空白的担保合同上签名，并不知晓借款合同和担保合同的内容，虽然这一抗辩目前因抗辩人无法举证而很少被法院所支持，但随着科技手段在金融业的广泛应用，以及新的金融产品的不断推出，这种举证责任分配规则应当改变，金融机构今后必须在履行如实告知义务方面承担更多的举证责任。通过改变现有举证责任分配规则，可以促使金融机构努力做到对待他人诚信不欺，对自己的承诺信守不怠。也只有金融机构做到诚信，才能更好地推动社会主义市场经济逐步完善。(2)要注重强化对借款高息的控制。对于债权人同时主张的利息、罚息、复利、违约金、咨询费、管理费等相关费用明显过高的，按照法律、司法解释的规定进行调整。对于预先扣除利息、手续费、管理费、保证金等费用的，以当事人实际获得的资金数额作为借款本金。上述裁判规则的确立，能够有效地降低企业融资成本，限缩金融暴利的空间。

（三）坚持权利实现与权益保障并重，注重金融案件执行效果

审判部门需要积极开展有关金融纠纷的专项执行行动，多元运用执行方式，进一步强化执行力度。充分利用执行标的拍卖询价系统，不断提高金融案件的执行效率，确保债权人的合法权益，阻断担保链对优质企业的冲击。同时对逃废金融债权的行为要加大打击力度，进一步打击逃避执行和隐匿财产的行为，依法采取限制出境、限制消费、司法拘留等强制措施，督促被执行人及时履行义务。加强金融债权案件执行

争议的协调力度,强化异地执行的协作和配合,积极运用司法查控系统进行执行事项委托,提高执行效率。

在强调权利实现的同时,也应注重对被拖入"两链"金融危机的有发展前途的成长型企业的权益保护,注重执行的方式方法和利益衡平。探索采取抵押资产抵债返租、金融债权转股权等灵活有效的执行方法,适度"放水养鱼",有效盘活资产。笔者认为,这样不仅能提升金融债权实现的质量和效果,也能在程序公正的基础上帮助资金链暂遇困难的优质企业渡过难关,获得新的发展机遇。

(四)坚持服务实体经济与维护社会稳定并重,着力为优质企业"化圈解链"

担保制度滥用后患无穷。因此,服务实体经济发展,制约担保制度的破坏力,重构我国担保制度势在必行。因此,笔者建议司法规制应当从以下方面入手:(1)从限缩保证担保入手。目前公司对外担保在司法实务中已经受到很大的限制。如果公司章程明确禁止公司对外担保,而债权人仍然接受该公司提供担保,则不能认为债权人是善意的。(2)从引入适当性义务规则入手。[1] 与高风险等级金融产品和服务相比,提供担保同样具有高风险性,债权人也应当了解担保人是否具有承担担保风险的能力,是否适合作为担保人,对不适合者不得接受其提供担保。如果债权人不能证明其已履行适当性义务,则担保人可以免责。(3)从否定非善意担保入手。对允许提供担保的情形,债权人仍然必须履行充分的说明义务,只有当担保人完全了解提供担保原因及其法律后果,并自愿承担责任的情形下,担保人才需要承担责任。如果债权人不能证明其为善意,则不能要求担保人承担责任。(4)从着力为企业互保"化圈解链"入手。一方面,要强化债务约束,督促企业积极配合风险处置,坚决打击转移资产和恶意逃废银行债务行为。另一方面,要全面考量、评估担保圈债务规模及复杂程度、圈内企业经营状况、担保圈成因,采取分类处置、"一圈一策"的方式,综合运用担保方式置换、授信结构调整、切断担保链条、清理保证融资等措施"化圈解链"。对于圈内企业具有资产可供抵押的,应设定抵押而解除其他企业的担保;对于圈内个别企业经营不善的,其他企业可借鉴银行不良资产处置方式共同承担债务而解除担保;对于仅有个别企业经营良好的,可以采用破产重整方式予以挽救。

---

〔1〕 参见《全国法院民商事审判工作会议纪要》(法〔2019〕254 号)第 72 条。适当性义务是指卖方机构在推介、销售高风险等级金融产品和提供高风险等级金融服务过程中,必须履行的了解客户、了解产品、将适当的产品(服务)销售(提供)给适合的金融消费者等义务。适当性义务的履行是"卖者尽责"的主要内容,也是"买者自负"的前提和基础。

六、结语

“两链”金融风险危害极大，稍有不慎，不仅损害人民群众的经济利益，亦有害于国家公共利益及社会稳定，与我国“优化营商环境”之主旨不符。金融风险的规制价值在于对风险的识别、预防和消化，即“有堵有疏”。司法规制作为“权益保护的最后一道屏障”，人民法院的金融审判工作以裁判金融纠纷、化解债务危机方式参与金融市场治理，是广义金融工作的重要组成部分，可以及时识别隐形金融风险，在行政规制的缺失处发挥其自有的价值。因此，对司法规制的充分运用对于构筑“两链”金融风险规制的多维空间，维护社会稳定，避免产生系统性的金融风险来说，是符合时代发展和经济全球化的必然定义。

金融机构适当性义务与风险揭示义务的规则完善

林炜培*

摘要：金融机构的适当性义务和风险揭示义务是金融消费者保护的两大支柱。适当性义务侧重于强调金融机构与金融消费者之间的风险分配。风险揭示义务作为信息披露的狭义概念，侧重于强调以强制信息披露促进交易秩序与公平。因而，适当性义务和风险揭示义务都具有独立适用价值。但是，现行规范的界定模式模糊了义务的边界，司法裁判的差异化认定催生了类案异判，法律适用逻辑也难以自洽。欧盟通过建立分级保护制度，最大化利用适当性义务；英国以产品生命周期为视角在不同阶段分别适用不同的义务；日本建立缔约过程中书面义务。其他国家和地区的经验为我国提供了制度建构路径。我国金融机构应建立分级保护制度，司法机关应注意区分不同阶段的义务履行程度，促成金融法律适用的统一，提高金融司法公信力，降低金融消费者在投资或购买服务过程中的风险和交易成本，最大限度保护金融消费者。

关键词：金融机构；适当性义务；风险揭示义务；金融消费者保护

适当性义务和风险揭示义务作为金融机构的两大义务在法律规范层面被差异化界定，在司法裁判层面没能统一适用，造成类案异判的现象频频发生。对法院来说，如果无法厘清适当性义务和风险揭示义务的关系，当金融机构与金融消费者发生纠纷时，会因义务的理解不到位带来司法认定标准偏颇，论证难以周延，责任分配不够严密。就金融机构而言，如若不能厘清适当性义务和风险揭示义务的边界，就会影响金融机构履行标准的量化，消费者权利易受侵犯，金融风险难以防范，交易成本不当

---

* 林炜培，集美大学法学院大三学生。

提高。同时,从效益最大化的角度来说,适当性义务和风险揭示义务有其独特的价值,在适合的阶段适用适当的义务可以使两种义务的履行效用最大化,降低交易成本,更好地保护金融消费者,同时也是对最高人民法院《关于进一步加强金融审判工作的若干意见》指示精神的贯彻。因此,为统一法律适用标准,保证公正司法,提高司法公信力,提高保护金融消费者的效益,防范金融风险,反思两种义务的规范和司法裁判现状,厘清义务之间的关系,迫在眉睫。

一、适当性义务和风险揭示义务的法律适用现状

适当性义务和风险揭示义务在实践中运用甚广,但不同的法律规范对这两种义务进行不同的界定,其主要冲突集中在风险揭示义务是否为适当性义务的子义务。法律规范的模糊性也导致了司法机关无法对适当性义务进行统一界定,催生同案异判。金融消费者保护的逻辑也难以自洽。

(一)现行规范的界定模式模糊义务边界

如表1所示,对适当性义务和风险揭示义务的界定,在不同监管部门规章、规范性文件甚至自律组织规则中有所区别,且规定了适当性义务或风险揭示义务的法律文件大多层级较低,加之有的规范内容并不具体,条文过于简单容易导致理解上的冲突。

表1　涉及适当性义务与风险揭示义务的法律规范分类

<table>
<tr><th>类型</th><th>名称(年份)</th><th>适当性义务</th><th>风险揭示义务</th></tr>
<tr><td rowspan="2">法律</td><td>《证券法》(2019年12月28日修订)</td><td colspan="2">第88条统一规定了适当性义务和风险揭示义务</td></tr>
<tr><td>《证券投资基金法》(2015年4月24日修正)</td><td>第98条规定了适当性义务</td><td>第7章规定了证券基金的风险披露义务</td></tr>
<tr><td>行政法规</td><td>《证券公司监督管理条例》(2014年7月29日修订)</td><td>第29条单独规定了适当性义务</td><td>第66条规定了向社会披露的义务</td></tr>
<tr><td rowspan="3">部门规章</td><td rowspan="2">《中国银监会关于规范商业银行代理销售业务的通知》(2016年5月5日)</td><td colspan="2">第3条将适当性义务、风险揭示义务、客户与风险相匹配并列规定</td></tr>
<tr><td>第20条、第25条规定了产品与风险相匹配义务</td><td></td></tr>
<tr><td>《关于规范金融机构资产管理业务的指导意见》(2018年4月27日)</td><td>第6条第1款规定了适当性义务</td><td>第12条规定了风险揭示义务</td></tr>
</table>

续表

类型	名称(年份)	适当性义务	风险揭示义务
部门规章	《中国人民银行金融消费者权益保护实施办法》(2020年11月1日)	并未统一界定适当性义务,但适当性义务体现的内涵分布在各条文	第17条、第18条规定了披露义务
	《商业银行理财业务监督管理办法》(2018年9月26日)	第26条一同规定披露义务和适当性义务	
	《证券期货投资者适当性管理办法》(2020年10月30日修正)	第3条一同规定风险揭示义务和适当性义务	
行业规定	《私募投资基金募集行为管理办法》(2016年7月15日)	第18条、第19条将募集机构的适当性义务具体化	第23条规定了私募资金的风险揭示义务
	中国证券业协会关于发布《证券经营机构投资者适当性管理实施指引(试行)》的通知(2017年6月28日)	以通知的方式要求其下行业履行适当性义务	无
	中国期货业协会关于发布实施《期货经营机构投资者适当性管理实施指引(试行)》的通知(2017年6月28日)		
	中国证券投资基金业协会关于发布《基金募集机构投资者适当性管理实施指引(试行)》的通知(2017年6月28日)		
	中国证券业协会关于发布《机构间私募产品报价与服务系统资产证券化业务指引(试行)》的通知(2015年2月16日)		
纪要	《全国法院民商事审判工作会议纪要》(2019年11月8日)	第72条规定了适当性义务	第76条规定了告知说明义务(风险揭示义务)

1. 不同法律规范采用不同界定模式

有的文件将适当性义务单独界定，例如，《关于规范金融机构资产管理业务的指导意见》（以下简称《资管新规》）在第 6 条第 1 款中将适当性义务界定为了解产品、了解客户、产品风险和客户相匹配；有的文件将适当性义务和风险揭示义务统一界定，例如，2019 年修订的《证券法》第 88 条，要求证券公司要结合投资者的基本情况适当地提供服务，具体为：了解客户、了解产品、产品风险与客户相匹配、风险揭示义务。

2. 条文内容过于简单导致法律解释上的冲突

有的文件虽然规定了适当性义务和风险揭示义务，但由于条文内容并不明确，容易产生理解上的冲突。[1] 例如，《全国法院民商事审判工作会议纪要》（以下简称《九民纪要》）虽然在第 72 条和第 76 条分别界定适当性义务与告知说明义务，但是第 76 条认为只有卖方机构通过履行告知说明义务，消费者才能够真正了解高风险等级产品或投资活动的投资风险，而第 72 条认为适当性义务是为了确保金融消费者在充分了解相关金融产品性质、投资活动风险的基础上作出自主决定。这样的规定可能会导致不同学者、法官对适当性义务和风险揭示义务有不同的认定，导致理解上的冲突。

（二）司法裁判的差异化认定催生类案异判

2019 年 10 月至 2020 年 9 月，最高人民法院相继颁发了最高人民法院《关于建立法律适用分歧解决机制的实施办法》（法发〔2019〕23 号）、最高人民法院《关于统一法律适用加强类案检索的指导意见（试行）》（以下简称《类案检索意见》）和最高人民法院《关于完善统一法律适用标准工作机制的意见》（法发〔2020〕35 号）三个文件，其通过类案检索等方法解决司法实践中法律适用分歧以统一法律适用的做法将对目前类案异判的金融领域关于适当性义务案件的认定产生深远的影响。但目前我国司法裁判领域对适当性义务与风险揭示义务的认定标准不同，导致类案异判，难以保证司法公正，提高司法公信力。

1. 司法裁判领域混淆适当性义务的认定标准

第一，金融机构能够证明其建立了金融产品风险评估管理制度、对金融消费者进行了风险测试、风险评估和分类，对案涉基金产品风险评估并分类，确保投资者与产

---

〔1〕 参见严书：《论金融消费领域卖方机构适当性义务——兼评〈第九次全国法院民商事审判工作会议纪要〉第七十二条》，载《南方金融》2020 年第 3 期。

品相匹配。

陈某丰与中国建设银行股份有限公司武汉常福新城支行金融委托理财合同纠纷案[1]、刘某与华泰证券股份有限公司买卖合同纠纷案[2]、吴某国与中国工商银行股份有限公司大连水师营支行金融委托理财合同纠纷案[3]等案件中,都是由金融机构对其是否履行了适当性义务承担举证责任,已证明其建立了金融产品风险评估管理制度、对金融消费者进行了风险测试,履行了对投资者进行风险评估和分类、对案涉基金产品风险评估并分类、确保投资者与产品相匹配的,都认定为金融机构履行了适当性义务。

第二,金融机构曾为金融消费者进行风险评估,在之后推介更高风险的投资产品时未重新评估的,有违适当性义务,要对金融消费者的损失承担责任。

孙某丽、平安银行股份有限公司大连分行财产损害赔偿纠纷案中[4],辽宁省高级人民法院以金融机构没有按照规定对孙某丽重新进行书面风险承受度评估,且未以书面形式告知孙某丽本次购买的产品内容、风险提示以及购买和赎回方式等事项的情况下,主动推介并协助孙某丽办理购买了案涉基金,没有尽到适当性义务,应当承担责任。

第三,将风险揭示义务作为审查金融机构是否履行适当性义务的标准。[5] 要求金融机构对风险告知义务的履行不能仅限于合同的风险提示条款等格式内容,还应

---

〔1〕 参见陈某丰诉中国建设银行股份有限公司武汉常福新城支行金融委托理财合同纠纷案,湖北省高级人民法院民事裁定书,(2021)鄂民申158号。

〔2〕 参见刘某诉华泰证券股份有限公司买卖合同纠纷案,江苏省南京市中级人民法院民事判决书,(2020)苏01民终8109号。

〔3〕 参见吴某国诉中国工商银行股份有限公司大连水师营支行金融委托理财合同纠纷案,辽宁省大连市中级人民法院民事判决书,(2020)辽02民终2903号。

〔4〕 参见孙某丽诉平安银行股份有限公司大连分行财产损害赔偿纠纷案,辽宁省高级人民法院民事裁定书,(2020)辽民申485号。

〔5〕 参见焦信婷:《金融消费者保护案例研究报告》,载微信公众号"天同诉讼圈"2020年12月21日。

以投资者能够理解的方式向投资者告知产品的运作方式以及可能产生的最大风险。[1]

在裴某华与交通银行北京分行的合同纠纷案[2]中，法院认为，审查金融机构是否充分履行了适当性义务主要应当从适当性推介和风险揭示两个方面考量。审查被告（交通银行北京分行）是否在充分了解投资者及产品的基础上将合适的产品推介给合适的投资者，并就其是否根据产品及服务的具体内容，充分揭示产品或服务的风险内容。在丁某英与中国农业银行重庆支行的损害赔偿纠纷中，将告知说明义务作为判断金融机构是否履行适当性义务的标准之一。

2. 司法裁判领域中风险揭示义务的认定标准较为统一

《九民纪要》出台前，虽然没有对风险揭示义务进行明确规定，但在司法裁判中也要求金融机构要实质履行对金融消费者的风险告知。例如，在许某与中国光大银行股份有限公司上海分行信用卡纠纷案中，金融机构虽向原告履行了风险揭示义务但并未明确说明所指的风险乃系“较高级别的风险”，以及较普通金融消费者所理解的“日常使用的风险”存在何种差异，原告在电话答曰“知道”，该等表示尚不足以构成其自愿承担所有风险的明确意思表示。

《九民纪要》出台后，总结实践精神，对风险揭示义务具体化。司法裁判领域一般根据《九民纪要》第76条进行裁判，第76条从正反两方面规范了对金融机构的风险揭示义务的履行：(1)根据产品、投资活动的风险和金融消费者的实际情况，综合理性人能够理解的客观标准和金融消费者能够理解的主观标准来确定；(2)规定金融消费者手写的诸如“本人明确知悉可能存在本金损失风险”等形式上知晓的内容，不能单独作为认定卖方已履行告知说明义务的依据。例如，在深圳前海凯恩斯投资管理有

---

〔1〕 根据《九民纪要》第76条之裁判观点，法院对于金融机构的风险揭示义务应当进行实质审查而非形式判断。要根据金融消费者主观上是否认识到金融产品或者投资活动存在非风险加以判断，因此，仅签署了风险提示书或是仅将风险提示条款等格式内容体现在合同中不能认定为已经履行了风险揭示义务。除此之外，《民法典》第496条第2款规定了格式条款提供方的提示、说明义务，并明确了违反本义务的法律效果。要求格式条款提供方必须采取合理的方式提示对方注意免除或者减轻其责任等与对方有重大利害关系的条款。如果提供格式条款一方没有尽到相应义务的，可以认定该条款不成为合同内容。

〔2〕 参见裴某华诉交通银行北京分行的合同纠纷案，北京市第二中级人民法院民事判决书，(2020)京02民终908号。

限公司(以下简称凯恩斯公司)诉徐某芬金融委托理财合同纠纷案[1]中,凯恩斯公司未提交任何证据证明其向徐某芬推介案涉基金时将投资本金和收益可能发生的最大损失风险向其做出了特别说明,故法院判决其并未尽到风险揭示义务。

综上所述,在认定适当性义务时,有的案件没有将风险揭示义务纳入适当性义务中,有的案件将风险揭示义务作为适当性义务的子义务来审查金融机构是否履行了适当性义务。而风险揭示义务在司法认定标准上较为统一。可见,司法裁判领域中的主要争议点在于风险揭示义务是否属于适当性义务。

(三)法律适用的逻辑无法自洽

如果将风险揭示义务作为司法机关判断金融机构是否履行适当性义务的标准,这就意味着风险揭示义务包含在适当性义务的体系内,这样看似不影响司法机关的公正裁断和金融机构的认真履行,但仔细纠之便会发现其内在逻辑混乱。例如,如果风险揭示义务作为适当性义务的子义务,那么风险揭示义务的履行目的更侧重于帮助金融机构进行适当性推介,简言之,就是附随于金融机构的适当性推介过程,因此,学界普遍认为,在缔约与履约阶段,适当性义务是合同的附随义务。但是,整个金融服务过程并不仅只有合同缔约阶段,还包括合同缔约前的广告宣发、产品推介阶段。在这个阶段同样需要对所宣发的金融产品进行风险信息的披露,其针对的是不特定群体,而适当性义务针对的是特定的客户。加之在广告宣发阶段,并没有产生先合同义务或合同义务的缔约基础。先合同义务以要约到达受要约人为先合同义务发生阶段的起点[2],在广告的宣发及产品推介阶段至多为要约邀请。因此,如果把风险揭示义务作为适当性义务的子义务,那也就认为风险揭示义务的法律性质是为先合同义务,这便会存在逻辑上的错配。

如果将风险揭示义务作为一个不附随于适当性义务的独立义务,仅当成信息披露的狭义概念,那么推介阶段履行风险揭示义务就可以形成逻辑的闭环。因为,作为一个独立的义务,它发挥着向不特定群体真实、准确披露相关投资信息的独立价值,在不被适当性义务框架限制的前提下,风险揭示义务的履行可以最大化。

---

[1] 参见深圳前海凯恩斯投资管理有限公司诉徐某芬金融委托理财合同纠纷案,广东省深圳市中级人民法院民事判决书,(2020)粤03民终26388号。

[2] 参见姜淑明:《先合同义务及违反先合同义务之责任形态研究》,载《法商研究(中南政法学院学报)》2000年第2期。

二、适当性义务与风险揭示义务的边界厘清

基于上文所述——风险揭示义务在内涵及标准认定上较为统一，因此下文不再单独论述风险揭示义务，而是通过对适当性义务内涵的界定来论述适当性义务与风险揭示义务处于何种关系，应当如何适用。

对适当性义务的界定，不同的学者存在不同的看法，但大体可以将其分成两类：一类认为，适当性义务的内涵包含风险揭示义务；另一类认为适当性义务和风险揭示义务应当独立分别界定。例如，吴弘、吕志强认为，适当性义务的内涵包括了解客户、了解产品、风险匹配、风险揭示及告知等四个方面。金涛认为，从金融机构的角度看，适当性义务是金融消费者享有的从金融机构购买高风险金融产品或从金融机构购买服务进行高风险投资活动时，要求金融机构履行适当性义务、进行适当销售或提供适当服务的权利，其内涵包括：了解金融产品和金融服务、了解金融消费者的财务状况及风险偏好和风险等级、充分说明产品及风险提示、产品和客户相匹配〔1〕。概言之，采纳此种观点者都认为适当性义务包括了解客户、了解产品、风险匹配、风险提示四个子义务。而《九民纪要》以及我国台湾地区的“金融消费者保护法”都采用了对适当性义务和风险揭示义务区分规定。

本文采第二类观点，即适当性义务的内涵应当仅包括了解客户、了解产品、产品与客户风险相匹配三项子义务，风险揭示义务应当单独、区别规定，但区别规定并不意味着两种义务完全独立，适当性义务和风险揭示义务应当是在法律上独立，功能互补的两种义务。

（一）区分适当性义务与风险揭示义务的认定标准

从认定标准上看，适当性义务采客观标准，风险揭示义务采主客观相统一的认定标准。

在判断金融机构是否履行了适当性义务时，以规范性法律文件中的基本原则或是对高风险等级金融产品的推介、销售，以及为金融消费者参与高风险等级投资活动提供服务作出的监管规定为认定依据，实践中金融机构通常会将义务的履行标准化为具体的数据、具体的风险等级，更强调实质履行。〔2〕 首先，了解客户。要求金融机

〔1〕 参见金涛：《金融消费者保护中的适当性制度分析》，载《扬州大学学报（人文社会科学版）》2020 年第 6 期。

〔2〕 参见黄辉：《金融机构的投资者适当性义务：实证研究与完善建议》，载《法学评论》2021 年第 2 期。

构要事先了解客户的投资需求以及客户的风险认知水平、风险偏好和风险承受能力。实践中一般以风险评估问卷进行，金融机构以最终评估结果作为推介金融产品或投资活动的依据。其次，了解产品。要求金融机构要综合产品或者服务的流动性、到期时限、杠杆情况、结构复杂性等方面了解其销售产品的具体信息、将金融产品或者服务划分出相应的风险等级。最后，产品与客户风险相匹配。这项子义务必须建立在充分"了解客户"和"了解产品"的基础上，将适当的产品推介给适当的金融消费者。只有在根据客观标准履行了上述三项子义务才能认定金融机构履行了适当义务。

风险揭示义务的关键在于让消费者基于金融机构的信息告知综合自身的风险水平和风险偏好作出理性的投资。由于金融产品具有极高的专业性和复杂性，消费者并不一定具备专业的金融投资知识且其收集信息的能力、渠道极为有限，因此应科予金融机构较高的风险揭示义务，要求金融机构采用主客观相统一的认定标准，综合理性人能够理解的客观标准和金融消费者能够理解的主观标准来确定金融机构是否已经履行了风险揭示义务。即要以一般理性人能够了解客观标准，辅以特定金融消费者能够理解的特定标准的认定路径。〔1〕 具体情况应个案分析，综合考虑消费者的专业知识水平、投资需求、对金融机构的依赖程度作出判断。《九民纪要》第 76 条特别说明，金融机构不得简单以金融消费者手写了诸如"本人明确知悉可能存在本金损失风险"等内容主张其已经履行了告知说明义务。

(二)区分适当性义务与风险揭示义务的功能差异

从规范目的看，适当性义务与风险揭示义务是法律上独立但功能上互补的关系〔2〕，适当性义务和风险揭示义务虽然本质上都是建立在诚实信用原则下，为保护金融消费者的两种义务，能在合同缔约过程中相互补充，但是二者在规范的目的上有所不同。

适当性义务其实是对信义义务的运用，信义义务最早起源于财产法中的信托义务和罗马法中的善良家父义务，这是一种高度谨慎的注意义务和忠实勤勉义务。根据信义义务，金融服务机构、金融从业者赋有单方的谨慎义务和忠实勤勉义务，要像处理自己事务一样处理他人事务。我国虽然并未正式引入信义义务，但在某些规范

〔1〕 参见最高人民法院民事审判第二庭编著：《〈全国法院民商事审判工作会议纪要〉理解与适用》，人民法院出版社 2019 年版，第 425～427 页。

〔2〕 参见曹兴权、凌文君：《金融机构适当性义务的司法适用》，载《湖北社会科学》2019 年第 8 期。

性文件中使用了该表述[1],我国金融机构的适当性义务就是信义义务的具体体现[2]。它是在信息披露制度无法满足金融发展需要的情况下而产生的又一有力监管工具,通过金融机构的适当性义务履行,分配金融机构与金融消费者之间的风险。[3] 而风险揭示义务是一种狭义的信息披露义务,是金融机构为保证交易公平对金融消费者的风险信息的披露,它具有不依附于适当性义务行使的独立价值。例如,在宣发广告的推介阶段,对于某些金融产品而言,强制要求对风险信息进行披露。其目的在于减轻消费者和金融机构之间的信息不对等,平衡双方的交易力量,追求金融机构和金融消费者在交易地位上的平等。

因此,适当性义务和风险揭示义务虽然都是建立在诚实信用原则的基础之下,但是适当性义务侧重于强调金融机构在了解了产品和客户之后的适当性推介,是一种风险分配的监管工具,而风险揭示义务侧重于对可能影响消费者利益的风险告知。但对于金融消费者而言,可能会出现实际披露的信息滞后于金融产品或者投资活动的变化、消费者自身在披露过程中疏忽具有重大价值的信息,从而出现该种情形——充分的信息披露也不能保证金融消费者能因此作出理性决策。因此,需要适当性义务作为风险揭示义务的功能补充,两者配套适用,以弥补风险告知义务对金融消费者保护的不足。

(三)区分适当性义务与风险揭示义务的具体适用

从具体法律适用的角度来看,在合同缔约时,履行适当性义务是风险揭示义务的前提,将风险揭示义务作为适当性义务的前置义务更能提高义务的履行效益。[4]

在金融消费领域,风险与收益并存,并不存在无风险的金融产品,但可以通过适当性义务和风险揭示义务的配合使用,尽可能减少风险、增加收益。在《九民纪要》第76条中,风险揭示义务主要是对高风险等级金融产品和高风险等级投资活动的信息披露。但在实践中,信息披露的有效性渐渐式微,大量的信息披露已然成为闲置资源,其利用率可见一斑。同时,如上所述,即便有充分的信息披露也难以保证消费者能因此作出理性、恰当的投资。那么,何以能够使消费者利用海量信息寻求最为恰当的投资活动和金融产品?最有效的方式是以适当性义务为前提,在充分了解产品和

---

〔1〕 参见《私募投资基金募集行为管理办法》附件4,对于私募基金的销售采用了"信义义务"的措辞。

〔2〕 参见翟艳:《我国投资者适当性义务法制化研究》,载《政治与法律》2015年第9期。

〔3〕 参见王锐:《金融机构适当性义务司法适用的实证分析》,载《法律适用(司法案例)》2017年第20期。

〔4〕 参见吴弘、吕志强:《金融机构适当性义务辨析——新〈证券法〉及〈纪要〉视角》,载《上海金融》2020年第6期。

客户的基础上，金融机构根据消费者的投资需求、风险水平、风险偏好，为客户推介合乎其风险承受力和收益预期的金融产品或投资活动，并直接对已推介的特定金融产品或者金融活动进行充分的信息披露。如果在金融机构履行适当性义务的过程中发现，金融机构与金融消费者不存在缔约合同的可能性，这时就无须履行风险揭示义务。但在这个过程中也要充分保障消费者的选择权和公平交易权，杜绝强买强卖或是虚报利润避开风险。如此既能显著提升资金融通的效率，减少金融机构和消费者之间在海量信息中消耗的成本，又符合降低金融风险、减轻双方的信息不对等的目的。

三、履行适当性义务和风险揭示义务的域外制度借鉴

当今许多国家和地区都将适当性义务与风险揭示义务区分规定并作为防范风险、保护金融消费者的重要手段。其中，欧盟要求金融服务机构基于适当性义务建立分级保护制度，这既节省了金融机构的成本也达到了消费者保护的目的。英国以产品的生命周期为视角，要求金融机构履行持续性信息披露义务。日本通过设定合同缔约阶段的书面义务以及最佳执行方案，区分适用风险揭示义务与适当性义务。

（一）欧盟：建立分级保护制度

2014 年 6 月，欧盟委员会通过了《金融工具市场指令Ⅱ》（以下简称《指令》），并于 2018 年 1 月开始生效。这是对《金融工具市场指令》的修订，其修订的重点是交易报告涉及的范围进一步扩大，要求场外市场与场内市场均需满足交易前透明度的监管需求，从而进一步加强投资者保护。[1]《指令》将客户分成两类群体：专业客户、专业客户以外的零售客户。根据《指令》附件二的规定，专业客户是指拥有作出投资决策并能准确评估投资风险的经验、知识和技能的客户。要成为专业客户必须满足一定的条件。但是专业客户和零售客户之间可以根据自己是否需要更高水平的保护来决定是否转化成零售客户或者专业客户，如果零售客户要求金融服务机构将其作为专业客户对待，《指令》要求零售客户必须以独立书面文件声明他们愿意放弃作为零售客户的投资保护权利。

《指令》所规定的分级保护制度基于适当性义务设置的规则，它体现了适当性原则的三个子原则：了解产品、了解客户、客户与产品风险相匹配。建立分级保护制度

〔1〕 参见温树英：《国际金融监管改革中的消费者保护法律问题研究》，中国人民大学出版社 2019 年版，第 103～113 页。

的意义在于,这是对金融机构向消费者推介金融产品或服务行为的一种约束和管制,其建立在全面了解消费者的基础上,按照专业的评判标准对消费者进行客观、全面的评价,并作出基本的级别评定,再根据相关的级别评定向消费者提供相应级别的金融产品或者服务,发挥适当性义务的最大效益。

(二)英国:全流程介入产品监管领域

英国传统的金融市场规范性监管主要集中在金融商品的销售环节,将金融监管的策略集中于信息披露可能存在的问题,以期信息披露规则可以让消费者理性地选择金融产品。但实际上,金融消费者往往忽视了所披露的信息或者无法发现具有重要价值的信息,使得监管者制定的信息披露规则的效果大打折扣,长此以往,随着金融商品的流入,对金融消费者造成的损害依旧会持续增加,这对于监管机构来说具有高昂的事后处理成本。于是,英国金融服务管理局(Financial Service Authority,FSA)认为,必须提供新的监管方法来避免类似损害消费者实践的大规模发生,并扩大监管范围,即不仅将监管局限于金融商品于服务的销售环节,而是从产品生命周期的角度出发提前采取措施防止损害的出现,即早期介入产品监管领域。[1]

传统的FSA实施干预的环节集中在销售环节和售后环节。在销售环节中解决以下问题:没有基于符合公司和消费者利益的目标导致的不当销售和不当建议,即适当性义务的不充分履行。在售后的环节中解决以下问题:在变化的市场环境中对于产品的适当审查以及产品缺乏可持续性,即持续披露义务的不充分履行。在新政策下,FSA增加了产品开发环节以及行销策略环节,以解决在产品开发环节中可能存在的漠视产品将来的可能表现以及不公平的交易条款,还有在行销策略中要求金融机构根据消费者的行为特征开发产品。(见表2)

表2　金融产品生命周期演示及可能存在的问题

环节	新策略下增加的干预环节		传统的干预环节	
	产品开发	行销策略	销售环节	售后处理
可能存在的问题	1. 漠视产品将来的可能表现 2. 存在不公平的交易条款	忽视金融消费者的行为特征	没有基于符合公司和消费者利益的目标导致的不当销售和不当建议	1. 缺乏在变化的市场环境中对于产品的适当审查 2. 产品缺乏可持续性

〔1〕 参见刘媛:《金融消费者法律保护机制的比较研究》,法律出版社2012年版,第80~81页。

在新策略中,要求金融机构将适当性义务中的产品与客户风险相匹配的子义务直接融合进产品开发过程中,以配合在销售环节中可能产生适当性义务不充分履行的问题,追根溯源,从源头上对金融机构设定较高义务,尽可能减少金融产品可能存在的风险,将适当性义务和风险揭示义务融入金融产品的生命周期,对于保护金融消费者更为可行。

(三)日本:建立缔约过程中的阶段性义务

目前,日本对于金融商品交易行为的跨界规制,呈现2001年实施的《金融商品销售法》和2006年实施的《金融商品交易法》两法并存的状态。其中,《金融商品交易法》强化了在《金融商品销售法》中对金融消费者的保护,并统一了投资类消费者的保护规范。[1] 值得借鉴的是《金融商品交易法》第37条关于金融商品交易业者的缔约行为规则。第37条对缔约行为规则规定了四种类型:缔约前的书面交付义务、缔约时的书面交付义务、受领保证金相关书面交付义务、记载最佳执行方针书面之交付义务(也称最佳执行义务)。

《金融商品交易法》第37条将商品交易过程分成了两个阶段:缔约前和缔约后。缔约前的书面交付义务目的是让客户对金融商品的风险有正确的理解,是一种信息披露的义务。缔约时的书面交付义务是为了让缔约者正确理解契约内容。受领保证金相关书面交付义务是在金融交易过程中避免保证金受领纠纷而产生的义务。记载最佳执行方针书面之交付义务是指金融从业者应当根据行政命令所规定的内容,对于客户就有价证券买卖及衍生型金融商品交易的指令,订立以最佳交易条件执行的方针与具体方法。

虽然在《金融商品交易法》第36条单独规定了标示揭示义务,第40条单独规定了适合性义务,但在规定了缔约行为规则的第37条中明显地运用了风险揭示义务和适当性义务。第37条所体现的是风险披露和适当性原则分别履行的要求,与我国适当性义务有所区别的是,日本的《金融商品交易法》第37条将适当性义务的履行细化到合同履行的执行方法,并且要求每一阶段的义务履行都要以书面形式交付给消费者。但是日本也是将这两种义务分别规定,区分履行。

四、适当性义务与风险揭示义务的制度完善

厘清适当性义务与风险揭示义务的最终目的是法律的适用与制度的完善。其他

[1] 参见何颖:《浅析日本的金融消费者保护制度改革》,载《日本学刊》2011年第1期。

国家和地区的有益经验为我国制度构建提供了有效路径。结合我国金融业发展现状，短期内无法通过立法直接统一适当性义务和风险揭示义务的界定，最有效的路径应当是由点及面，在金融监管领域通过建立消费者分级保护制度，要求金融机构最大限度履行适当性义务；在司法裁判领域通过划分缔约过程的不同阶段，认定义务履行情形，最终推动金融消费者保护体系的完善。

（一）分类监管：建立消费者分级保护制度

适当性义务和风险揭示义务均有独立的适用价值和法律意义，消费者分级保护制度就是对适当性义务独立行使的典型。借鉴欧盟的分级保护制度，综合我国国情、金融立法现状，可以将消费者进行划分。区别于欧盟的“专业客户”“零售客户”，可以把我国的金融消费者划分成初级消费者、中级消费者、高级消费者。[1] 初级金融消费者为普通群众，金融知识最为薄弱；投资经验最小，投资金额有限，适合风险较低以保值为主的金融产品；中级金融消费者为掌握金融知识的群体，有一定的投资经验，能承受的风险等级较高；高级金融消费者为专业的金融投资者，有丰富的投资经验，风险等级高，可以承受较高风险等级的金融产品和金融服务。对于不同级别的金融消费者，金融机构也可以划分出对应级别的金融服务者，专门从事对应级别的金融服务，以更好地服务金融消费者。对于初级金融消费者，要予以更高级别的注意义务，提供最高程度的投资保护，而中级消费者和高级消费者依次降低。

同时，初级、中级、高级消费者之间也可以相互转换。如果初级消费者不愿意投资金融机构推介的可以保值的金融服务或金融产品，想投资中等级风险的产品，可以单独书面声明愿意放弃金融机构提供的最高投资保护权利。即使在现阶段，制定一部专门的金融消费者保护法的可能性较小，但仍然可以要求金融机构将分级保护制度作为保护消费者的手段，让适当性义务的独立价值得到充分体现。

（二）司法统一：明确缔约阶段性的裁判思路

如前所述，适当性义务与风险揭示义务本质上皆是诚实信用原则的体现，二者在制度设计目的上具有一定重合。但适当性义务是了解客户、了解产品、客户与风险相匹配义务的整合，其主要的功能在于了解投资者的风险认知、风险承受能力，在于帮助找到与投资者相契合的理财产品或投资活动。因此，在投资者作出缔约选择之前，金融机构充分履行适当性义务对于防范缔约后风险具有重大效用。而风险揭示义务的主要功能是对金融商品可能遭受的资本市场风险、经济政策的风险、交易信用的风

---

〔1〕 参见曹守晔、张钱：《金融消费者分级保护制度的法律规则构架》，载《社会科学辑刊》2014年第4期。

险的告知，并应以金融消费者易于获得的形式，提示其注意风险带来的损失有超出特定投资本金的可能性存在[1]。这就要求风险揭示义务应当是持续性的披露义务，贯穿在整个金融活动过程中，即推介阶段、销售缔约时与缔约后的履行阶段。

因此，法院在处理此类案件时可以着重考虑以下思路。首先，在推介阶段，金融机构面向不特定客户所投放的广告以及相关的产品资料信息中应当披露金融产品或者投资活动的重大信息，如风险等级、收益比率、杠杆情况等，不应当只披露收益而不揭示风险从而误导客户，应严格要求金融机构对适当性义务的履行负责，对自己的推介建议负责。[2] 其次，在合同缔约时，应当通过适当性义务了解客户的风险偏好和投资需求，选择与客户风险相匹配的产品。在此过程中应当注意实质履行。选择合适的产品后，金融机构要对所选产品进行充分的披露，注意消费者口中所述的“知道”是否为实质信息，同时，合同中的格式条款应当作为重点披露对象。最后，在合同缔约后的履行阶段，金融机构要对消费者进行持续性的信息披露，特别是对金融机构依赖程度高的消费者。在完成上述认定后，如果金融机构同时违反了风险揭示义务与适当性义务，应当分开评价，不应当对风险揭示义务的违反界定成对适当性义务的违反。

综上所述，在传统民商法的规则体系难以应对现代金融风险的大背景下，金融司法裁判可以及时凸显其功能优势。[3] 因此，将适当性义务和风险揭示义务分阶段履行，配套适用才能发挥两种制度的最大效益，节省义务履行的成本。故法院在进行司法裁判的过程中，应当着重区分争议行为发生的阶段，判断适当性义务和风险揭示义务在不同阶段的履行状况，作为判断双方责任的根据之一。

（三）立法建构：完善金融消费者保护体系

适当性义务作为金融消费领域保护金融消费者的重要制度，体现在数个金融行业，包括银行、证券、期货、信托等。虽然自21世纪以来，金融市场发展迅猛，混业经营趋势越发明显，甚至出现了许多跨行业、跨市场的金融机构、业务和产品，以及出现了金融机构之间的相互持股现象，但在基础上，我国金融领域仍然是以行业为划分基础的分业监管体制，现有的立法体系是基于分业经营发展目的下的产物，如我国有《证券法》《证券投资基金法》《商业银行法》《保险法》，甚至未来可能出现专门的期

---

[1] 参见郭丹：《金融服务者风险揭示义务的法律规制》，载《学术交流》2012年第1期。

[2] 参见李琦：《浅析金融机构适当性义务》，载《经济师》2021年第3期。

[3] 参见鲁篱：《论金融司法与金融监管协同治理机制》，载《中国法学》2021年第2期。

货立法。总体上,我国未来是否会有统一的金融立法还未可知,但可以肯定的是,金融业迅猛发展,金融消费者活跃在各个金融领域,金融机构与金融消费者之间的力量悬殊客观存在,保护金融消费者迫在眉睫。

目前,我国金融消费者维权的途径主要有四种:投诉、调解、仲裁、诉讼。投诉所牵涉的机构主要有产生具体纠纷的金融机构、政府相关部门或者消费者保护协会,调解包括人民调解、行业调解等,仲裁有仲裁机构,诉讼为人民法院。每种维权途径可能皆有成效,但其中向发生争议的金融机构投诉、向法院起诉,这两种途径较为关键。

解铃还须系铃人,金融机构是在整个金融交易过程中保护消费者最有力的机构,同时也是最容易侵犯消费者权利的机构。金融机构所依据的准则是各个行业的法律,证券领域为《证券法》,保险领域为《保险法》。同时考虑到混业经营趋势的存在,因此,各个行业可以分别统一明确适当性义务和风险揭示义务。例如,《证券法》第88条将适当性义务和风险揭示义务在同一条中规定,容易出现不同的人根据不同的解释方法产生不同的结论,较为合理的做法是通过法律修改予以修正。同理,为保证规范的统一性,《证券法》《保险法》《商业银行法》可以在相关义务的修改或者补充上相互参照。

同时,司法机关作为金融消费者维权的最后一道屏障,在分析案情、选择适用法律时更应谨慎。特别是实践中的金融纠纷大部分集中在对适当性义务认定的情况下,从民事诉讼的角度来说,适当性义务和风险揭示义务的规范体系虽然混乱,但在某种程度上却也给予法官一定的自由裁量空间,法官通过自由裁量正确理解两种义务的认定标准,有利于助推裁判的统一。如图1所示,法律建构并非一蹴而就,金融立法任重道远。只有先在实践中落实金融消费者的分级保护,在司法上统一阶段性裁判思路,边探索边建设,才能为金融立法提供更多可能性。

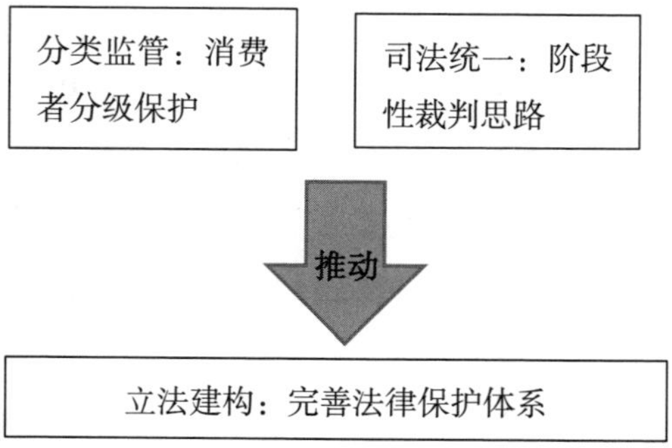

图1　制度完善逻辑

五、结语

金融机构的适当性义务一直以来都是金融领域的一个重要话题，但是在适当性义务和风险揭示义务的边界厘清方面以及两种义务如何适用才能发挥最大效益方面却甚少有人关注。当然，厘清义务边界的最终目的就是能够更好地适用，不同的国家或地区对此都有相应的制度，我们国家金融业起步较晚，仍然有许多需要学习和借鉴之处。但是，随着理论研究的不断深入和实践经验的不断累积，金融审判工作的积极稳妥开展，必将促进经济和金融良性循环、健康发展，推动金融法治事业的攀升。

北京金融法院数据协同探索与未来展望

——以区块链技术的应用为基础

段宜林[*]　李彦征[**]

摘要：系统性金融风险需要法治协同治理，北京作为国家金融管理中心的定位需要金融法治提供保障，区块链在金融法治建设中有着天然优势。因此可以运用区块链技术搭建数据治理与数据协同技术底座框架，在多种不同场景实现运用。通过机制建设与技术支持实现区块链技术在服务数据协同方面的应用。

关键词：金融法治协同治理；数据协同；区块链

一、数据协同必要性

（一）金融法治协同治理的必要性

1. 系统性金融风险需要法治协同治理

金融市场天然伴随风险，并有着隐蔽性和系统性特点。金融交易的本质乃是跨期限和跨地域的价值交换，[1]金融交易的复杂结构让市场参与者难辨底层资产的实情，导致了金融风险的隐蔽性。随着全球金融网络化程度的不断增强，金融系统内部各要素之间的链接持续加深，局部震荡可以迅速在整个市场传递和演化，如当市场行情下降引发的逐日盯市损失（market－to－market losses），循环直至市场好转或者公司倒闭，恐慌情绪亦会蔓延至其他行业，最终对市场稳定性产生影响。金融风险会导

* 段宜林，北京市金融法院综合办公室三级法官助理。

** 李彦征，北京金融法院综合办公室干部。

〔1〕 参见陈志武：《金融的逻辑 1》，西北大学出版社 2014 年版。

致结果偏离预期的可能性。[1]

金融立法的不完备，金融监管的相对劣势，金融交易的本质虽然是合同行为，但金融合同当事人的关联程度却远超其他商业模式，已超越传统私法的治理疆界。因此，需要建立金融法治协同治理机制，以防控系统性金融风险、保护金融投资者、提高市场效率等。

2. 北京作为国家金融管理中心的定位

设立北京金融法院，是以习近平同志为核心的党中央作出的重大决策部署。北京是国家金融管理中心，是金融监管部门、重要金融基础设施、主要金融机构总部的承载地，2020 年北京市金融机构资产总量超过 150 万亿元，占全国一半以上，金融业成为首都经济的第一大支柱产业。

北京金融法院兼具国家定位和地方功能，连接金融立法和行政监管，贯通宏观政策和个案规则，纵向承上启下，横向联动各方，在金融治理中发挥着天然的“枢纽”作用。北京金融法院需要以审判树规则，以规则促治理，与立法机构、大数据中心、金融监管机构、金融基础设施机构等相应部门对接，实现数据协同，以提升风险监测预警、辅助科学决策的能力水平，为推动金融法治保障和治理能力提升贡献司法力量。

（二）金融数据共享融合的必要性

1. 金融数据共享和融合是发挥协同治理的基础环节

网络空间发展不平衡、规则不健全、秩序不合理等问题日益凸显，给司法审判带来了新的难题，特别是数据信任没有完全打通，束缚了司法数据治理能力的蜕变。尤其是在金融领域，业务种类繁多且业务复杂，对社会民生和社会秩序影响巨大，各类纠纷和新型问题层出不穷。因此，数据的协同是及时掌握金融形势发展变化、推进金融审判与金融监管的衔接配合的基础，是推动形成统一完善的金融协同治理体系、建设金融案件大数据资源库的基础。

目前，北京金融法院在促进司法大数据与监管大数据融合方面进行了一些探索实践。例如，我院与北京市金融监管局对接，将“冒烟指数”（金融风险监测预警系统的金融风险监测数据）引入我院大数据中心，通过金融风险的量化与分级预警，在立案、审判、执行等各阶段对案件承办法官进行风险提示；与中证登公司协同，畅通证券纠纷投资人证券交易数据查询“绿色通道”，为证券纠纷代表人诉讼风险预估、适格投资者身份核验及损失赔偿数额计算提供数据支持。建立大数据分析小组，将从立法、

---

〔1〕 See Aswath Damodaran, *Corporate Finance: Theory and Practice*, John Wiley & Sons Inc., 2009, p. 151.

执法、司法、行业等维度开展金融司法大数据分析工作,为金融领域“两区”建设相关决策提供司法数据支持,发挥金融治理“数据大脑”作用。

2. 金融审判的实践需要金融数据共享融合

北京金融法院对金融案件实行集中管辖,为做好前端风险化解、高效高质量解决金融纠纷,需要金融数据的共享融合。例如,在证券虚假陈述案件、期货案件等涉金融案件中,证券交易所和登记结算机构的账户信息及交易数据将对案件审判提供便利;与中国证券投资者保护基金有限公司等实现损失计算协助通道将有助于案件事实认定;扩大北京市地方金融监管局“冒烟指数”模型分析数据的范围,将该系统与审判信息系统部分数据(案号、当事人信息、起诉状、裁判文书等)进行对接,能够实现“冒烟企业”企业名录、金融风险预警提示,对于防范系统性金融法院可以发挥重大作用;被执行人名下所有的银行账户流水、交易记录及资金往来等信息、个人征信信息、应收账款质押数据、动产质押数据、股票所属营业部的具体信息等,将对提高执行工作效率发挥重要作用。

(三)区块链在金融司法工作中的优势

2019 年的中央政法工作会议上,习近平总书记指出,“要加快推进立体化、信息化社会治安防控体系建设”“政法机关承担着大量公共服务职能,要努力提供普惠均等、便捷高效、智能精准的公共服务。”习近平总书记对于政法工作提出了新的更高的要求,这就要求政法工作各单位与各部门完善主体责任、加大创新力度、实现工作转型,而区块链这类新兴技术就为政法工作创新提供了新的更大的保障。

有学者提出,区块链技术概括来说就是跳出数据传统民法所有权边界,不纠结于数据的权属问题,通过专注于数据的共享、赋能,让数据充分流动起来以实现更大的利益分配。网通法链数据生态建立之后会进一步产生价值,通过共票机制使相关方得到价值分配。

大数据核心是大数据确权、定价、开放、共享、赋能,摆脱传统法院数据所有权边界的束缚,从更高维度上实现数据的共享赋能,不再纠结数据权属、边界,而是率先实现数据的共享、赋能产生的价值收益,区块链技术有望通过共票,使政府、银行、企业等都能分到价值产生的利益。区块链技术将在改善政府监管模式、解决基层社会治理困境上发挥重要作用,实现“信息多跑路、群众少跑腿”。

金融场景和金融市场存在严重的信息不对称情况,区块链技术的多中心化、不可篡改、全程留痕、方便追溯、集体维护、公开透明等特点在解决大数据发展产生的问题、金融场景和金融市场的问题时具有天然优势。区块链在金融司法领域的应用有很大空间,在司法行政改革中,可以成为突破现有瓶颈、实现司法数据治理能力蝶变的有力工具。

二、区块链技术应用路径探索

(一)框架搭建

可遵循“数据标准共制定、数据自治不集中、数据用前要授权、数据可用不可见、数据行为可追溯”等原则,构建一个基于区块链的数据存证与数据共享平台,作为数据治理和数据协同的技术底座。该平台由数据存证与共享服务中台、数据存证与共享前置机、诉源治理平台、区块链辅助判案系统、天平链等组成。

其中数据存证与共享服务中台包括证据规则管理、数据存证、数据目录管理、授权管理、数据安全共享、追溯审计等模块。主要实现金融等业务规则、证据规则的管理,实现可视化的配置各类金融业务的规则;实现关键数据的上链存证;实现各机构共享的数据目录、数据字典管理,可视化配置各类数据共享的数据字段、文件附件的格式;实现数据共享的权限设置和授权操作;实现基于数字信封的安全通讯,确保点对点传输的安全性;实现所有行为数据的追溯和审计。

数据存证与共享前置机实现数据协同的各机构进行对接,实现证据规则的同步、数据的上链存证、数据的授权和数据的共享等。(如图 1 所示)

诉源治理平台是面向协会、调解组织、律所等机构,按照证据规则、司法判例等进行金融案件的多元化解。主要功能有:生成存证报告、批量送达警示催告信息、批量发送区块链律师函、在线智慧调解等。

区块链辅助判案系统和法院的诉讼平台以及法官工作平台对接,实现证据验证和可视化展示;实现在审判、执行环节和外部机构的数据共享等。

(二)场景应用

1. 数据存证,风险预防

针对纠纷多发金融平台和业务类型,法院联合监管部门制定不同业务类型的证据规则,然后将电子证据规则配置并导入数据存证与共享服务中台,金融相关机构按照配置好的证据规则采集证据和证据上链,确保业务合规。

以金融借贷为例,证据规则主要包含业务主体和业务行为信息,业务主体包括借款双方的主体身份证明,业务行为信息包括申请行为、征信授权及查询行为、审批行为、合同签署行为、放款行为、还款行为、逾期行为和催缴行为等。(如图 2 所示)

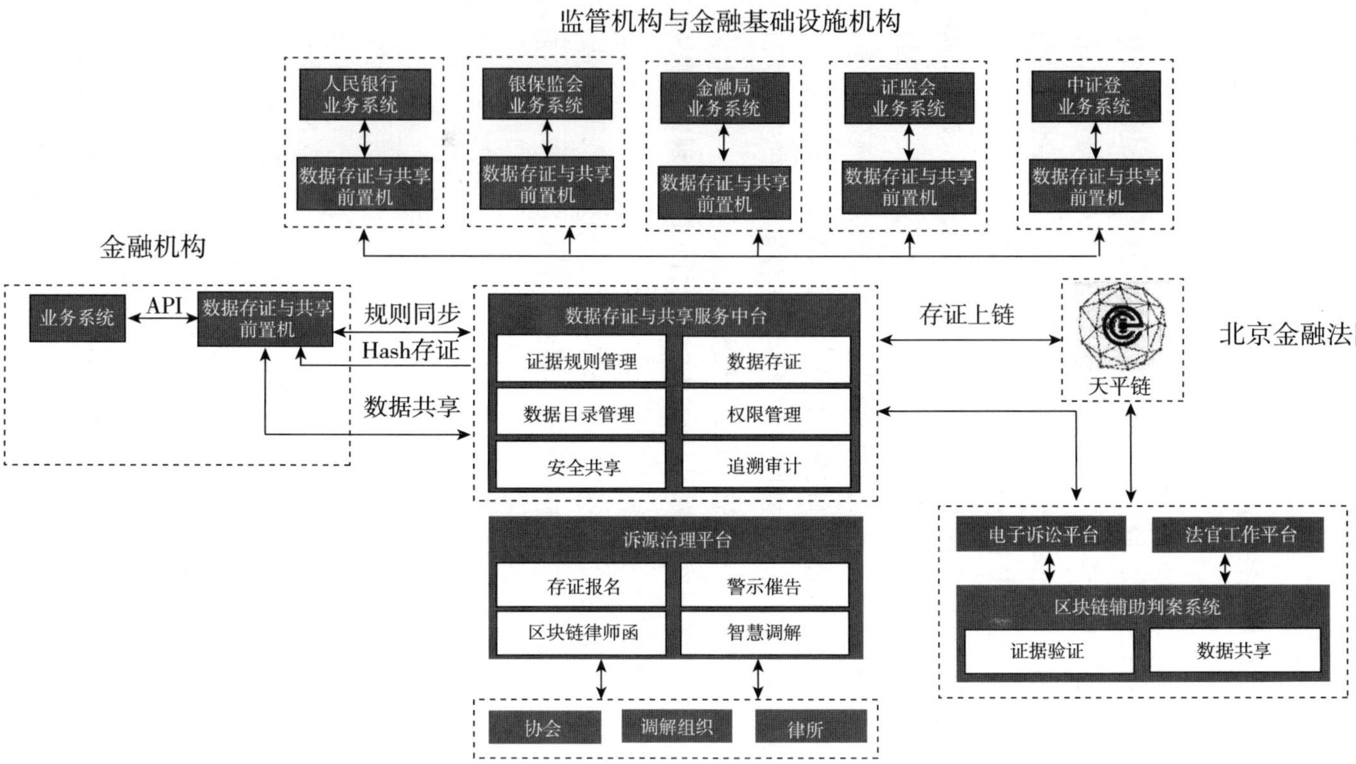

图 1　数据治理与数据协同技术底座框架

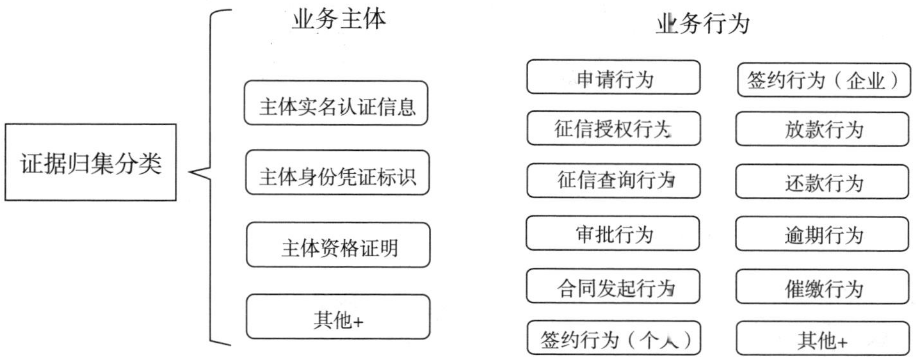

图 2　金融借贷证据规则定义

规则定义好后，金融机构则按照该规则实现关键信息数据上链。流程如图 3 所示。

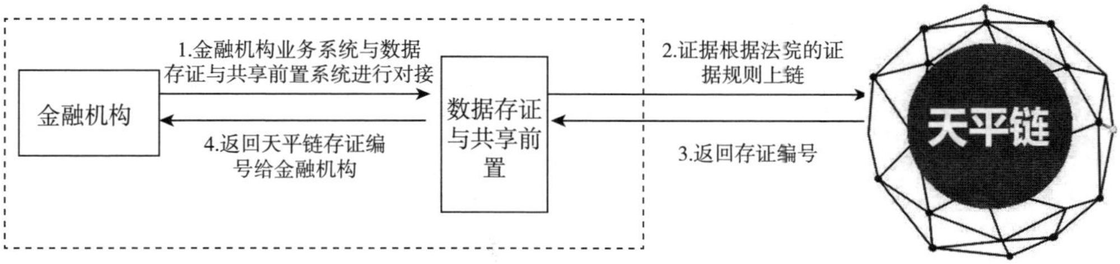

图 3　金融机构数据上链流程

2. 数据验证，快速研判

纠纷发生后，金融机构则可以把相关电子证据以及上链信息提交到电子诉讼平台。电子诉讼平台和法官工作平台对接区块链辅助判案系统实现证据的验证、证据的可视化展示。

法官在案件查看页面，可以查看案件基本信息和证据基本情况，通过点击文件名查看到具体内容，系统也会自动核验区块链存证验证情况。证据规则和电子数据都是事前定义和上链存证的，实现了证据在线勘验，可大幅提升研判效率。（如图 4、图 5 所示）

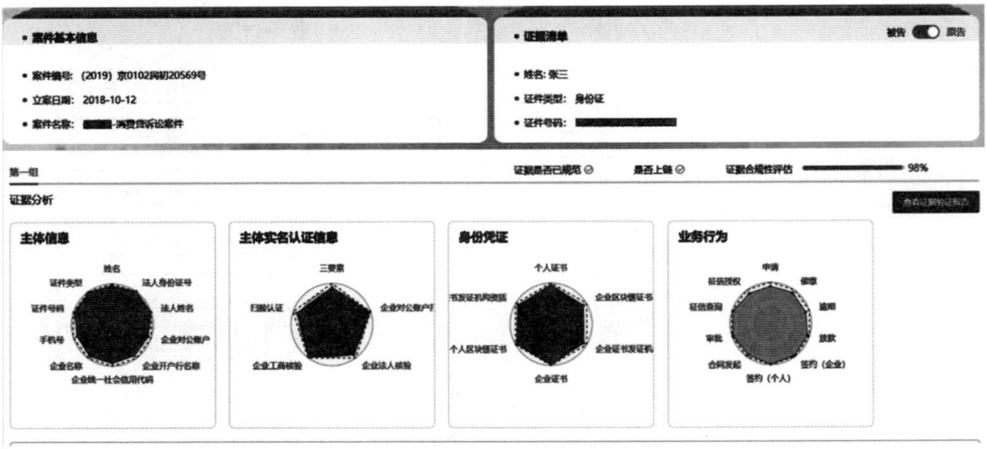

图 4　区块链证据可视化展示

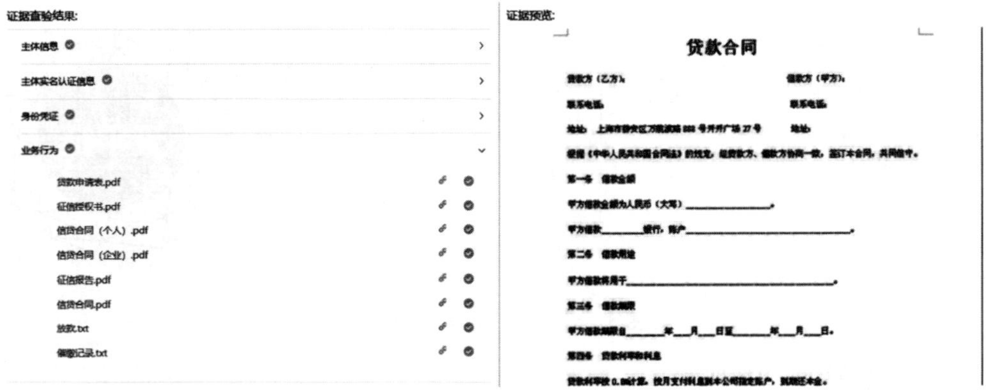

图 5　区块链证据可视化展示

同时也可以查看辅助判案系统整体上链和采信情况，如图 6 所示。

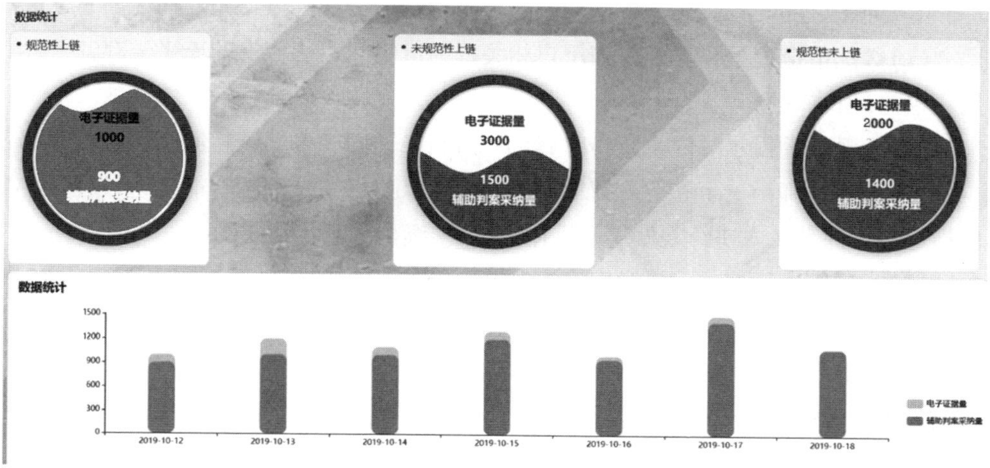

图 6　辅助判案系统整体上链和采信情况

3. 社会共治,诉源治理

诉源治理平台吸引协会、调解组织、律所等机构入驻,根据监管和司法判例大数据以及案件的可信电子数据,进行多元调解,降低立案量,把矛盾解决在前端。

核心利用区块链、大数据、云计算、智能合约、弹屏短信、失联修复等技术,推动金融交易行为规范开展、参与主体诚信履约、纠纷及时化解,形成“漏斗式”多层处置机制,尽量减少对法官资源的消耗。(如图 7 所示)

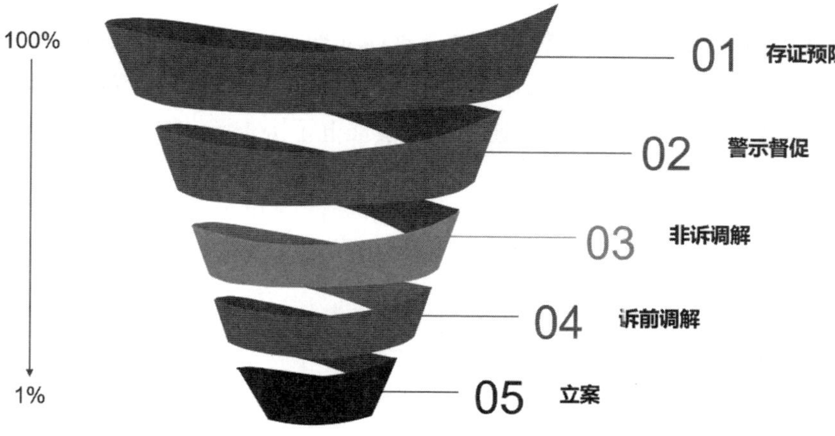

图 7　“漏斗式”诉源治理机制

主要手段有：

(1)数据上链提醒预防。告知用户相关行为已经在司法背书的天平链存证，保障用户权益，预防风险。

(2)发送违约提示。发生纠纷时，督促尽快履约，同时告知调解原则。

(3)发送律师函。事先定义智能合约，达到设定条件时，触发智能合约，以机构主体指定的律师名义向违约人发送电子律师函，继续提醒其尽快履约。

(4)发送审判示范。发送类案庭审观摩、示范性判决链接，让当事人对裁判结果有预期，促进其自觉履行合同义务，发挥示范案件对平行案件化解的引领作用。

(5)在线调解。引导纠纷当事人在线进行调解、协商。通过示范判例、大数据为当事人提供诉讼风险评估，即通过将相似纠纷案例与之比对，分析出以诉讼方式化解纠纷所需的时间成本、金钱成本或其他风险，以直观的数据、客观的分析，引导纠纷当事人回归理性。

4. 数据协同，线上流转

通过数据存证和共享服务中台，建立一体化协同系统，实现法院与外部机构业务交互全线上流转，促进关联业务高效协同。比如，北京金融法院、人民银行、银保监会、证监会等监管部门之间的相关函件、申请表单等通过该平台快速传递；对接各金融机构和金融基础设施平台，完善金融案件的执行一体化，实现通过网络对被执行人在各商业银行账户、保险金、基金、股票、信托及其他个人名下理财产品等进行查询、冻结、划拨等执行措施，做到对商业银行的全覆盖。

以协助查询通知书为例，法院将协助查询通知书电子化，通过区块链数据存证与共享服务中台将电子协查函发送给金融机构或监管机构，金融机构或监管机构通过区块链数据存证与共享服务中台快速获取并验证电子协查函，然后再根据协查内容发送给法院。具体流程如图 8 所示。

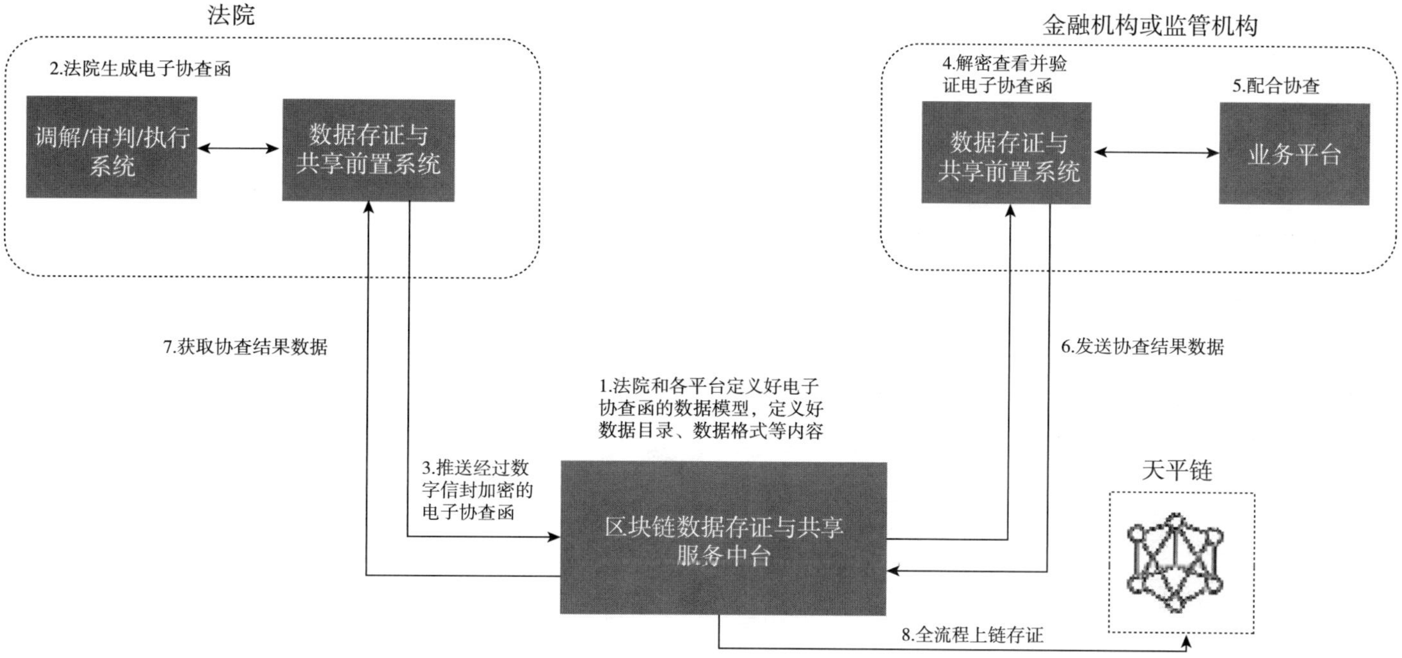

图8　区块链协查函流程示意

(1)法院和各平台定义好电子协查函的数据模型,定义好数据目录、数据格式等;

(2)法院生成电子协查函;

(3)通过数据存证与共享服务中台推送到指定机构数据交换前置;

(4)金融机构或监管机构查看电子协查函并验证真实性;

(5)配合协查,生成协查结果数据;

(6)金融机构或监管机构的前置通过中台系统发送协查结果到法院;

(7)法院解密数据并获取协查函结果;

(8)以上全部行为上链。

5. 数据画像,因人施策

大数据还可以用在当事人画像方面,对当事人进行精准画像,可因人施策处理纠纷。比如,金融借贷类案件,在法院诉前调解阶段,获取当事人在金融机构的共债信息、互联网平台上的消费信息等数据,可以对其履行能力有一个基础的判断,以便指导后续的调解和立案与执行。

各金融机构和互联网平台基于数据隐私保护考虑,难以直接将数据与法院共享交换,基于区块链数据存证与共享服务中台所具备的隐私计算技术能力,可以在不暴露各平台原始数据的情况下,实现多方数据的安全联合建模和安全联合计算,直接计算出当事人的消费总次数、总消费额,贷款总额,逾期总额等信息,法院则获取这些计算结果,以判断当事人履约能力。具体流程如图 9 所示。

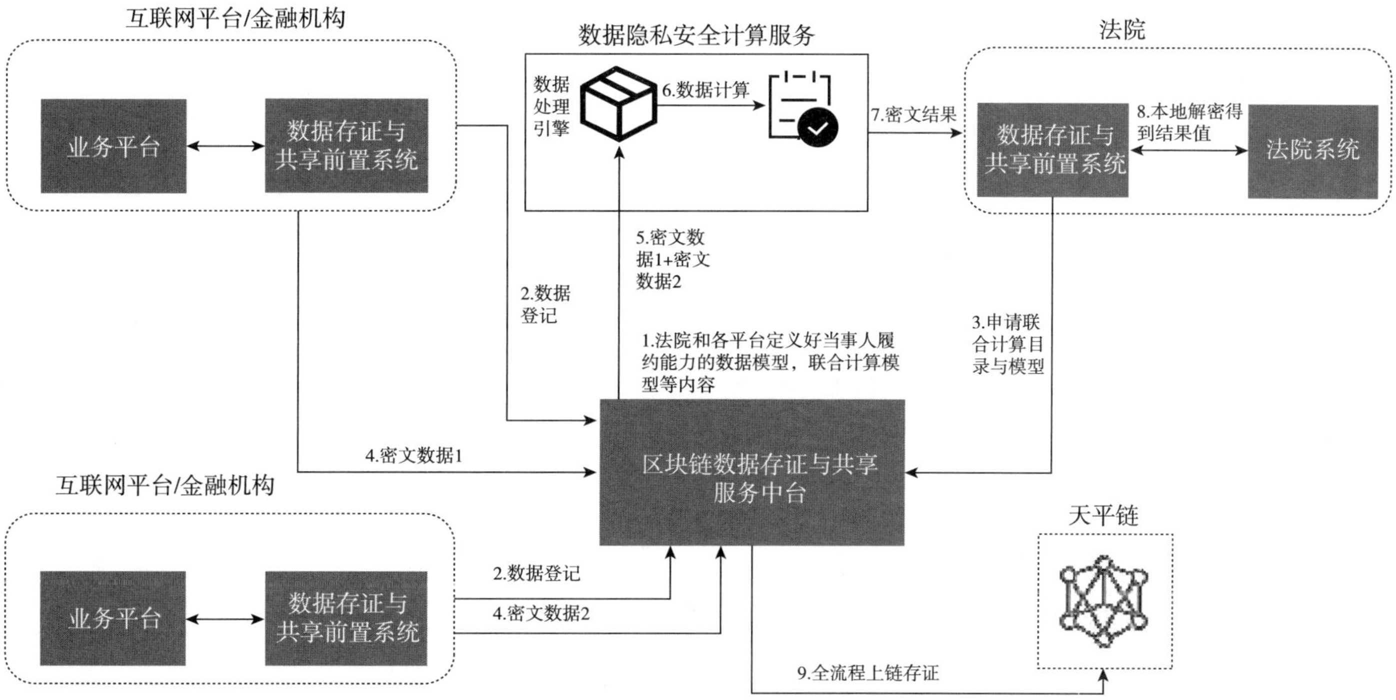

图9　多平台数据联合计算示意

(1)法院和各平台定义好当事人履约能力的数据模型以及联合计算模型等内容;

(2)各平台将产生的数据情况进行目录登记;

(3)数据需求方法院申请联合计算目录与联合计算模型;

(4)各平台提供加密后的密文数据;

(5)各个密文数据一起提交数据隐私安全计算服务;

(6)数据隐私安全计算服务进行数据计算;

(7)将计算后的密文结果发送法院端;

(8)法院端本地解密得到结果值;

(9)以上全部行为上链。

6. 数据分析,风险预警

平台汇集梳理金融改革信息、监管政策信息、行政处罚信息、被行政机关监管定位的案件及金融纠纷信息等,各单位可基于此平台的数据开展大数据分析研究。金融法院可通过此平台定期对金融纠纷信息进行数据分析和发布,对重点纠纷类型、纠纷主体、行为模式等进行风险提示,对非法集资、非法吸收公众存款、职业放贷、平台违规、证券虚假陈述等涉众金融纠纷信息(审判、仲裁、投诉、信访)进行集中信息登记、披露和风险预警。

法院和诉源治理平台未来可积累大量的处置纠纷类型、涉案金额、处置结果等纠纷数据,这些数据可与金融机构进行安全共享,以纳入金融风险评估模型,从而预防潜在纠纷,实现更深层次的诉源治理。

三、落地路径探索

区块链在金融法院的探索应用不仅需要技术支持,还需要多方的协同合作,在政策层面提供保障。

(一)技术落地方面

首先应当建立组织保障和沟通协调机制。数据的存证和共享涉及各部门的数据管理、数据安全保护等各方面的顾虑和实际困难,为了实现数据畅通,务必建立强有力的组织保障和沟通协调机制,各机构需安排由领导、业务专家、技术专家组建的项目组,确保计划执行到位。且数据的协作涉及多方机构,业务系统复杂,对数据的存证、数据的共享应建立统一的技术平台。

以中立、开放、安全、可控为建设理念,坚持问题导向,以求真务实的态度推进落实工作。选择技术支撑时强调底层技术的最大化的国产性应用,以防止源头性信息泄露,保护数据安全。围绕金融市场痛点难点问题,协同多部门进行数据全流程记录、全链路可信、全节点见证,充分发挥区块链技术不易篡改、追溯防伪的优势,畅通信息获得渠道,降低金融纠纷处理成本,预防系统性金融风险。用制度规范和标准化建设,加强数据上链前的标准化、合规性水平,缩小技术支撑和司法判断的差距,以期最大化贴近客观真实。

准确有效地接入数据,保证联盟链的高质高效运行。根据职责找管理节点,按案件类型找"朋友圈"的联盟接入方法,避免无用数据接入导致的数据冗余。坚持分层分级的顶层设计,根据联盟治理结构,采用强中心、多点维护的原则。例如,北京互联网法院的"天平链",分为许可节点、一级节点、二级节点、应用单位等四个层级。一级节点是司法机构和行业组织,参与"天平链"共识、数据校验与记录。二级节点不参与"天平链"共识,仅做数据校验与记录。其他接入的公司则只对接存证服务,不具备"天平链"的治理权。以此做到可管可控,预留进一步整体提升的空间。

(二)机制保障方面

数据的协同融合,需要以法治协同平台为依托,建立司法机关、金融机构、金融监管机构、金融基础设施机构等的常态化沟通协调机制。

一是建立常态化联席会议机制,推动金融数据共享和融合,共建金融治理、数据协同的机制、规范、平台。通过建立常态化沟通和会商机制,及时掌握金融领域"两区"任务落实、重点项目推进及金融政策体系完善进度,定期通报涉"两区"建设的金融案件情况。对于法律法规未规定或规定不明事项、"两区"建设中的重要金融制度和政策创新,建立听取金融监管机构意见机制。加强金融案件大数据资源库建设,北京金融法院将推动建立全国金融司法大数据研究中心,全面深入推进金融审判大数据的汇集和应用,成立数据分析小组,从立法、执法、司法、行业等维度开展金融司法大数据分析工作,为金融领域"两区"建设相关决策提供司法数据支持。

二是构建金融风险联防联控机制。进一步完善以案件甄别、防控、化解、处置等为重点的重大敏感案件风险防控和处置机制,切实守住风险防控底线。建设金融法治协同创新中心,充分发挥中心的平台作用,加强与行政机关、监管部门协同配合,完善司法协作机制和联防联控机制,对北京"两区"建设中纠纷多发类型、易发特征、风险环节等及时分析研判,实行实时监测、动态跟踪和及时预警,就纠纷动向和风险防范向相关部门单位提出司法建议,协同防范化解重大风险,为维护国家金融安全提供司法保障和法律服务。在防范金融风险、降低金融纠纷方面,司法机关要勇担防控之责,破解金融监管存在的局限性的困局,做好解决纠纷的同时提供规则供给。

三是通过走访联络,推进法治协同平台建设。与金融机构、金融基础设施机构等开展座谈交流,加强中小投资者、金融消费者和金融机构合法权益保护等方面的协作。与金融行业协会组织签订框架合作协议,通过诉前调解、委托调解等形式,协同开展金融纠纷多元化解。由党组成员带队,走访“一行两会”等金融管理机构、“四大国有银行”总行等金融机构、中证登等金融基础设施机构、部分在京金融行业协会以及知名高等院校,就平台搭建畅通沟通渠道。

金融司法视野下风险防范的寻租理论分析

——以永煤债券违约为例

任国征*

摘要：要推进金融领域信用建设，必须研究金融活动中的寻租现象和理论，而债券违约中的寻租理论就是其重要内容。建立和完善金融信用体系和制度，有利于建立现代银行制度，推动金融信用建设规范化和国际化；有利于规范包括债券在内的金融秩序，发挥金融服务实体的作用和活力，激发金融失信主体守信意愿，保障金融失信主体的合法权利。金融体系的根基是信用，永煤债券违约会造成信用踩踏，削弱市场融资功能，引发金融机构去杠杆，进而造成系统性风险抬升。

关键词：信用体系；金融监管；寻租理论

2020年11月10日，AAA评级的“永煤集团”发布公告称2020年第三期超短期融资券“20永煤SCP003”到期不能足额偿付本息，已构成实质性违约。AAA级别信用债违约，打碎了市场的国企信仰，直接影响了市场对高评级债券、国企债券的信用。此时又正值最高人民法院就债券违约行为制定了《全国法院审理债券纠纷案件座谈会纪要》，这使得金融领域信用建设成为重要的学术焦点和现实话题。要推进金融领域信用建设，必须研究金融活动中的寻租现象和理论，而债券违约中的寻租理论就是其重要内容。在信用监管和信任理论中，失信代价低、惩罚轻、传播少是失信问题高发、频发、复发的重要原因。加大失信惩戒力度，有助于减少信用风险，保护市场主体权益。与失信惩戒同样重要的是信用修复制度。信用修复不是简单的“洗白记录”和“退出惩戒”，而是有前提、有程序、有限度的失信整改过程。建立和完善信用修复制

---

* 任国征，中央财经大学绿色金融国际研究院研究员，健康金融实验室主任。

度，有利于深化放管服服务，推动信用建设规范化、系统化，有利于规范市场经济的秩序，释放市场主体的活力，有利于激发失信主体守信意愿，保障失信主体的合法权利，对进一步提升政府公信力，弘扬诚信的文化，培育诚信的环境，都有重要的意义。

一、债券违约中的寻租文献综述

正是由于物品的稀缺性导致的“价值剩余”吸引人们通过各种方式获取“租”，而“寻租”作为一个专门性术语，更侧重于租金的人为创造，或可称为经济租。寻租本身为一个经济学术语，它依附于对“租”的界定。何谓“租”（rent）？租又称为“租金”，一般指超过资源所有者的机会成本的报酬。学界对于寻租问题的研究探索可谓长盛不衰，见仁见智。

（一）租金构成层次说

吴德荣认为，租金一般源于两种情况：价格制度中自然产生，也称作寻利（profit - seeking）；人为创造出来，即寻租（rent - seeking）。吴德荣认为租金包括四类：垄断租、剩余租（剩余租是由市场出清价格和被政府设定的更低的价格之间的价差创造的）、折扣租（它是通过政府直接的价格干预抬高特殊商品的批发价而产生的）、直接补贴。[1] 巴里·贝尔辛格、小罗伯特·B.埃克隆德、罗伯特·D.托里森则把寻租活动界定为：“全然不顾社会资源巨大浪费、特权阶层日益腐化、消费者利益日益受损、经济运行日趋失常等恶性后果，而刻意追求一种掠夺性的、非生产性科润，即追求授予或接受某种特殊优惠的垄断权。”[2]无论是价格制度还是人为创造，不论是地租、准地租还是经济租，租金之所以会出现，一个根本性的问题在于“供给缺乏弹性”，因此，价格制度自然产生的租金实质上源于物品的天然稀缺性，而人为创造出来的租金则是人为制造出来的稀缺性。

（二）寻租人为活动说

寻租活动中的“人为性”涉及两种类型：其一，非权力性行为，比如企业通过创新、垄断等获取的额外租。其二，权力性行为，主要指政府行为，比如政府通过政策、规约等获取的租。对于转型中的中国经济来说，企业在选择获取“经济租”的三种方式（创新、冒风险、垄断）中，“创新”和“冒风险”都不是最优选择，“垄断”成为最为合理

[1] 参见吴德荣：《市场改革中的寻租行为与经济治理》，载《公共行政评论》2010年第5期。

[2] 巴里·贝尔辛格、小罗伯特·B.埃克隆德、罗伯特·D.托里森、毕焦：《从专制到民主——寻租社会由兴至衰的历史轨迹》，载《经济社会体制比较》1989年第3期。

的选择，其根源就在于中国的“转型”大背景。据刘锦、王学军的实证研究发现：“外部寻租已成为转型经济体中企业的一种战略选择”，企业用“寻租战略”代替“创新战略”，“寻租战略”短期内刺激了企业的创新投入，但这并不代表寻租的积极意义，而是反映了我国市场制度不完善导致的“寻租悖论”。[1] 王妍、李世朗分析了中华人民共和国成立以来我国不同时期的寻租状况，他们将其分为四个阶段：集权计划时期—租金潜伏时期、转型时期—自动启发时期、市场经济建立初期—自觉推动时期、加速转型时期—全面加速时期。[2] 转型经济体中的寻租活动源于两个方面的原因：其一，普遍性原因，也即个人和以政府为代表的权力本身具有寻租冲动。人是理性的经济行为者是经济学的一个基本假设，尽管在人际行为存在利他和互利，但人的自利行为则是毋庸置疑的。权力本身是一个工具，权力的背后是利益，而经济权力则具有改变商品的稀缺状态的能力，用人为的稀缺性替代自然的稀缺性。[3] 而作为权力的执行者的“人”——政治家，并非完全的利他主义者，麦克切斯内认为政治家既是面对私人竞争性的需求进行财富再分配的经济人，又有自己的需求，政府在经济活动中既具有创租行为（rent creation），又具有抽租行为（rent extraction）。[4] 其二，特殊性原因，也即“转型”背景下的制度不完善、体制漏洞、双轨制等导致的“漏洞”存在，使得寻租活动发生。

（三）寻租制度缺陷说

王妍、李世朗认为，我国转型时期寻租发生的根源性因素是“制度缺陷”，制度在规定经济主体、制定经济规则等方面的不足导致寻租普遍发生。[5] 另一个值得注意的现象是在转型经济背景下，“寻租”往往是政府调控经济的有效手段，呈现一定的积极效用，寻租理论的发展使其最终超越经济领域而进入政治、社会等领域，成为解读“腐败”的一个重要视角。早期寻租理论的一个重要支撑点是探讨政府或公权力对经

[1] 参见刘锦、王学军：《寻租、腐败与企业研发投入——来自30省12367家企业的证据》，载《科学学研究》2014年第10期。

[2] 参见王妍、李世朗：《中国经济领域制度性寻租行为剖析》，载《哈尔滨工业大学学报（社会科学版）》2005年第5期。

[3] 参见张屹山、金成晓：《真实的经济过程：利益竞争与权力博弈——经济学研究的权力范式》，载《社会科学战线》2004年第4期。

[4] 参见麦克切斯尼：《经济管制理论中的抽租与创租》，载《法律研究杂志》1987年第1期。

[5] 参见王妍、李世朗：《中国经济领域制度性寻租行为剖析》，载《哈尔滨工业大学学报（社会科学版）》2005年第5期。

济领域的干预,而随着经济理论的发展,寻租除了导致消极性后果以外,寻租在某些状况下也会催生出积极性后果,而其背后是对“政治与经济”或“权力与权利”关系认识更加深入的结果。对于中国来说,转型的历史大背景决定了政府在经济、社会、政治等领域中的积极主动角色,但政府在运行过程中的寻租腐败现象则又不得不引起我们的警惕,因此,如何建构出契合当下中国实际的寻租模型是一件迫切的工作。

二、河南永煤债券违约的案情梳理

2020 年 11 月 10 日,永城煤电控股集团发布债券市场的违约事件公告,继违约发生后,11 月 11 日至 12 日,多只地方国企境内债券暴跌,市场几乎遍地卖盘,难见买盘,投资者询价已经不谈收益率,直接净价打折抛售,引起各界广泛关注。煤炭业务是公司的核心领域,且公司是国内领先的精品无烟煤生产龙头企业,也是全国主要无烟煤基地之一。截至 2019 年,公司短期及长期有息负债分别为 460 亿元、300 亿元,负债占比分别为 36.5%、23.8%,合计有息债务占比达到 60.3%。整体上看公司有息负债中短期有息占比提升明显,长期有息占比波动下降,公司负债偏短期化趋势明显。

永煤 244 亿元债券直接违约则点燃了整个市场对信用环境极度悲观的情绪。永煤违约会造成信用踩踏,削弱市场融资功能,引发金融机构去杠杆,进而造成系统性风险抬升。长远来看,投资者担心的是地方政府恶意逃废债的地方保护行为,无视市场规则、无视投资者,将会对中国金融体系带来信用危机,对债券和股票市场都会带来剧烈冲击,造成对中国金融法治的担忧和金融体系的倒退。因此,我们需要思考如何从监管层面稳定市场情绪,维护投资者的合法权益,打消投资人对于信用债市场无序违约的担忧?

(一)引发国企债券信用危机

信用是金融的本质,信用的有效流转是金融市场的最基本功能,应受到法律保护。而永煤事件中,地方政府手握有价值资产而直接选择不偿还债务。整个事件动摇了金融机构一直以来对信用风险及信用定价的最基本逻辑,即债权的价值是基于资产的价值和债权优先于股权受偿这两个逻辑,信用变得无法分析,没有秩序。永煤事件后,金融机构不知道持有的其他企业的债券,会不会在有核心资产、经营正常的同时,突然全额违约。如前述市场情况,当信用的根本逻辑被改变时,整个市场陷入风险偏好的齐步走降低,资产陷入无序抛售,市场融资功能受到直接冲击,系统性风险随之大幅上升。当今社会,信用的重要性越发显著,那么我们应如何完善信用监管制度,如何在法律和制度层面设计信用修复机制呢?

(二)冲击市场再融资业务

永煤债券违约事件之后,一级市场遭冷遇,一些煤炭集团更是取消债券发行,利率债券市场同样受到波及,部分公募债基净值大幅下滑,流动性分层加剧,从而引发债券市场"连跌"。2020 年 11 月 11 日至 12 日,2 天内,10 只以上债券取消发行,山东的山煤集团原本已经募满的短融(20 山煤 CP005)遭到市场机构撤量,最终取消发行。山西的阳煤集团超短融募集量不够取消发行,晋能中票(20 晋能 MTN019)没募满取消发行,20 阳泰实业 CP001,20 泉州城建 CP001 等募集都多次延期,较难发行。永煤事件已经影响不只是其所在省份,还包括其他省份地方国企,其他省份城投企业,资质较好的产业主体,该违约事件几乎打击了所有类型发行人的再融资能力。

(三)导致国企境外美元债暴跌

永煤债券违约导致二级市场煤炭、钢铁等周期类行业信用债遭遇市场抛售,部分煤炭企业信用债大幅回调,更导致我国国企境外美元暴跌。比如,云南城投债持续暴跌,据彭博汇总价格显示,截至 11 月 13 日开盘,公司 2022 年到期的债券买价已由 11 月 9 日的 78 跌至 44,周三单日跌幅达到 -13%,整体跌幅 50%。受避险情绪牵连,重庆能投美元债由 11 月 9 日的 95% 跌至 91.4%,达 5 月以来最低点。云投集团 2022 年到期债券从 101 的周初高位跌至 94。云南能投存续的多只境外债券也遭到不同程度的抛售,其中,2021 年到期债券跌幅最大,由 11 月 9 日 103 至 11 月 13 日的 98;2022 年债券由 100 下挫至 90 附近。其他国企美元债都有 1% ~3% 的不同程度的下跌。如何加强中外信用体系的兼容与合作,避免信用风险、让中国企业的信用被世界认可?这都值得我们思考。

三、金融信用体系中的制度与寻租

通过以上永煤债券违约事件分析,可以发现在政府(上下级)、企业、债券之间存在一个复杂的设租、寻租网络,而贯穿其中的则是"金钱"或"利益",当权力演化为可以买卖的商品,权力也就发生了异化,形成寻租,进而危害了金融信用体系的正常运转。当看似公平的金融市场秩序却以权钱交易的方式来暗中进行时,金融市场也就是一种徒有其表的"伪市场"[1],更严重的情况则是政府被利益集团所绑架,成为利

〔1〕 牧野风:《伪市场,权力寻租者的天然良港》,载《廉政瞭望》2007 年第 8 期。

益集团的工具,也即"政府俘获"[1],"政府俘获"的直接后果是政府腐败,即以公共利益的受损为代价获取高额的个人利益回报。

(一)债券违约的机理分析

债券作为一种金融手段具有被设租的潜在条件,而设租发生的背后性因素则是权力介入了债券领域,权力同样具有稀缺性,当权力操纵了债券的审批、开采、流通、交易等环节后,寻租也就发生了。但在寻租、权力背后,又可以发现政商之间、政政之间存在独特的信用认知,这种信用认知观与权力利益观、寻租纠缠在一起,使得政商官场之间形成一个共进退、共担风险、共享利益的命运共同体,从而为塌方式腐败的发生打下了基础。由此,政治、企业、债券三者之间便形成了图1这样的一种扭结关系:

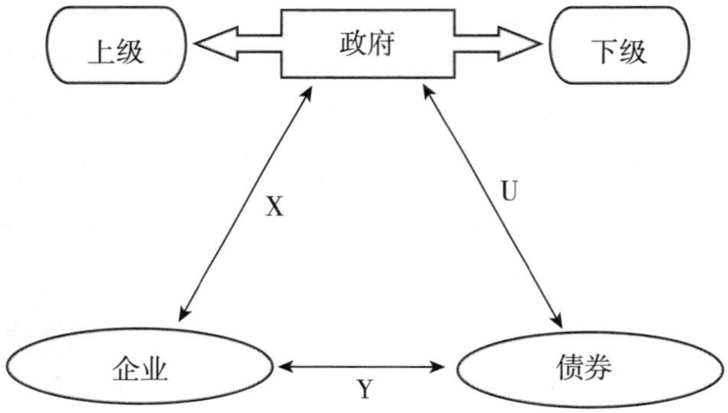

图1 债券违约的机理分析示意

1. 政府与债券(U):债券在国家经济社会发展过程中事关国计民生,政府因此从各个环节对其进行调控,[2]由此,权力介入债券经济领域的主要目的是一种政府无意创租行为,是为了解决市场失灵问题而产生的租金,但在实际的操作过程中,以公共利益为目的的权力被异化为谋取个人私利的手段。在以GDP为官员考评指标的背景下,地方政府必然具有GDP增长冲动,这也是政府官员政绩的重要来源。

2. 政府与企业(X):20世纪70年代末开启的改革开放过程使传统的高度集中的计划经济体制逐渐解体,但我国采取的是一条渐进式的改革道路,这使得在我国经济

---

〔1〕 卢正刚:《"政府俘获":权力寻租的高级形态》,载《南风窗》2010年第9期。

〔2〕 参见宋馥李、赵冰洁:《山西"打虎":十年政商纠葛史》,载经济观察网,http://m.eeo.com.cn/2014/0830/265696.shtml。

长期呈现双轨制特征,20世纪90年代以来,我国提出建设社会主义市场经济,但在市场经济建设的过程中,政府并没有逐渐从市场领域退出,政府依然对经济发挥着重要的影响力,黄少安将其称为转轨失衡〔1〕,这有两个方面的原因:其一,如前所论政府的无意创租,也即克服市场失灵需要政府对经济施加宏观调控;其二,对于后发国家来说,现代制度的建构动力来自政府推动,〔2〕因此对于中国来说,政府依然扮演着经济发动机的角色。对于企业来说,现代经济制度的不完善,尤其是现代产权制度的不完备使得企业的独立性无法得到有效保护,为了防止"敲竹杠"和获取"垄断利润"〔3〕,企业有动力向政府"进贡",从而获取政府的帮助,最终二者成为一个利益共同体。

3. 企业与债券(Y):债券对于企业来说只具有原材料的价值,企业完全可以通过技术创新、冒险等活动从投资中获取高额利润,但当债券的天然稀缺性与权力介入后的人为稀缺性叠加后,债券的"租金"便会远远高于成本,在这种背景下,债券的价格已经偏离了其价值,而开始具有了投机的性质。

4. 政府与市场(总结):权力大小使其自然分成了下级与上级,从官僚系统来说,上下级之间是一种权力责任大小的差异,而当权力进入市场从而具有了寻租的价值之后,上下级之间的政治关系便演变成一种利益互换关系,也即上级通过有限的上升通道进行"寻租",而随着权力的增大在市场寻租活动的收益也会成倍地增加,下级也就具有动力去进行寻租,而不再依靠合法途径去谋取较高的职位,下级为了获取向上级支付租金的能力,便会不断向企业进行主动设租和抽租,由此在政府的上级、下级,以及企业、债券之间形成一个复杂的利益链接网。

(二)金融信用体系的构建

斯托姆卡指出,"民主秩序是孕育信用的重要力量。假如其他因素相同,那么,信用文化最有可能在民主制下萌发。这是一种充满悖论的机理,即信用文化的出现恰恰得益于民主建构中的制度化的不信用。制度化的不信用程度越高,自发信用的水平就越高。我将这称为民主制的悖论"〔4〕。在肯定信用与制度关系复杂性的同时,

〔1〕 参见黄少安、赵建:《转轨失衡与经济的短期和长期增长:一个寻租模型》,载《经济研究》2009年第12期。

〔2〕 参见[美]塞缪尔·P. 亨廷顿:《变化社会中的政治秩序》,王冠华等译,生活·读书·新知三联书店1989年版,第323页。

〔3〕 吴敬琏:《警惕权力寻租阻碍改革!》,载《现代营销(营销学苑)》2008年第11期。

〔4〕 皮奥特·斯托姆卡:《信任、不信任与民主制的悖论》,闫健译,载《经济社会体制比较》2007年第5期。

还必须关注到制度的一个特征:制度的不完全性。经过以上对信用、制度、寻租的逻辑推衍之后,我们可以简略地勾画出三者的关系图。(见图2)

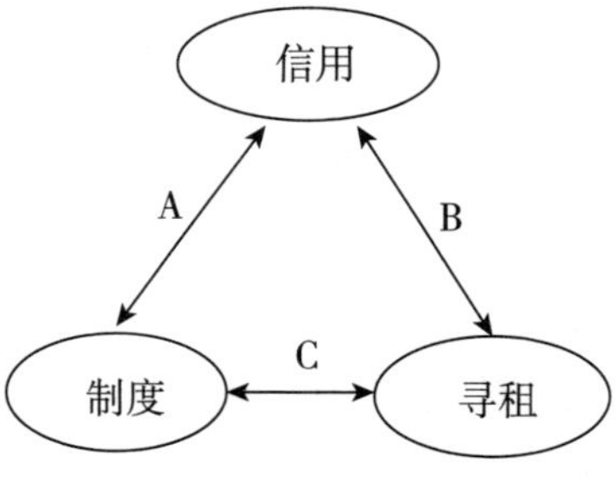

图2 信用、制度、寻租关系

由此可见信用、制度、寻租三者之间形成了三对关系,这三对关系中信用与制度的关系以A代表,信用与寻租的关系以B代表,制度与寻租的关系以C代表,下面本文将提出三者关系的假设:

1. 信用与制度(A):

(A1)信用是制度构建的先在社会条件,信用度影响制度实施的效能。

(A2)制度差异决定一个社会的信用类型、信用水平。

2. 信用与寻租(B):

(B1)不同的信用对寻租起着不同作用。信用与寻租的关系是复杂的。

(B2)寻租抑制了普遍信用,助长了特殊信用。

3. 制度与寻租(C):

(C1)制度可能助长寻租,也会抑制寻租。

(C2)寻租可能是制度的产物,也会成为制度合法性基础。

总之,对于不同的社会来说,信用、制度、寻租三者的排列组合会呈现不同的面貌,如对于自由主义学派来说,他们对于三者关系的选择会是:民主制度是社会信用的基石,国家应不干预经济,由此也就抑制了社会寻租(主要是权力寻租)的发生。基于以上简单架构的设计,本文将以此分析中国经济转型中的信用、制度、寻租关系。

四、总结与讨论

现代市场经济一般被视为信用经济,信用在现代市场经济中的基础性作用也是学界的基本共识。寻租往往被归结于政府权力干预经济,是一种人为操控经济导致的非生产性经济行为。那么,信用与寻租之间有一定的关联吗?本文认为信用具有不完全特性,这种不完全性并不反映现代信用的缺陷,而是反映了信用在现实世界中的一种正常状态。信用的不完全性及信用在规范社会秩序中的软约束、短期性等特征使其无法有效规范很多破坏社会秩序的行为,由此提出了制度建构的必要性。制度作为规范个人行为的框架、规则具有强制性、长期性等特征,此外,制度也形塑社会信用形态,而信用也是制度维持的背景基础。但制度作为一种理论建构产物,它也不是完美无缺的,制度也体现出不完全性,制度的不完全性的现实表现是权力的缺位、越位、失位等。制度的管控漏洞使得在社会中滋生出寻租现象,寻租尤其是权力寻租一方面反映了权力的商品化,权力的异化;另一方面也是权力调控社会秩序的有效手段。在信用与寻租二者之间,特殊信用、人格化的信用不但无法削减寻租,反而会助长寻租,并使寻租者构建起一个利益共同体,普遍化的信用、制度化的信用则能够有效削减寻租。但反过来说,寻租的发生有时正是扮演了一个构建信用的过程,因此,寻租也是预防不确定性的一种方式,它体现的是一种独特的信用建构过程,但从另一个角度来看,寻租最终建构起来的终将是利益化的、短期化的信用模式,它无法生发出能够为全民信奉、具有长远效能的信用模式。当前的很多寻租对策,在摆脱古典经济学“完全理性人”缺陷假设的同时,是否已经陷入“完美制度论”的假设?当前我国的融资仍以间接融资为主,而在以国内大循环为主体、国内国际双循环相互促进的新发展格局下,加大直接融资比重,改革优化政策性金融,从而发挥资本市场对于推动科技、资本和实体经济高水平循环的枢纽作用,对权益市场和债券市场的呵护至关重要。

如何从监管层面稳定市场情绪,维护投资者的合法权益,打消投资人对于信用债券市场无序违约的担忧?如何保障债券市场平稳运行,有效降低企业的融资成本和融资难度?此外,制度已经成为现代政治的基础,制度化的结果是制度与道德的分离,但脱离价值支撑的制度很容易落入技术工具主义的官僚化体制困局,而且无法证成自身的正当合法性。总之,建立和完善金融信用体系和制度,有利于建立现代银行制度,推动金融信用建设规范化和国际化;有利于规范包括债券在内的金融秩序,发挥金融服务实体的作用和活力,激发金融失信主体守信意愿,保障金融失信主体的合法权利。

司法区块链赋能小额信贷不良资产处置路径探索

陈公照[*]　黄衍青[**]

摘要：个人信贷业务单笔授信金额小、笔数多、客户数量庞大、客户来源地分散，且在实践中，银行催债委托繁、取证难、成本高，法院批量立案难、公告送达难、司法协作难、有效执行率低。在金融纠纷场景中，区块链对可作为证据的交易数据进行事前可信存证，能够从技术上保障证据的真实性，为后续诉讼中的快审速执提供关键支撑。创建小额信贷不良资产司法链平台，借助区块链技术，利用并连接泉州中院原有的金融案件一体化办案平台和金融机构业务平台，为金融机构不良资产处置提供线上材料收转、线上立案、案件进度查询等功能。

关键词：司法区块链；小额信贷；不良资产；金融

引　言

近年来，金融债权的处置和保护问题成为社会各方关注的热点。在金融执行案件的诸多案由中，金融借款合同纠纷案件数量始终居高不下。针对小额金融借贷单笔授信金额小、笔数多、客户数量庞大、客户区域分散的特点，整合优化法院、金融机构、第三方存证平台等各方力量，引进司法区块链技术，集中高效处置小额信贷案件，成为各方共识。[1] 但在实践中运作，仍是一个未知领域。本文将通过对小额信贷案件面临的现状分析，探寻区块链技术连同司法端与金融端的合理性和可行性，进而探索小额信贷不良资产司法链集中处置平台的建构之路。

---

* 陈公照，厦门大学在读研究生，现任泉州市中级人民法院四级主任科员。

** 黄衍青，福建省德化县人民法院法官助理。

〔1〕 参见杜晓山、孙若梅：《中国小额信贷的实践和政策思考》，载《财贸经济》2000 年第 7 期。

一、现状检视:小额信贷不良资产面临“两难”境地

(一)不良资产的产生和危害

随着我国经济要素日益活跃和普惠金融理念不断发展,当下,越来越多的金融机构针对特定优质存量客户群体发放小额综合消费贷款,简称个人信贷。[1] 由于个人信贷业务具有单笔授信金额小、笔数多、客户数量庞大、客户来源地分散等特点,因此,如果借款人违约,这些小额个贷就极易沦为不良资产。

通过对目前银行业的现状进行分析,我们发现,由于市场经济风险叠加,加之2020年以来受新冠肺炎疫情影响,银行系统不良率、逾期率普遍攀升,在业务增长的同时风险也愈加聚集。不良贷款首先对银行来说是一种极大的利益损害,特别是呆账贷款,当银行的不良贷款过多的时候,就会严重影响银行的经营运转。[2] 对社会而言,不良贷款也起到负面的影响,造成一系列的不良反应。而对借贷者来说,不良贷款会严重损害个人的信誉以及造成财产上的损失,因不良贷款所产生的滞纳金就是实质上的损失。[3]

(二)小额信贷不良资产的处置“进退两难”

实践中,金融机构处置小额不良贷款的途径有两种,通俗地说,就是“自己讨”和“请法院去讨”。

金融机构自行处置小额信贷不良资产有三大难点:一是委托繁。律师委托烦琐,身份核实困难,合同签署复杂,并且无法批量处理。二是取证难。电子数据容易被篡改,事后取证困难,中心化证明弱,难以自证清白。三是成本高。传统方式中,金融机构处置不良资产只能一个案件一个案件去“讨债”,而这些案件标的额一般都比较小,且管辖分散,无法实现批量处理,因此金融机构在派员处置这类纠纷时往往差旅成本高、时间成本高、维权成本高,“得不偿失”。[4] 因此,一旦发生债务逾期,金融机构便习惯于诉诸法院。

但法院系统对这类案件也经常有心无力。这类案件标的额虽小,案件量占比却不小。据统计,仅2020年1年,福建省泉州市两级法院便受理一审金融借款合同案

---

〔1〕 参见曲宁:《我国小额信贷法律风险问题研究》,载《中国管理信息化》2019年第23期。

〔2〕 参见杜晓山等主编:《中国小额信贷十年》,社会科学文献出版社2005年版,第164页。

〔3〕 参见常健:《论“穿透式”监管与我国金融监管的制度变革》,载《华中科技大学学报(社会科学版)》2019年第1期。

〔4〕 参见程恩江、徐忠:《小额信贷在中国为何发展缓慢》,载《中国经济报告》2007年第4期。

件12,168件。以位于市中心的丰泽法院为例,该院2019年共受理此类案件4147件,占该院全年受理总数的16%。但面对这些纷沓而来的纠纷,法官们常常心有余而力不足。究其原因,不外乎以下几点:一是批量立案难。法院案多人少矛盾突出;案件标的小、公告送达率高,耗费法院诉讼资源;受限于法院传统审理流程和考核机制,无法批量处理。二是公告送达难。许多被告因为被逼债,往往下落不明,导致法院公告送达率高,送达周期长。三是审理周期长。普通案件审理流程过长,现有的审判体系、审判能力、司法服务能力难以适应。四是司法协作难。小额信贷案件标的小,管辖分散,仲裁费用高且仍需向法院申请执行;司法体系协作社会成本高。五是有效执行率低。执行流程过久,大量被执行人无法执行到位,无论自然履约抑或被执行率都比较低。[1]

通过诉讼手段追债难,而金融机构自己上门讨债更难。由此,小额信贷陷入了"进难诉讼,退难讨债"的两难境地。如何有效处置小额信贷不良资产,还需引进"他山之石"。

二、"他山之石":司法区块链的介入和影响

(一)区块链技术与司法工作的深度融合

目前我国正在通过"区块链+"赋能各行各业的形式,推动数字经济发展。由于案例数据库的局限以及数据更新的滞后性,本文尚未穷尽全国各地、各级人民法院在网络侵权责任纠纷及其他相关民事纠纷中涉及"电子数据、区块链存证"的全部案例,但现从检索的近30个案例中,精简、筛选出11则案例(以下简称相关案例)以供本文研究分析(其中北京互联网法院4则,北京知识产权法院2则,惠州市惠城区法院2则,杭州中院、昆明中院、广州中院各1则)。现将相关案例逐一列举并摘录判决或裁定原文相关内容。原文中出现的公司名称、人名等,均以"原告""被告""上诉人""被上诉人"等替代。具体如表1所示:

---

〔1〕 参见刘隆亨:《银行金融法学》,北京大学出版社2005年版,第215~217页。

表1　涉及区块链技术的典型案例汇总

法院	案号	案由	存证方式	是否采信
杭州中院	(2019)浙01民终7668号	侵害作品信息网络传播权纠纷	原告通过司法链平台对侵权证据固定存储	是
北京知识产权法院	(2019)京73民终3145号	侵害作品信息网络传播权纠纷	联合信任时间戳服务中心为原告出具了《可信时间戳认证证书》	是
北京互联网法院	(2019)京0491民初34367号	侵害作品信息网络传播权纠纷	原告获取的电子数据文件，生成唯一数据指纹和全局监督摘要，可验证	是
	(2019)京0491民初33620号	网络侵权责任纠纷	原告通过本院区块链存证验证	是
惠州市惠城区法院	(2019)粤1302民初506号	侵害商标权纠纷	通过深圳市版权协会进行了电子证据固化并生成对应的时间戳文件	是
惠州市惠城区法院	(2019)粤1302民初174号	侵害作品信息网络传播权纠纷	时间戳认证文件、侵权网页、时间戳文件光盘	是
昆明市中级人民法院	(2019)云01民终4038号	名誉权纠纷	电子数据存证证明系电子取证存证平台所认证	是
广州市中级人民法院	(2019)粤01民辖终575号	民间借贷纠纷	联合信任时间戳服务中心加盖的“可信时间戳认证”章	是
北京互联网法院	(2019)京0491民初805号	著作权权属、侵权纠纷	将合法取得的证据打包计算出哈希值，同步存证于公证处、司法鉴定中心	是
	(2018)京0491民初1180号	著作权权属、侵权纠纷	联合信任时间戳服务中心出具的可信时间戳认证证书	是
北京知识产权法院	(2018)京73民终1999号	侵害作品信息网络传播权纠纷	联合信任时间戳服务中心制作时间戳文件	是

上述案例我们可以看出，区块链技术已经越来越广泛运用于司法工作之中。2021年1月21日，最高人民法院《关于人民法院在线办理案件若干问题的规定（征求意见稿）》中明确指出“当事人提交的证据系通过区块链技术存证，并经技术核验后一致的，推定该证据材料上链后未经篡改，人民法院可以确认该证据的真实性”。

这不仅为区块链技术在司法领域的生存提供了政策的土壤,更加赋予了其广泛运用的强大内生动力。[1]

区块链技术有三方面特点:一是数据难以篡改,可作为数据存证。与纸质凭证相比,电子数据容易复制和修改,当其用来作为证据存证,存在风险隐患,区块链技术则通过共识机制设计,使电子数据难以篡改并让复制无效,成功避免了电子数据的缺点,为数据存证的应用创造了基础条件。二是账本公开可验、数据自主流转。参与方依协议共同维护一个公共账本,每一笔交易经共识后记账。公共账本上的数据全体可见可验,有效保证数据主体的访问权和数据可携权,赋予数据主体对自身数据更为灵活的处置能力。[2] 通过数据链上、链下分级加密存储,可在数据安全和保护隐私的前提下,保证数据的准确性和不可篡改,实现数据在不同主体间更高效地自主流转。三是参与方对等、网状协作。这为参与方之间没有显著的层级或从属关系的跨行业机构协调提供了便利,无须在组织结构上进行协商,甚至进行复杂的业务系统对接,只要将业务规则固化到区块链上,即可开展业务协同,简单快捷。因此,区块链系统天然适合做成多方协作的平台,区块链技术为金融司法协同平台提供一个更为灵活、开放的系统架构,具有独特的优势。

(二)司法区块链对金融纠纷处置的影响

在金融纠纷场景中,区块链对可作为证据的交易数据进行事前可信存证,能够从技术上保障证据的真实性,为后续诉讼中的快审速执提供关键支撑。2018 年 9 月最高人民法院《关于互联网法院审理案件若干问题的规定》中明确了区块链技术可作为电子证据司法认定的一种形式。与此同时,司法系统积极拥抱“互联网 +”,互联网法院、在线诉讼、电子支付令等在线司法的改革与创新也为问题的解决提供了司法保障。利用区块链不可篡改、可审计、可追溯的特性,将金融业务中的关键信息进行存证溯源,保持证据链条的完整性和一致性,在不泄露业务隐私的前提下,可提升信息存证的司法效力,加快司法处置流程,形成金融、司法跨领域的业务协同。

区块链作为一种防篡改、可追溯、共享的分布式账本技术,与金融案件可以完美结合。在金融纠纷场景中,区块链对可作为证据的交易数据进行事前可信存证,能够从技术上保障证据的真实性,为后续诉讼中的快审速执提供关键支撑。在业务发生

---

〔1〕 参见张玉洁:《区块链技术的司法适用、体系难题与证据法革新》,载《东方法学》2019 年第 3 期。

〔2〕 参见褚福民:《电子证据真实性的三个层面——以刑事诉讼为例的分析》,载《法学研究》2018 年第 4 期。

之时即进行存证、固证；存证上链，获取交易哈希值；起诉时拉取电子证据原文；法院端比对哈希值，核验证据。[1]

我们可以大胆运用区块链、大数据等新型信息技术手段，在充分保护数据安全的前提下，通过打通金融机构业务系统和法院金融案件办理系统的数据对接，完成贷后处置线上一体运行，开启金融案件纠纷化解新模式。当发生债务逾期时，利用区块链可追溯、可核验的存证技术，按照最高人民法院关于繁简分流的指导意见，根据借贷金额、属地等多个维度进行案件分流，在保证程序正义的前提下缩短优化整个诉讼流程，大幅度缩短债务逾期处置周期。因为处置周期短，可以有效避免恶意财产转移，在多头借贷情况下得到优先财产保全资格。同时在线化、智能化、标准化，跨域处置全国各地债务逾期请求。由于通过智能系统平台最大限度地辅助替代了司法人力处置环节，使传统司法解决方案中的高、精、专人力成本得到极大降低和有效控制。

可见，通过搭建相关业务平台，区块链技术完全可以成为集中处置小额信贷不良资产的“利剑”。下文将简单论述该平台小额信贷不良资产司法链集中处置平台。

三、区块链技术在小额信贷案件中的运用和作用

（一）小额信贷不良资产司法链处置平台的运行模式

小额信贷不良资产司法链处置平台综合运用区块链、大数据、人工智能等技术实现人民法院、金融机构、代理机构线上高效互动，为法院、金融机构、当事人提供“一站式”、全流程、线上化服务，是面向金融机构小额高频的不良资产，提供全过程、全方位诉讼服务的案件办理平台。

小额信贷不良资产批量处置平台主要包含两个业务，分别是金融机构线上贷款业务全流程的存证上链和违约逾期数据的在线司法处置，可以覆盖个人信用贷款。平台分为金融端系统和法院端系统两部分。金融端系统部署在金融结构内网，通过和机构业务系统的对接，实现业务原文数据的存证和 hash 的上链。同时，已存证的数据如果出现违约逾期，银行可以在金融端系统中直接提交立案申请和证据文件，法院端在线接收，从而实现全流程在线的司法处置。

平台充分借助区块链技术，利用并连接泉州中院原有的金融案件一体化办案平台和金融机构业务平台，为金融机构不良资产处置提供线上材料收转、线上立案、案件进度查询等功能，为法官办理该类案件提供要素式审判功能，实现智能合约、存证

[1] 参见郑旭江：《互联网法院建设对民事诉讼制度的挑战及应对》，载《法律适用》2018 年第 3 期。

验证、可信操作的区块链应用场景,将金融业务从申请、审核、下发等工作流程和涉及的电子文件,乃至业务出现的纠纷自动转线上立案,再到法院受理审核立案申请、审理案件、申请执行等多阶段的操作信息,在区块链应用平台进行存证,以区块链不可伪造、不可篡改、可追踪、可溯源和公开透明可验证的技术特征,提升电子证据的真实可信度,并协助法官快速审核和认定证据有效性。具体流程如图 1 所示。

针对小额信贷不良资产纠纷数量多的特点,平台还可以归纳整理出电子证据的类型化要件并进行要素化归类,为批量化、智能化司法裁判打下坚实的基础。

通过司法规则前置,从电子数据源头金融机构端开始,保证上链存储前数据的真实性。采用区块链电子存证技术,业务全流程存证,将电子数据变为结构化、标准化、要素化的电子证据。在金融纠纷场景中,区块链对可作为证据的交易数据进行事前可信存证,能够从技术上保障证据的真实性,为后续诉讼中的快审速执提供关键支撑。[1]

平台应当具有三大功能模块:第一,金融机构端区块链电子存证、诉讼材料自动生成、电子证据自动生成;标准化、要素化。第二,诉讼管理。金融机构批量化立案申请、申请进展查询,案件信息公开、文书公开、网上缴费、网上质证、网上开庭、网上送达等功能。在存证的基础上,抽取模板化的诉讼材料、电子证据,金融机构可以查看案件进度信息等。第三,办案法官要素化审理,实现批量化的立案、分案、排期、开庭、送达及裁判文书生成以及网络查控、纳入失信等。

(二)小额信贷不良资产司法链处置平台的功能特点

小额信贷不良资产司法链处置平台有两大主要功能:

第一,自动审查立案。银行起诉案件进入平台后,系统自动实现对原告起诉材料的识别和分类,并提供缩略图浏览。系统自动审查立案材料是否齐备,例如是否包含起诉状、证据、原被告身份信息等起诉必备材料。系统自动审查原告提交的起诉材料是否均属于该案件。主要将其他材料与起诉状进行比对,如信用卡申请表中申请人姓名或身份证号码与起诉状是否一致。系统自动审查原告提交的要素表与其他起诉材料中的内容是否匹配,确保文书生成所需的数据都是正确且有所依据的。系统自动显示审查结果,如失败,则会显示失败原因并自动告知银行;如审查成功,则会自动向审判系统发送立案请求,获取审判系统反馈的案号。[2]

---

〔1〕 参见张波:《国外区块链技术的运用情况及相关启示》,载《金融科技时代》2016 年第 5 期。

〔2〕 参见曾筱清:《金融全球化与金融监管立法研究》,北京大学出版社 2005 年版,第 275 页。

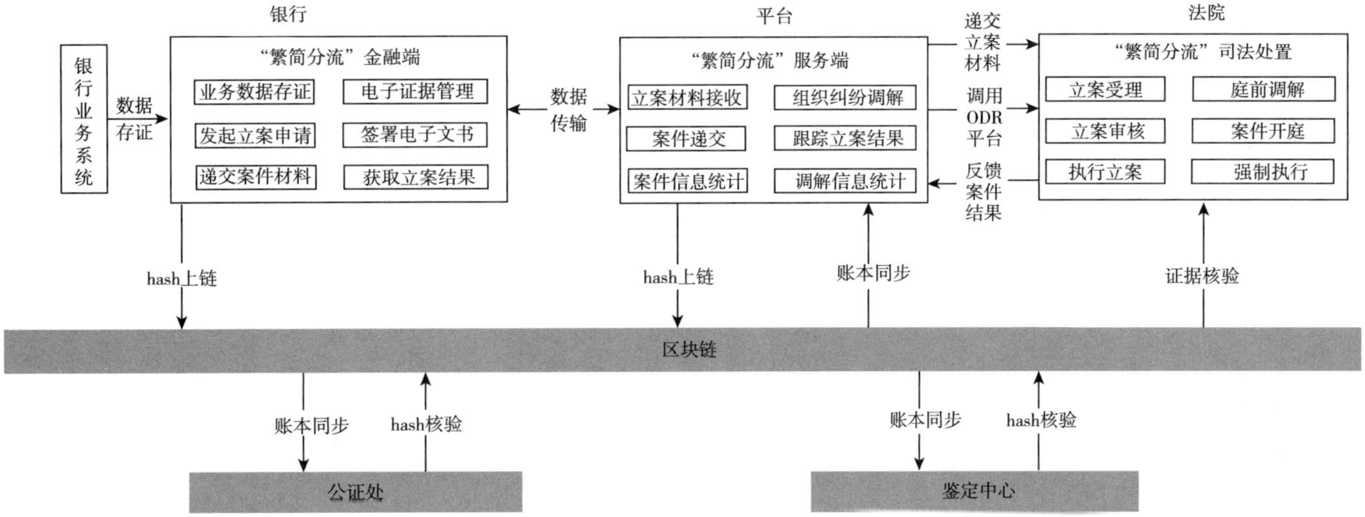

图1　小额信贷不良资产司法链处置流程

第二，裁判文书自动生成功能。平台能够智能分析、精确提取起诉材料、证据材料以及庭审中有关信息等判决所需要素，自动生成裁判文书。提取银行交易明细中的数据进行计算，精确而快速地得出法律许可范围内的结果，为法官最终判案提供可靠的参考依据。文书完整度达95%以上，为法官办案提供更好的智能化辅助服务。

根据这两大功能，我们可以知道平台具有三大特点：

首先，平台具有全面数字化的特点。平台能够实现网上申请—受理—送达—开庭—判决—送达办案全流程“案子自己跑”，法院工作人员只需做好送达确认、开庭及文书审核工作即可。

其次，平台具有流程自动化的特点。当事人发起申请、立案、开庭均在线上进行，申请材料、举证质证、法律文书等诉讼材料全面电子化、数字化，为全自动化办案提供了扎实基础。

最后，平台具有系统智能化的特点。通过智能分析，精确提取申请材料、证据材料以及庭审中有关信息等立案审判所需要素，提高在线审理效率。（见图2）

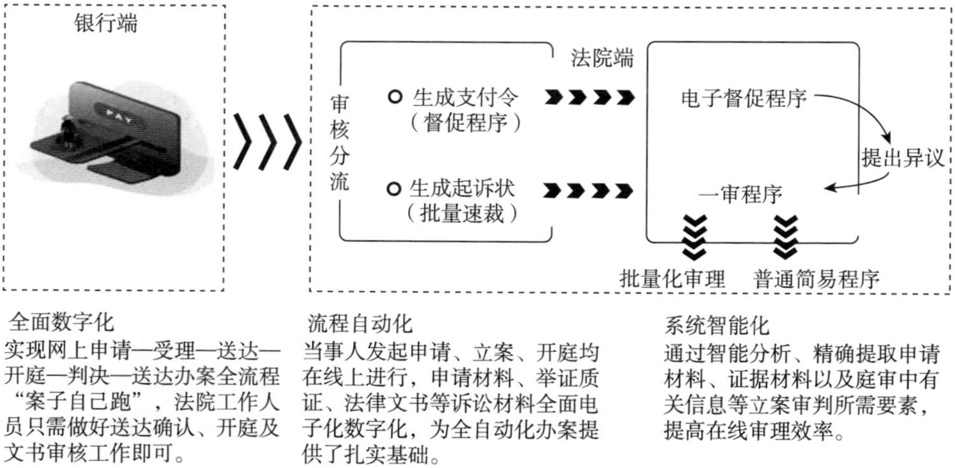

图2　小额信贷不良资产批量处置平台

（三）小额信贷不良资产司法链处置平台的运行作用

作为信息化时代“司法+区块链”的产物，小额信贷不良资产司法链处置平台将在日新月异的社会发展中发挥着重要作用。主要表现在以下三个方面：

1. 促进分案“增速”。通过平台的分配，金融案件实现了繁简分流，80%的法官审理20%的难案，20%的法官审理80%的简易案件，推动了审判资源的优化配置。

2. 促进质效“增强”。平台不仅考虑贷前业务的需求，同时考虑贷后处置的便捷性、合规性，在不改变前端信贷流程的前提下，将司法介入前置，以司法的标准使业务流程更加合规、权责更加清晰，最大限度减少整个信贷过程中的纠纷点。同时，根据法院要素式审判要求，平台还将用户每笔借款的核心要素上链，并将存证结果同步到互联网法院、互联网公证处以及其他司法节点，确保证据的有效性、完整性，支持事后核验，极大地提高审判质效。

3. 促进办案“增产”。平台可以打通法院金融案件一体化审判系统和金融机构内部系统的界限，金融端可以根据存证内容自动生产诉讼材料、批量一键线上递交立案申请，并跟踪案件进度。在链上证据的基础上，法院端通过智能审判、批量审判等手段提升审判效率，真正以科技手段提高法院解决纠纷的能力，使司法更加高效、权威，诉讼更加普惠、便捷、多元，为维护金融市场繁荣稳定、促进经济社会健康发展提供有力司法服务。

结　语

改革之路总是循序渐进的，区块链技术在金融司法中的运用也需要一个渐进的过程。随着金融债权的处置问题越来越成为社会关注的热点，小额信贷不良资产司法链处置平台必将得到进一步推广运用。同样，随着区块链技术的迅猛发展，“司法＋区块链”也必将在各个审判领域诞生更多的平台，有力推动审判提质增效、促进智慧法院共建共享。

金融审判领域的金融风险识别与化解机制研究

余周祺* 姜　源**

摘要：全国各级人民法院高度重视金融案件中金融风险的识别与化解，业已出台一系列举措构筑司法防线，助力防范和化解金融风险。然而，法院目前并无对金融风险的专门识别和化解机制，而是将金融风险与其他各类风险等同视之，一并纳入重大敏感案件的风险评估机制进行识别和处置。本文将从现有机制对金融风险的识别有效性入手，剖析金融风险的特殊性，探讨金融审判领域的风险识别与化解机制，并从金融风险的识别、定级和处置三个维度探求改革路径，以供参考。

关键词：金融风险；风险识别；风险处置

引　言

习近平总书记在2017年的全国金融工作会议上强调，要把主动防范化解系统性金融风险放在更加重要的位置，着力防范化解重点领域风险，着力完善金融安全防线和风险应急处置机制。[1] 法院是处理社会各类矛盾纠纷的集中场所，其在防范和化解金融风险方面具有重要作用。围绕这一工作目标，各级人民法院强调要依法审理金融案件[2]，构筑司法防线，助力防范和化解金融风险。然而，法院目前并无对金融风险的专门防范和化解机制，而是将金融风险与其他各类风险等同视之，一并纳入重

* 余周祺，北京金融法院审判一庭法官助理。

** 姜源，北京市第二中级人民法院法官助理。

〔1〕 参见新华社：《全国金融工作会议在京召开》，载中华人民共和国中央人民政府网，http://www.gov.cn/xinwen/2017-07/15/content_5210774.htm。

〔2〕 金融案件包括金融刑事案件、金融行政案件和金融民商事案件三类，如无特殊标注，本文讨论的金融案件均为金融民商事案件。

大敏感案件的风险评估机制进行识别和处置。该机制能否较好地与金融案件对接，有效识别和处置金融风险，将对金融审判领域的风险防范与化解起到重要作用。本文将从现有机制对金融风险的识别有效性入手，剖析金融风险的特殊性，探讨金融审判领域的风险防范与化解机制，并从风险的识别、定级和处置三个维度探求改革路径，以供参考。

一、现状考察：金融审判领域金融风险识别与化解之局限

（一）金融审判领域金融风险发现之局限

在法院现有的工作机制下，金融风险的发现和其他风险一样，系以重大敏感案件为核心机制进行风险预警和研判。而以该机制为切入点，风险的发现主要依赖以下两种方式，即自上而下式和自下而上式（见图1）。

图1　金融审判领域金融风险的发现方式

从风险的发现方式上看，对于金融风险而言，主要在自下而上式中会存在以下问题：

1. 风险发现责任人信息不全面制约发现可能性

重大敏感案件的风险评估机制的出台首要目的是防止因法院工作不当影响社会稳定。〔1〕基于该目的，全国各级人民法院大多将该机制视为办案风险的预警机制，尤其是针对涉诉信访案件而言。该工作机制强调“谁办案，谁评估，谁负责”，要求“早发现、早评估、早预防”，及时采取相应措施处置案件风险，最终实现从源头上预防

〔1〕　参见王胜俊：《扎实推进三项重点工作　努力实现人民法院工作新发展》，载《求是》2010年第14期。

和减少涉诉信访案件的发生。[1]

从上述原则可以看出，风险的发现和防范主体是个案办案人员，然而金融风险其实更多的是在多起个案之中集合出来的对金融稳定性产生的风险，而单纯从个案而言并不具备风险性，而在现有的办案机制下，承办人能够掌握的信息主要限于自身办理案件，其信息的掌握最多只能到所在庭室或者通过询问案件当事人知悉相应风险情况，这种信息掌握的不全面性致使承办人员难以对其中是否存在金融风险以及金融风险的等级进行有效评估。

2. 风险发现核心要素与金融风险不匹配

由于多数法院将重大敏感案件的风险评估机制视为办案风险的预警机制，基于这一目的，在现有的重大敏感案件发现机制中，目标案件为办案风险较大的案件，即重大复杂案件、涉众型案件和其他有可能激化矛盾的敏感案件。[2] 值得注意的是，这三类案件的法律概念并不清晰，也不是法律术语。对比而言，金融案件与上述三类案件的重合部分主要在于涉众型金融案件，如集资诈骗犯罪案件和非法吸收公众存款案件等。而在此之外的其他金融案件中的金融风险难以在该机制中体现，其中的金融风险识别与化解更无从谈起。

（二）金融审判领域金融风险处置之局限

在风险处置环节，现有的重大敏感案件处置机制亦在金融风险的处置上存在以下问题。

1. 处置目的与金融风险处置核心目标不同一

在重大敏感案件处置机制中，其对于风险的处置主要是围绕个案进行，最终要实现的目的是妥善处理相应个案。然而对于发现金融风险的案件而言，法院妥善处理金融纠纷的目的不仅是保护涉案当事人的金融财产权利，更在于通过此类案件的审理做到防范和化解金融风险，最终实现维护金融市场秩序。[3] 围绕金融风险，金融审判领域的风险防范与化解机制最终应当能做到：对金融案件审判管理和分析研判，研究解决具有普遍性、趋势性的法律问题，为区域性、行业性、系统性金融风险的防范

〔1〕 参见四川省高级人民法院《省法院推进社会稳定风险评估工作情况》，载四川长安网，http://www.sichuanpeace.gov.cn，最后访问日期：2019 年 6 月 1 日。

〔2〕 参见赵桂芳：《平乐法院：强化措施助推重大敏感案件风险评估》，载广西法院网，http://gxfy.chinacourt.gov.cn，最后访问日期：2019 年 6 月 1 日。

〔3〕 参见周强：《2019 年最高人民法院工作报告》，载最高人民法院网，http://www.court.gov.cn，最后访问日期：2019 年 6 月 1 日。

预警和重大决策提供信息支持。[1] 而这些目标在重大敏感案件处置机制中并非侧重目标。

2. 处置方式与金融风险处置要求不协调

重大敏感案件的风险评估机制旨在研究、判断和处理案件在立案、审理和执行三个阶段中存在的不稳定因素,[2]其工作方式也与之相呼应。某些法院在其司法实践中逐步总结出工作方式如下:(1)全面建立涉诉信访风险评估制度;(2)加强对案件的信访风险分析研判工作;(3)深入开展矛盾纠纷排查化解工作;(4)加强社会维稳信息掌控。[3] 在该机制中,法院以主动化解代替被动调判,以事前预防代替事后处置,将案件风险化解于萌芽阶段;通过做好法律释明和判后答疑工作,及时疏导当事人情绪,最终引导当事人以法律诉讼程序解决问题。[4]

从上述的工作方式可以看出,相关风险的警示和具体处置主要还是集中于法院内部,在法院内部已经能够实现较好的统一与协调。然而对于金融风险的处置而言,并非法院自身就能全面完成,而是需要与金融相关监管部门进行联动处置,需要与有关部门建立有效的连接,情理和法理结合,事前的思想教育和宣传工作并不足以对金融审判领域的金融风险进行有效处置。

如上所述,重大敏感案件的风险评估机制并不能对金融审判领域的金融风险进行充分识别,更遑论进行有效处置。金融审判领域的风险防范与化解机制应当回到金融风险这一原点,根据金融风险的特性,有针对性地进行识别与处置。

二、原因检视:金融风险防范与化解的关键"特性"

如前所述,现有的风险发现和处置机制难以有效发现和处置金融风险,而这些表象的背后则是由于金融风险有其独特的个性,现有的机制难以适用。

(一)个案风险的发现难以适应金融风险的隐蔽性

隐蔽性是金融风险首要特征。本质为价值跨时空交换的金融,其风险主要在于

---

〔1〕 2017年8月4日,最高人民法院印发《关于进一步加强金融审判工作的若干意见》。

〔2〕 参见河北省张家口市中级人民法院:《张家口中院全方位监管重大敏感案件》,载河北法制网,http://zjkzy.hebeicourt.gov.cn,最后访问日期:2019年6月1日。

〔3〕 参见四川省高级人民法院《省法院推进社会稳定风险评估工作情况》,载四川长安网,http://www.sichuanpeace.gov.cn,最后访问日期:2019年6月1日。

〔4〕 参见赵桂芳:《平乐法院:强化措施助推重大敏感案件风险评估》,载广西法院网,http://gxfy.chinacourt.gov.cn,最后访问日期:2019年6月1日。

如何确保实现人与人之间的跨期承诺。[1] 而地方政府和国有企业过度运用杠杆形成的高杠杆下债务偿还风险则是我国当前最主要的金融风险。从宏观层面来看，该金融风险是地方政府和国有企业在全国经济增速放缓的情况下运用高杠杆融资经营后的债务偿还风险；从中观层面来看，该金融风险主要是企业跨行业、跨市场、跨区域的交叉传染风险；从微观层面来看，该金融风险主要体现为企业的自身经营风险。在这层层的金融风险中，法院目前只能够探测到个案的风险，而仅看个案难以判断是否存在微观层面的金融风险，更遑论中观和宏观层面的金融风险。

更为隐蔽的是，随着金融的创新与发展，现有的金融产品结构越发复杂，金融领域的个案风险亦并非能够一眼看穿。随着金融产品的多元化发展，企业用于融资的金融产品工具早已不止于传统的股权或债券，资管计划、可转换债券等新兴融资工具越发成为资本市场的宠儿，产品间亦往往相互叠加与互用。因金融产品结构复杂性增加，产品所涉及主体的权利义务关系不明晰，甚至存在层层嵌套的可能性，在金融风险未暴发之前，金融监管机构难以预测金融风险的存在和规模。[2] 在金融案件中，个案的处置亦不允许法院过多穿透，所以难以有效识别风险。

（二）司法处分原则约束难以适应金融风险的传导性

传导性是金融风险的第二大特征。与传统相比，现在金融风险的传导性愈加迅猛。一方面，随着通信工具的普及，资本市场的信息传递非常迅速，并不再有地域限制；另一方面，金融衍生工具不断发展、各个金融市场逐渐联通，金融资本的流动性更加明显，金融风险的传导效应也不断增强。[3] 为此，法院在金融审判中要严格防范地方交易所、金融不良债权、房地产交易、地方政府债务、企业破产等特定类型案件可能引发的金融风险传递。[4]

然而民事诉讼程序中的“不告不理”原则却限制了法院对金融风险的先行处置。在该原则的理念下，法院不得主动介入当事人的纠纷，具体指两个方面：其一，法院只能在原告起诉之后才能受理案件；其二，法院只能在原告诉讼请求的范围内审理案

〔1〕 参见陈志武：《陈志武金融通识课：金融其实很简单》，湖南文艺出版社2018年版，第12～15页。

〔2〕 参见夏斌：《坚决守住不发生系统性风险的底线》，载新华网，http://www.xinhuanet.com，最后访问日期：2019年6月1日。

〔3〕 参见朱淑珍主编：《金融风险管理》（第3版），北京大学出版社2017年版，第8～9页。

〔4〕 参见《最高人民法院：严防特定案件引发金融风险传递》，载财新网，http://china.caixin.com，最后访问日期：2019年6月1日。

件。[1] 上述原则是意思自治原则在司法程序中的反映，该原则在处理其他民商事案件中并无不妥。但是，该原则在处理有金融风险的金融案件时，却暴露出问题。以某市中院某民事审判庭审理的涉及资产证券化产品案件为例，当第一批到期而未获得回报的证券投资人向法院提起诉讼时，即使该案的承办法官已然知晓该案件背后的系列合同违约案件的金融风险，但受制于处分权原则，法官依然只能就已起诉案件进行审理，并静静地等待接下来串案。

更为令人担忧的是，受制于司法处分原则，法院的个案裁判还有可能触发金融风险的传导性。以上述投资合同为例，当法官们在适用合同违约规则处理商事案件时，其实有一个默认的前提：合同债权具有相对性，即该案件的处理结果只是当事人之间的涉案利益的再分配。这一前提在其他民商事案件中是普遍成立的，但是在金融案件中因为金融风险的传染性和溢出效应，该前提不复存在。金融案件中的当事人违约往往并不是孤立的，其违约具有连锁性。[2] 承接上例，当第一批证券违约后，融资人的财务状况已经恶化，其亦无能力偿还之后到期的证券。法官们在适用合同违约规则处理完毕第一起案件后，其并未切断金融风险的传导。相反，法院是在以自己的司法公信力向金融市场放出明确信号：该案的当事人已经出现严重违约行为。同样的道理，在侵权路径下依然适用，法院的裁判文书将会为涉案的侵权行为做背书，引发系列诉讼。换言之，法院的裁判结果在某种意义上，将成为新一轮金融风险暴发的导火索。

（三）传统管辖模式难以适应金融风险处置的系统性

据统计，我国金融案件的管辖模式可以分为三种：

第一种管辖模式是“金融法院模式”。目前，只有上海金融法院采用该模式。上海金融法院采用“案由 + 当事人”的识别方式确认金融案件管辖，主要内容归纳如表1所示。[3]

---

[1] 参见王亚新、陈杭平、刘君博：《中国民事诉讼法重点讲义》，高等教育出版社2017年版，第13页。

[2] 参见陈醇：《论金融法中的违约预防制度》，载《环球法律评论》2019年第2期。

[3] 参见最高人民法院《关于上海金融法院案件管辖的规定》第1、3、4条。

表1　上海金融法院审理案件类型

审级	一审	二审
民商事案件	1. 应由中院受理的第一审证券、期货等金融民商事案件 2. 以金融市场基础设施为被告或者第三人与其履行职责相关的第一审金融民商事案件	当事人对基层法院作出的第一审金融民商事案件判决、裁定提起的上诉案件

第二种模式是“金融审判庭模式”。在金融案件相对集中的地区,部分法院采用金融审判庭模式,实现金融案件的相对集中管辖。以某市金融机构分布最多的某区法院为例,其辖区内金融机构资产规模几乎占到全国的半壁江山,金融案件数量极多且复杂。该院辖区内金融案件全部归由某金融庭审理,该金融庭年收案量均在1万件左右,其中既包括金融借款合同、信用卡、储蓄合同等常见纠纷,也有投资理财、信托、互联网金融及证券纠纷等新类型案件。〔1〕

第三种模式是“民事审判庭模式”,此亦为目前绝大多数法院处理金融案件的管辖模式。根据案由分配,由法院的部分民事审判庭处理金融案件。以某市中院为例,其下设某民事审判庭审理金融案件和民间借贷纠纷等,金融案件占到其受理案件约40%;如果只考虑一审案件,金融案件将占全部一审案件的90%。

上述管辖模式共通问题:案件的级别管辖仍采用标的额标准划分。司法实践中,各级法院对第一审民事管辖采用案件标的额的大小为判断依据,蕴含金融风险的金融案件却并不适应该方式。以某涉及资产证券化产品的案件为例,该系列串案共计7件,投资者和金融机构之间有6件,因为标的额大小而由中院审理3件,基层法院审理3件;金融机构和融资方之间的案件1件,因其标的额较大,由其辖区内高级法院审理。该系列串案争议焦点在于新兴金融产品中各方权利义务边界,属于重大疑难复杂案件,但受制于目前法院的级别管辖之规定,已有的7件案件却由该辖区涉及的三级法院审理。此种管辖无疑将不利于金融风险化解,并给法院审理工作带来较大难度。

三、路径探索:金融审判领域金融风险防范化解机制改革

金融审判领域的风险防范与化解机制的着重点在于金融风险,整个机制也应当

〔1〕 参见熊琳、李放:《北京西城区法院金融街人民法庭举行揭牌仪式》,载中国法院网,https://www.chinacourt.org,最后访问日期:2019年6月1日。

围绕案件中金融风险的识别、定级和处置,重点把控好金融风险中"隐蔽性""传导性""系统性"三个关键变量,实现金融审判领域金融风险的有效防范与化解。笔者为此初步设计出如下的金融案件风险的防范与化解机制。

(一)识别机制:建立"金融机构+金融产品"双维度智能识别机制

金融风险的识别建立在金融案件识别的基础之上。为实现风险防范之功能,金融案件风险识别机制必然需要在案件的裁判结果出现之前便已有反应。为此,笔者认为可以采用以"金融机构+金融产品"为核心的识别机制。

从金融业务模式来看,我国大致可以分为:银行、信托、证券、期货、保险和其他。前五种金融业务模式均需要持牌的金融机构参与,此类金融机构因为以金融为业,其必然是金融风险的高度集中地。当金融机构因与其业务开展而引发的金融民商事案件进入诉讼中,该起案件便有可能蕴含金融风险。法院建立金融机构名录,着重审查。

此外,上述金融业务出现在诉讼中,并不一定会有金融机构出现其中。这其中既有当事人的诉讼考虑,也有金融产品结构日趋复杂等诸多因素的影响。只从金融机构视角去检视金融案件中的金融风险,必然会忽视很多。因此,从金融产品的角度同样需要进行识别。此种识别可以通过对案件事实的初步梳理而开展。如果在案件事实中出现诸如"资管计划""信托计划"等融资工具,该起案件便有进行金融风险识别之必要。为此,法院有必要设立金融产品名录,将资本市场中的金融产品纳入其中,加以核对。

(二)定级机制:引入金融风险测量模型科学定级

风险识别机制初步识别出案件之中存在金融风险,紧随其后的便是金融风险的定级。法院可以建立一套金融案件中金融风险的计量模型,准确识别金融风险。从已审理金融案件中,笔者首先一共提取出如下6个维度以衡量金融风向:(1)牵涉地域广度;(2)牵涉具体金额;(3)牵涉人员数量;(4)牵涉金融机构数量;(5)牵涉金融机构层级;(6)牵涉金融机构类型。上述6个维度可以依托已有的法院智慧云办公系统,进行初次筛选。根据上述6个维度,首先可以区分出有无金融风险层面的案件,将没有金融风险的案件先排除出去。

其次,在有金融风险的案件中,仍需要进行金融风险等级的测量。此种定级需要考虑更细致的维度:(1)涉案企业在资本市场地位(是否为系统性金融机构等);(2)涉案企业融资活动的杠杆率;(3)涉案企业债务与资本比例。最后根据金融风险大小可以进行相应标识:行业性、区域性、系统性。

(三)处置机制:建立动态管辖调整与审慎裁判原则

与金融风险定级机制相配套,对于不同风险层级的案件,法院应当有不同的处置模式。

1. 金融风险较小的案件。法院可以采用与其他民商事案件一样的处理模式。如果在此类案件后续处理中,金融风险存在扩大之可能,可以将该类案件的风险等级提升,并进行相应的程序转化。

2. 金融风险较大的案件。此类案件也是金融风险防范与化解机制重点关注对象,对于此类案件,法院可以采用特殊的处置方式。(1)案件管辖集中。该类案件往往是以串案的形式出现,法官们在发现此类案件时,可以及时与上下级法院沟通联系,根据具体案件情况,最终由上级法院指定集中管辖。(2)慎用保全措施。该类案件中金融风险较大,常见的民商事案件保全措施将无助于化解金融风险,反而有可能激化风险。法官处理此类案件的保全申请,应当更加慎重,在未有保全之必要时,慎用保全措施。(3)审慎裁判。法院在处理蕴含金融风险的案件时,须与金融监管部门积极交流,尽可能尊重其专业性判断,实现金融交易横向规范和纵向监管的有机结合。在研究透彻相关案件、充分考虑案件后果下准确作出裁判,最终维护当事人合法权利,化解案件金融风险。

结　语

金融审判领域的风险防范与化解之关键仍在于对金融案件中金融风险的认知程度。文章着眼于金融案件中金融风险的表现形式及特征,并运用金融风险管理学理论完善金融风险防控制度,以期对实践有所裨益。

金融司法视阈中的次生性立法权

郭慧民[*]　陈鹏鹏[**]

摘要：金融业作为制度供给型产业，离不开法律这双"看得见的手"提供保障。由于金融自身发展与金融法律变革二者之间无法实现即时的无缝衔接，次生性立法权的行使成为必然。在传统实践中，以监管立法或自律规则行使次生性立法权是多数国家的共同选择，但由司法机关行使次生性立法权，构建金融司法与金融监管协同机制亦不失为一条新路径。

关键词：金融司法；金融司法协同；司法机关；次生性立法权；实现路径

一、问题的提出

后金融危机时代，金融创新在推动中国金融发展的同时也积蓄了更大的金融法律风险。金融法律的稳定性与金融创新的革新性之间的冲突加剧了金融创新对现存金融秩序的冲击。[1] 对于伴随金融创新而产生的各类新型金融法律纠纷，现有的金融法律体系无法也无力作出有效的应对。

次生性立法权立足于原生性立法，在原生立法外对既存法律规范予以补充和完善，而现有的法律漏洞为次生性立法权的行使提供了基础和前提。在中国"强行政、弱司法"的背景下[2]，金融领域次生性立法权多见于金融监管机关。但需要注意的

* 郭慧民，北京盈科（厦门）律师事务所律师。

** 陈鹏鹏，北京盈科（厦门）律师事务所律师助理。

[1] 参见刘海龙：《后金融危机时代我国金融市场道德风险的伦理防范》，西南交通大学 2014 年硕士学位论文，第二章第三节。

[2] 参见申鸣阳：《强监管背景下的金融司法——以金融合同效力裁判为视角》，载《北方金融》2019 年第 12 期。

是，司法机关亦是行使次生性立法权的主体之一。司法裁判不仅是对个案的是非曲直进行法律评判，还应当通过个案解决为社会形成正确的指引。因此，司法机关的次生性立法权不仅包括司法过程中的息诉止纷，还应当包括通过司法途径对既存的法律漏洞进行有效填补。事实上，由司法机关行使次生性立法权有利于在填补法律漏洞的同时避免法律之间的重复与冲突，也有利于维护法律的明确性和具体性，使其更能够为大众所了解和熟知，从而在坚守法律的原则与精神中实现法律的价值。

二、次生性立法权的现有配置

（一）由金融监管机关行使次生性立法权

金融领域强监管的特点使行政机关在行使次生性立法权时发挥着举足轻重的作用。由于金融体系的安全性和稳定性直接关系到经济安全以及国家稳定，从公法角度推动监管立法成为我国乃至其他国家的主流。在我国，金融交易产品或金融交易工具多在金融监管机关主导下推出[1]，而中国人民银行、银保监会、证监会、发改委等部门通过制定相应的规范性文件对此进行约束，由此而形成的规章、通知、意见以及指引便构成了次生性立法权行使的主要形式。

毋庸置疑，金融监管机关行使次生性立法权在一定程度上推动了金融行业有序的发展，但“保姆式”的金融监管[2]也带来了更多的风险。监管失灵的问题不可避免：一方面，行政首长负责制的存在导致行政首长的意志往往贯穿于金融立法的始终，容易造成金融监管立法的失误；另一方面，一旦金融立法偏离法律而成为金融市场相关主体逐利的工具，那么金融监管立法的地位将会瞬间崩塌。而这些问题单独依靠金融监管机关本身往往是无法彻底解决的。

（二）由金融自律组织行使次生性立法权

随着金融市场属性及竞争性的增强，相关主体需要依据自身发展需要自发地基于共同利益进行自我管理。金融行业协会和金融交易所在金融治理的过程中都发挥着举足轻重的作用。

在金融创新的过程中，金融法律的缺位以及金融监管不足的现象时有发生，这也使金融行业自律必须建立健全行业自律规范及相应的行业信用体系、风险约束体系

---

〔1〕 参见李芃芃：《论金融衍生品交易的法律监管及中国监管体系重构设想》，中国政法大学2011年博士学位论文，第一章第二节。

〔2〕 参见孟慧莹：《论金融监管中的协调监管原则》，湖南大学2009年硕士学位论文，第四章第二节。

和从业道德规范。以股权众筹[1]为例，在我国相关证券法律尚有空白之际，证券业协会已有相关意见对金融行业进行指导，这为处于创新阶段的金融行业提供了相应的指导。

不可忽视的是，金融自律组织作为本行业利益的集中代表，具有极强的利益驱动性，由此金融自律组织在行使次生性立法权时可能失去应有的公正性，出现相关垄断规则以限制竞争。此外，由于金融自律组织的管理手段较为单一，缺乏强制力的保障使得其作用的对象局限于组织内部成员，无法对市场形成有效约束。

三、司法机关行使次生性立法权的相关依据

对于次生性立法权，大陆法系国家和地区原则上将其赋予特定的行政机关行使，而英美法系国家则是由行政机关与司法机关共同行使。在我国法治体系建设的进程中，由立法主导的法律体系已无法满足社会的多样化需求，僵化的立法无法及时有效回应社会的发展，由司法机关行使次生性立法权将成为解决这一问题的关键。

（一）理论基础

考察我国的法律制度发展历程，司法解释的数量与日俱增。国内金融法律体系是通过不断试错、摸索而逐步建立的。由此可见，中国制定法更倾向于一种建构理性，即注重通过人的理性对法律体系的建构予以把控。以司法机关行使次生性立法权对法律漏洞进行填补，对法律的不足与缺陷进行矫正是法律内在安定性的要求，也符合法律渐进式试错路径。

不可否认的是，原本专属于立法机关的立法权现已部分向司法机关转移。由于立法机关制定的法律无法应付社会发展对其所提出的要求，运用司法解释权创制新的法律规则才能够实现法律续造。根据宪法和法律规定，最高司法机关在法律适用过程中享有相应的解释权，同时允许法官对法律作出一定范围的解释有利于弥补立法实证主义的不足，使法律适用具备可预见性。司法机关行使次生性立法权有利于进一步巩固司法体系，使法律能够适应社会发展的需要，从而进一步推动金融行业有序、健康发展。

（二）法律依据

依据我国《宪法》[2]的相关规定，法律解释的权力属于立法机关。而司法机关所

---

〔1〕 参见张玮：《股权众筹法律监管制度研究》，西南政法大学 2015 年硕士学位论文，第二章第二节。

〔2〕 参见《宪法》第 58 条。

拥有的司法解释权则是源于全国人大常委会的委托。1979年颁布的《人民法院组织法》虽然经过了1983年、1986年、2006年以及2018年四次修改，但其中均保留了最高人民法院对属于审判工作中具体应用法律的问题进行解释及发布指导性案例的权力。[1]《人民法院组织法》作为宪法性法律，为司法机关行使次生性立法权进行了确认。

(三)现实动因

金融交易日趋活跃导致由此引发的金融纠纷案件呈现快速增长的态势。对于既成的法律规则和条文，在语言及环境等诸多因素的影响下，不同主体的立场和价值取向将有所不同，由此所产生的认识与理解也会存在一定的差异。为确保法律适用的统一性，需要通过司法解释等方式解决因法律语言模糊性所带来的问题。由司法机关行使次生性立法权将有利于实现个案公平，使金融法律制度趋于完备。

“迟到的正义非正义”，当金融法律纠纷诉至法院并立案后，司法要进行相应的裁判，即便缺乏法律的规定或法律规定不明确抑或不同法律规定之间存在冲突，也不能成为法官拒绝裁判的理由。在此情形下，法官需要依靠自身的司法经验、良知以及法律的基本原则和精神，在公平原则的指导下，依据司法解释、指导案例以及日常习惯，运用逻辑分析方法作出公平审判，此时便需要行使次生性立法权从而使社会正义得以伸张。

四、司法机关行使次生性立法权之实现路径

金融司法实践中，次生性立法权的行使主要由司法机关主导，在司法过程或司法环节中使司法的价值得以彰显。除了以文本法律为载体的正式制度外，金融法律制度还包括金融司法裁判程序、金融司法裁判的法律方法等非正式制度。由司法机关行使次生性立法权的实现路径主要从以下几个方面着手。

(一)由最高司法机关出台金融法方面的司法解释

金融法律解释能够使抽象的法律规范运用到具体个案中。法律解释工作的任务在于立足于现实探寻立法者的意图，并将其适用于待决案件中。在证券案件中，最高人民法院曾通过司法解释对期货市场民事纠纷的法律适用问题[2]、虚假陈述民事赔

[1] 参见《人民法院组织法》第18条。

[2] 参见最高人民法院《关于审理期货纠纷案件若干问题的规定》和最高人民法院《关于审理期货纠纷案件若干问题的规定(二)》。

偿案件的审理问题[1]等相关司法实践争议予以回复。

司法解释作为中国范式的法律解释,与大陆法系的禁止法官解释法律模式以及英美法系允许法官自由解释法律模式存在差异,次生性立法权成为立法权与司法权外的第三条路。需要注意的是,中国的司法解释不应当仅仅局限于成文化,司法实践中通过法律方法运用而出现的非文本化表现形式的司法解释也是次生性立法权的重要组成部分。

(二)由最高司法机关发布金融法方面的指导性案例

指导案例的出现在某种程度上弥补了文本式司法解释时效性和针对性不足的缺点,为司法机关行使次生性立法权提供了空间。2010 年 11 月最高人民法院出台的《关于案例指导工作的规定》标志着指导案例对于司法审判的制度作用在制度层面上确立。

案例指导制度设立的初衷在于总结审判经验、统一法律适用、提高审判质量、维护司法公正。两大法系选择司法领域案例作为裁判参考主要是为了协调法律的普遍性与特殊性,从而保证前后判决的一致性与连贯性,实现同案同判及司法公正。需要注意的是,我国的指导性案例制度与英美法系的“遵循先例”制度存在本质区别[2],指导性案例更多体现法官的智慧、经验以及学识,是其业务能力的重要体现。

通过梳理既有的指导案例可以发现,裁判要点错误地被作为“类实体、程序性”法律适用于案件裁判中,也常被直接运用于对案件事实的定性上。笔者认为,指导案例的裁判要点应当明确所依据的上位法,紧扣法律条文,通过立足于金融司法审判实践,以金融领域为试点逐步扩大指导性案例在司法审判中的适用。最高人民法院发布指导性案例有利于弥补金融法律的供给不足,制定统一的金融法律适用标准,从而进一步规范金融司法的自由裁量权。

(三)由高级司法机关和最高司法机关出台金融法相关典型案例及开展相关培训

在司法实践中,典型案例相较于指导性案例具有更大的参考价值。部分省、自治区以及直辖市的高级人民法院会通过发布金融法典型案例的方式为本辖区法院司法审判提供参考。最高人民法院于 2018 年发布的《证券期货纠纷多元化解十大典型案

[1] 参见最高人民法院《关于审理证券市场因虚假陈述引发的民事赔偿案件的若干规定》。

[2] 参见蔡松杭:《法的确定性与灵活性之“舍”与“得”——以两大法系为视角》,载《大庆师范学院学报》2019 年第 2 期。

例》为相关案件的裁判提供参考。

除了典型案例的发布外,召开审判业务会议以及组织法官培训等活动也有利于统一司法适用,解决司法过程中所遇到的难题,实现司法尺度统一与维护司法公正的目的,同时也在客观上弥补了法律的不完备。以非成文方式表现的相关举措在司法实践中发挥着重要作用。

五、司法机关行使次生性立法权的利与弊

金融法律本身的不完备导致其存在无法避免的法律漏洞。作为中立的司法机关需要主动作为,积极主动寻找法律依据进行公正裁判。尽管我国最高司法机关拥有部分次生性立法权,但在金融创新背景下其对于制度空白的填补效果并不十分明显,司法机关未能充分发挥其应有的职能导致不足日益凸显。

(一)优点分析

其一,有利于填补金融法的部分漏洞。司法机关通过制定司法解释,出台答复、批复以及典型案例、指导案例等填补金融法律漏洞[1],为金融司法审判实践积累了一定经验,也形成了一批成果,扩张了司法机关行使次生性立法权的空间。司法以定分止争为己任,以金融司法解释作为裁判依据既有利于增加裁判的说服力,也有利于促进法律的实施。

其二,有利于为金融新兴领域指明方向。在缺乏法律规定的司法过程中,司法机关、法官对于新兴金融领域发展趋势的思考、对社会需求与风险防范的理解超越了法律条文本身,由司法机关行使次生性立法权有利于在符合现有法律规则与社会政策的前提下发挥司法裁判的创造性。

其三,有利于调整并重塑金融法律秩序。金融司法作为实现金融法治的最后一条防线并不意味着对既存的法律规则的被动应付和消极执行,而是需要通过对金融法律问题进行概括式和抽象化调整,以消除成文法的滞后与僵化,从而为金融创新发展营造空间,为金融行为划清法律边界。

(二)不足之处

其一,相关指导案例作用不大。从现有的金融类指导案例来看,无论是数量、参照依据还是效力都有进一步发展的空间。指导案例具有成文法所不具有的具体性和

〔1〕 参见金振豹:《论我国私法领域的司法续造——司法在我国私法秩序中地位与作用的重新界定》,中国政法大学2011年博士学位论文,第2页。

可操作性，是对法律、司法解释具体化的体现。由于金融法律纠纷专业性强，相关法规更新速度快等特点，亟须相关指导案例以明确案件的裁决依据。

其二，司法解释的运行效果不佳。我国金融法领域的司法解释内容多为对法律适用于争议所作出的解释，缺乏替代立法功能和效力的造法性司法解释。[1] 司法解释的制定过程应当保证征询、听取意见环节进而保障立法质量。在制定造法性司法解释时应当以宪法、法律及相关法律原则和精神作为依据。法律解释应当服务于法律适用，故应当注重司法解释本身的确定性和规范性。

其三，单纯依靠司法机关的次生性立法权无法实现金融风险防范和金融危机的化解。次生性立法权的实现存在多种路径，各路径之间互为补充。在强调司法机关行使次生性立法权的同时，也不能忽视其他路径所发挥的作用。金融监管、行业自律规则和金融政策不应被司法机关所取代，只有当金融运行过程中出现法律真空时，才需要挖掘司法机关的优势与潜能，发挥司法机关行使次生性立法权对于金融风险防范所产生的作用。

六、金融司法与金融监管协同机制的构建

（一）必要性分析

1. 金融领域所存在的风险无法简单地运用权责话语体系和公正价值予以评价，需要金融监管部门为司法提供技术支持。

在现代社会，许多纷争与风险无法充分纳入法律权责体系予以衡量[2]，部分措施的正当性和合理性无法通过传统权责话语体系、社会公正以及利益平衡等予以解释。对于金融法律纠纷，单纯依靠法官具备的相关司法审判法律专业特长难以得到公正的评判，需要金融监管部门为法官提供相应的知识和技术支持，以便法官能够凭借金融专业知识和智力对个案能否引发金融市场风险及相关风险强度进行判断。

金融法律纠纷的司法解决往往需要从金融监管部门所掌握的相关数据、指标着手对行为的合规性进行审查。司法部门与行政部门之间相互分离[3]，不仅导致相关金融法律风险滋生，同时也助长了部分市场主体违反监管规定，大型监管套利行为为

---

〔1〕 参见张朔：《“补丁型”司法解释的证成与重塑》，华北理工大学2020年硕士学位论文，第一章第三节。

〔2〕 参见王志成、徐权、赵文发：《对中国金融监管体制改革的几点思考》，载《国际金融研究》2016年第7期。

〔3〕 参见鲁篱：《论金融司法与金融监管协同治理机制》，载《中国法学》2021年第2期。

司法解决金融法律纠纷造成阻碍。

2. 金融司法与金融监管的分立式治理易导致金融监管机关虚置，从而助长法律投机主义。

金融主体所实施的行为审查主要从两个指标着手：其一，从形式上审查是否违反法律、行政法规的相关规定；其二，需要实质性审查是否违反金融监管部门制定的资本充足率、资本收益率、行业集中度等相关风险指标的要求。一旦突破了监管机构，相关风险监管要求将极易引发系统性金融风险。若司法与监管二者分离，在金融监管部门看来违反监管规则的行为，可能因为没有违反法律和行政法规的相关规定而被认定为合法。

金融监管机关原本可以依法对潜在金融风险的相关行为予以处罚，却由于法律与金融监管之间分立，金融监管规则无法产生威慑力，最终消解了金融机构监管的作用。

3. 现代金融业存在的信息不对称容易引起金融欺诈甚至是金融危机，需要金融司法与金融监管双管齐下抵御风险。

P2P 作为新型的互联网金融兴起，金融监管部门秉持的宽松的监管理念[1]使其异化为民间非法集资的新路径并进而导致严重的区域性金融风险出现。现代金融交易存在的信息严重不对称导致金融服务者具备更多的信息优势，便于欺诈金融消费者。为防止新一轮金融危机的出现，需要金融司法部门与金融监管部门之间相互协作，共同抵御金融风险。

（二）相关制度安排

在现代风险社会中，必须重新审视金融司法与金融监管二者间的关系，在顶层设计上更好地保障金融市场的平稳运行和投资者权益，使金融风险得以更好地防范和治理。

1. 金融司法部门与金融监管部门之间相互尊重是协作的前提。

构建金融风险协同治理的首要问题是实现金融司法部门与金融监管部门间的相互尊重。金融司法部门作为法律部门的组成部分之一，与作为行政权力部门的金融监管部门之间不可避免地存在矛盾和冲突。

由于司法在金融法律治理方面的知识和手段存在缺失，各国越发强调对行政金

---

〔1〕 参见米晓文：《国内外 P2P 网络借贷监管政策比较研究》，载《北方金融》2019 年第 2 期。

融监管部门的尊重。[1] 虽然没有确立法官无条件适用金融监管规则的制度，但基于金融法律知识的专业性，法官可以对金融监管规则予以参考，并应当充分尊重金融监管机构在符合程序正义要求的情况下所制定的相关风险治理准则和措施。

2. 强化司法机关与金融监管部门间的沟通协调。

强化司法机关与金融监管部门间的交流和沟通，有利于促使司法机关借此机会了解金融监管规则制度及其背后的制定原理，从而在此基础上提高金融司法协作对于资源整合的力度及工作效率。2017年最高人民法院出台的《关于进一步加强金融审判工作的若干意见》中提及，金融司法要加强与金融监管之间的沟通和协调。对于重大疑难的金融案件，司法机关需要强化与金融监管部门的商谈与沟通。法院可以主动邀请金融监管部门参与案件的商讨或者与金融监管部门共同协商合议案件，共同开展相应的学术探讨活动及相关法学理论研究，同时邀请相关金融专家、学者作为案件裁判的人民陪审员以促进案件审判的公正性。

金融司法与金融监管协同机制的构建需要法院与金融监管部门共同发力。一方面，法院需要通过金融监管部门了解更多金融风险治理信息，并在此基础上完善对金融市场主体要求，以提高金融风险治理的有效性；另一方面，法院出具的司法意见书、对于典型案例的判决以及对金融司法行为的信息汇总有利于为金融监管部门制定相关规则提供参考，以此提高金融监管治理效能。

3. 金融司法对于纠纷的处置范围应由民事扩展至行政、刑事。

在金融司法与金融监管协同的大背景下，金融监管为金融司法提供了诸如人员、知识、技术、数据等支持，使金融司法的纠纷处理能力加强，并有利于借此机会扩大纠纷处置范围，实现金融法律纠纷处理的专业化。

金融司法协同中心作为处置金融法律纠纷的专业化机构，在中国人民银行、银保监局、证监局等有关部门的支持下，可以将纠纷处置由金融借款、保险、出口信用证、互联网金融等传统和新型金融民事案件扩展至金融行政案件、金融刑事案件，同时当好“吹哨人”角色，对将来可能出现的法律纠纷提前预警，以此实现多部门之间的协作和金融司法协同中心对于金融纠纷解决作用的最大化。

4. 促进司法机关与金融监管部门对金融违法行为责任追究的协同。

在金融违法者责任的追究上，不仅应以司法机关的民事责任承担作为惩戒方式，

---

[1] 参见丁德圣：《次贷危机后国内外金融监管思路和模式研究》，辽宁大学2013年博士学位论文，第六章第二节。

还应当通过金融监管机构的行政处罚[1]加强惩戒的力度。由司法机关与金融监管部门之间协同对金融违法行为责任的追究,一方面有利于提高金融市场主体的违法成本,另一方面也有利于充分发挥金融司法机关与金融监管部门各自的优势,提高治理效果。

由于目前我国司法机关与金融监管部门之间的融合度不高,部分违反金融监管规则的行为在法律的框架内仍被认定为合法有效。此时,司法机关应将相关情况通报金融监管机构,借助行政处罚方式对其进行处理以达到防范和治理金融风险的目的。

七、结语

自金融法产生以来,其始终与国家经济政策密切相关。由司法机关行使次生性立法权已不再是一项可有可无的权力,但由于受到非理性因素的影响,它可能弥补金融法律的漏洞,也可能阻碍正义的实现。故金融司法与金融监管协同机制的构建,将有利于发挥金融司法与金融监管各自的优势,实现保障金融市场平稳运行和投资者权益保护的目标。

---

〔1〕 参见周俊:《我国金融监管体制改革初论——论我国金融监管机构设置和监管内容》,首都经济贸易大学2006年硕士学位论文,第三章第一节。

上市公司股票司法处置中的"减持预披露"问题研究

——以股票质押回购业务的违约处置为例

陆栋栋[*]

摘要:目前,司法和监管实务尚无关于上市公司股票司法处置与金融监管协同的顶层设计。在债务违约潮的大背景下,股票质押回购业务的违约处置数量大幅度攀升,而其中涉及的上市公司股票司法处置中的"减持预披露"问题为前述协同机制提供了较好的理论与实践交叉的研究点。基于金融司法与金融监管协同的研究指导思想,本文通过监管与司法的规定和实践梳理,分析"减持预披露"规定的效力、影响及背后的监管与司法各自考量,并针对司法与监管关于"减持预披露"的非协调性问题,提出明确规定效力、完善协同机制、协同规范当事人履行义务的三项建议对策,以期保障司法处置顺利进行、实现证券市场有效风险监管。

关键词:减持预披露;股票质押违约处置;司法与监管协同

一、问题提出

深交所在关于对重庆莱美药业股份有限公司(以下简称莱美药业)持股5%以上股东邱某的监管函中[1],认为邱某因司法强制执行,未在被动减持莱美药业股份的15个交易日前披露减持计划,属于违反《上市公司股东、董监高减持股份的若干规定》(以下简称《减持规定》)的行为。证监会《减持规定》第8条第1款要求上市公司控股股东及持股5%以上股东(以下统称大股东)、董监高通过集中竞价交易减持股份的,应当提前15个交易日向交易所报告(以下简称"减持预披露"),并在第4条第

* 陆栋栋,前执行法官、现复旦大学法学院硕士研究生在读。

〔1〕 参见深交所创业板监管函〔2021〕第37号。

2 款明确因司法强制执行减持股份的按照该规定处理。而在上市公司股票司法处置中，现行法律、行政法规及司法解释并无有关“减持预披露”的明确规定。“减持预披露”规定的效力争议及适用方式不明在一定程度上凸显了金融司法与金融监管之间的非协调性问题。基于协同上市公司股票司法处置与证券市场风险监管的研究目的，笔者针对股票质押回购业务的违约处置涉及的“减持预披露”问题，通过在证监会、深交所、上交所、中证登等官网及威科先行、法信等平台的信息检索，研究行政监管、行业自律的规定及监管实践（证监系统所有案由涉及“违规减持、信息披露违法或虚假记载”关键词的行政执法文书，深交所于 2020 年 5 月 1 日至 2021 年 6 月 18 日作出的监管函、2020 年 10 月 30 日至 2021 年 6 月 18 日作出的纪律处分）、司法文件、裁判文书，分析“减持预披露”规定的效力、对处置行为和证券市场的影响及背后的金融监管考量、司法实践态度，并从金融司法和金融监管协同的角度，对完善上市公司股票司法处置中的“减持预披露”机制提出建议对策。

二、现状研究

（一）监管规定

依据证监会《减持规定》，上交所和深交所各自制定了相应实施细则。[1]

1.《减持规定》适用范围

《深圳证券交易所上市公司股东及董事、监事、高级管理人员减持股份实施细则》（以下简称深交所《实施细则》）第 2 条第 2 款规定本细则适用于因司法强制执行的减持，《上海证券交易所上市公司股东及董事、监事、高级管理人员减持股份实施细则》（以下简称上交所《实施细则》）与其基本一致。另外，深交所也在监管问答中明确答复：司法强制执行按照具体执行方式适用深交所《实施细则》。[2]

2.“减持预披露”内容

深交所《实施细则》和上交所《实施细则》（以下统称交易所《实施细则》）与《减持规定》基本一致，“减持预披露”应包括减持股份的数量、来源、减持时间区间、方

〔1〕 参见《上海证券交易所上市公司股东及董事、监事、高级管理人员减持股份实施细则》《深圳证券交易所上市公司股东及董事、监事、高级管理人员减持股份实施细则》。

〔2〕 参见《关于就〈深圳证券交易所上市公司股东及董事、监事、高级管理人员减持股份实施细则〉有关事项答投资者问（二）》：通过集中竞价交易执行的，适用深交所《实施细则》关于集中竞价交易减持的规定。通过大宗交易执行的，适用深交所《实施细则》关于大宗交易减持的规定。通过司法扣划、划转等非交易过户的，比照适用深交所《实施细则》关于协议转让减持的规定。

式、价格区间、减持原因等信息。[1] 另外，针对上市公司大股东、董监高减持情形，交易所在业务指南中，对违约处置（除协议转让方式），均要求会员在违约处置报告中填写“融入方是否为上市公司大股东、董监高”的特别提示说明，对以交易方式进行违约处置的，要求会员书面报告交易所。[2]

3. 未履行“减持预披露”义务的后果

针对上市公司大股东、董监高未履行“减持预披露”义务，证监会在《减持规定》中规定了证监会根据违规情况采取责令改正、给予行政处罚、依法予以查处、市场禁入等措施，交易所可以视情况采取监管函、纪律处分、限制交易等措施。[3] 交易所《实施细则》对《减持规定》进行了具化[4]，在其他规定中对会员即证券公司，仅有暂停、终止股票质押回购交易权限的模糊描述。[5]

（二）监管实践

1. 通过交易系统进行违约处置

根据深交所在2020年5月1日至2021年6月18日作出的监管函、2020年10月30日至2021年6月18日作出的纪律处分，共有针对违约处置中未履行“减持预披露”义务的13份监管函、4份通报批评等自律监管措施，其中因司法强制执行的1份。根据证监会行政执法文书检索，暂无任何证券公司和上市公司大股东、董监高在股票质押违约处置中因违反《减持规定》第8条受到行政处罚。

2. 通过质押证券处置过户、协议转让进行违约处置

处置过户时，交易所要求会员在违约处置报告中对“融入方是否为上市公司大股东、董监高”的特别提示栏进行填写。对于协议转让，交易所并无关于前述特别提示要求，仅规定转让双方在转让前通过上市公司进行提示性公告。[6]

（三）司法文件

目前，司法解释层面无有关上市公司股票处置“减持预披露”的明文规定，司法实

---

〔1〕 参见深交所《实施细则》第13条，上交所《实施细则》第13条。

〔2〕 参见《上海证券交易所股票质押式回购交易业务会员指南》《深圳证券交易所股票质押式回购交易会员业务指南》。

〔3〕 参见《减持规定》第13条、第14条、第15条、第17条、第18条。

〔4〕 参见深交所《实施细则》第15条、上交所《实施细则》第17条，规定了书面警示、通报批评、公开谴责、限制交易等监管措施或者纪律处分。

〔5〕 参见《股票质押式回购交易及登记结算业务办法》（2018年修订）第10条、第11条。

〔6〕 参见上交所《关于通过协议转让方式进行股票质押式回购交易违约处置相关事项的通知》和深交所《关于通过协议转让方式进行股票质押式回购交易违约处置相关事项的通知》。

践层面主要有上海金融法院和深圳中院有关上市公司股票司法处置的工作规定。深圳中院仅规定买受人依法履行法律、行政法规对上市公司股票变更的信息披露要求。[1] 上海金融法院规定上市公司股票处置以法律法规和司法解释为依据，参照适用证监会部门规章、规范性法律文件和交易所业务规则[2]，在大宗股票司法协助平台处置时不适用交易所业务规则[3]、由法院在平台公告拟处置信息[4]，法院在股票过户后3日内告知金融监管机构相关处置信息。[5]

（四）司法实践

目前，暂无直接涉及“减持预披露”的裁判意见，但在执行异议中，存在异议人援引证监会《减持规定》，认为司法处置未遵守该规定，从而主张处置行为无效，但法院并未予以支持的情形，且存在直接在裁判中认为司法处置不适用《减持规定》的情形。[6]

三、规定分析

（一）“减持预披露”规定的效力

1. 证监会《减持规定》

从该规定本身效力看，证监会依据《证券法》制定的《减持规定》属于部门规章，具有立法法意义上的法源效力，效力上低于法律法规，但根据最高人民法院《关于裁判文书引用法律、法规等规范性法律文件的规定》，其在司法裁判中并不属于裁判依据。从约束对象看，《减持规定》文义仅表明通过集中竞价交易减持的上市公司大股东、董监高受“减持预披露”限制。

2. 交易所《实施细则》

交易所《实施细则》作为自律性规范的性质如何、具有何种法律效力，目前仍无定论。从制定主体来看，交易所在《证券法》中被定位为自律管理组织[7]，系法律规定

[1] 参见广东省深圳市中级人民法院《关于强制执行上市公司股票的工作指引（试行）》第22条。

[2] 参见上海金融法院《关于执行程序中处置上市公司股票的规定（试行）》第4条。

[3] 参见上海金融法院《大宗股票司法协助执行平台操作规范》第11条。

[4] 参见上海金融法院《关于执行程序中处置上市公司股票的规定（试行）》第21条。

[5] 参见上海金融法院《关于执行程序中处置上市公司股票的规定（试行）》第39条。

[6] 参见孟某与中信证券股份有限公司保证合同纠纷案，广东省深圳市福田区人民法院（2018）粤0304执异1号。

[7] 参见《证券法》第99条。

的承担证券市场组织营运职能的非政府公共组织，具有一定的公共性和管理性，但又不同于行政法上的授权组织，不具有立法法意义上的授权立法权。从交易所与会员的关系来看，交易所实行会员制〔1〕，权力来源依据在于会员协议，自律性规范本质上是交易所行使契约权力所达成的章程规约。从交易所与上市公司的关系来看，交易所与上市公司的基础性法律关系在于《上市协议》，上市公司基于《上市协议》约定的义务遵守交易所业务规则。从交易所与交易者的关系来看，交易者基于与证券公司的开户协议、交易业务协议，需遵守交易所业务规则。综上所述，基于现行法判断，交易所《实施细则》本身仅对会员、上市公司、交易者具有契约性效力，一般不具有拘束第三人的法律效力。

具体到“减持预披露”规定，根据交易所《实施细则》，“减持预披露”的适用情形仅为集中竞价交易，义务主体为上市公司大股东、董监高。但结合交易所的股票质押回购业务指南关于会员违约处置需书面报告涉前述主体减持情形、在披露义务主体未履行信息披露义务时提交已督促证明材料的规定，《交易及登记结算办法》附件中关于融入方与融出方业务协议中“融入方同意融出方向监管机构报送及披露违约信息”的必备条款，证券公司虽非“减持预披露”的直接义务主体，但负有督促义务主体履行、书面报告交易所的义务。如根据深交所公司部监管函〔2020〕第56号，国元证券于2020年8月10日致函天津物产告知其将采取违约处置行为，于2020年8月18日通过二级市场集中竞价交易方式卖出河钢资源大股东天津物产质押的河钢资源股票，天津物产因违反深交所《实施细则》第13条受到监管函措施，但国元证券未被认为违反该规定而受到监管措施，可从中推测认为证券公司非深交所《实施细则》第13条“减持预披露”主体，且报告期限短于15日。

（二）对处置行为及证券市场的影响

1. 对处置行为的影响

对处置行为效率和溢价的影响。“发生无限售流通股违约时，履行‘减持预披露’义务将导致无法在较短时间内在二级市场卖出标的证券，而必须在违约后的15个交易日后才有可能进入处置环节”〔2〕，存在处置价格错过行情高点的可能；“减持预披露”需要大股东、董监高及上市公司配合，在具体实践中也有可能造成处置效率

〔1〕 参见《证券法》第101条。

〔2〕 中信建投证券股份有限公司：《股票质押回顾业务的风险管理体系与处置实务研究》，载《中国证券业2018年论文集》，中国财政经济出版社2019年版。

下降的情形。[1] 另外,存在其他债权人抢先司法冻结的可能,由此产生轮候查封及首封法院处置、商请移送等问题。

对处置行为的所有权变动效力的影响。因场内交易存在"交易担保状态"和"交易交收完成"两种状态,根据《民法典》关于动产物权变动的交付规则,理论上存在交易所在结算过程中叫停交易交收结算的可能,导致无法完成股票所有权变动;实践层面上,在本文检索的因未履行"减持预披露"义务而受到监管措施的案例中,上市公司事后关于股权变动的公告均表明交易成功完成过户。[2]

对处置行为的涉案当事人的影响。如未履行"减持预披露"义务,上市公司大股东、董监高会受到交易所自律监管措施,如监管函、纪律处分等,证券公司可能受到暂停、终止股票质押回购交易业务权限的处分或行政处罚。[3]

2. 对证券市场的影响

在二级市场的场内交易中,上市公司大股东、董监高未履行"减持预披露"义务,特别是违约处置往往为大额抛售,可能使投资者产生上市公司估值偏高或经营不佳的信息猜测,引起跟抛,极易导致股价低迷、股市走低,对市场产生负面影响,极端情况下可能引发系统性风险。另外,委托代理理论下可能存在的大股东、董监高减持套利,会损害中小投资者利益。在"减持预披露"限制下,上市公司大股东、董监高将提前 15 日预披露具体减持信息,特别是因司法强制执行的被动减持。这有利于通过信息披露机制引导投资者理性看待大股东、董监高减持,保障市场公开、透明,从而发挥有效市场的运行作用,稳定证券市场秩序。

(三)金融监管考量和司法实践态度

1. 金融监管考量

因金融交易业态的迅速变化及立法上对法外金融创新的默许容忍态度,金融立法上往往以监管部门出台部门规章规制为主。在交易所自律监管层面,交易所很大程度上作为证监会"行使证券市场交易监管"职能的代理机构在运行,因而对证券交易的监管规制往往由交易所业务规则来具化实现。对于"减持预披露",监管规定将

[1] 中信建投证券股份有限公司:《股票质押回顾业务的风险管理体系与处置实务研究》,载《中国证券业2018 年论文集》,中国财政经济出版社 2019 年版。

[2] 参见深交所 2021 -025 莱美药业公告。

[3] 经证监会行政执法文书和交易所监管信息公开的检索,暂无现实案例。

司法强制执行等情形也纳入其中，其关注点在于“信息不对称下投资者的逆向选择”〔1〕可能导致有效市场丧失以及由此可能带来的证券市场大幅波动。出于防范系统性风险和保护中小投资者的考量，监管机构认为因司法强制执行的被动减持，仍需受到风险监管下必要的预披露限制。

2. 司法实践态度

根据上海金融法院和深圳中院关于上市公司股票司法处置的工作规定，结合有相关明确裁判意见的执行异议审查案件〔2〕，司法实践倾向于认为证监会《减持规定》效力低于法律法规，不应作为裁判依据，人民法院在网拍平台上整体处分实际控制人涉案股票，拍卖成交的买受人将取得涉案股票的所有权益，包括大股东的身份及控股权，不属于《减持规定》规制的减持情形。司法实践态度的主要依据在于司法对行政行为具有的司法审查权、司法裁判依据的高位阶性，司法活动当然不受效力层次低于法律、行政法规的部门规章约束。同时，虽然金融监管部门对市场风险的监管判断具有一定的专业性，但司法在金融风险治理中完全处于配合监管机构的定位的观点，因本身并不具有合法性和合理性而受到司法实践的排斥。

四、建议对策

（一）明确“减持预披露”规定的法律效力

1. “减持预披露”适用的必要性

“减持预披露”规定，是金融监管机构基于证券市场风险监管，通过预披露消除信息不对称和延长减持周期，以防范上市公司大股东、董监高减持可能导致市场大幅波动、规制其套利损害中小投资者。在司法处置领域，上市公司大股东、董监高的被动减持，很可能因单笔交易量大、处置次数叠加，使得个股股价波动风险蔓延至证券市场整体，形成系统风险。另外，也可能存在上市公司大股东、董监高利用虚假诉讼形式规避减持规定的可能。此时，单个交易在司法程序中可能是合法有效的，但从诉请、审判、执行到处置过户整个过程很可能是违法的，乃至扰乱证券市场。〔3〕在面对上述金融风险时，“减持预披露”规定作为事前的金融监管规则相对于司法事后定位

---

〔1〕 参见张程等：《事前批露能够降低董监高减持的获利能力吗？——基于中国“减持新规”的实证检验》，载《金融研究》2020年第3期。

〔2〕 参见（2018）粤0304执异1号案件。

〔3〕 参见证监会〔2020〕31号行政处罚决定书，杨树坪未履行“减持预披露”的行为实质上达到编造、传播虚假信息或者误导性信息从而扰乱证券市场的程度。

于个体投资者权益保护、违法主体的损害赔偿惩罚的金融纠纷解决机制，在系统风险防范和整体投资者保护上具有更强的及时性、针对性。

2. 以确认违背公序良俗的方式承认法源效力

一方面，依据《全国法院民商事审判工作会议纪要》对强制性规定的识别，“减持预披露”规定并非效力性强制性规定，也非《民法典》第 153 条中的法律、行政法规，不足以否定违反其的行为效力。另一方面，在保持《立法法》对现有规范性法律文件的效力规定的基础上，“减持预披露”规定无法作为司法裁判的依据，仅具有参照适用意义。正是“减持预披露”在司法活动中的裁判依据意义上的效力缺失，导致司法实践与金融监管关于“减持预披露”规定适用存在争议。

在传统立法路径之外，司法实践可以通过公序良俗的转介在裁判依据意义上援引“减持预披露”规定，而且司法实践已有不少类似裁判先例，如股权代持问题。在裁判论证上，“减持预披露”所体现的事前信息披露义务，体现和维护的是稳定证券市场股价波动和消除证券市场信息不对称的公共利益，从而认定该监管规则具备公共政策的实质性，违反“减持预披露”规定即违背了公序良俗。基于该裁判进路，司法实践可将“减持预披露”规定转介为《民法典》第 153 条的公序良俗。

引致、转介的裁判进路在现行法框架下具有较大实践意义。一是在合法性层面上，并不违背《立法法》且有裁判先例可循；二是在实践操作层面上，可操作性、可行性远高于传统立法途径；三是在协同司法和监管的关系上，一方面尊重金融监管机构对于金融风险识别、测量而设计的专业性监管规则，另一方面保留对监管规则的实质审查，在法源上将效力局限于个案，但在实践中通过类案裁判指导制度予以适用。

3. 以确认“金融习惯法”的方式确认法源效力

交易所业务规则作为自律性组织的契约权力行使的结果，对与其有会员协议的会员、有上市协议的上市公司、与会员有开户及业务协议的交易者具有合同约定的拘束力。合同约定的拘束方式，一定程度上使监管规则通过个体意思自治的方式发挥监管规制作用，[1]并可在司法上作为请求权基础。以合同条款方式实现监管固然有其灵活性，但缺乏对一般第三人的效力，且其违反后果也仅仅是违约责任，难以真正起到禁止规范或命令规范的作用。

交易所业务规则因其在证券交易中作为行业交易习惯长期、普遍的实践适用，而被交易者所知悉并遵守，在取得法律确信之后，实际上已经具有民法意义上的“习惯”

〔1〕 参见鲁篱：《论金融司法与金融监管协同治理机制》，载《中国法学》2021 年第 2 期。

效力。交易所有关"减持预披露"的业务规则,本身具有可以普遍适用的规范属性,且已在实践中得到交易者长期遵守和规范确信,对于交易者具有可预见性和应当遵守性。法院可在《民法典》第10条进路上选择"减持预披露"作为"金融习惯法"适用,因民事规范填补金融法漏洞的局限性及金融法规制领域的独特性,在无金融法律规范的情况下以"金融习惯法"优先于一般民事法律的漏洞填补方式,[1]论证说明其法源效力。当然,当事人也可在个案中自行举证证明"减持预披露"规定为"金融习惯",请求法院适用"习惯"对违反"减持预披露"规定的行为是否违法进行裁判。

(二)完善处置法院与交易所的协同机制

上市公司股票司法处置,不仅关涉申请执行人胜诉权益的实现,同时也影响证券交易市场稳定和整体投资者保护。[2] 在兼顾个案处置行为和系统风险监管上,法院主动参与金融风险治理,有司法服务大局、法社会学意义上的正当性,同时司法裁判具有的确定性和威慑力,也有助于更好实现有效监管。[3]

1.完善可售冻结模式下的指令集中竞价交易

"减持预披露"的规制对象为场内集中竞价交易减持,而在该司法处置过程中暂无明确的金融司法与金融监管协同机制,特别是处置法院与交易所之间。上海金融法院与深圳中院的工作指引也仅仅是大框架性地规定了法院及时向监管机构通报相关信息。

在该司法处置方式中,法院向质押股票的托管证券公司发出变价裁定和协助执行通知书,指令证券公司营业部在30个交易日内通过集中竞价方式卖出。在最高人民法院与证监会统一发文形成工作机制时机尚未成熟之前,各处置法院可通过函询方式,在变价指令发出前向交易所调查质押股票原权利人是否负有"减持预披露"义务,如存在需履行的义务,则在向当事人和证券公司营业部发送变价法律文书时一并寄送交易所回函所附调查结果,由相关当事人自行报告交易所。针对处置法院的函询,交易所形成标准、规范的对接、回复机制,回函内容既包括质押股票所涉特殊主体的情况,也应包括具体对应的监管规定程序要求。

[1] 参见季奎明:《金融市场基础设施自律管理规范的效力形成机制》,载《中外法学》2019年第2期。

[2] 参见《关于〈上海金融法院关于执行程序中处置上市公司股票的规定(试行)〉的解读》,载上海市法学会编:《上海法学研究》集刊(2020年第8卷 总第32卷)。

[3] 参见鲁篱:《论金融司法与金融监管协同治理机制》,载《中国法学》2021年第2期。

2. 应对司法网拍可能带来的证券市场大幅波动

在字面意义上，司法网拍作为场外处置方式，不同于《减持规定》所规制的集中竞价交易，但从“减持预披露”的针对风险来看，司法网拍处置上市公司大股东、董监高的股份，同样可能导致场内市场的短期大幅波动。因此，有必要参照“减持预披露”规定，处理上市公司大股东、董监高因司法网拍的被动减持。

在现行网拍流程中[1]，一是参考实施“指令集中竞价交易”中的“函询—回复”的处置法院与交易所协同机制，处置法院额外在拍卖公告中披露上市公司大股东、董监高减持信息；二是考虑到网拍平台与场内交易系统的非同一性，处置法院挂拍时应另行将挂拍信息函告交易所，交易所如未收到相关当事人申报，可向上市公司问询。

(三)司法和监管协同规范当事人履行义务

针对上市公司大股东、董监高，证监会及各地证监局可在其未履行“减持预披露”义务时依法作出行政处罚或行政监管措施，交易所可通过监管函、通报批评乃至限制交易等自律监管措施实现对其违规行为的否定性评价；处置法院可在“函询—回复”后随变价法律文书附带通知其在监管上存在预披露义务，对于未履行“减持预披露”义务导致扰乱执行处置的，可以依据《民事诉讼法》关于扰乱审判秩序的规定，予以罚款、拘留等司法处罚。

针对证券公司，因托管证券公司一般与案件申请执行人(两融业务的融出方)为同一主体，交易所可依据契约性权力，在业务上要求证券公司在收到法院变价指令当天，向交易所报告涉“减持预披露”主体情形，特别是法院执行中往往无法有效送达被执行人，如证券公司对上市公司大股东、董监高未依法履行义务存在未书面报告交易所、未督促信息披露等过错行为，监管机构可依法依规对其作出暂停股票质押回购业务交易权限、行政处罚等措施。处置法院在司法网拍中，可在送达拍卖裁定时附带通知证券公司存在预披露义务的情形，并将证券公司已履行督促信息披露的材料证明作为符合移送挂拍条件的要素之一。另外，在明确“减持预披露”规定具有法源效力情况下，法院在执行异议案件中，可支持异议人“处置行为因不符合‘减持预披露’规定而使得已完成的交易无效或者处置行为应中止”的主张，以使当事人和交易者产生法律预期和投资预期，从而促使作为申请执行人的证券公司积极行使督促信息披露

---

[1] 目前司法网拍平台主要为淘宝和京东，平台为司法处置提供第三方平台服务，并不直接参与交易，处置法院一般提前30日向平台提交拟处置标的拍卖信息，竞买人在平台向法院报名后，直接在平台进行竞拍，拍卖完成后由处置法院予以出具确权裁定。

的义务或者主动向交易所报告。

五、结语

司法与监管对于“减持预披露”规定的非协调性理解和实践，不仅可能使司法处置受到处置中止、交易过户受阻等不利影响，而且使证券市场的风险监管面临信息披露存死角、变相减持有空间乃至与司法冲突的治理难题。在现行法框架下，《减持规定》本身具有的规制上市公司大股东、董监高因司法强制执行而被动减持的部门规章效力，难以得到司法处置的依据性认可，参照适用也在较大程度上停留于字面。为有效改善“减持预披露”规定在司法处置中的真空状态，“实现投资者保护和市场公开透明，防范系统性风险”[1]，保障司法处置的顺利进行，笔者认为，应着重考量“减持预披露”的监管目的，明确其转介为“公序良俗”或作为“金融习惯法”的法源效力，通过法院与交易所的协同机制、司法与监管协同规范当事人履行义务，从而达成金融司法与金融监管在股票质押回购业务违约处置上的协同。

〔1〕 鲁篱：《论金融司法与金融监管协同治理机制》，载《中国法学》202[illegible]年第2期。

适当性义务责任主体范围演进的实证研究

王　锐*

摘要:传统上适当性义务责任主体为金融中介,《全国法院民商事审判工作会议纪要》将该主体范围拓展为金融产品发行人与销售者,有利于加大中小投资者保护力度,使向多主体追索成为可能;但同时应避免正常金融产品风险与交易风险的界限混淆。由于销售者与发行人承担责任的机理并不相同,销售者与具备销售者身份的发行人承担适当性义务,不具备销售者身份的发行人其责任承担的基础在于金融产品代销模式下其与销售者之间的代理关系或代理协议约定。审判实践中销售者与发行人承担共同责任的方式除连带责任外还包括补充责任,须由法院结合个案案情,综合考虑发行人与销售者过错情况、各自过错行为对投资者损失的原因力等因素做出综合判断。

关键词:适当性义务;《九民纪要》;《民法典》;连带责任

前　言

《全国法院民商事审判工作会议纪要》(法〔2019〕254号,以下简称《九民纪要》)第74条事实上变更了传统的适当性义务责任主体范围,将其拓展至产品发行人与销售者。这一规定有利之处在于加大了金融消费者或中小投资者保护力度,使向多重主体同时追索成为可能。然而,责任主体范围的拓展可能造成正常金融产品风险与交易风险的界限混淆,加大了司法实践中准确适法、厘清责任的难度。如近年来已屡屡出现私募基金违约、底层资产为债券的资管产品违约后,部分投资者选择向更富有财力的代销银行请求赔偿之现象;代销银行出于商誉维护、监管规避等考虑不得不赔

* 王锐,国家法官学院民商事审判教研部教授。

付甚至全额赔付投资者损失,而真正违约的发行人却可以逃避部分甚至全部责任,投资者也可因此将自身投资风险向代销银行转嫁。[1] 此例一开,不仅对部分当事人难言公平,在一定程度上还助长了"刚兑信仰"的回潮,甚至放纵了金融风险在不同细分市场的传导与外溢,与立法宗旨背道而驰。为此,本文基于实证研究结果,从适当性义务责任主体范围规定的历史演变展开,讨论两类主体——发行人与销售者承担义务与责任的不同法理基础,并结合《民法典》就发行人与销售者何时以及以何种方式承担共同责任进行讨论。

一、适当性义务制度及责任主体范围的演变

"适当性"指卖方金融机构提供的产品或服务应符合投资者需求与情况,即要求金融机构与投资者交易时遵循一定的标准,并依据此类标准评价其所提供的产品、服务、采取的交易策略或交易方式等。[2] 适当性义务则指金融机构应当基于上述标准承担起向投资者合理推荐、适当销售金融产品(服务)的义务,反之则可能导致承担法律责任的后果。适当性义务制度引入我国仅10余年,但与我国法体系较为契合,目前已被主要金融业基本法(或草案)[3]所吸纳,并在司法机关的能动适用下较好发挥了规制金融市场不当销售行为、维系市场诚信公平的作用。

(一)适当性义务制度的发展演进

适当性义务本身发源于普通法系,虽然从语源考察其最初出现在美国证券自律

---

〔1〕 如2020年年底工商银行代销的鹏华资产管理公司"鹏华聚鑫资管计划"最终就是由代销中介——工商银行提出并执行了全额兜底兑付方案的。参见仇兆燕:《年化收益4.1%,工行代销的理财产品都能爆雷?》,载百家号2020年10月21日,https://baijiahao.baidu.com/s?id=1681140834183515981&wfr=spider&for=pc。

〔2〕 评价的具体标准包括投资者的目的与需求、金融知识、金融经验、财务状况、风险偏好与风险承受力(包括资本损失的风险)等;在复杂产品的销售中还包含其他附加标准,如投资者定期追加投资、提供额外抵押,以及理解复杂金融产品的能力等。评价标准视销售方式(直接执行交易指令、提供建议并销售、个人投资组合管理等)、产品的复杂性与风险程度(一般金融产品与复杂金融产品),以及投资者类型(零售投资者、机构投资者、专业投资者等)不同而有所不同。

〔3〕 参见《证券投资基金法》第98条,《证券法》第88条,《商业银行法(修改建议稿)》第73条,《期货法(草案)》第116条、150条等。

组织规则之中，诞生于大萧条之后[1]，但其制度渊源远不止于此，而是可以追溯到普通法系历经数百年的合同默示担保责任演进历史中。[2] 尽管普通法是该制度诞生的母体，但晚近以来这一制度开始与其他法系进行融合。范例之一就是欧盟通过MiFID与MiFID II对于适当性义务的移植、继受与发展[3]，并形成了不同于普通法的法定适当性义务规则，包括投资者分级与评估分类制度等，此后又经由欧盟一体化渠道反作用于普通法系国家（如英国）。

适当性义务制度引入我国总体较晚，21世纪初才最早出现在我国监管机关颁布的文件之中。[4] 但一经引入，这一制度就与我国法体系产生难以言明的契合，以至于在短短十几年间，不但主要金融立法（或草案）基本完成了法定义务设定，而且司法适用层面也形成了相对统一的政策与规则。总体而言，经历了中国本土化的适当性义务制度与美国制度存在以下两点主要不同：一是美国法下该制度由自律规则向监管规则、再向法院裁判规则缓慢演进，近百年发展却仍未纳入立法之中，罗斯教授就曾指出：（美国）国会拒绝在联邦法体系中为遭受不适当产品推荐之侵害的投资人提供救济，构成了难以想象的错误；[5] 而在我国法体系中，该制度一经引入便得到立法机关、司法机关、监管机构、自律组织的共同认可，并已被写入主要金融业立法。[6] 二是美国制度的发展过于依赖市场与自律的力量，适当性义务规则散见于低位阶的多部自律规范与监管规则中，相近行为的规制大相径庭[7]，规则碎片化特征明显，制度功能难以得到充分实现；而我国的适当性义务制度发展展示多方合力，规则基本统一，而且越来越多地在监管实践、司法实践中得到应用，成为规制金融市场不当销售

---

〔1〕 美国证券交易商协会（NASD）最早在1938年的《公平交易规则》（Rules of Fair Practice）第3条第2款中规定了适当性义务。此后，该规则被写入“行为准则”（NASD Conduct Rule 2310），又名“对客户的推荐（适当性）”（Recommendations to Customers, suitability）。

〔2〕 参见王锐：《金融机构的适当性义务研究》，法律出版社2017年版，第89～102页。

〔3〕 参见2004年的《金融工具市场指令》（The Markets in Financial Instruments Directive, 2004/39/EC, MiFID）及其升级版本（Directive 2014/65/EU, MiFID II）。

〔4〕 参见原银监会于2005年颁布的《商业银行个人理财业务管理暂行办法（征求意见稿）》、深圳证券交易所于2009年颁布的《创业板市场投资者适当性管理暂行规定（征求意见稿）》等。

〔5〕 See Louis Loss, *The Assault on Securities Act Section* 12(2), 105 Harvard Law Review, 908 - 916 (1992).

〔6〕 参见《证券投资基金法》《证券法》《商业银行法（修改建议稿）》《期货法（草案）》等。

〔7〕 如美国证券经纪商适用适当性义务规制、证券投资顾问适用信义义务规制，期货公司、部分保险公司以及部分银行销售金融产品的行为又不受规制，同类行为不同规制的现象出现，引发监管规避，造成消费者混淆，不利于构建公平合理的市场环境。

行为的有效工具。适当性义务制度在中美的不同发展路径与功能实现，恰恰是我国重视协同治理、整体治理、以人民为中心的治理制度向治理效能转化的鲜明例证。

(二)适当性义务责任主体范围的发展变化

1. 域外法关于责任主体范围规定的演进

在美国证券法领域，早期受适当性义务约束的主体仅为证券经纪商(broker - dealer)。经纪商的诞生是专业分工细化的产物，也是有利于投资者本身的，如 Bruce Ian Carlin 和 Simon Gervais 通过零售市场理论模型建构，分析了金融机构在销售产品时引入经纪商可以提升效率。[1] 但对经纪商的薪酬结构研究又揭示：现有的佣金模式可能导致经纪商对投资者作出不恰当的购买建议[2]，这就推动了对经纪商进行规制的观点出现，即在金融市场上的传统买卖双方之外普遍出现了第三类主体——金融产品销售者(经纪商)；销售者在金融交易中发挥着承上启下的重要作用，是直面投资者尤其是零售投资者的主体，故此对其应当有一定的法律制度安排，以保护可能存在的非理性选择的零售投资者，从而在金融机构(产品发行人)、经纪商、投资者之间进行适当的权责分配，以实现社会福利的最大化。[3] 正是基于这一理念，美国证券自律行业先后对作为自律组织成员的经纪商规定了细节内容略有差别的适当性义务规则，如美国全国证券交易商协会(National Association of Securities Dealers, NASD)制定的《公平交易规则》[4]和《行为准则》[5]、纽约交易所(The New York Stock Exchange, NYSE)制定的《纽交所规则》[6]，以及此后的集大成者美国金融业监管局

[1] See Bruce I. Carlin & Simon Gervais, *Legal Protection in Retail Financial Markets*, Review of Corporate Finance Studies 1, p. 68 - 108(2012).

[2] See Roman Inderst & Marco Ottaviani, *Financial Advice*, Journal of Economic Literature, Vol. 50:2, p. 494 - 512(2012).

[3] See Bruce I. Carlin & Simon Gervais, *Legal Protection in Retail Financial Markets*, Review of Corporate Finance Studies 1, p. 68 - 108(2012).

[4] NASD 1938 年的《公平交易规则》第 3 条第 2 款规定了作为其会员(member)的券商应当承担适当性义务，以保护不具投资经验的交易者不受欺诈。这一规则先后被 NASD 与 FINRA 规则所替代。

[5] 1997 年，NASD《公平交易规则》中的适当性原则被并入对会员与客户进行交易的"行为准则"(NASD Conduct Rule 2310)中，即广为人知的"对客户的推荐(适当性)"条款。现已被 FINRA 规则替代。

[6] 如《纽交所规则》第 405 条，即"关于账户的谨慎"(Diligence as to Accounts)，要求作为 NYSE 会员的券商在为顾客开设、监督、批准账户时，应以适度的谨慎(due diligence)去获取客户的重要信息；《纽交所规则》第 472 条也规定券商在以调研报告形式做出推荐时，须存在合理的基础，且报告内容必须包含对风险的讨论。现已被 FINRA 规则替代。

(The Financial Industry Regulatory Authority,FINRA)适当性义务规则等。[1] 1967 年美国证券交易委员会(United States Securities and Exchange Commission,SEC)将非自律组织会员身份的经纪商也纳入适当性义务规制范围[2],从主体范围上体现为由部分经纪商承担义务向全体承担义务演变。

此外,美国法院对适当性义务主体范围扩展也发挥了独特的推动作用,主要是通过将更多产品界定为美国联邦证券法所规制的"证券",进而适用证券法律的方式实现的。美国联邦法院先后通过判例将外国银行发行的票据[3]、券商销售的存款凭证[4]、保险公司销售的变额年金[5]等产品认定为证券,进而认定销售这些产品的经纪商需要承担适当性义务。由此可见,美国法下适当性义务责任主体范围虽然经由司法、监管、自律组织的推动不断扩展,但整体没有脱离第三方中介的范围。只有在极为特殊的情况下,司法在个案中基于衡平考量才会对具备销售者身份的产品发行人进行规制。[6]

---

[1] FINRA 吸收了 NASD Rule 2310 与 NYSE Rule 405,并分别将两者转化为 FINRA Rule 2111,即"适当性"(suitability),与 FINRA Rule 2090,即"了解你的客户"(Know Your Customer),自 2011 年5 月 FINRA 开始实施新的适当性义务规则。Rule 2090 提出了"了解客户"要求,Rule 2111 则要求:所有作为 FINRA 会员的券商须有合理基础相信其所做出的证券交易建议或者与一项证券或证券组合相关的交易建议对客户而言是适当的。

[2] 1967 年,SEC 制定了 Rule15b10 -3,将非 NASD 会员身份的经纪商也纳入适当性义务要求之范围。据此,所有经纪商,不必一定是某个自律组织的成员,都必须承担向特定客户推荐符合其投资目标和需求的产品的义务。See Lewis D. Lowenfels & Alan R. Bromberg, *Suitability in Securities Transactions*, 54 Bus. Law. 1583(1999).

[3] 421 Y, S, 837 (1975),转引自 Douglas Mandated Branson & Karl Shumpei Okamoto, *The Supreme Court's Liberalism and The Definition of "Security" in The State Courts*, 50 Wash & Lee L. Rev. 1043 (1993).

[4] 参见[美]托马斯·李·哈森:《证券法》,张学安等译,中国政法大学出版社 2003 年版,第 24 页。

[5] *SEC variable Annuity Life Insurance Company*,359 U. S. 65(1959).

[6] 如 P&G v. Bankers Trust Co. 一案中,原告宝洁公司以违反信义义务为由起诉作为利率互换协议交易对手方的被告。原告主张,双方之间签署了两笔协议,而在第二笔交易达成之前,第一笔交易业已发生亏损,被告却未告知原告这一情况,因此被告违反了对原告的信义义务。审理法官虽然没有支持买卖双方之间存在信义义务的这种观点,但随即笔锋一转,认为虽两者之间不存在信赖,但被告故意隐瞒第一笔交易亏损的信息构成了对于合同默示义务(implied contractual duty)的违反,因此也存在过错。而由于被告既是卖方(利率互换协议的起草方与合同一方),又是利率互换协议的销售者,在其主张选择卖方身份(而非销售者身份)进而主张自身在产品销售中免除对客户的责任时,法院并未支持其主张。See Procter & Gamble Co. v. Bankers Trust Co. ,925 F. Supp. 1270 (S. D. Ohio 1996).

从其他国家或地区的法规范观察，在英国，金融业者（firm）在提供投资顾问服务与资产管理服务时都必须承担适当性义务[1]，很显然这也是针对中介的责任，否则提供服务的公司将会违反忠实义务。欧盟的适当性义务规则与英国类似，当在欧盟境内提供投资服务或从事投资行为的投资公司［具体包括证券经纪商、提供投资服务的信贷机构（银行）、提供个人资产管理服务或投资顾问服务的可转让证券集合投资计划（UCITS）基金管理公司，以及其他有资质的主体等］从事投资顾问、账户管理业务时，负有程度不一的适当性评估义务。

从国际组织规定观察，国际证监委员会组织（International Organization of Securities Commissions，IOSCO）于2013年1月颁布了《关于销售复杂金融产品的适当性要求报告》，明确适当性义务的承担主体是金融中介（intermediary），并要求金融中介采取合理步骤，以确保其提供的建议、意见或代替客户做出的交易决定是基于对金融产品结构与风险回报的合理评估，并且与客户的经验、知识、投资目标、风险偏好和损失承受能力相适应。[2] 巴塞尔银行监管委员会、国际证监委员会组织与国际保险监管组织于2008年联合发布《金融产品和服务零售领域的客户适当性报告》（以下简称《适当性报告》），在统计各国法律法规和行业实践的基础上披露：在大多数国家，不当销售金融产品的责任由销售者承担，而不是由产品的制造者（发行人）承担。[3] 由此可见，多数国家或地区在实践中选择以金融中介或销售者为承担适当性义务的责任主体。

综上所述，域外适当性义务责任主体范围，虽经立法、司法、监管、自律组织的共同推动得以不断拓展，但总体上仍然针对以金融中介为主体的金融产品销售者。

2. 我国法关于适当性义务责任主体范围规定的演进

从我国国内立法与监管机关发布的规范来看，《证券法》第88条规定，“证券公司”是适当性义务的责任主体，其覆盖范围包括从事证券经纪业务或资产管理业务的中介机构。《证券投资基金法》第98条则明确，“基金销售机构”是相应责任主体，包括直销业务中的基金管理人与代销业务中的中介。原银监会颁行的《关于规范商业银行代理销售业务的通知》十分重要，从行业监管与行业实践的角度揭示了适当性义

〔1〕 See UK FCA Handbook COBS9.1.3R.

〔2〕 See *Suitability Requirements With Respect To the Distribution of Complex Financial products*, International Organization of Securities Commissions, FR01/13, January 2013, para. 2.

〔3〕 See *Customer suitability in the retail sale of financial products and services*, Basel Committee on Banking Supervision, ISBN print: 92－9131－763－2, April 2008, para. 1.11.

务原则上应当由中介承担。这部作为行业主管机关颁行的对银行业进行监管的文件,认定代销商业银行(中介)应当承担适当性义务;至于与代销者存在代理关系的发行人,可以通过签订代销协议的方式约定双方的权利义务与法律责任,包括风险承担方式与比例。[1] 综上可见,适当性义务主体范围指向为包含中介的金融产品销售者。

与监管不同,最高人民法院司法政策对适当性义务承担主体范围作进一步扩张解释,第八次全国民商事审判工作会议将适当性义务承担主体确定为"卖方机构";[2]《九民纪要》将这一范围明确界定为"金融产品发行人、销售者以及金融服务提供者"[3],并于第74条明确规定了金融消费者既可以请求金融产品的发行人承担赔偿责任,也可以请求金融产品的销售者承担赔偿责任,还可以在特定情况下请求两者共同承担连带赔偿责任。由此,我国司法机关事实上推动了适当性义务主体范围由金融产品销售者向产品发行人的延伸。

二、关于适当性义务责任主体范围的实证分析

(一)研究方法

本文以2020年12月31日为时间节点,以中国裁判文书网与Alpha案例库为检索基础,通过在"法院认为"部分检索"适当性+投资者"关键词,并经人工排除无关案件,筛选出2020年年底之前民事案由下共373件裁判文书。不区分案件权重,就重要法律问题寻找大数据支持的主流裁判规则,并在司法经验基础上开展更进一步的逻辑分析,即"先归纳、后演绎"。

(二)纠纷审理全景数据展示

根据以上研究方法进行检索可见,最早的违反适当性义务纠纷案出现在2012

[1] 原银监会《关于规范商业银行代理销售业务的通知》第14条。

[2] 参见杨临萍:《当前商事审判工作中的若干具体问题》,载《人民司法(应用)》2016年第4期。

[3] 为行文方便,以下将"金融产品销售与金融服务提供"统称为金融产品的"销售","销售者"与"提供者"统称为"销售者"。其实服务虽然具有个性化特征,但金融领域的服务提供仍然需要符合某些基本规则或标准(无论是法定的、约定俗成的或行业通用的),在某种程度上近似于"标准化或部分标准化的产品",将金融服务视为产品亦可以助力司法在时而有心无力的合同法与"意思自治"之外,为金融交易规制提供某种新思路与新工具。

年[1],从2017年起此类纠纷开始较多涌入法院,从2018年起案件数量呈加速上升态势。如图1所示:

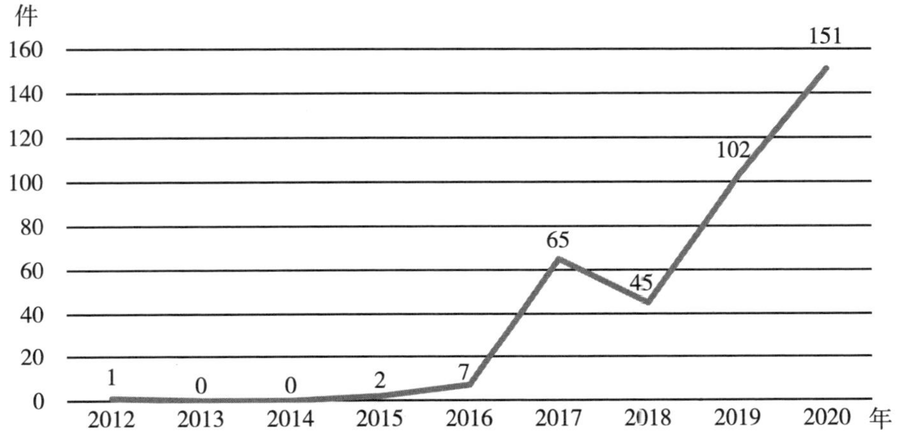

图1　违反适当性义务纠纷案件数量

其中以发行人为被告或部分被告的案件共64件,占比17.16%。如图2所示:

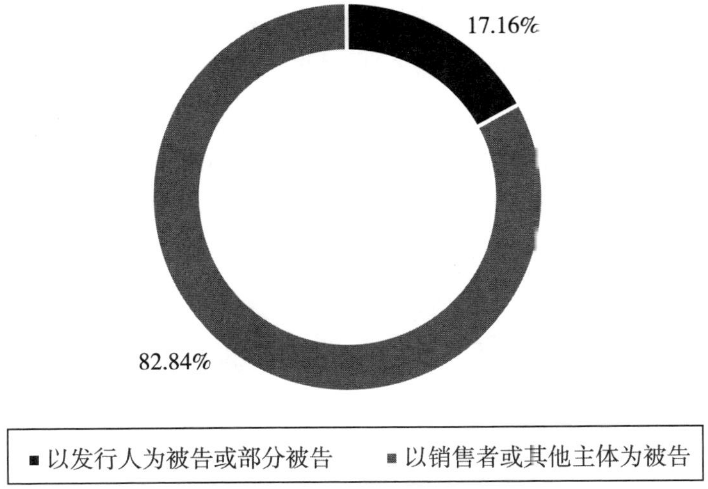

图2　以发行人为被告提起诉讼的比例

[1] 吴某与甲银行金融委托理财合同纠纷案,上海市第一中级人民法院(2012)沪一中民六(商)终字第164号民事判决书。

以上述 64 件案件为基数进行数据整理与分析可见，在全部以金融产品发行人为被告或部分被告的案件中，法院支持了 23 件案件中投资者提出的赔偿请求，占比 35.94%；驳回了 38 件案件中的投资者请求，占比 59.38%；另有 3 件案件因管辖权问题被驳回起诉，占比 4.68%。如图 3 所示：

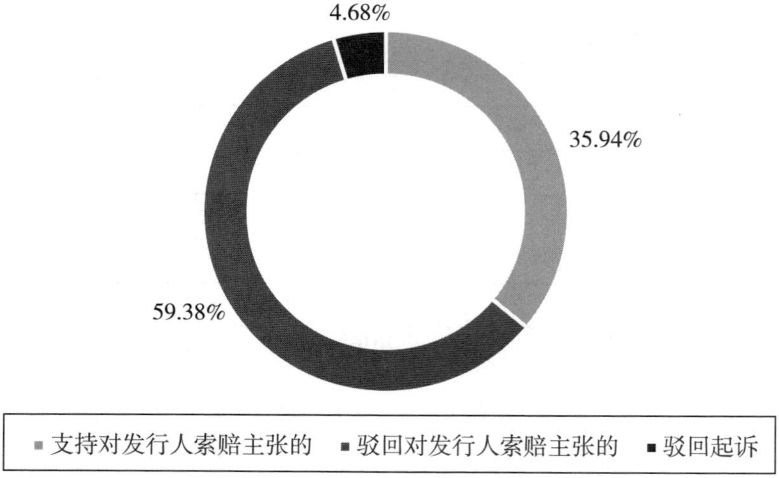

图 3　对发行人索赔案件的裁判结果

就法院支持对发行人索赔的 23 件案件，考察法院支持理由可见，其中 20 件案件中的发行人为销售者身份，即其采取直销模式，销售自身发行产品，法院认定其为适当性义务承担者，占比 86.96%；只有 3 件案件中发行人并非销售者，法院最终认定发行人与销售者共同承担因违反适当性义务而导致的损失赔偿责任，占比 13.04%。如图 4 所示：

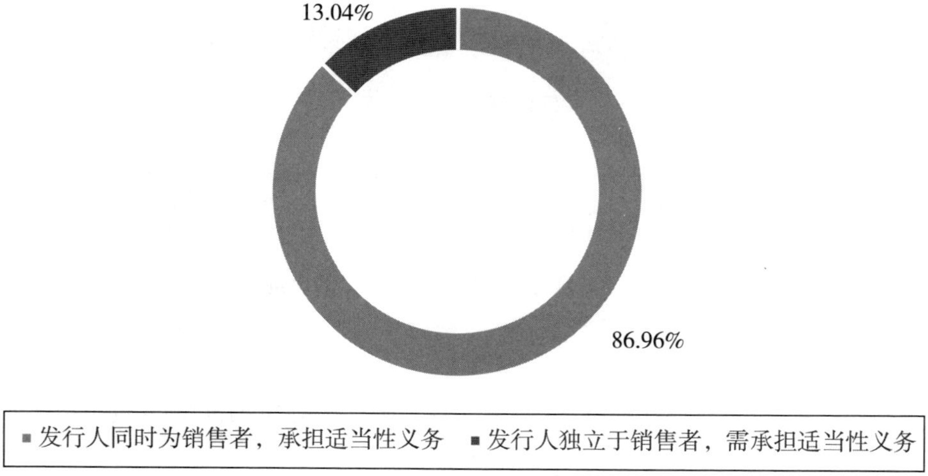

图 4　支持对发行人索赔的理由

综上所述，从图1～4可见，在投资者以发行人违反适当性义务而提出索赔请求的案件中，司法实践更倾向于支持具有销售者身份的发行人承担适当性义务，而不具有销售者身份的发行人承担适当性义务的判决较为少见，呈现裁判者对适当性义务责任主体适用范围扩张的自发谦抑。

三、适当性义务责任主体范围扩张及其限制的法理阐述

适当性义务是在双向信息不对称的情况下确保金融消费者知情权和自主选择权。[1] 适当性义务在当前被立法者、监管者、司法机关反复强调，其原因在于金融业存在信息不对称痼疾，尤其是随着金融衍生品的专业性和复杂性不断提升，投资者在信息方面处于明显劣势地位。信息的严重不对称容易诱发逆向选择和道德风险，导致金融市场发生失灵，使投资者蒙受不应有的损失。为有效保障投资者权益，金融机构负有适当性义务。[2] 由此可见，将适当性义务责任主体范围予以拓展，实际上是对投资者信息知情权、选择权的加重保障。

（一）从金融中介向作为销售者的发行人延伸

金融机构在市场上往往有多重身份，如既是产品的发行人，又是产品的销售者，此时其存在选择监管、规避监管的利益与冲动；相应地，立法者与监管者则需要对具备双重身份的金融机构之义务与责任予以明确。反面的案例如美国大量主体同时具有证券经纪商与投资顾问身份，由于两者规制法律不同，这就为部分经营主体逃避监管提供了游刃有余的“向下竞争”赛场。

尽管传统上金融中介与发行人责任不尽相同，但在当代二者却出现了合流的趋势。如大陆法系国家和地区通常认可在合同签订之前的谈判阶段中，买卖双方就互相负有一种诚信（good faith）义务，作为发行人的卖方也应秉承诚信原则进行谈判磋商，并为此过程中因有违诚信而导致的对方损失承担责任。对此最为著名的理论应为德国发展出的缔约过失制度，追究恶意磋商一方的先合同责任。法国的侵权责任法中对于卖方也有一种较为严格的责任设定，构成缔约过失制度的有效替代。

普通法系传统上更倾向于具有结果的终局性、确定性以及实用性的目标，整体上

---

〔1〕 参见刘志伟：《权利视角下证券投资者适当规则的拓展适用》，载《财经法学》2019年第6期。

〔2〕 徐某与平安银行股份有限公司北京丰台支行财产损害赔偿纠纷案，北京市第二中级人民法院（2018）京02民终7731号民事判决书。

并不要求信息披露与分享;[1]然而即使是在倡导“自我依赖”“个人责任”理念的普通法国家,近年来对于金融产品销售中卖方发行人是否应当对买方承担注意义务这一问题,其态度也开始转变。以 P&G v. Bankers Trust Co. 案为例,审理法官在一个原本崇尚高度意思自治与风险自担的利率互换协议交易案件审理中,认为被告既是发行人(利率互换协议的起草方与合同一方),又是利率互换协议的销售者,在其主张选择发行人身份而非销售者身份进而主张自身在产品销售中免除对客户的责任时,法院不支持其主张。对该案的一种评价认为:不能因为经纪商在交易中以本人身份从事交易,就否定其作为经纪商的义务存在。[2] 由此可见,在金融交易领域,尤其是高风险产品交易领域,发行人理应在销售产品的过程中,对客户负担与中介机构相类似的适当性义务。

诚如上文所述,如果金融机构在销售产品时被允许主张其发行人身份,则其往往会以自己与客户交易的过程中存在合理的自利需求为由,对投资者损失赔偿主张提出抗辩;此时,如果对金融机构利用客户无知而获利的情况不予规制,将在事实上造成默许金融机构通过主张发行人身份而免除产品销售者特定义务的后果。而作为恶性循环的一部分,若金融机构被允许在发行人身份与销售者身份之间自由选择前者,进而主张免除其作为销售者的义务承担,则会使金融机构有大肆推销或只推销自己开发的产品、自己利益最大的产品等冲动,剥夺客户知情权、选择权与公平交易权;更有甚者,会诱使金融中介通过设立综合性经营机构,在获取多重牌照后大肆监管套利,扰乱市场秩序。而在销售过程中将具有双重身份的金融机构统一视为销售者,对其施加中介与销售者应当负担的适当性义务,无疑对投资者的保护更为全面,也更有利于法律适用的一致性与可预期性。由此,适当性义务主体范围从专业从事销售业务的中介向兼具销售者身份的产品发行人延伸,从而使适当性义务成为针对销售者的制度安排,具有合理性与现实性。也就是说,适当性规则是从“销售者义务角度展开探讨的”。[3]

(二)从销售者向不具备销售者身份的发行人延伸

不具备销售者身份的发行人,其本身不从事销售业务,而是将销售外包给其他专

---

〔1〕 See Farnsworth & E. Allan, *Duties of Good Faith and Fair Dealing under the UNIDROIT Principles, Relevant International Conventions, and National Laws*, 3 Tul. J. Int'l & Comp. L. 47(1995).

〔2〕 See Norman S. Poser, *Restructuring the Stock Markets: A Critical Look at the SEC's National Market System*, 56 N. Y. U. L. Rev. 883(1981).

〔3〕 王锐:《金融机构的适当性义务研究》,法律出版社 2017 年版,第 45 页。

业销售(中介)机构,并与其签订代销代理协议;而销售者受发行人委托,为其寻找客户,以获取佣金作为回报。有主张认为,不具备销售者身份的发行人承担适当性义务,其理论基础在于发行人与销售者之间具备代理关系,代理人的行为后果及于委托人。国际组织《适当性报告》也指出:"如果销售者基于其所在地法律是以一种委托代理关系销售产品的,则产品的制造者(发行人)可能承担法律责任。"[1]此时,关于不具有销售者身份的发行人是否需承担适当性义务以及违反义务之责任,需要结合我国《民法典》基本规范、金融行业立法与实践做具体分析。

销售者接受发行人委托而为销售推荐行为,可构成我国《民法典》第919条所规定的委托合同法律关系。销售者与发行人通过签订代理协议的方式约定双方的权利和义务,包括风险与责任承担,由此销售者可以通过内部约定将违反适当性义务的损失分摊给发行人,发行人也可以通过内部约定免责。此时,不具备销售者身份的发行人即使承担责任,法理基础也在于金融产品代销模式下其与销售者之间的代理关系及代理协议约定,并非基于法定的适当性义务。从我国金融行业立法角度观察,《证券法》第88条、《证券投资基金法》第98条、《商业银行法(修改建议稿)》第73条、《期货法(草案)》第188条虽然分别规定了证券公司、基金销售机构、商业银行、期货经营机构的适当性义务,但并未将适当性义务延伸至这些金融机构所代销产品的发行人。在监管实践层面,我国监管实践与行业惯例也支持这一"代销代理承担义务与责任、发行人通过约定确定责任"的观点,如原中国银监会《关于规范商业银行代理销售业务的通知》,中国人民银行、中国银行保险监督管理委员会、中国证券监督管理委员会、国家外汇管理局《关于规范金融机构资产管理业务的指导意见》等。

从学理角度分析,适当性义务是作用于金融领域、用于破除金融产品销售环节信息不对称痼疾而创设的制度,其规则诞生之初针对的就是流通环节的金融机构,暂且不提部分金融产品发行人本身并非金融机构(如上市公司),此类发行人即使存在违约或过错行为也可受到严格责任或反欺诈规则等约束。总之,针对发行人与销售者的规制体系不尽相同,法定适当性义务难以向不具备销售者身份的发行人延伸,但因受托销售者违反适当性义务导致的责任则可能依据约定转移至发行人。

(三)对适当性义务主体范围扩张的限制

金融产品具有风险性特征,表现为金融产品收益的不确定性,以及给交易主体的

---

〔1〕 *Customer suitability in the retail sale of financial products and services*, Basel Committee on Banking Supervision, ISBN print: 92-9131-763-2, April 2008.

生活、生产等活动带来非预期和非计划的后果。尽管金融产品风险可能随着市场风险、信用风险、操作风险或者合规风险等外部风险同时出现，但归根结底，这是因产品设计而蕴含于产品之中的、与收益相对应的风险，也是交易者为获取收益而甘愿承担的风险。一般而言，产品风险应由交易中的买方承担。同时由于金融产品的信息不对称特征，金融产品不但自身蕴含着风险性，且在产品销售过程中也存在不确定性，导致交易风险的产生。尤其在传统的买卖双方之间出现了第三类具有独立利益的主体——中介机构——后，金融交易格局被改变，助推了交易风险的集中爆发。具体而言，发行人希望为自己的产品寻找适当的客户，投资者希望买到适当的产品，而销售者却可能希望销售最符合自己利益（如佣金最高或由关联公司发行）的产品，常常表现为销售者利用自己所掌握的非公开信息、自己所具有的专业资质，甚至利用其相对于普通客户的心理优势等，或者向客户施加不当影响力，或者滥用客户的信赖，诱导客户进入本不应当进入的交易领域，承担本不该承担的产品风险。这就使我们必须区分产品风险与交易风险的界限以及由不同风险导致的责任后果。交易风险应视销售者（而非发行人）在投资者交易意愿形成过程中的作用确定如何承担。

倾向于由销售者而非发行人承担适当性义务的重要原因在于：首先，适当性义务之所以针对销售者提出，是因为此种旨在让产品与客户相匹配的义务意图救济的是客户因交易风险而产生的损失，该风险尽管表面上看是发行人提供的金融产品之产品风险，但实际上却是因销售者有违专业操守、错误推荐、错配而产生的交易风险。而金融产品自身风险并不在适当性义务制度所涵盖范围之内。况且在一定意义上，发行人本身也是不当销售行为的受害者，尤其当不当销售可能导致纠纷以及因纠纷产生的商誉下降、财产损失等负面后果时。其次，制度设计要兼顾未来发展，目前我国适当性义务涉诉纠纷主要涉及代销机构责任，这是金融市场发展与适当性义务制度发挥作用的初级阶段。考察欧美等主要资本市场所在地，可以预见，伴随我国个人及家庭财富的累积与资本市场的发展，投资顾问与资产管理服务市场面临巨大发展，而这类服务提供将是未来适当性义务发挥作用的主要领域（在欧盟这才是完全的适当性义务发生作用的领域）。[1] 投资顾问与资产管理顾问不是某种金融产品的代理

〔1〕 部分观点认为：由于美国证券法采取分别立法的做法，适当性义务仅适用于经纪商，而投资顾问另受投资顾问法规制，受信义义务约束，因此我国制度也应如此。但美国证券展业中因大量经营主体同时持有经纪商与投资顾问牌照，导致监管套利频发，是不利于投资者保护的，也广为诟病。因此我国《证券法》并未采用这种过时的规则碎片化做法，从我国《证券法》第 88 条条文即可见，所有“销售证券或提供服务”的证券公司都处于适当性义务规制范围之内。

销售者,而是与金融消费者存在委托或信托关系的独立于产品发行人的主体,其做出的投资推荐建议的责任当然不能及于产品发行人。最后,更为重要的是,要求高风险或复杂金融产品的发行人承担类似《产品质量法》中的产品责任,是不恰当的。高风险或复杂金融产品并非劣质产品或缺陷产品,高风险偏好者可谓是低风险偏好者的交易对手方,高风险产品是市场投资者投资组合中不可缺少的部分。即使在次贷危机中,次级债的发行本身也并非主要问题,而是不应作为低风险或无风险产品卖给不适当的零售投资者。因此,规制交易风险的关键在于销售环节,在于将销售者承担的适当性义务落实。而过度拓展适当性义务责任主体范围,一方面使不当销售者借机逃避责任,将风险与损失转嫁给发行人;另一方面极易产生"寒蝉效应",使发行人怠于开发不同风险层级的复杂金融产品,或对金融创新能力建构、我国金融开放与市场深度及容量扩充不利。

四、责任主体之间共同担责的可能性与可能形式

依据《九民纪要》第74条,投资者可依据《民法典》第167条主张发行人与销售者之间共同承担连带赔偿责任。这就提出了一个发行人与销售者之间的共同责任承担问题,即在何种情况下两种主体承担何种形式的共同责任?这一问题需要结合《民法典》基本规范与司法实践进行判断。

(一)《九民纪要》指出了销售者与发行人之间可能存在连带责任的一种情形

从各地法院既往判决可以观察到,在大部分案例中投资者选择以销售者为被告;少数案例中可能会将金融产品发行人作为共同被告,如购买公募或私募基金的投资者选择诉基金管理人,购买理财产品的投资者选择诉理财产品管理人或发行人等,但较少获得支持。如前文数据显示,仅有35.94%的以发行人为被告或共同被告的案件法院支持了投资者主张,其中法院支持的主要理由还在于发行人具有销售者身份,应当承担针对销售者的适当性义务。只有极少数案例中,投资者选择以不具有销售者身份的发行人为共同被告,且求偿成功。以前海开源资产管理有限公司(以下简称前海开源公司)、深圳市锦安基金销售有限公司(以下简称锦安公司)委托理财合同纠纷案[1]为例,前海开源公司委托锦安公司代理销售前者发行的专项资产管理计划,即前海开源公司为发行人,锦安公司为销售者,二者之间形成委托代理合同关系。审

[1] 前海开源资产管理有限公司、深圳市锦安基金销售有限公司委托理财合同纠纷案,广东省深圳市中级人民法院(2020)粤03民终19093、19097、19099号民事判决书。

理法院认为，锦安公司作为销售者未能完全履行适当性义务，前海开源公司作为委托人未能履行《私募投资基金监督管理暂行办法》规定的审慎审查义务，二者均存在过错，故依据《民法典》第167条认定二者承担连带责任。这一裁判思路正与《九民纪要》相通。

《民法典》第167条为代理违法事项责任承担的规定，“代理人知道或者应当知道代理事项违法仍然实施代理行为，或者被代理人知道或者应当知道代理人的代理行为违法未作反对表示的，被代理人和代理人应当承担连带责任”。这一条系对《民法通则》第67条规定的继受，并在细节处增加“代理人或者被代理人知道或者应当知道”的表述。这一条适用整体包含两种情形，一是委托事项本身违法，二是委托事项本身不违法但代理行为违法。以原告严某诚与被告刘某影、江苏美芝凌股份有限公司基金管理有限公司财产损害赔偿纠纷案〔1〕为例，该案中销售机构江苏美芝凌股份有限公司代理雅鉴公司的所谓私募基金产品向原告宣传推荐，后雅鉴公司涉嫌非法吸收公众存款被立案调查，雅鉴公司主要负责人被提起公诉，则该案事实符合委托事项违法情形，因此属《民法典》第167条适用范围。但鉴于非法集资类罪名为事后认定，在确定归属《民法典》第167条适用情形之时司法还需要把握“知道或者应当知道”标准。概言之，案涉产品发行是否经过监管机关等备案，案涉产品的真实内容、投资方向是否合法，产品模式是否可持续，产品风险几何，案涉产品发行者制作的推介宣传资料是否涉嫌误导夸大，均需要代理人即销售者自行判断，并从中判断出发行人委托事项合法与否，这也是适当性义务所要求的“独立了解产品义务”或“产品审慎调查义务”：销售者有义务尽力了解所销售产品的性质、结构、特征、风险状况等；并且销售者不因其如实传递了发行者提供的（不实）信息而对客户免责。〔2〕

（二）无代理关系的发行人与销售者之间不存在《民法典》第167条适用空间

发行人与销售者之间的关系，在当前主要体现为委托代理关系，但不必然如此。如发行人与销售者之间采用包销而非代销模式，则会出现买卖合同关系；再如财富管理类业务开展中也会出现独立于发行人，但与投资者之间存在委托或信托关系的投资顾问等。〔3〕 此类情况下销售者过错行为不能依据委托代理关系追及发行人，也就

---

〔1〕 原告严某诚与被告刘某影、江苏美芝凌股份有限公司基金管理有限公司财产损害赔偿纠纷案，江苏省南京市玄武区人民法院（2016）苏0102民初3076号民事判决书。

〔2〕 参见王锐：《论金融机构的适当性义务——基于行为要件的分析》，载《北方法学》2014年第4期。

〔3〕 尽管美式金融监管体系下将投顾业务单独立法规定并科以信义义务，但这一模式已经引发监管选择现象与大量批评，且更为重要的是与我国立法所选择的以适当性义务整体规制销售行为之路径不符。

意味着不存在《民法典》第 167 条的适用空间。当然,此处不排除依据《民法典》第 178 条按约定或法定由双方承担连带责任的可能性。

诚如前文所讨论的,部分发行人将销售业务外包后,与销售者签署代理协议,协议中可能对双方责任进行约定。但此系内部约定,投资者很难知情;而投资者签署的合同文本之中又不会涉及销售者与发行人责任,导致投资者不了解为主张权利所必需的信息。此时应支持投资者按《九民纪要》同时起诉,由销售者与发行人就彼此是否承担共同责任等再行举证。

(三)司法实践对发行人与销售者之间承担补充责任的认可

实践中,部分法院选择将发行人与销售者之间的共同责任形式确定为补充责任,以规避连带责任的苛刻后果。如王某某、兴业银行股份有限公司深圳分行(以下简称兴业银行深圳分行)与兴业银行股份有限公司财产损害赔偿纠纷案[1]中,兴业银行深圳分行以代为推介方式代理杏石公司产品,王某某等人收到推荐后购入杏石聚盛等私募基金产品,徐某某为私募基金普通合伙人,王某某等为有限合伙人,后基金不能兑付,投资者诉至法院。二审法院审理认为,鉴于侵权的损害赔偿系按过错比例承担责任,以及以弥补损失为原则,一审法院确定兴业银行深圳分行的责任比例为 70%,基数为赔偿请求人不能收回的投资本金。又鉴于已有生效的仲裁裁决确定杏石公司、徐某某对赔偿请求人未能收回的投资本金及收益的支付义务,为避免赔偿请求人双重受偿,本案中兴业银行深圳分行需对赔偿请求人在上述仲裁裁决中杏石公司、徐某某未能支付的投资本金的 70% 的范围内承担补充清偿责任。另一判决发行人与销售者承担补充责任的典型案例为谭某与中国建设银行股份有限公司株洲市分行侵权责任纠纷案[2]。该案中谭某为投资人,中国建设银行股份有限公司株洲市分行(以下简称建行株洲分行)为销售者,谭某因建行株洲分行推介而购入华泰基金公司发行的私募基金,后该基金主要业务人员均被生效裁判文书判处非法吸收公众存款罪,谭某等在未足额退赔后以建行株洲分行等为被告提起诉讼。审理法院认为,建行株洲分行对华泰基金缺乏必要的审查和监督,因此其在本案中的责任承担也应为在华泰基金公司责任承担的基础上承担补充赔偿责任,并酌情认定建行株洲分行承

[1] 王某某、兴业银行股份有限公司深圳分行与兴业银行股份有限公司财产损害赔偿纠纷案,广东省深圳市中级人民法院(2017)粤 03 民终 17328 - 17342 号民事判决书。

[2] 谭某与中国建设银行股份有限公司株洲市分行侵权责任纠纷案,湖南省株洲市中级人民法院(2019)湘 02 民终 2432 号民事判决书。

担 60% 的补充赔偿责任。

另外，部分案件中确实存在因发行人重大过错引起投资人损失的情况，此时司法需做厘清认定，如债券违约责任本质上属发行人责任，不应通过要求销售者承担适当性义务的方式解决责任承担问题。即使合并存在销售者不当销售的过错行为，也应按照原因力原则厘清发行人与销售者承担的份额。

总之，发行人与销售者的各自责任承担或两者之间共同责任承担形式与比例，须由法院结合个案案情，综合考虑案件性质（发行人违约致诉、销售者不当销售致诉，或混同原因致诉）、发行人与销售者过错情况、各自过错行为对投资者损失的原因力等做出判断。

结　语

《九民纪要》通过推动适当性义务向金融产品销售一般规则转变，为中小投资者保护提供了有力工具，弥补了我国分业监管格局下同类行为不同规制的现实缺陷，建构了以司法推动金融治理规则统一的正向范例。适当性义务传统上是针对金融中介的义务，此后这一主体范围被拓展至具有销售者身份的发行人，难以进一步覆盖不具有销售者身份的发行人，但因违反适当性义务而产生的责任可以依法或依约由发行人承担。责任主体范围的扩张，一方面固然可以有效提升金融消费者或中小投资者保护力度，但另一方面也可能混淆正常产品风险与交易风险的界限。对此，应依据《民法典》基本规范与司法实践经验，对不同责任主体承担的法律义务与责任予以明确，尤其是对发行人与销售者共同担责的可能性与可能形式予以精准把握，在司法实践中继续发挥适当性义务制度的积极作用，警惕责任主体范围扩张引发的交易者转嫁风险现象，防范适当性义务制度适用中的异化，避免造成微观交易风险传导、外溢或与其他风险共振，危及宏观金融稳定的后果。